raison et perception

fonder l'harmonie au XVIIIe siècle

DANS LA MÊME COLLECTION

BAILHACHE (P.) : *Essai de logique déontique*, 224 p.

BARTHÉLEMY (G.) : *Newton mécanicien du cosmos*, 216 p.

BELNA (J.-P.) : *La notion de nombre chez Dedekind, Cantor, Frege*, préface de Cl. Imbert, 376 p.

BOOLE (G.) : *Les Lois de la pensée*. Traduction et introduction de S. B. Diagne, 416 p.

BRENNER (A.) : *Duhem, science, réalité et apparence*, 254 p.

CHERNI (A.) : *Epistémologie de la transparence. Sur l'embryologie de A. von Haller*. Préface de F. Dagognet, 368 p.

DUCHESNEAU (F.) : *La dynamique de Leibniz*, 368 p.

– *Les modèles du vivant de Descartes à Leibniz*, 400 p.

DUHEM (P.) : *Sozein ta phainomena. Essai sur la notion de théorie physique de Platon à Galilée*, 144 p.

DUHEM (P.) : *L'Evolution de la mécanique* suivi de « Les théories de la chaleur », « Analyse de l'ouvrage de Ernst Mach : *La Mécanique* ». Introduction et établissement du texte par A. Brenner, Avant-propos de P. Germain, 474 p.

ELIE (M.) : *Lumière, couleurs et nature. L'Optique et la physique de Gœthe et de la Naturphilosophie*, 208 p.

GAUTHIER (Y.) : *La Logique interne*, 144 p.

GRANGER (G. G.) : *Formes, opérations, objets*, 400 p.

HERMANN (G.) : *Les fondements philosophiques de la mécanique quantique*. Introduction, présentation, postface critique par Lena Soler, traduit par A. Schnell en collaboration avec L. Soler, préface de R. d'Espagnat, 190 p.

HORIUCHI (A) : *Les mathématiques japonaises à l'époque d'Edo (1600-1868). Une étude des travaux de Seki Takakazu (?-1708) et de Takebe Katahiro (1664-1739)*, 400 p.

JOLY (B.) : *La Rationalité de l'alchimie au XVIIe siècle*, avec le texte latin, la traduction et le commentaire du *Manuscriptum ad Fridericum* de P.-J. Fabre. Préface de J.-P. Dumont, 408 p.

KISTLER (M.) : *Causalité et lois de la nature*, 318 p.

KOBAYASHI (M.) : *La Philosophie naturelle de Descartes*. Préface de J. Vuillemin, 144 p.

LARGEAULT (J.) : *Intuitionisme et théorie de la démonstration*, 568 p.

LARGEAULT (J.) : *Intuition et intuitionisme*, 240 p.

LEIBNIZ (G. W.) : La naissance du calcul différentiel : *26 articles des Acta Eruditorum*. Traduction, introduction et commentaire de M. Parmentier, 504 p.

LEIBNIZ (G. W.) : *La Réforme de la dynamique*. Texte latin établi, introduit et commenté par M. Fichant, 452 p.

LE RU (V.) : *D'Alembert philosophe*. Préface de M. Clavelin, 312 p.

MARTIN (Th.) : *Probabilités et critique philosophique selonCournot*, 362 p.

MICHEL (A.) : *Constitution de la théorie moderne de l'intégration*, 338 p.

PARROCHIA (D.) : *La raison systématique. Essai d'une morphologie des systèmes philosophiques*, 320 p.

ROBERVAL (G. P. de) : *Éléments de géométrie*. Textes réunis par Vincent Jullien, préface de J. Dhombres, 544 p.

SINACEUR (H.) : *Corps et modèles. Essai sur l'histoire de l'algèbre réelle*, 496 p.

VAN FRAASSEN (B.) : *Lois et symétrie*. Introduction et traduction par C. Chevalley, 520 p.

VERNANT (D.) : *La Philosophie mathématique de B. Russell*, 512 p.

VINCIGUERRA (L.) : *Langage, visibilité, différence. Histoire du discours mathématique de l'âge classique au XIXe siècle*, 370 p.

ZAHAR (E.) : *Essai d'épistémologie réaliste*, Avant-propos de A. Boyer, 192 p.

MATHESIS
Directeurs : Michel BLAY — Hourya SINACEUR

André CHARRAK

raison et perception

fonder l'harmonie au XVIIIe siècle

Ouvrage publié avec le concours de l'Institut de France Académie des Sciences Morales et Politiques

PARIS
LIBRAIRIE PHILOSOPHIQUE J. VRIN
6, Place de la Sorbonne, V^e^

2001

DU MÊME AUTEUR

Musique et philosophie à l'âge classique, Paris PUF, 1998

Pierre Estève, *Nouvelle découverte du principe de l'harmonie*, texte établi, présenté et annoté par André Charrak, Presses de l'ENS de Fontenay/Saint-Cloud, coll. «Theoria », 1997

Imprimé en France
ISSN 1147-4920
ISBN 2-7116-1498-0

REMERCIEMENTS

Ce livre est issu d'une thèse de doctorat en philosophie soutenue à l'Université de Paris-Sorbonne le 12 janvier 1999, devant Catherine Kintzler, Frédéric de Buzon, Hugues Dufourt, Jean-Luc Marion et Pierre-François Moreau. Je les remercie pour l'attention qu'ils ont portée à ce travail et la fécondité de leurs remarques critiques.

Je souhaite dire toute ma gratitude à Pierre-François Moreau, qui a bien voulu diriger une recherche dont j'espère qu'elle exprime la richesse de nos discussions et la fécondité des méthodes qu'il m'a transmises. Enfin, j'exprime tout particulièrement ma reconnaissance à Frédéric de Buzon et à Hugues Dufourt, dont les précieux conseils ont orienté l'établissement de cet ouvrage.

INTRODUCTION

La théorie de la connaissance rencontre traditionnellement la question de la connexion des sciences. C'est ainsi que, dès la fin du XVIe siècle, l'idée d'une méthode universelle est solidaire du projet d'une unification des *artes reales* distribués dans le *quadrivium* : l'arithmétique, la géométrie, l'astronomie et la musique, dont la partie théorique ou (selon la terminologie de l'époque) spéculative intéresse donc directement l'étude de la science classique. Et d'une façon plus générale, on peut suivre l'histoire moderne du problème de la connaissance dans les modifications qui affectent le thème de l'application des sciences les unes aux autres. Dans les *Règles pour la direction de l'esprit*, Descartes reconnaît dans l'*intuitus mentis* l'opérateur de certitude qui fonde la mathématicité de toutes les sciences, de sorte que leur connexion sanctionne, non point le fait (simplement empirique) de leur application efficace, mais une identique subordination de leurs principes aux conditions de la connaissance certaine. Au XVIIIe siècle, la position des éditeurs de l'*Encyclopédie* est, au fond, rigoureusement concurrente – il est vrai que le constat de la « liaison que les découvertes ont entre elles » impose d'admettre une jonction fondamentale des diverses sciences : « (...) il est facile de s'apercevoir que les sciences et les arts se prêtent mutuellement des secours, et qu'il y a par conséquent une chaîne qui les unit [1] ». Mais cette unité systématique n'est pas déterminable *a priori*. En même temps qu'il refuse de définir la simplicité des objets mathématiques par une disposition spécifique de l'esprit qui s'y applique (l'intuition), d'Alembert affirme en effet, à l'article « Eléments des sciences », que les premiers principes qui unissent toutes les connaissances (qui garantissent donc leur connexion) échappent aux compétences de l'entendement humain. Si l'objet des *Eléments de philosophie* demeure

1. *Discours préliminaire de l'Encyclopédie*, Paris, Vrin, 2000, p. 84.

bien d'établir « les principes fondamentaux de toutes les connaissances humaines[1] », il faut comprendre que ces principes ne peuvent plus être dégagés par l'élucidation préalable d'un domaine parfaitement pur : on ne peut les atteindre que d'une façon locale, en réfléchissant l'application des sciences les unes aux autres. Dans cette perspective, les discussions soulevées par les tentatives contemporaines de Rameau pour fonder la théorie harmonique sur un phénomène physique prennent une signification philosophique de premier plan, puisqu'elles imposent précisément d'interroger les conditions d'une application légitime des mathématiques, puis de la physique, aux ressources musicales. Il s'agit, dans cet épisode, d'envisager les rapports qu'entretiennent une formalisation largement inédite de la théorie harmonique, une physique de la vibration dont la mathématisation connaît d'importants progrès au milieu du siècle, et une théorie de la perception qui illustre le rapport des penseurs des Lumières avec la tradition classique. L'objet de ce livre est, tout à la fois, d'éclairer les relations qu'entretiennent ces différents savoirs et de restituer, autant qu'il est possible, les enjeux philosophiques essentiels qui, au XVIIIe siècle, se constituent dans leur confrontation.

Acoustique et theorie musicale au XVIIIe siècle

De 1700 à 1714, Joseph Sauveur, géomètre du roi, présente à l'Académie des Sciences de Paris une série de mémoires consacrés aux phénomènes sonores ; il ouvre ainsi un nouveau domaine dont Fontenelle, alors rédacteur de l'*Histoire de l'Académie Royale des Sciences*, souligne que « c'était là un pays encore peu connu » :

> [Sauveur] a trouvé cette science plus vaste, à mesure qu'il y faisait plus de progrès, il a cru qu'elle méritait, aussi bien que l'optique, un nom particulier, et l'a appelée acoustique. C'est au nombre et à l'importance des nouvelles découvertes à justifier ce nouveau nom[2].

1. *Essai sur les éléments de philosophie*, chap. III, Paris, Fayard, 1986, p. 19.

2. *Histoire de l'Académie Royale des Sciences*, Année 1700, Paris, Boudot, 1703, partie « Histoire », p. 131. Toutes les références à l'*Histoire de l'Académie* seront données dans l'édition originale ; on sait que chaque volume est divisé en une partie « Histoire », rédigée (pour la période qui nous occupe) par Fontenelle puis par Dortous de Mairan, et une partie « Mémoires », dont la pagination est indépendante. Nous indiquerons donc à chaque fois la partie du volume qui nous intéresse : ainsi, dans le cas présent, *Histoire*, p. 131. L'orthographe des textes français est systématiquement modernisée.

Celles des contributions de Sauveur qui nous intéressent concernent avant tout la description du phénomène de la résonance du corps sonore, dont il faut donner ici une première définition, forcément approximative. Jusqu'à la fin du XVIIe siècle, la résonance désigne le fait qu'une corde sonore mise en mouvement sur un instrument entraîne la vibration d'autres cordes qui, dans l'expérience, n'ont pas été frappées. On peut grossièrement regrouper dans cette catégorie tous les phénomènes de résonance par sympathie, déjà connus des Anciens et qui, dans les traités d'harmonie, permettent de souligner la qualité particulière de certains intervalles. La résonance du corps sonore désigne quant à elle, dans les textes du XVIIIe siècle, l'émission de sons plus faibles et plus aigus (les partiels) que le son rendu par la corde entière (le fondamental), qui forment avec lui la série des consonances naturelles (ils constituent alors ses harmoniques) et qui sont produits par des modifications *internes* de cette corde vibrante. Il convient d'insister sur cet aspect du phénomène : c'est moins l'identification factuelle des sons harmoniques, accomplie chez Mersenne, que leur subordination à une division effective de la corde qui, tout à la fois, impose de comprendre la résonance selon les principes de la distribution du mouvement dans les corps élastiques et permet de l'intégrer à la théorie harmonique, en donnant un fondement physique aux opérations arithmétiques effectuées sur le monocorde. L'explication de la résonance du corps sonore n'est vraiment entreprise qu'en 1737, par Jean-Jacques Dortous de Mairan, puis en 1753, par Daniel Bernoulli, qui s'efforce de mettre ce phénomène en rapport avec les formulations modernes des lois des cordes vibrantes proposées par d'Alembert et Euler à partir de 1747. La discussion des conditions sous lesquelles le calcul peut s'appliquer aux phénomènes décrits par Sauveur occupe presque tous les mathématiciens de l'époque et fournit un bon indicateur de l'élaboration d'une physique de la vibration jusqu'à la fin du XVIIIe siècle.

Mais les premières « découvertes » que Fontenelle appelle de ses vœux regardent l'application de cette nouvelle science à la théorie harmonique de Jean-Philippe Rameau. Dès 1722, le musicien publie un *Traité de l'harmonie réduite à ses principes naturels*, dans lequel il inaugure la formulation systématique des ressources de l'harmonie tonale[1]. Dans le *Traité*,

1. Par commodité, nous parlerons parfois de « tonalité » pour désigner certaines contributions théoriques de Rameau, même s'il faut rappeler que ce terme n'est introduit que plus tard, par Fétis. Chez Rameau, plusieurs aspects du système de l'harmonie répondent déjà à cette caractérisation : la construction des accords par tierces superposées; la déduction de la gamme par les trois accords de tonique, de dominante et de sous-dominante; la théorie des renversements; les règles d'enchaînement des accords et des modulations; les lois de l'expression, enfin, que nous n'analyserons pas ici dans leur détail. Elles résultent d'un

Rameau allègue des observations sur la résonance par sympathie[1] – c'est sans doute la raison pour laquelle certaines présentations fautives laissent penser que, dès cet ouvrage, il développe une version résonantielle de sa théorie. Mais pour l'essentiel, ces observations ne servent qu'à illustrer les manipulations effectuées sur les proportions numériques léguées par les auteurs des siècles précédents. En 1726, en revanche, Rameau complète son premier livre par un *Nouveau système de musique théorique, où l'on découvre le Principe de toutes les règles nécessaires à la pratique, pour servir d'introduction au Traité de l'harmonie* – le titre mérite d'être cité en entier, parce qu'il atteste que la prise en compte des expériences physiques sur la résonance du corps sonore ne modifie pas le système de l'harmonie, mais apporte une assise expérimentale susceptible de servir de « principe » aux règles qu'il prescrit. Le problème vient de ce que l'étude des phénomènes acoustiques, qui imposerait d'abandonner le registre des spéculations arithmétiques utilisées dans le *Traité de l'harmonie*, ne conduira pas Rameau à modifier notablement les procédures qu'il a d'abord appliquées. En outre, le *Nouveau système de musique théorique* n'allègue que très ponctuellement la résonance du corps sonore. Ce n'est que dans la *Génération harmonique*, parue en 1737, que Rameau donne effectivement aux expériences acoustiques leur statut de principe. Les textes plus tardifs du musicien s'inscriront tous dans ce cadre conceptuel – ainsi la *Démonstration du principe de l'harmonie*, que Rameau présente en 1750 à l'Académie des Sciences et dans laquelle il s'efforce de donner une allure déductive à l'ensemble de sa théorie. C'est précisément cette prétention à fournir une authentique démonstration des ressources de son art que lui contesteront les philosophes des Lumières.

A partir de 1752, en effet, l'application de la physique et des mathématiques à la théorie harmonique soulève de nombreuses critiques, amplifiées par la querelle des Bouffons qui secoue le monde littéraire jusqu'en 1754. Rameau lui-même attaque violemment les articles de musique écrits par

contraste entre les tonalités qui ont plus de dièses (ou moins de bémols) que la tonalité principale – elles expriment alors la lumière – et celles qui ont moins de dièses (ou plus de bémols) que la tonalité principale – elles sont alors réputées tristes, ou plus sombres. Le principe de déduction génétique des formations harmoniques s'étend enfin à un chromatisme généralisé qui organise la temporalité musicale elle-même. Nous fournirons, dans notre premier chapitre, les éléments requis pour apprécier l'originalité de la théorie ramiste.

1. Ainsi pour l'octave : *Traité de l'harmonie*, Paris, Ballard, 1722, liv. I, chap. III, art. III, p. 6. Toutes les références aux œuvres de Rameau sont données dans les éditions originales. Nous énumérons en bibliographie les concordances qui permettent de retrouver ces références dans le précieux *reprint* proposé par Erwin R. Jacobi, *Complete theoretical writings*, American Institute of Musicology, 5 vols., 1967-1969.

Rousseau pour l'*Encyclopédie* – le philosophe a pourtant raison, pour une bonne part, lorsqu'il déclare que, « personne à la vérité, n'en devrait être plus content que M. Rameau qui les attaque[1] » : de fait, les débats que nous allons étudier s'inscrivent pour l'essentiel dans le cadre du système ramiste, dont on reproche à l'auteur de ne pas avoir aperçu le statut et les limites[2]. Ces critiques épistémologiques reçoivent une formulation exemplaire dans le long article « Fondamental » de d'Alembert qui paraît en 1757 dans l'*Encyclopédie*. Et comme nous l'avons déjà suggéré, l'examen des conditions de possibilité d'une application méthodique de la physique mathématique à la musique concentre, au XVIIIe siècle, un certain nombre de problèmes philosophiques fondamentaux, qui trouveront leur meilleure expression dans le *Dictionnaire de musique* de Rousseau, édité en 1768. L'épisode qui nous occupe s'achève d'ailleurs avec la publication de cet ouvrage, qui ne souleva aucune querelle majeure sur le statut de la théorie harmonique. Rameau meurt en 1764, quelques mois après l'arrivée à Paris de Mozart, qui ne citera pas le musicien français dans les lettres rédigées à cette époque.

La théorie ramiste connaît donc (au moins) deux expositions successives, qui se distinguent essentiellement par l'introduction, dans le second état de la théorie, d'expériences acoustiques supposées la fortifier. Comme nous le verrons, cette modification n'implique pas que Rameau abandonne les procédures méthodologiques adoptées avant la prise en compte de l'acoustique. Quel sens faut-il alors donner à la mention emblématique de « la résonance du corps sonore » ?

L'utilisation de l'acoustique dans ce système de musique spéculative a suscité plusieurs interprétations complémentaires, que nous nous

1. *Examen de deux principes avancés par M. Rameau*. Toutes les références aux textes de Rousseau sont données dans l'édition des *Œuvres complètes*, publiées sous la direction de Bernard Gagnebin et Marcel Raymond dans la « Bibliothèque de la Pléiade », 5 vols, Paris, Gallimard, 1959-1995, notée OC pour la première mention de chaque texte, avec indication du volume en chiffres romains : ainsi OC V, p. 349.

2. Nous remettons à un prochain travail l'exposé de la théorie harmonique développée par Tartini à partir de 1754 (*Trattato di musica*, Padoue); aux yeux des auteurs français du XVIIIe siècle (et pour des raisons essentiellement polémiques), elle paraît seule susceptible de concurrencer le vaste système de Rameau – c'est en ce sens que Rousseau entreprend de la résumer, dans l'article « Système » du *Dictionnaire de musique*. Signalons simplement que cette tentative n'échappe nullement aux critiques épistémologiques dirigées contre l'auteur de la *Génération harmonique* : l'usage des mathématiques, dans l'œuvre de Tartini, trahit bien davantage une reprise un peu naïve des symbolismes renaissants. Sur ce système original et sa diffusion dans le milieu français, *cf.* l'article de Breno Boccadoro, « Tartini, Rousseau et les Lumières », *in* Rousseau, OC V, p. 1694-1711.

contenterons de présenter ici à grands traits. Rameau poursuit en réalité deux objectifs, qui ont orienté les récents commentaires. Il s'agit d'abord de montrer que les proportions mathématiques qui organisent l'exposé de la théorie harmonique sont tirées des expériences de résonance. Dans cette pespective, la méthode ramiste reste, dans tous les textes, celle d'un monocordiste, comme l'établit J. Chailley dans son étude fondatrice sur « Rameau et la théorie musicale [1] ». Cette interprétation conduit néanmoins à négliger les homologies que le musicien entreprend en outre d'exhiber, entre la résonance du corps sonore et les ressources fondamentales de l'harmonie. Dans la magistrale synthèse qu'il consacre à l'œuvre de Rameau et à sa réception parmi les philosophes des Lumières [2], Th. Christensen estime donc qu'à partir de 1750, les attendus des exposés ramistes changent foncièrement de nature : aux procédés « canonistes [3] », l'auteur de la *Démonstration du principe de l'harmonie* substituerait, pour l'essentiel, le compte-rendu des expériences de physique. Mais cette hypothèse de lecture, si elle correspond bien à l'orientation ultérieure de l'histoire de la théorie musicale, conduit à négliger l'usage *constant* (et traditionnel) des proportions chez Rameau. Ce constat conduit C. Kintzler, qui prend acte des acquis de l'analyse proposée par J. Chailley, à identifier dans le problème de la résonance du corps sonore l'émergence d'un modèle expérimental que Rameau n'assumerait pas et qui caractériserait la reprise de sa théorie chez d'Alembert [4]. Cette analyse permet de mieux apprécier la contribution de l'encyclopédiste, surtout si l'on prend clairement conscience du rôle bien précis qu'il assigne à un principe simplement expérimental. Il reste qu'à nos yeux, ces grandes interprétations présentent un même inconvénient : elles n'accordent pas toute sa place à une utilisation proprement ramiste des phénomènes acoustiques – soit l'on considère que la référence expérimentale est un supplément plutôt malheureux, qui n'affecte pas le fond de la théorie harmonique ; soit l'on estime qu'elle n'est vraiment assumée que chez les successeurs de Rameau (ce qui nous semble d'ailleurs plus raisonnable). La résonance du corps sonore remplit pourtant une fonction spécifique chez Rameau, indépendamment des proportions qu'elle permet effectivement d'obtenir, dans un premier temps.

1. *Revue musicale*, n° spécial 260, 1965, p. 65-95.

2. *Rameau and Musical Thought in the Enlightenment*, Cambridge University Press, 1993.

3. *I.e.*, fondés sur la division mathématique abstraite du monocorde.

4. *J.-Ph. Rameau. Splendeur et naufrage de l'esthétique du plaisir à l'âge classique*, Paris, Minerve, 1988, Annexe I, p. 175-191. L'analogie proposée entre Descartes et Rameau ne nous occupe pas ici.

L'hypothèse proposée dans ce livre est que l'acoustique intervient pour justifier le témoignage d'une oreille savante (tonale), qui serait fondé en nature. Les critiques que les contemporains adressent à la tentative ramiste visent en effet le décalage qu'il faut enregistrer, entre le système complet de l'harmonie et les données de la résonance : les expériences acoustiques ne donnent pas les configurations musicales que l'on veut fonder, et les rapports abstraits utilisés dans la théorie sont supposés forger une continuité entre les phénomènes physiques et les accords parfaits utilisés dans la musique. Nous verrons qu'il appartient alors à l'auditeur d'*incarner* ces rapports, afin d'actualiser les configurations élémentaires à partir des seules données acoustiques. Cette orientation conduit à se demander à quel titre les éléments distingués dans l'exposition rationnelle de la théorie peuvent intervenir dans la constitution d'une expérience musicale vécue. Et il est assez remarquable que cette question proprement philosophique soit engendrée par les nécessités internes de l'exposé moderne de la théorie musicale, telle qu'elle est conçue chez Rameau.

RAISON ET PERCEPTION

Les tentatives proposées au XVIIIe siècle pour fonder la théorie harmonique sur la physique mathématique intéressent à plusieurs titres l'étude de la philosophie des Lumières. Elles concentrent plusieurs difficultés épistémologiques considérables, relatives à la théorie physique (sur les concepts requis pour développer une physique de la vibration ; sur la validité d'un principe expérimental) et à la théorie musicale, dont elles exhibent les structures argumentatives. Elles conduisent les auteurs de cette époque à expliciter leurs positions théoriques fondamentales sur les problèmes de la perception et de l'origine des connaissances. Elles manifestent, en fin de compte, le caractère philosophique de la théorie musicale, qui réside peut-être moins dans sa prétention systématique que dans sa puissance : elle provoque une distribution nette de positions philosophiques qui se distinguent assez mal, si l'on s'en tient à leur exposition dogmatique – contentons-nous de mentionner ici deux exemples, avant de revenir sur la question plus générale de la perception de l'harmonie.

L'étude des questions musicales impose notamment de réviser l'interprétation traditionnelle du rapport entre d'Alembert et Diderot. Une présentation usuelle oppose toujours un d'Alembert attaché à la supériorité des sciences mathématiques et un Diderot qui, dans les *Pensées sur l'interprétation de la nature*, condamnerait l'application des mathématiques en tous domaines. L'opposition des deux éditeurs de l'*Encyclopédie* existe bien, mais ses présupposés méritent d'être développés. C'est Diderot lui-même qui, nous le verrons, trouve dans la théorie musicale l'occasion d'élaborer une doctrine esthétique dans laquelle une version « impure », ou enveloppée, de l'intelligence mathématique intervient à tous niveaux ; et c'est d'Alembert qui refuse d'exporter le modèle des sciences mathématiques, dont les principes sont parfaitement clairs, dans des domaines irréductiblement empiriques. La véritable opposition intervient donc entre Diderot, qui inscrit les procédures mathématiques dans la continuité de l'expérience perceptive, et d'Alembert, qui circonscrit étroitement le domaine d'une élucidation rationnelle pleinement satisfaisante.

Il est en outre des cas où l'épreuve de la théorie musicale conduit les philosophes eux-mêmes à infléchir l'exposé de leurs principes. C'est ce qui se passe dans les textes de Rousseau. On peut relever deux points aveugles, que la tradition critique ne traite pas pour eux-mêmes bien qu'ils soulèvent d'importants problèmes dans les textes sur la musique. Le premier relève d'une prise de position esthétique :

> Voyez comment tout nous ramène sans cesse aux effets moraux dont j'ai parlé, et combien les musiciens qui ne considèrent la puissance des sons que par l'action de l'air et l'ébranlement des fibres sont loin de connaître en quoi réside la force de cet art[1].

Les commentateurs ont (sagement) adopté la perspective prescrite par Rousseau, pour étudier chez lui la genèse et la communication des affections morales. Mais qu'en est-il de ces ressources matérielles, que l'auteur de l'*Essai* feint de mettre de côté et qui, dans sa théorie, doivent pourtant servir d'occasion[2] aux passions de l'âme ? Qu'est-ce qui, à ce niveau subordonné, est susceptible de s'intégrer en propre à la hiérarchie des parties de l'art ? En termes platoniciens, disons que l'on s'est beaucoup occupé de la *justice* dans l'esthétique de Rousseau, qui résiderait dans le commandement effectif de la mélodie, cependant qu'on a souvent négligé la *tempérance*, ou la façon dont les ressources harmoniques peuvent adhérer à la meilleure hiérarchie. Il faut bien, pourtant, qu'elles comportent en elles-mêmes, dans leur matérialité, de quoi se subordonner à l'expression. A terme, c'est cette organisation complète qui, seule, peut donner lieu à la fameuse « unité de mélodie », dans laquelle toutes les parties de l'harmonie, « quoique chacune d'elles paraisse avoir son chant propre », produisent « un seul et même chant » – étant bien entendu qu'en ce cas,

1. *Essai sur l'origine des langues*, chap. XVII, OC V, p. 422.
2. *Ibid.*, chap. XV, p. 418.

« l'harmonie concourt *d'elle-même* à cette unité[1] ». Ainsi les ressources harmoniques, qui ne procurent « qu'un plaisir de pure sensation[2] », peuvent-elles cependant susciter dans l'esprit une forme de synthèse. C'est là que se révèle un second point aveugle, plus général parce qu'il manifeste l'impact de la théorie musicale sur les « méditations métaphysiques[3] » de l'auteur : Rousseau nous parle, au sujet de l'appréhension des relations harmoniques, de l'aperception totalement irréfléchie d'une relation – ce qui, apparemment, entre en totale contradiction avec la doctrine exposée dans la « Profession de foi du vicaire savoyard ». C'est dire qu'un examen un peu approfondi des textes consacrés à la musique est instamment requis pour se faire une idée plus juste de la théorie de la connaissance de Rousseau, que l'on ne cherche habituellement que dans l'*Emile*.

Les objets de la théorie harmonique soulèvent ainsi le problème des relations entre la raison, qui s'engage dans l'appréhension des *rapports* des sons, et la perception, où s'éprouve le *sentiment* de l'harmonie. Mersenne se demandait déjà ce qui, de l'entendement ou des sens, apprécie la qualité des intervalles sonores[4]. Mais le passage d'une théorie de la consonance à une théorie de l'accord, définitivement effectué au XVIIIe siècle, pose le problème en des termes encore plus urgents. Du point de vue de la raison, d'abord – la constitution des accords en appelle, non seulement aux calculs de proportions habituellement appliqués aux intervalles musicaux, mais aux rapports structuraux (au sens moderne du terme[5]) caractéristiques de l'harmonie tonale, qui organisent la syntaxe musicale. L'accord est donc, à plus d'un titre, un objet fondé en raison. Du point de vue de la perception, ensuite – dans l'écriture musicale, telle qu'elle se stabilise à l'âge classique, l'accord ne saurait plus être tenu pour un simple agrégat d'intervalles pourvus de propriétés indépendantes : il forme une totalité et doit se donner comme tel dans l'écoute musicale, en ce sens que les médiations rationnelles qui permettent de le définir n'apparaissent jamais pour elles-mêmes dans le déroulement de l'expérience spontanée. En somme, l'accord, rationnellement structuré, affecte l'auditeur selon une apparente immédiateté perceptive qui, cependant, en enregistre toutes les propriétés.

1. *Dictionnaire de musique*, art. « Unité de mélodie », OC V, p. 1144 : souligné par nous.

2. *Ibid.*, p. 1143.

3. C'est Henri Gouhier qui applique cette expression à Rousseau – nous discuterons, à la fin de ce livre, son interprétation de la théorie rousseauiste de la connaissance.

4. *Les Préludes de l'harmonie universelle*, Question VI : « A savoir si le sens de l'ouïe doit être le juge de la douceur des sons, ou si cet office appartient à l'entendement », Paris, Fayard, 1985, p. 611.

5. *Cf.*, au chapitre suivant, nos remarques sur Lévi-Strauss.

Le sentiment de l'harmonie se donne donc comme l'effet sensible d'un arrangement complexe dont Rameau essaie de dégager les principes à partir d'un modèle scientifique dont il faudra préciser les critères. A ce titre, les théories classiques de la perception musicale héritent, pour une large part, d'une position cartésienne de leurs enjeux fondamentaux : il revient à la philosophie de *déchiffrer*, autant qu'il est possible, le montage géométrique qui suscite le sentiment et qui se dissimule sous une dissemblance fondamentale, entre les mouvements du corps et les modifications de l'âme, seules apparaissantes. Mais cet héritage atteint les philosophes des Lumières à travers les textes de Malebranche et la critique conduite par Locke. Tandis que, dans la doctrine de l'oratorien, une inférence mathématique (strictement rationnelle) effectuée par Dieu commande le sentiment de la grandeur et de la distance des objets, la plupart des auteurs du XVIIIe siècle privilégient, pour élucider l'appréhension des relations sensibles, la dimension génétique de l'expérience – on s'interroge moins sur les causes (mathématisables) des sensations, et l'on s'efforce d'expliciter dans une histoire naturelle de l'esprit le passage des idées simples qu'elles nous délivrent aux rapports plus complexes qui les organisent.

Selon cette perspective, la perception de l'harmonie constitue une épreuve remarquable pour les doctrines empiristes[1], qui rencontrent deux difficultés symétriques lorsqu'elles s'appliquent à cet objet. D'une part, il paraît nécessaire d'admettre qu'une figure inaperçue de la raison est à l'œuvre dans l'expérience perceptive dont elle est pourtant supposée dériver – car l'enjeu des enquêtes généalogiques du XVIIIe siècle est moins de remonter aux sensations pures que d'identifier les premiers pas de la raison humaine. Cette ambition, pour faire vite, commande le principe de la perception des rapports vulgarisé par Diderot. Toutefois, comme l'objectera Rousseau, cette « hypothèse[2] » très dérivée ne correspond pas au compte-rendu fidèle de l'expérience perceptive la moins prévenue : la perception de l'harmonie ne paraît requérir aucune réflexion. Lorsque d'Alembert reprend à son compte les arguments critiques élaborés par Rousseau, il met néanmoins l'accent sur une seconde difficulté. D'autre part, en effet, la continuité postulée entre le témoignage perceptif et l'activité rationnelle met en danger, comme dans le cas des jugements naturels, la spécificité de l'appréhension des idéalités les plus abstraites

1. L'ensemble de cette recherche doit nous permettre de formuler un certain nombre de conclusions sur l'empirisme des Lumières – contentons-nous, à titre provisoire, de le caractériser par le rejet des idées innées et par le souci d'établir une genèse des notions abstraites à partir de l'expérience perceptive.

2. *Encyclopédie*, t. IV, 1754, art. « Consonance », p. 51a.

qui, pour le mathématicien, se donnent en propre à la raison. On comprend alors que les reproches adressés à Rameau, qui prétend que les phénomènes musicaux nous donnent l'idée des proportions mathématiques, sont loin d'être anecdotiques.

La seconde partie de ce livre sera consacrée à ces questions essentielles, auxquelles les théories de la perception musicale semblent répondre selon deux orientations principales. Il faut d'abord envisager la possibilité d'une naturalisation des rapports déchiffrés dans la théorie harmonique. L'enquête physiologique, en ce cas, devrait manifester l'inscription objective de ces raisons dans le mécanisme de la sensation. L'étude conduite par les médecins expliciterait un dispositif qui produirait son résultat sans le concours de l'esprit. Les tentatives initiées en ce sens présentent un double intérêt : d'une part, elles manifestent la fécondité et les limites des hypothèses iatromécanistes; d'autre part, et pour ce qui regarde l'histoire de la philosophie, elles effectuent le passage qui fait la principale ambiguïté de la théorie des jugements naturels, en naturalisant la pensée sans retour. Leurs insuffisances conduisent néanmoins les meilleurs analystes de l'expérience musicale (au premier rang desquels nous comptons Rousseau) à rechercher une solution différente. Il s'agit alors de reconnaître les conditions d'une synthèse des éléments de l'accord, entre le mécanisme de l'organe de l'ouïe et les combinaisons purement intellectuelles, afin d'éclairer la constitution même d'un objet qui, résolument, se donne au niveau perceptif. Les discussions sur la théorie musicale, au XVIIIe siècle, suggèrent ainsi que l'empirisme ambiant représente moins une doctrine qu'une épreuve cruciale des relations entre raison et perception.

Questions de méthode

La situation particulière du problème de la connaissance au siècle des Lumières impose d'aborder les questions générales que nous venons d'introduire à partir de l'examen circonstancié des conditions dans lesquelles la théorie musicale se formule et mobilise les ressources des mathématiques et de la physique. Cette méthode permet en outre d'apporter quelques éléments nouveaux sur les enjeux des débats sur la musique au XVIIIe siècle. Le sens de l'opposition de Rousseau à Rameau réside dans une orientation esthétique générale, dont C. Kintzler a exhibé le fonctionnement : « Rousseau, en voulant penser la musique, montre comment le classicisme est philosophiquement construit. Par là, il se propose de le détruire[1] ». Néanmoins, cette entreprise peut paraître rhapsodique, parce qu'elle repose sur la juxtaposition de procédures très diverses, qui relèvent à la fois de la théorie musicale et de l'anthropologie philosophique, et dont l'articulation ne se laisse pas aisément circonscrire. Le fait est que l'une des principales difficultés soulevées par les philosophies de la musique, au XVIIIe siècle, réside dans la relative extériorité que leur commentaire peut maintenir, par rapport à leur thème – étant bien entendu que cette posture sanctionne, non point une négligence des commentateurs, mais les soucis d'une époque : très soucieux d'expliquer les effets généraux de la musique, les penseurs des Lumières ne s'occupent que trop rarement des propriétés intrinsèques de cet art. Ils prescrivent du même coup à leurs lecteurs une orientation qui, parfois, les conduit à perdre de vue l'objet musical – et, dans le cas qui nous occupe, l'exposé précis des problèmes théoriques. Ainsi l'opposition bien manifeste de l'harmonie et de la mélodie finit-elle par recouvrir son motif interne, pour mettre en scène des positions caricaturales. Elle est cependant recevable, du moment qu'on la saisit comme le signe d'une question soulevée par les conditions d'exposition de la théorie musicale à un certain moment de son histoire. C'est par exemple l'explication du rôle essentiel de la dissonance dans le contexte d'une écriture par accord qui pose concrètement la question d'une priorité de l'harmonie ou de la mélodie : qu'est-ce qui, du caractère de l'harmonie ou de la conduite des voix, doit commander la résolution de la dissonance? C'est sous le jour d'une telle question, et d'autres interrogations également circonstanciées, que les différents arguments développés par les philosophes (en particulier par Rousseau) apportent un éclairage décisif sur les problèmes soulevés par l'état de la théorie musicale à un certain moment de son histoire.

La conviction qui anime ce travail est donc que l'étude de l'organisation interne de la théorie harmonique et de ses relations avec la science des Lumières doit permettre d'identifier plus rigoureusement les termes philosophiques généraux des grands débats consacrés à la musique au XVIIIe siècle. C'est qu'une telle enquête conduit d'abord à enregistrer le *fond commun* sur lequel se découpent les positions des auteurs – celui d'une musique organisée par la tonalité harmonique, dont Rameau présente le premier exposé synthétique et dont Rousseau a parfaitement identifié les principes[2]. La comparaison du traitement que ces principes reçoivent dans les œuvres que nous avons retenues, si elle comporte des aspects un peu

1. *Poétique de l'opéra français de Corneille à Rousseau*, Paris, Minerve, 1991, p. 430.

2. L'argument de l'incompétence de Rousseau, à ce niveau, n'explique rigoureusement rien.

techniques, peut seule nous conduire à saisir la cohérence (et la relative autonomie) des choix proprement philosophiques engagés par l'exposé d'une théorie musicale. Il s'agit en somme de mettre en évidence, d'une manière très locale, un « problème épistémologique » – au sens que Desanti donne à cette expression, quand il montre que les sciences produisent « en leur sein des systèmes d'expressions qu'on ne peut rendre pleinement explicites qu'en utilisant d'autres ressources (...) que celles qui sont utilisées à l'intérieur du corps de la science elle-même [1] ». D'une même façon, si les procédures développées dans la théorie musicale ne trouvent d'explicitation que philosophique, ce n'est pas du tout que cette théorie est une science aveugle mais, bien plutôt, qu'elle génère, en son sein, des difficultés d'ordre philosophique. C'est à ce titre, par exemple, qu'une doctrine des idées et, à terme, une anthropologie se trouvent engagées dans la pensée de la musique.

1. « Qu'est-ce qu'un problème épistémologique ? », *La Philosophie silencieuse*, Paris, Editions du Seuil, coll. « L'ordre philosophique », 1975, p. 112.

PREMIÈRE PARTIE

LES RÉGIMES THÉORIQUES

S'il est vrai que les philosophes des Lumières portent une attention particulière aux procédures selon lesquelles les savoirs positifs s'appliquent les uns aux autres, alors la tentative de fonder la théorie musicale sur une physique du son doit revêtir chez eux une signification de premier plan : il s'agit en effet de comprendre un art dont les effets se distinguent par leur vivacité et qui possède une structuration mathématique traditionnellement forte, à partir des principes d'une physique qui, au XVIIIe siècle, mérite bien son titre de paradigme.

Il faut commencer par exposer brièvement, sous forme d'éléments, la première systématisation des ressources de l'harmonie tonale – les notes ne s'organisent plus simplement en divers intervalles (réunion de deux notes) mais en accords, c'est-à-dire en des configurations plus complètes (leur définition théorique comporte au minimum trois notes), dont les relations sont organisées par un son fondamental plus grave, qui peut n'être pas exprimé. L'enchaînement des sons fondamentaux produit, selon certains principes que nous expliciterons, une basse fondamentale qui constitue à la fois (ce qui posera des problèmes essentiels) la structure du morceau de musique et le guide de l'oreille. Surtout, la progression de cette basse fondamentale est commandée par la cadence, c'est-à-dire, pour faire vite, par la résolution des dissonances qui soulignent le caractère de l'harmonie – c'est sur ce point que se concentre l'opposition de Rousseau à Rameau.

L'étude de l'acoustique expérimentale au XVIIIe siècle doit d'abord interroger la distinction claire des domaines scientifique et musical, que les meilleures présentations postulent trop rapidement[1]. Le problème est que

1. J. Chailley affirme ainsi que la tentative ramiste pour fonder la théorie harmonique sur la résonance serait tributaire d'un malentendu de départ, qui fut lourd de conséquences : « Pour [les hommes de science], la "Résonance" n'éveille aucun autre concept que celui d'une vibration par sympathie de certains corps sous certaines conditions, tandis que les musiciens, entraînés par Rameau, et peut-être à l'insu de ce dernier, inclueront dans la notion à peu près tout ce qui concerne les rapports physiques entre un son musical et ses harmoniques » (« Pour une lecture critique du premier chapitre de la *Génération harmonique* », in *Actes du colloque international J.-Ph. Rameau*, recueillis par J. de La Gorce, Paris-Genève, Champion-Slatkine, 1987, p. 280).

cette séparation bien nette de la musique et de l'acoustique n'était pas chose évidente pour les fondateurs de la science des sons : Sauveur applique son système de mesure des hauteurs du son à l'élaboration d'un nouveau tempérament, et son explication des sons harmoniques permet avant tout de raisonner la composition des jeux d'orgues. En outre, les premiers énoncés de l'acoustique expérimentale trouvent leur condition de possibilité dans le travail d'unification très important opéré par les théoriciens de l'harmonie. Cette situation sanctionne d'ailleurs le déficit d'une expression mathématique adéquate, dont une étude circonstanciée de la physique du corps sonore devra mesurer les conséquences.

Corrélativement, si les objets de la théorie musicale créent de grandes difficultés à ceux qui, au XVIIIe siècle, s'efforcent de les fonder en raison, ce n'est pas parce qu'ils manquent d'un contenu bien déterminé, mais surtout parce que l'épreuve du contexte résonantiel met en évidence leur caractère spécifiquement esthétique. Au lieu de considérer, comme c'est souvent le cas, que la tentative de Rameau relève d'une confusion regrettable, il importe de comprendre ce qui, en elle et malgré des formulations indéniablement ambiguës, s'applique de façon adéquate aux objets musicaux. En somme, le problème de la résonance du corps sonore, en même temps qu'il permet à l'acoustique de se constituer à partir des énoncés de la théorie harmonique (et en se démarquant de ceux-ci, bien évidemment), dégage l'ordre interne des ressources musicales, qui se manifeste peut-être dans un écart par rapport aux exigences scientifiques auxquelles, tout d'abord, on essaie de le conformer. L'intérêt de la tentative ramiste réside alors en ce que le théoricien essaie de comprendre ces écarts à partir de la théorie d'une écoute musicale formée par la résonance.

CHAPITRE PREMIER

LES ÉLÉMENTS DE L'HARMONIE

DES CONSONANCES À L'ACCORD : DE DESCARTES À RAMEAU

Pour se ménager un accès dans l'ensemble complexe que constitue le système ramiste, la meilleure solution consiste paradoxalement à partir d'une notion qui occupait prioritairement les théoriciens précédents et qui, dans le *Traité de l'harmonie*, passe au second plan – il s'agit de la consonance qui, depuis Aristoxène, désigne deux objets distincts [1] : d'une part, l'association de deux notes qui produit une impression agréable ; d'autre part, la relation numérique qui exprime le rapport des longueurs du monocorde ou, plus tard, celui des vibrations, lorsque ces rapports obéissent à une certaine règle de production. Dans chaque registre (acoustique et mathématique), Rameau trouve chez Descartes les instruments d'une unification de ces deux aspects, mais il confère à cette opération une portée bien supérieure : les consonances sont produites par une structure plus importante, *l'accord*, qui leur assigne une fonction particulière. L'interprétation ramiste du syllogisme cartésien sur le rapport des longueurs de corde et des hauteurs du son permet ainsi d'éclairer la genèse d'un concept dont les textes résonantiels confirmeront l'importance.

1. Qu'il nous soit permis de renvoyer ici à l'article « Consonance » de Claude V. Palisca, *The New Grove Dictionary of Music and Musicians*, Edited by Stanley Sadie, London, Macmillan Publishers, 1980, t. IV, p. 668b-671a.

Le registre acoustique

L'importance du *Compendium Musicæ* dans l'histoire de la théorie musicale réside essentiellement dans le fait que Rameau y reconnaît le cadre conceptuel dans lesquel il est possible d'unifier la notion de consonance. On partira donc du fameux syllogisme de Descartes sur le rapport des cordes consonantes, qui met en relation les données acoustiques et l'expression arithmétique traditionnelle :

> (...) de deux termes qu'on suppose être en consonance le plus grave est de beaucoup le plus puissant et contient l'autre en quelque façon. On le voit sur les cordes d'un luth : si l'une d'elles est touchée, celles qui sont plus aiguës d'un octave ou d'une quinte tremblent et résonnent spontanément. La raison de ce fait se démontre ainsi : le son est au son ce que la corde est à la corde ; or, en chaque corde sont contenues toutes les cordes moindres qu'elle, mais non les plus longues. Donc sont contenus aussi en chaque son tous les sons plus aigus, mais non pas les plus graves dans l'aigu[1].

D'une façon parfaitement classique, Descartes qualifie tout d'abord de consonante la relation de deux sons de hauteurs différentes entendus simultanément, quand leur association produit un plaisir : dans le texte que nous venons de citer, ce premier sens est désigné par la mention de ces « deux termes qu'on suppose être en consonance ». L'originalité de Descartes tient à ce qu'il rapporte immédiatement cette relation aux cas de résonance : il observe en effet que la corde aiguë, dont la longueur est inférieure à celle du monocorde, résonne spontanément lorsque celui-ci entre en vibration. Cette expérience suggère que la consonance, comme production esthétique, peut être conçue comme une relation réglée qui englobe deux objets numériquement distincts sous une même raison. Or la seconde acception de la notion de consonance, reconnue par la tradition, désigne la division d'une même corde (grave) selon certains rapports

1. Descartes, *Compendium Musicæ*, « Des consonances », Edition nouvelle, traduction, présentation et notes par Frédéric de Buzon, Paris, PUF, coll. « Epiméthée », p. 64-66. La traduction Poisson, que Rameau a consultée, ne comporte pas ici de différence significative – lisons simplement la formulation du syllogisme cartésien : « Le son est au son comme la corde est à la corde : or chaque corde contient en soi toutes les autres cordes qui sont moindres qu'elle, et non pas celles qui sont plus grandes ; par conséquent aussi dans chaque son, tous les aigus sont contenus dans le grave, mais non pas réciproquement tous les graves dans celui qui est aigu » (*Abrégé de la musique*, p. 60 ; cité par Rameau dans le *Traité de l'harmonie réduite à ses principes naturels*, Paris, Ballard, 1722, p. 3). Les références aux autres textes de Descartes sont données dans l'édition des *Œuvres* publiées par Charles Adam et Paul Tannery, Nouvelle présentation par Bernard Rochot et Pierre Costabel, 11 vol., Paris, Vrin-CNRS, 1964-1974, notée AT avec indication du volume en chiffres romains.

mathématiques – elle manifeste ainsi une relation intrinsèque, la division d'un corps en ses parties, qui semble susceptible d'exprimer le phénomène de résonance : c'est pourquoi Descartes applique aux hauteurs du son le verbe « contenir », utilisé pour les relations entre les longueurs de corde. Il engage de cette façon l'unification des deux acceptions de la consonance : la corde plus aiguë qui, en association avec la corde grave, produit une consonance, manifeste en fait les rapports internes repérables sur cette corde grave.

L'expérience rudimentaire de résonance relatée par Descartes joue évidemment un rôle capital dans cette opération : c'est elle qui donne un contenu moderne à la formule zarlinienne très connue, selon laquelle le son est au son comme la corde est à la corde. Au lieu de reposer sur l'identité de nature qui, pour toute une tradition (ainsi pour Fracastor, comme le note F. de Buzon [1]), servait à caractériser la sympathie des corps sonores, la consonance postule désormais une simple égalité de proportion entre le rapport des longueurs, d'une part, et le rapport des hauteurs du son, d'autre part. La meilleure façon de comprendre cette expérience est donc de considérer qu'elle fournit le mobile empirique à l'occasion duquel on propose de décrire les relations des hauteurs du son par des expressions numériques qui, en fait, concernent les longueurs mesurées sur les cordes vibrantes. L'important réside en ce que ces relations sont définies pour une seule et même corde, dont la division donne les intervalles consonants qui, par ailleurs, peuvent être identifiés lorsque cette corde grave fait résonner une autre corde plus aiguë.

Faut-il considérer que le verbe *contenir* désigne, non seulement le rapport mathématique des longueurs de corde, mais aussi les propriétés physiques du monocorde, qui permettraient d'expliquer le phénomène de résonance ? Beeckman pense que l'expérience de résonance relatée dans ce texte confirme certaines hypothèses proprement physiques [2]. Cependant, à l'époque où Descartes écrit le *Compendium Musicæ* et jusqu'aux *Regulæ*, il maintient encore une distinction entre la détermination d'une dimension,

1. « Sympathie et antipathie dans le *Compendium Musicæ* », *Archives de Philosophie*, 46, 1983, p. 650.

2. « Renatus le Poitevin a observé que les cordes inférieures (ou graves), une fois touchées, mettent en mouvement d'elles-mêmes les cordes supérieures qui sont consonantes avec elles ; au contraire, lorsqu'on touche les cordes supérieures, les cordes inférieures ne sont pas mues. Ce qui résulte de mes hypothèses, c'est que les plus gros corpuscules d'air, produits par les sons bas et jetés avec de plus grands intervalles, peuvent mieux toucher les cordes supérieures » (*Journal*, t. I, p. 144 ; cité par Klaas van Berkel, « Beeckman, Descartes et la philosophie physico-mathématique », in *Archives de Philosophie*, 46, 1983, p. 625).

qui échoit au mathématicien, et la question de savoir si cette dimension peut recevoir, en outre, un fondement physique[1]. Ainsi que l'indique F. de Buzon[2], l'*Abrégé de Musique* mobilise explicitement cette distinction : « (...) en ce qui regarde la qualité du son lui-même, avec quel corps et quelle matière il est produit le plus agréablement, cela regarde les Physiciens[3] ». Ajoutons que le *Traité de l'Harmonie* porte la trace de cette première épistémologie cartésienne, puisqu'en 1722, Rameau estime qu'il peut produire une théorie complète des intervalles musicaux sans recourir à des considérations physiques :

> Nous laisserons à la physique le soin de définir le son ; dans l'harmonie on le distingue seulement en grave et en aigu, sans s'arrêter à sa force ni à sa durée ; et c'est sur le rapport des sons aigus aux graves, que toutes les connaissances de l'harmonie doivent être fondées[4].

En fait, pour concevoir que la vibration de la corde grave *contient* réellement les intervalles consonants, il faut nécessairement admettre qu'elle fait résonner une série de sons harmoniques, abstraction faite du mouvement qu'elle communique à une autre corde plus aiguë par l'intermédiaire du milieu. Descartes ne propose pas une pareille description – comme nous le verrons, l'auteur de l'*Abrégé de Musique* estime que l'émission des sons harmoniques (que Mersenne lui signale) n'est pas une caractéristique essentielle des phénomènes sonores, mais qu'elle résulte simplement des irrégularités de la corde vibrante ; au contraire, la résonance sympathique des corps sonores est un phénomène régulier, que nous ne pouvons manquer d'observer[5]. Le plus simple est donc de penser qu'en 1618, l'expérience de résonance donne lieu à une expression mathématique avantageuse du rapport des sons aigus à un même son grave, mais que la validité de cette description n'est pas suspendue à cette expérience comme à sa vérification – au fond, il n'est pas absolument nécessaire de postuler que ces relations purement numériques correspondent aux propriétés physiques du monocorde. Cela n'empêche nullement que l'on utilise l'expérience de

1. *Regulæ ad Directionem Ingenii*, XIV, AT X, p. 447-448.
2. Dans la présentation de son édition de l'*Abrégé de musique*, p. 17.
3. *Abrégé de musique*, p. 54.
4. *Traité de l'Harmonie*, liv. I, chap. I, p. 2.
5. André Pirro en tire la conclusion que Descartes « ne soupçonne point que cette résonance provient (...) de la répercussion des harmoniques suscités par le son émis tout d'abord » (*Descartes et la musique*, Paris, Fischbacher, 1907, p. 8). Il serait plus juste de dire que cette relation, effectivement « soupçonnée » par Descartes (nous entendons facilement la réplique d'une note à son octave supérieure), ne constitue pas pour lui une propriété géométriquement assignable.

résonance, « en vertu de son pouvoir discriminant[1] », pour conduire la classification des consonances.

Si l'on garde bien à l'esprit le rôle de l'expérience de résonance, on peut dire, avec J. Chailley, que l'application du verbe « contenir » au rapport des intervalles consonants constitue une « intuition d'une rare profondeur, qui assure à l'image de Zarlino un prolongement inattendu » ; elle donne « à Rameau le choc initial d'où sortira le *Traité de l'Harmonie*, et Rameau ne s'en cache pas[2] ». Le musicien radicalise en effet les résultats acquis chez Descartes, pour considérer que le son grave est le *fondement* des intervalles consonants :

> Les différentes divisions marquées sur toutes les cordes qui sont égales à la première, et déterminées par la quantité que contient chaque nombre qui leur répond, nous prouvent évidemment que chaque partie de ces cordes répond à la première, puisque ces parties sont contenues dans cette corde première et unique ; donc les sons que doivent rendre ces cordes divisées, sont engendrés du premier son, qui en est par conséquent le principe et le fondement[3].

Rameau tiendra désormais pour acquise l'unification de la notion de consonance : en témoigne son interprétation de la résonance sympathique de différentes cordes sonores. Cette expérience prend maintenant tout son sens, puisqu'elle ne fait que représenter d'une façon plus pédagogique ce que la vibration d'une corde unique permet en réalité de comprendre : les cordes plus aiguës dont on compare les émissions avec celles du monocorde manifestent ses dispositions internes, qui définissent toutes les consonances. Il reste vrai, dans le *Traité*, que Rameau ne confère pas à cette comparaison une signification physique (en cela, il suit encore Descartes). Mais la relation du son grave aux sons aigus qui donnent avec lui la série des intervalles consonants ne désigne plus simplement un rapport abstrait de contenant à contenu, destiné à simplifier l'expression des intervalles – lorsque Rameau affirme que le son grave est le « fondement » des consonances, il entend que leur caractère musical est déterminé par cette relation. Autrement dit, les intervalles reçoivent du son grave leur caractère consonant – cette fonction définira le centre harmonique :

> (...) de l'union de ces différents intervalles, il se forme différentes consonances, dont l'harmonie ne peut être parfaite, si ce premier son ne règne au-dessous d'eux, comme en étant la base et le

1. F. de Buzon, art. cité, p. 652.
2. *Expliquer l'harmonie ?*, Paris, Editions d'Aujourd'hui, 1985, p. 39.
3. Rameau, *Traité de l'Harmonie*, liv. I, chap. III, art. I, p. 5.

fondement, selon ce qui paraît dans la démonstration ; donc ce premier son est encore le principe de ces consonances et de l'harmonie qu'elles forment[1].

Le registre arithmétique

Outre le syllogisme que nous avons commenté, Rameau emprunte à Descartes un autre instrument, qui lui permet de déterminer l'ordre des consonances qui sont contenues dans le son grave – il s'agit d'une méthode de division du monocorde. Même si l'auteur de l'*Abrégé* prétend utiliser la proportion arithmétique[2], il procède à une division harmonique du monocorde, selon laquelle « la corde est divisée en deux, puis en trois termes égaux, et ainsi de suite jusqu'à six[3] ». Rameau applique lui aussi cette méthode, où « le tout (...) est beaucoup plus intelligible », puisque « les nombres suivent leur progression naturelle[4] ». L'identification entre le rapport numérique des longueurs de corde et celui des hauteurs du son permet alors d'affirmer que « l'ordre de l'origine et de la perfection [des] consonances se trouve déterminé par celui des nombres[5] » – on obtient ainsi, par ordre décroissant de perfection, l'octave, la quinte et la quarte, les tierces majeure et mineure et les sixtes. L'identité d'un intervalle et de son renversement (sur laquelle nous reviendrons) réduit enfin cet ensemble à trois éléments principaux « dont se compose un accord qui s'appelle naturel ou parfait[6] » : la quinte (qui se renverse en quarte) et les deux tierces (qui donnent les sixtes) – l'octave peut être mise de côté, puisqu'elle fournit la règle de ces transformations. Plutôt que d'insister sur la constitution historique de cette classification, retenons dès à présent deux points fondamentaux. Premièrement, puisque l'octave constitue une réplique inexpressive qui fonde la production de l'ensemble des consonances, on doit considérer que la quinte, qui divise l'octave, est le « premier objet de tous les accords[7] » – la proportion harmonique, qui donne la quinte au-dessus du fondamental, définit la dominante et la proportion arithmétique nous fournit la sous-dominante, en dessous du son fondamental. Deuxièmement, la quinte se divise elle-même en deux tierces qui, par suite, constituent les moindres degrés à partir desquels tous les autres accords (en

1. *Ibid.*
2. *Abrégé de musique*, sixième remarque préalable, p. 56.
3. F. de Buzon, présentation de l'*Abrégé de musique*, p. 15.
4. *Traité de l'harmonie*, liv. I, chap. II, p. 3.
5. *Ibid.*, chap. III, p. 5.
6. *Ibid.*, art. V, p. 13.
7. *Ibid.*, liv. II, chap. IV, p. 54.

particulier les accords de septième) seront effectivement constitués[1]. L'organisation des tierces à l'intérieur de l'octave définit enfin les deux accords parfaits[2]. L'important réside donc moins dans les propriétés individuelles de ces intervalles que dans la fonction qu'ils remplissent au sein d'une structure plus complexe dont les déterminations sont logiquement premières.

Il faut dès à présent souligner que les deux instruments qui permettent d'unifier la notion de consonance commanderont, chez Rameau, la version résonantielle de la théorie harmonique. D'une part, le phénomène de la résonance du corps sonore donnera un contenu physique au syllogisme cartésien; d'autre part, l'auteur de la *Génération harmonique* continuera d'utiliser les proportions harmonique et arithmétique pour fonder les ressources musicales – mais il ne prendra pas soin de justifier l'emploi des proportions dans ce nouveau contexte. Le problème réside en ce que leur application, dans le *Traité de l'harmonie*, relève d'une simple assignation de dimension, qui ne dépend pas d'un fondement physique. En revanche, la prise en compte des sons harmoniques exigerait que leur loi de production fît l'objet d'une explicitation mathématique susceptible de justifier leur expression proportionnelle[3].

L'accord comme structure

La lecture de Descartes conduit donc Rameau à considérer toutes les consonances dans leur identique subordination au son grave rendu par la corde entière – cette relation définit l'accord comme un objet original, irréductible à la superposition d'intervalles indépendants. Avant que le système de l'harmonie tonale ne soit vraiment constitué, les théoriciens admettaient le plus souvent que la conduite d'une mélodie sur plusieurs voix suffisait pour définir l'accord comme la réunion de différentes notes entendues simultanément, pourvu que cette combinaison suivît les règles prescrites par l'enchaînement des intervalles. L'accord sanctionnait ainsi l'*association* des voix. L'existence d'un centre harmonique interdit désormais de réduire cet accord à la simple agrégation des éléments

1. D'où il résulte que Rameau peut aussi bien déclarer que « l'on peut regarder (...) les tierces comme l'unique objet de tous les accords » (*ibid.*, liv. I, chap. VII, p. 33).

2. Selon que la tierce majeure ou la tierce mineure est au grave, on obtient respectivement l'accord parfait majeur et l'accord parfait mineur.

3. On accordera volontiers à Christensen (*op. cit.*, p. 90) que l'usage ramiste des proportions leur confère une pertinence plus musicale que physico-mathématique; en revanche, il nous semble très douteux que, dans l'*Abrégé de musique* de Descartes, les calculs interviennent pour exprimer les causes physiques des consonances.

sonores : le centre harmonique fournit immédiatement un objet complet, au sein duquel la théorie harmonique distingue ensuite diverses relations dont elle examine les propriétés et les transformations possibles, selon les critères qu'impose la configuration entière. Carl Dahlhaus exprime d'une façon exemplaire le changement apporté par cette nouvelle conception : « (...) les accords ne sont pas pensés comme des combinaisons de notes et d'intervalles, mais comme des unités données immédiatement [1] ».

Rameau est bien conscient de la nouveauté de sa position, et il oppose souvent l'unification effectuée dans le *Traité de l'harmonie* aux conceptions hétéroclites de ses prédécesseurs, qui construisent les accords à partir des intervalles isolés ; c'est dans cette perspective qu'il souligne la contradiction qui frappe l'interprétation zarlinienne de l'accord parfait majeur :

> Zarlin s'efforce partout à nous prouver que les premiers musiciens ne connaissaient que l'accord parfait (...), et (...) nous voyons, qu'à commencer par lui, chaque auteur ne s'est attaché précisément qu'à l'intervalle, dont il a voulu prescrire les propriétés, en ne nous donnant que des idées vagues du principe [2].

Les remarques de Rameau témoignent d'une appréciation relativement juste de l'état de la théorie des accords chez Zarlino : d'une part, l'auteur des *Istituzioni harmoniche* affirme que la « composition parfaite » requiert l'intégrité de l'accord parfait – on doit y trouver une tierce et une quinte ou, selon le postulat de l'identité des octaves, le redoublement de ces intervalles [3]. Cette affirmation constitue une des contributions majeures de Zarlino à l'histoire de la théorie musicale. Mais d'autre part, l'enchaînement harmonique est assuré par les intervalles et non par la basse fondamentale qui, comme nous le verrons, institue une relation fonctionnelle entre les notes fondamentales des accords : Zarlino n'aperçoit donc pas le rôle essentiel du centre harmonique, qui se manifeste d'abord dans la constitution d'une basse fondamentale. Le jugement formulé dans le *Traité de l'Harmonie* demeure donc pertinent, même s'il ne s'accompagne pas, à ce moment du texte, de toutes les précisions nécessaires : il faudrait ajouter,

1. *La Tonalité harmonique*, trad. A.-E. Ceulemans, Liège, Mardaga, 1993, p. 61. Jacques Chailley reprend cette idée avec une grande clarté : « C'était l'inverse de la conception usuelle, qui analysait exclusivement des lignes mélodiques, considérant les accords comme des rencontres de sons, consonantes ou non, mais sans valeur de structure » (*Expliquer l'harmonie ?*, p. 41).

2. Rameau, *Traité de l'harmonie*, liv. II, chap. XVIII : « Observations sur l'établissement des règles, où l'on enseigne la manière de composer une basse fondamentale », article premier « De l'établissement des règles », § 4, p. 132. Cette critique s'insère dans un développement consacré au renversement des accords.

3. *Istituzioni harmoniche*, lib. III, cap. 32, Venetia, 1558, p. 181.

avec Dahlhaus, « [qu'] on ne peut parler de notes fondamentales que si la succession de ces fondamentales crée des relations musicales [1] ». Il est assez frappant que, dans son exposé de l'écriture par intervalles chez Zarlino, Dahlhaus ne fasse pas mention de la critique ramiste ; cela tient sans doute au fait que Rameau donne l'impression de penser qu'il est toujours possible de déterminer le centre harmonique d'un accord, même s'il est isolé – en l'état, cette position serait difficilement compatible avec l'idée que seule la basse fondamentale confère sa réalité au centre harmonique. Mais le musicologue ne tient pas compte de ce que l'unification proprement théorique de la notion de consonance permet de mettre en évidence une fonction de centralisation dans l'accord, abstraction faite du contenu précis que celle-ci reçoit de la tonalité. Avant de revenir sur cette question délicate, il convient d'approfondir la conception dont nous avons présenté l'argument.

Ce n'est pas ici le lieu d'examiner dans leur détail les règles de composition qui donnent corps à la thèse moderne d'une supériorité de l'accord par rapport à la note ; en revanche, il importe d'identifier dans cette hiérarchie l'indice du statut philosophique de l'accord, caractéristique de l'harmonie tonale. On a vu que l'idée selon laquelle le son grave contient l'aigu reçoit à l'âge classique une signification nouvelle : les relations harmoniques des intervalles consonants s'expliquent par le rapport de ces différents intervalles à un même son fondamental plus grave. La division mathématique d'une corde ne permet plus simplement d'engendrer des intervalles isolés, mais elle manifeste en outre leur fonction au sein d'une totalité dont le centre harmonique rendu par la corde grave constitue le fondement. Dans l'ordre théorique, l'accord complet est donc premier par rapport aux intervalles et aux sons qui le composent. De plus, cette conception présente un intérêt conceptuel incontestable, puisqu'elle évite au théoricien de se perdre dans le labyrinthe des descriptions empiriques ; en effet, pris en lui-même, chaque intervalle peut appartenir indifféremment à plusieurs accords qui lui imposent autant d'enchaînements particuliers :

> (...) si nous examinons un intervalle en particulier, nous ne pourrons jamais en définir les propriétés, si nous n'examinons en même temps tous les différents accords où il peut avoir lieu ; ici l'un des sons de cet intervalle doit descendre, là il doit montrer, ici sa progression est conjointe, là elle est disjointe, ici il est dissonant, là il est consonant, ici il doit syncoper, là il ne le peut :

1. *Op. cit.*, p. 93.

> et voilà justement le sujet de l'obscurité des règles qu'on nous en a données [1].

Tandis qu'en eux-mêmes, les intervalles isolés ne contiennent pas de quoi produire la définition d'un accord complet, il est possible de déduire les propriétés d'un intervalle de l'accord complet dans lequel il s'inscrit. Il faut donc considérer l'accord comme une structure qui s'applique au matériau sonore pour l'organiser.

On signalera bien sûr que c'est dans la situation historique particulière où se développe une écriture musicale par accords que les intervalles perdent ainsi leur pouvoir organisateur [2]. Il reste que, dans la théorie ramiste, deux motifs internes justifient la primauté des accords sur leurs éléments : d'une part, le son fondamental produit immédiatement un accord parfait majeur (l'étude de la résonance du corps sonore renforcera cette assertion) ; d'autre part, l'accord détermine l'enchaînement des intervalles et, par suite, leurs propriétés musicales concrètes. Ces deux arguments apparaissent clairement dans le *Traité de l'harmonie*, lorsque Rameau critique « ceux qui nous ont donné des règles de la musique » :

> (…) à commencer depuis Zarlin, ils ne se sont attachés qu'à chaque intervalle en particulier ; de sorte que le principe subsistant uniquement dans le son premier et fondamental, et ensuite dans l'accord qu'il doit porter, l'on ne pouvait déterminer les propriétés d'un intervalle, que préalablement l'on eût déterminé celles de ce son fondamental, et ensuite celles de l'accord complet dont il doit être accompagné, et sans lequel l'harmonie est imparfaite [3].

Il est donc patent que, dans la théorie ramiste, l'accord forme une totalité qui comporte davantage que la somme de ses parties, puisque celles-ci ne suffisent pas à en déterminer sans équivoque la production, lorsqu'on les envisage dans leur singularité. Corrélativement, la partie s'avère indissociable de sa fonction dans le tout, car l'accord fixe les propriétés des intervalles. Rousseau propose une excellente formule, qui permet d'approcher le statut philosophique de cet objet :

> (…) on voit que le système harmonique n'est point composé de parties qui se réunissent pour former un tout, mais qu'au contraire c'est de la division du tout ou de l'unité intégrale que se tirent les

1. Rameau, *Traité de l'harmonie*, liv. II, chap. XVI, art. IV : « Du défaut des auteurs dans l'établissement des règles de l'harmonie : Des différents principes de ces règles, et des erreurs qu'elles sèment », p. 106.

2. Voir Annie Cœurdevey, *Histoire du langage musical occidental*, Paris, PUF, 1998.

3. *Traité de l'harmonie*, liv. II, chap. XVI, art. IV, p. 106.

parties; que l'accord ne se forme point des sons, mais qu'il les donne[1].

Cette description répond surtout au premier motif que nous avons évoqué : le centre harmonique émis par la corde grave donne un accord complet, sans égard au caractère préalable des intervalles qui composent celui-ci. Une telle indépendance apparaît plus clairement dans le fait qu'un musicien, pour alléger une composition, peut supprimer (ou déplacer) l'un des sons qui entrent dans la constitution normale d'un accord, pourvu qu'il prenne conscience que cette liberté ne change rien aux rapports formels qui définissent idéalement cet accord : « (...) le fond de l'accord subsiste toujours, quoiqu'il ne soit pas complet; le goût du chant nous obligeant quelquefois de doubler un son, au lieu d'employer celui qui rendrait cet accord complet[2] ». Dans cette perspective, l'accord apparaît bien comme une structure, c'est-à-dire comme un ensemble de relations que la théorie peut définir distinctement sans recourir à un contenu empirique particulier. Cependant, on doit constater dès à présent que cette lecture tire surtout argument du lien très étroit qui existe entre la théorie du centre harmonique et l'accord parfait majeur, à son état fondamental; il faudra encore se demander ce qui se passe lorsqu'on envisage cette primauté des accords du point de vue de l'écriture musicale.

LES PROPRIÉTÉS DES ACCORDS

L'unification de la notion de consonance conduit à dégager une structure complète, qui applique son ordre aux intervalles indépendants même lorsque tous les sons qui la composent ne sont pas présents – c'est l'accord. Il s'agit à présent de comprendre le rôle formel de cet objet, qui commande l'écriture tonale en musique. On examinera ici la théorie nouvelle du renversement des accords, qui est introduite dans le *Traité de l'Harmonie*, et l'inscription structurelle de l'accord dans la basse fondamentale, qui constitue, aux yeux des philosophes du XVIIIe siècle, le véritable principe de l'harmonie : « (...) vous trouverez l'harmonie simplifiée à un point qu'on n'eût jamais espéré dans l'état de confusion où étaient ses règles avant M. Rameau[3] ». Rousseau affirme dans le même article qu'il existe une consécution, du renversement des accords à la basse fondamentale; cette distribution décrit bien l'ordre systématique caractéristique

1. *Dictionnaire de musique*, art. « Système », OC V, p. 1096.
2. *Traité de l'Harmonie*, liv. II, chap. XVIII, art. II, p. 136.
3. Rousseau, *Dictionnaire de musique*, art. « Basse fondamentale », p. 655.

de l'exposé ramiste – mais la question demeure de savoir s'il est possible d'interpréter cette organisation théorique dans le sens d'une détermination effective de la basse fondamentale par la structure de l'accord.

Le renversement des intervalles

Dans le cadre précis d'une introduction à la théorie ramiste, et pour comprendre la réduction de tous les accords à deux structures principales[1], on peut partir de la notion de renversement des intervalles, qui était connue avant Rameau[2]. Le fait que l'oscillation de la corde grave d'un luth détermine son octave à résonner atteste, selon Descartes, le caractère fondateur de l'octave parmi les consonances ; sur la base de cette observation, le *Compendium Musicæ* avance que, si un son aigu contenu dans les bornes de l'octave forme un intervalle consonant avec le son principal rendu par la corde grave, alors ce même son aigu produira également une consonance avec l'octave du son principal : « (…) il est manifeste qu'aucun son qui sera en consonance avec un terme d'une octave ne pourra être en dissonance avec l'autre terme de la même octave[3] ». Rameau reprend cette observation de Descartes, mais il lui assigne une fonction beaucoup plus importante. En effet, sa conception forte de l'identité des octaves lui permet de prendre l'octave du son principal pour une simple réplique, qui possède les mêmes propriétés harmoniques que le son fondamental. De ce point de vue, on ne doit pas se contenter de dire que le rapport d'un son contenu dans l'étendue de l'octave aux deux bornes de celle-ci fournit deux intervalles qui se communiqueront le cas échéant le caractère consonant – il faut négliger la comparaison de ces intervalles isolés pour se placer du point de vue des relations harmoniques complètes, afin de conclure, d'une part, qu'il n'existe qu'un unique intervalle, défini par le rapport du son aigu au son fondamental ; d'autre part, que le rapport de ce son aigu à la réplique du fondamental n'est qu'une variation opérée à partir du premier intervalle. Tandis que Descartes considérait deux intervalles consonants, Rameau

1. L'accord parfait majeur et l'accord de septième.

2. Salinas affirmait déjà expressément que l'octave et l'unisson sont identiques, parce que 1 est le *principium a quo* et 2 le *principium per quod*. C'est ainsi que la quinte et la quarte sont « tanquam germanas gemellas eodem partu æditas a Diapason ; et solum quantitate differre [comme des sœurs jumelles nées de l'octave en une même génération et ne différant que par la quantité] » (*De Musica*, lib. II, cap. XXV, Salamanca, Mathias Gastius, 1577). Voir Riemann, *Geschichte der Musiktheorie im 9.-19. Jahrhundert*, Berlin, Max Hesses Verlag, 1921, p. 396-397. Il va de soi que l'interprétation moderne du système de Rameau doit beaucoup aux travaux de Riemann, dont la théorie des fonctions recouvre cependant le souci dynamique attesté dès le *Traité de l'harmonie*..

3. Descartes, *Abrégé de musique*, p. 70.

établit qu'il n'y a qu'un seul intervalle, et son renversement. Lorsque la thèse de l'identité des octaves trouve à s'appliquer, elle évite de multiplier les types d'intervalles et les réduit par la méthode du renversement :

> Ce renversement que nous venons de remarquer entre les consonances, n'a été considéré de la plupart des théoriciens que comme la simple différence qu'il y a d'un intervalle à un autre ; cependant la différence d'une consonance à l'octave doit être distinguée de celle de deux consonances, en ce que l'octave représentant le principe, rien ne peut s'accorder avec l'un de ses termes (comme dit Descartes [dans le passage que nous venons de citer]) qu'il ne s'accorde aussi avec l'autre ; mais dans la différence de deux consonances, nous n'avons plus égard qu'au son principal de cette octave, le son aigu n'y étant pour rien [1].

On constate ainsi que l'identité des octaves n'est pas seulement un moyen commode pour repérer les intervalles musicaux, mais qu'elle permet de définir des opérations sur les hauteurs du son – l'expérimentation acoustique mettra cette fonction à rude épreuve.

Le cas du renversement des intervalles atteste en outre que, chez Rameau, l'expression proportionnelle est validée par des opérations musicales, sans égard aux relations physiques des sons. Bien plus – les relations numériques (et non les expériences de résonance par sympathie) suffisent à représenter l'identité des octaves :

> (...) il faut s'imaginer toujours que l'octave est inséparable de la note que l'on prend pour premier degré ; de sorte qu'après avoir comparé une note à ce premier degré, on la compare ensuite à l'octave de ce premier degré, d'où naîtront deux intervalles, dont le premier est appelé fondamental, ou principal, et le second renversé ; car en effet, si l'on compare *ut* à *mi*, puis *mi* à *ut*, il ne se trouve là qu'un renversement de comparaisons ; de même que par les nombres, en supposant que 8 et 1 représentent une même note, cette comparaison se fait d'abord d'1 à 3, puis de 3 à 8 [2].

L'ordre des nombres symbolise donc efficacement l'organisation de l'étendue sonore. Comme *base*, l'octave renferme l'ensemble des intervalles musicaux connus [3] ; comme *opérateur*, elle les réduit encore aux seules consonances vraiment élémentaires qui produisent toutes les autres par renversement : « De tous les intervalles, il n'y en a que trois qui soient

1. Rameau, *Traité de l'Harmonie*, liv. I, chap. III, art. VI, p. 16.
2. *Ibid.*, liv. III, chap. I, p. 172.
3. Rameau les présente d'ailleurs dans une table de valeurs numériques.

fondamentaux, et dont par conséquent il faille se ressouvenir[1] » – nous les avons déjà énumérés.

Le fait est que le renversement des accords apparaît d'abord comme un résultat obtenu par la méthode du renversement des intervalles (au livre I, chapitre X) ; mais avant d'expliquer ce texte, il faut prendre garde à l'ordre d'exposition suivi dans le *Traité*. On constate en effet que la présentation complète du renversement des intervalles n'intervient qu'au livre III, qui est consacré aux « Principes de composition », tandis que le renversement des accords s'inscrit dans les développements théoriques fondamentaux du livre I. Cette distribution tient d'abord à l'enjeu pratique de ce passage du livre III, qui doit conduire le musicien à calculer lui-même les intervalles sonores à partir du premier degré d'une gamme choisie. Mais on peut également tirer argument de ce que le renversement des intervalles n'est pas compris comme la comparaison de deux intervalles définis à part l'un de l'autre : on l'a vu, ce procédé consiste bien plutôt à rapporter une seule consonance aux deux éléments inséparables que constituent le son fondamental et sa réplique à l'octave – le renversement des intervalles est donc fondé au niveau d'une structure composée de trois sons, au lieu que les prédécesseurs de Rameau n'en décrivaient, selon lui, que les résultats empiriques. Ainsi cet exposé pratique répond-il aux caractères généraux d'une écriture par accord.

Le renversement des accords

Ces précisions étant apportées, nous pouvons passer à la première mention du renversement des accords, qui semble partir des propriétés des intervalles :

> Il faut remarquer que nous avons conformé les raisons des accords à celles des intervalles contenus entre les notes qui composent chaque accord ; de sorte qu'un même intervalle pouvant nous être donné sous deux raisons différentes, il n'y a point de doute que la plupart des accords précédents ne puissent participer de cette différence en prenant ces mêmes accords sur d'autres notes que celles dont nous nous sommes servis[2].

L'analyse du renversement des intervalles permet d'éviter un contre-sens – il ne faut pas entendre que les accords renversés sont constitués à partir d'intervalles renversés, mais qu'*une même opération* produit les uns et les autres : elle réside dans le transport à l'octave du son

1. *Ibid.*
2. *Ibid.*, liv I, chap. X, p. 46.

fondamental, et s'exprime par le renversement d'une proportion. Pas davantage que dans le cas des intervalles, cette méthode ne produit, lorsqu'elle est appliquée aux accords, un objet vraiment inédit : « (...) ces différentes raisons ne nous donneront pas de nouveaux accords [1] ». Bien que le renversement des accords soit introduit à partir du renversement des intervalles, il ne faut donc pas s'imaginer que, dans le cas des accords renversés, Rameau reprendrait à son compte une ancienne conception de l'accord comme agrégat d'intervalles indépendants : simplement, le renversement des intervalles manifeste de façon élémentaire les propriétés du centre harmonique, dont la fonction se conçoit toujours au sein d'un accord complet. L'exposé du renversement des accords proprement dit écarte d'ailleurs toute ambiguïté.

Selon un exemple classique, l'accord parfait majeur *do-mi-sol* ne consiste plus dans la juxtaposition d'intervalles discrets, mais dans un ensemble (une tierce majeure et une quinte) qu'il faut rapporter au centre harmonique *do* grave qui « contient » ces trois notes. En vertu du principe de l'identité des octaves, déjà appliqué par Zarlino, il importe peu que le centre harmonique ne soit pas exprimé à l'octave voulue, pourvu qu'il reste la note la plus grave de l'accord. La grande nouveauté de la conception ramiste tient à ce qu'elle englobe le cas où ce *do* n'est plus la note la plus grave de l'accord – bien plus, la définition précise de l'identité des octaves met l'accent sur ce transport du centre harmonique à une octave supérieure, qui produit une réplique du fondamental pourvue des mêmes propriétés au sein de l'accord : le *do* du haut *représente* le *do* du bas et l'accord apparaît simplement comme renversé. On mesure ici toute l'évolution qui s'opère entre le classique renversement des intervalles et celui des accords, introduit par Rameau : le second repose avant tout sur la théorie du centre harmonique et de son transport à l'octave qui, en retour, sert à proposer une nouvelle définition du premier.

La connaissance des accords renversés ne résulte pas d'une extension opérée dans la pratique mais, selon Rameau, de l'introduction d'un principe inaperçu des anciens théoriciens : « (...) ne devant cette connaissance qu'à la seule expérience, le principe y a été perdu de vue, en regardant ces derniers accords comme originaux ; ce qui a donné lieu aussi à une infinité de détours, d'exceptions, et d'équivoques » ; au contraire, la théorie de l'harmonie est « la science du monde la plus simple, et la plus naturelle, comme toute personne de bon sens peut s'en apercevoir, tant par les règles anciennes, et modernes, que par la juste réduction que nous en faisons au

1. *Ibid.*

principe[1] ». On ne parlera d'accord renversé que dans les cas où le centre harmonique est exprimé au-dessus des autres parties : pour ce qui concerne l'accord parfait, Rousseau observe ainsi que « ces deux ordres *ut mi sol* et *ut sol mi*, ne sont pris que pour un même renversement, et ne portent qu'un même nom, ce qui réduit à trois tous les renversements de l'accord parfait[2] ». Comme c'est le cas pour le renversement des intervalles, le *Traité de l'Harmonie* privilégie l'expression numérique des accords renversés, pour montrer que cette opération ne modifie pas les proportions caractéristiques des relations internes d'un accord[3]. De plus, la réduction des proportions équivalentes permet de montrer que les renversements ne peuvent être plus nombreux que les notes qui composent l'accord[4]. Le procédé inventé par Rameau permet ainsi de reconduire à leurs structures fondamentales des accords dont la réalisation empirique est susceptible de diverses variations, qui s'avèrent indifférentes « pour le fond de l'harmonie[5] ». On établit désormais un lien entre des accords dont l'origine commune était inaperçue : les accords *do-mi-sol* et *mi-sol-do* relevaient autrefois de formations hétérogènes (respectivement deux tierces, une tierce et une quarte), au lieu que, dans le *Traité de l'Harmonie*, le second est renversement du premier. Dahlhaus signale que Lippius comprenait déjà le renversement des accords proprement dit comme « un cas particulier de déplacement des notes de l'accord à l'octave[6] ». L'auteur du *Synopsis musicæ novæ* soulignait de plus l'originalité du transport à une octave supérieure de la note la plus grave; néanmoins, on peut observer qu'il

1. *Ibid.*, liv. II, chap. XVIII, § 4, p. 132.

2. Rousseau, *Dictionnaire de musique*, art. « Renversement », p. 1018.

3. « (...) l'on trouvera *ut, mi, sol*, dans chaque accord, dont la différence ne consiste que dans la différente situation de ces trois notes ou sons; ce qui est conforme au renversement des nombres, puisque 8 qui est le double de 4 donne toujours un *ut*, de même que 5 et 10 donnent toujours un *mi* » (*Traité de l'harmonie*, liv. I, chap. VIII, art. I, p. 35).

4. « De ces trois nombres 2 3 et 5 prenons les composés 4 et 6 afin que la quinte s'y trouve divisée en deux tierces, comme cela se doit; ainsi l'accord parfait majeur étant formé de ces trois nombres 4 5 et 6, si nous portons 4 à son octave, nous aurons 5 6 8 dont sera formé l'accord que l'on appelle, accord de sixte, en ce que la sixte s'y fait entendre entre les deux sons extrêmes; si nous portons ensuite 5 à son octave, nous aurons 6 8 10, dont sera formé un autre accord qu'on appelle accord de sixte quarte, en ce que la sixte et la quarte s'y font entendre entre les deux sons aigus, et le grave, auquel tous les intervalles d'un accord doivent être comparés; si nous portions encore 6 à son octave, nous aurions 8 10 12, qui sont en même proportion que 4 5 6 : c'est pourquoi nous ne pouvons pousser plus loin cette transposition du son grave à son octave, puisque l'accord parfait qui n'est composé que de trois sons différents, ne peut par conséquent produire de cette manière que trois accords différents, dont il est le premier et le fondamental » (*ibid.*, p. 34-35).

5. Rousseau, *Dictionnaire de musique*, art. « Renversement », p. 1019.

6. *La Tonalité harmonique*, p. 116.

s'agissait alors de marquer le défaut qui, dans ce cas, frappait la triade harmonique : chez Rameau, en revanche, la différence entre le véritable renversement et une simple inversion dans les voix supérieures de l'accord est essentiellement théorique, parce qu'elle sanctionne l'actualisation d'une propriété du centre harmonique – sa capacité à produire une réplique qui ne change rien aux relations harmoniques qu'il détermine.

La thèse de Rameau est donc que, grâce à cette propriété, le son fondamental continue d'exercer sa fonction dans l'accord, même lorsqu'il n'est pas donné en personne dans l'harmonie : il en va ainsi pour « tous les accords que nous disons être renversés, où pour lors le son fondamental est sous-entendu [1] ». Une conclusion provisoire doit intervenir à présent : l'indépendance du « fond de l'harmonie » à l'égard de la figure concrète de l'accord et, surtout, le fait que, dans le renversement, le centre harmonique exerce toujours sa fonction sans être pourtant présent – ces caractères confirment bien l'idée que l'accord est une structure qui demeure à travers ses modifications empiriques. C. Lévi-Strauss identifie d'ailleurs dans la théorie du renversement une préfiguration de l'analyse structurale :

> En appliquant, sans encore la formuler, la notion de transformation, Rameau divisa par trois ou quatre le nombre des accords reconnus par les musiciens de son temps. Il démontra qu'à partir de l'accord du ton majeur, on pouvait engendrer tous les autres comme autant de renversements du premier. L'analyse structurale suit la même démarche quand elle réduit le nombre des règles du mariage ou celui des mythes : elle ramène plusieurs règles, ou mythes, à un même type d'échange matrimonial, ou à une même armature mythique, différemment transformés [2].

On peut contester à Lévi-Strauss tel ou tel point de cette analyse suggestive : le renversement n'est qu'une forme de transformation parmi d'autres, chez Rameau ; et le *Traité de l'harmonie* pose en réalité deux accords irréductibles (l'accord parfait et l'accord de septième qui, en sa forme élémentaire, superpose une tierce mineure à l'accord majeur) – il demeure que cette présentation nous donne une image fidèle de l'esprit de la théorie. Rameau groupe toutes les harmonies possibles en un certain nombre de classes ou d'ensembles qui permettent leur saisie synoptique.

1. *Traité de l'harmonie*, liv. II, chap. XVIII, § 4, p. 133. On notera que le centre harmonique est, par nature, sous-entendu, puisqu'il est rendu par la corde entière, et que les consonances (parmi lesquelles le son grave de l'accord) ne sont distinguées qu'à l'intérieur de l'octave du son rendu par cette corde entière. Voir J. Chailley, « Rameau et la théorie musicale », art. cité, p. 87.

2. *Regarder écouter lire*, chap. VII, Paris, Plon, 1993, p. 43.

Il ramène les formations harmoniques à un nombre aussi restreint que possible de formations types, dont toutes les autres peuvent être dérivées. Cette entreprise classificatoire produit plusieurs résultats significatifs : des identifications génétiques ; l'établissement des rapports entre les accords composés des mêmes sons (ce sont des arrangements de renversements) ; enfin, l'interprétation des accords dissonants et de leurs figures (altération, retard, adjonction d'un son). Reste à se demander si cette interprétation structuraliste, établie à partir de la définition abstraite des accords renversés, demeure valable quand on envisage ces objets dans leur enchaînement.

La basse fondamentale

L'approfondissement de la notion de centre harmonique met au premier plan les intervalles de quinte et de quarte, dont Rameau observe qu'ils tiennent corrélativement une place essentielle dans la progression d'une harmonie bien composée : « (...) on doit regarder la quinte comme l'intervalle qui (...) convienne le mieux [au] son fondamental » ; et l'état que la théorie des cadences a déjà atteint, lorsque Rameau rédige son *Traité*, apporte ici une confirmation décisive :

> (...) en effet, on n'entend jamais de cadences finales ou de conclusions de chant, de quelque façon que ce soit, que cette progression n'en soit le premier objet (...), et ce que nous disons de la quinte doit s'entendre aussi de la quarte, qui la représente toujours [1].

La quinte, « premier objet de tous les accords [2] », constitue aussi le pivot de leur enchaînement. Rameau rapporte bien entendu ces observations aux propriétés de la corde grave, dont la division donne immédiatement cet intervalle et, surtout, les deux tierces dont il est composé – il entend ainsi montrer que les relations synchroniques caractéristiques d'un accord isolé, qui sont organisées autour du centre harmonique rendu par la corde grave, fournissent également le modèle de la succession des accords qui, par conséquent, est à son tour déterminée par la progression d'une basse :

> (...) si nous pouvons donner une progression à la partie que nous représente cette corde entière, ce ne peut être qu'en la faisant procéder par ces intervalles consonants que nous rendent les premières

1. *Traité de l'harmonie*, liv. II, chap. I, p. 50.
2. *Ibid.*, chap. IV, p. 54.

divisions de cette corde, ainsi chaque son s'accordera toujours avec celui qui l'aura précédé [1].

Apparemment, ce sont les propriétés conférées au centre harmonique qui déterminent celles de la basse fondamentale : d'abord, parce que la distance entre les notes fondamentales des accords constitue la matière de la progression harmonique ; ensuite, parce que le retour de la quinte au son fondamental (la cadence parfaite [2]) fournit le *terminus ad quem* de cette succession. Il est clair que ces déclarations du *Traité de l'harmonie* renforcent l'impression que « la structure des accords et leur progression – la cohérence des notes dans la triade et celle des triades dans la progression harmonique – sont composées du même matériau [3] ». Dans ce cas de figure, on pourrait estimer que la succession des accords exprime leurs déterminations structurelles, puisque ces objets imposent le modèle de leurs relations internes au complexe diachronique dans lequel ils sont associés [4]. Corrélativement, la basse fondamentale présupposerait le renversement des accords afin de maintenir sa fonction organisatrice. Une remarque importante doit toutefois être formulée.

Pour l'historien de la musique [5], en effet, la proposition selon laquelle la basse fondamentale est fondée sur le renversement des accords présente le grand défaut d'être assez largement réversible : en effet, on peut aussi bien considérer que c'est la connaissance des renversements qui requiert la notion de basse fondamentale, puisque l'identification d'un accord renversé n'a de sens que pour conformer les relations internes de cet accord à la progression de la basse – autrement dit, il est possible d'appréhender dans

1. *Ibid.*, chap. I, p. 50.

2. La doctrine ramiste des cadences, dont nous examinerons plus tard l'assise théorique, fait l'objet d'une présentation très claire dans Christensen, *op. cit.*, p. 113-123.

3. Carl Dahlhaus, « Ist Rameaus *Traité de l'harmonie* eine Harmonielehre ? », *Musiktheorie* 1/2 (1986), p. 124 ; mais Christensen a raison d'insister sur le fait que cette progression mobilise avant tout une théorie de la dissonance harmonique (*op. cit.*, p. 107).

4. C'est d'ailleurs en ce sens qu'au XVIIIe siècle, on comprend la plupart du temps la notion de basse fondamentale – ainsi Batteux exprime-t-il dans des termes simples une idée généralement admise : « Suivez cette décomposition [de l'accord] dans toute la suite d'un chant qui vous paraît simple, vous aurez le même chant multiplié et diversifié en quelque sorte par lui-même : il y aura des dessus et des basses » (*Les Beaux-Arts réduits à un même principe*, IIIe partie, section III, chap. IV, Paris, Aux Amateurs de Livres, 1989, p. 246). Ce passage témoigne en outre de ce qu'on peut soutenir que les mouvements de la basse résultent de la structure acoustique de l'accord, tout en adhérant au lieu commun selon lequel la mélodie est plus naturelle que l'harmonie ; mais chez Batteux, ces deux niveaux sont purement et simplement juxtaposés.

5. Pour Dahlhaus, en particulier, dont les postulats empiristes s'accordent mal avec la volonté systématique de Rameau.

une note aiguë le centre harmonique d'un accord, parce que la progression de la basse repose sur des enchaînements fondamentaux qui incluent cette note et désignent l'accord comme renversé. Hors de ce contexte, il serait arbitraire de déterminer l'état fondamental de certains accords isolés :

> Si on compare *ré-fa-la* et *fa-la-ré* en tant qu'agrégats sonores indépendants, on peut objecter contre Rameau que le *fa*, en tant que fondamentale de l'intervalle de tierce *fa-la*, entre en concurrence avec le *ré*, fondamentale de la quinte *ré la* [1].

On ne peut donc pas affirmer que la basse fondamentale enregistre passivement la succession des sons fondamentaux : elle contribue activement à la centralisation des relations internes de l'accord sur une note déterminée. Rameau entreprend d'exposer d'abord la constitution et le renversement des accords, pour étudier ensuite l'inscription de ces objets dans une basse fondamentale qu'ils semblent produire *ex nihilo* – cette exposition conduit à définir les accords comme des structures abstraites, indépendantes de l'enchaînement fondamental qui, seul, leur confère une signification harmonique : c'est pour cette raison que Riemann qualifie la théorie ramiste de « montage de tierces [2] ». Mais comme le précise justement Dahlhaus, cette critique « perd cependant de vue que la catégorie de la basse fondamentale ne se justifie pas par le concept de renversement d'accord, mais ne peut se comprendre qu'en interaction avec celui-ci [3] ». On peut au moins admettre que les propriétés spécifiques de l'accord n'apparaissent que dans le contexte de la basse fondamentale, en même temps qu'il échoit à celle-ci de se conformer aux règles établies à partir de l'examen de la constitution synchronique de l'accord. Dans la théorie musicale de Rameau, cet objet ne subsiste pas comme une structure isolée, sans égard au complexe harmonique dans lequel il s'inscrit : il enveloppe des relations qui n'ont de sens que pour la description de cet ensemble. La notion de basse fondamentale définit donc le contexte en dehors duquel la théorie du renversement des accords est tout simplement inutile : la question fondamentale de Rousseau sera de savoir si ce contexte peut effectivement être déterminé de façon purement structurelle, sans référence à une mélodie concrète.

1. *La Tonalité harmonique*, p. 62
2. « [ein] Terzenaufbau » (*Geschichte der Musiktheorie*, p. 485).
3. *Op. cit.*, p. 62.

LA STRUCTURE EN MOUVEMENT : DE RAMEAU À ROUSSEAU

Les propriétés structurelles de l'accord s'expriment donc, selon des modalités complexes, dans la basse fondamentale ; mais celle-ci ne fait pas se succéder des accords fondamentaux dont l'enchaînement monotone ne procurerait aucun agrément – elle soutient une variété qui intéresse l'auditeur à la musique. La justification conceptuelle de cette diversité est mise en place par Descartes dans les *Prænotanda* du *Compendium musicæ* [1], et elle s'impose à toutes les théories classiques de la musique, ainsi que l'attestent les nombreux renvois à ce texte présents dans les traités du XVIIIe siècle. Toutefois, si le principe fondamental de variété demeure le même, son application concerne, avec et après Rameau, des objets différents : dans l'*Abrégé de musique*, il permet avant tout de classer les consonances [2] ; s'il légalise l'usage des dissonances, il n'entretient pas avec elles une relation essentielle. Rameau, en revanche, polarise nettement la distinction entre consonances et dissonances, selon des exigences fonctionnelles qui ne s'appuient pas prioritairement sur une hiérarchie des consonances. Et c'est à une telle polarisation que les philosophes des Lumières appliquent le critère cartésien, pour justifier l'usage des dissonances. Cette notion de variété, dans ses aspects musicaux, physiques et psychologiques, traversera l'ensemble de ce livre : pour l'instant, nous souhaitons cerner les rapports qu'elle entretient avec la structure harmonique dont nous avons brièvement décrit les éléments. La variété introduite par la dissonance est-elle déterminée, dans sa résolution, par les propriétés de l'harmonie ? C'est à ce niveau que la querelle sur une hypothétique primauté de l'harmonie ou de la mélodie constitue une authentique question de théorie musicale. L'absence d'une étude expressément consacrée au rôle syntaxique de la dissonance interdit en effet de se faire une idée précise de l'opposition de Rousseau à Rameau. Le titre de cette séquence, « de Rameau à Rousseau », ne désigne donc pas un dépassement, mais le moment où la critique rousseauiste de la théorie musicale ramiste atteint probablement sa meilleure expression. Du reste, cet examen ne nous éloignera qu'apparemment d'un horizon philosophique qui nous est plus familier, comme à tous les lecteurs de Rousseau : l'intérêt des textes qu'il

1. Cf. la dernière remarque préalable de l'*Abrégé* : « Enfin, il faut noter qu'en toutes choses la variété est très agréable » (p. 58) – et non, faut-il comprendre, simplement plaisante. Sur cette distinction, voir notre commentaire du septième *prænotandum*, au début de la seconde partie de ce livre.

2. Selon ce critère, la tierce majeure est reconnue meilleure que la quarte – il appartient donc au principe énoncé dans le septième *prænotandum* de justifier théoriquement l'utilisation des tierces et des sixtes.

consacre à la musique réside précisément dans l'articulation profonde qu'il dégage, entre une fine compréhension des ressources musicales et les principes plus généraux de son anthropologie.

La fonction de la dissonance

Dans *La Philosophie de l'inquiétude*, Jean Deprun fournit une belle interprétation des caractères esthétiques de la dissonance : « Le plaisir musical ainsi compris est celui d'un retour, d'un écart corrigé, d'une décentration progressivement réduite. Mais on ne corrige que ce qui existe : le retour suppose un départ; la réinsertion un déracinement[1] ». Il est vrai que les philosophes des Lumières n'aperçoivent le plus souvent que le rôle psychologique de cette ressource harmonique – il est donc très légitime d'expliquer la résolution de la dissonance dans les termes d'une anthropologie, parce qu'elle figure une exigence de l'écoute humaine : « Or ce rapatriement (et c'est en cela, notamment, que Rameau innove) n'est pas une fuite hors du cosmos. L'oreille écoutante est dans ce monde, et y reste[2] ». Mais s'il ne s'agit pas là d'une simple métaphore, alors il faut montrer de quelle façon les décisions conceptuelles qui commandent l'étude de la dissonance relèvent concrètement d'une théorie de l'expressivité humaine. Rousseau, précisément, nous permet de réfléchir cette organisation.

La fonction de la dissonance, selon Rousseau, consiste avant tout à exprimer les enchaînements du discours musical :

> (...) il faut un sens, il faut de la liaison dans la musique, comme dans le langage; c'est l'effet de la dissonance; c'est par elle que l'oreille entend le discours harmonique, et qu'elle distingue ses phrases, ses repos, son commencement et sa fin[3].

Ce texte remarquable (dont la version remaniée dans l'article « Harmonie » du *Dictionnaire de musique* provoque bien des malentendus[4]) témoigne d'une bonne intelligence de la fonction de la dissonance harmonique, dont le rôle syntaxique passe souvent au second plan chez les autres philosophes – ce que Rameau déplore expressément :

1. *La Philosophie de l'inquiétude en France au XVIIIe siècle*, chap. I, Paris, Vrin, 1979, p. 27.

2. *Ibid.*, p. 28.

3. *Encyclopédie*, art. « Harmonie », t. VIII, 1765, p. 51a.

4. Sur les différents états des articles de Rousseau, voir notre étude : « De l'*Encyclopédie* au *Dictionnaire de musique*. La matière de l'expression musicale », *Critique*, n° 639-640, août-sept. 2000.

> (...) on n'a point eu de meilleures raisons pour introduire les dissonances dans l'harmonie, que celle d'une certaine variété qui plaît dans tous les objets qui frappent nos sens. Mais cette raison qui n'est qu'une raison de convenance, ne peut satisfaire que des personnes qui ne veulent qu'effleurer la matière [1].

La conception dont l'insuffisance se trouve ici dénoncée, au titre des exigences propres de la théorie musicale, prend son sens dans une théorie du chatouillement inspirée de Descartes, qu'il n'est pas encore temps d'examiner. Rousseau parle plutôt, dans le passage que nous avons cité, des liaisons structurelles internes au discours harmonique lui-même, telles que Rameau les a découvertes. Pour s'en convaincre, il suffit de constater que ces lignes de l'*Encyclopédie*, qu'on a souvent interprétées comme une critique du formalisme ramiste, reprennent presque terme à terme une déclaration du *Nouveau système de musique théorique* de 1726 :

> (...) il faut qu'il se trouve entre tous les accords successifs d'une modulation, la même liaison qu'on remarque entre tous les mots qui composent une phrase; liaison également nécessaire pour rendre intelligible le sens de cette phrase, et pour entretenir l'idée de cette modulation [2].

C'est dire que Rousseau, sur cette question, connaît bien la source qu'il entreprend de critiquer.

A quel problème doit donc répondre la dissonance, dans la structuration du discours harmonique ? Il faut se reporter aux observations que Rameau produit dès 1722, à propos des deux notes successives qui réalisent la progression élémentaire d'une basse fondamentale :

> (...) si chacun de ces sons portait un accord parfait, l'on peut dire que l'âme n'ayant plus rien à désirer après un tel accord, serait comme incertaine du choix qu'elle aurait à faire de l'un de ces deux sons pour son repos, et il semble que la dissonance soit nécessaire ici, pour lui faire souhaiter avec plus d'ardeur par sa dureté, le repos qui la suit [3].

Il convient d'expliquer brièvement ce « choix », qui permet d'identifier le son principal sur lequel doit se conclure la progression harmonique. Comme on l'a vu, les mouvements de la basse fondamentale se réduisent à des sauts de quintes, et ils font du même coup se succéder des sons fondamentaux dont l'organisation hiérarchique n'est pas clairement

1. *Nouveau système de musique théorique*, chap. XI, Paris, Ballard, 1726, p. 56.
2. *Ibid.*
3. *Traité de l'harmonie*, liv. II, chap. II, p. 53.

assignable, puisqu'ils peuvent également constituer les centres harmoniques d'accords parfaits équivalents pour l'harmonie. Dans cette perspective, il n'y a pas de raison, lorsque deux d'entre eux se succèdent, pour fixer la tonalité (ce qu'on appelle le mode, à cette époque) sur l'un plutôt que sur l'autre – c'est la raison de l'incertitude dont parle le *Traité de l'Harmonie*, et sur laquelle Rameau reviendra plus explicitement dans ses écrits résonantiels (mais la référence à l'acoustique n'intervient pas à ce niveau) : « (...) si les deux premiers sons fondamentaux qui se succéderont n'ont rien qui les distingue dans leur harmonie, (...) le mode ne sera jamais parfaitement décidé[1] ». Pour une explication plus ramassée, on peut encore citer d'Alembert :

> (...) quand on passe d'*ut* à *fa* ou à *sol* dans une basse fondamentale [il s'agit des trois notes tonales], on ignore encore jusque-là dans quel mode on est. Il serait pourtant avantageux de le savoir, et de pouvoir par quelque moyen distinguer le générateur de ses quintes[2].

L'emploi de la dissonance harmonique permet de désigner, par contraste, celui des trois sons principaux possibles qui remplit effectivement cette fonction et fixe la tonalité. En effet, la tierce mineure ajoutée qui produit la dissonance affecte l'harmonie de la dominante et de la sous-dominante, dont elle souligne du même coup le caractère dérivé. Dans l'analyse ramiste, la dissonance détermine ainsi sans équivoque le « mode » dans lequel une harmonie est composée. Quoi qu'il en soit, cette ressource se trouve investie d'une fonction essentielle dans l'écriture musicale : elle révèle concrètement le caractère d'une basse fondamentale, puisqu'il lui appartient de marquer la tonalité au sein de laquelle s'opèrent les enchaînements d'accords. La résolution de la dissonance signifie bien, dans ce contexte, le « rapatriement » de l'écoute au point de repos que figure la note tonale.

Harmonie et mélodie

L'interprétation du rôle syntaxique de la dissonance constitue à nos yeux le point de virulence où les discussions sur l'harmonie et la mélodie atteignent leur plus sérieuse expression. Il nous semble que, sur cette question, le débat entre Rameau et Rousseau comporte au moins deux

1. *Génération harmonique ou Traité de musique théorique et pratique*, Paris, Prault, 1737, chap. IX, p. 107.

2. *Eléments de musique théorique et pratique*, première édition, Paris, 1752, liv. I, chap. XI, § 94, p. 63-64.

volets[1]. 1) Le Genevois oppose d'abord, d'une façon manifestement externe, les exigences d'une théorie *musicale* complète (qui comporte une doctrine de la mesure et du rythme) à la théorie *harmonique* de Rameau, qui ne se donnerait pas les moyens de penser intégralement les fondements de la mélodie. De fait, au lieu de spéculer sur la généalogie de l'expression musicale, Rameau propose une genèse rationnelle du chant mélodique à partir des relations harmoniques – dans cette perspective, s'il est vrai que l'utilisation de la mélodie semble empiriquement plus « naturelle », il demeure qu'elle se conforme à une structure harmonique qui, simplement, peut demeurer inaperçue :

> Il semble d'abord que l'harmonie provienne de la mélodie, en ce que la mélodie que chaque voix produit, devient harmonie par leur union ; mais il a fallu déterminer auparavant une route à chacune de ces voix, pour qu'elles pussent s'accorder ensemble[2].

Et c'est bien la théorie harmonique qui explique la première mélodie, savoir, la gamme ou l'échelle diatonique, engendrée par l'enchaînement des quintes justes ascendantes, ramenées par transposition à l'état de degrés conjoints[3]. Rousseau prend bien entendu acte de cette genèse rationnelle[4], mais il considère que cette explication est elle-même conditionnée par une histoire, au terme de laquelle on a pu séparer la mélodie de la mesure – au lieu que l'une ne va pas sans l'autre, dans le contexte d'une expression vraiment humaine : « On ne doit pas comparer la mélodie avec l'harmonie, abstraction faite de la mesure dans toutes les deux, car elle est essentielle à l'une et non pas à l'autre[5] ». Le raisonnement abstrait qui permet à Rameau de subordonner la mélodie à l'harmonie résulte ainsi d'une situation de fait : la musique s'est séparée de la langue qui, chez les Anciens, imposait une mesure et un accent stricts et univoques pour chaque chant.

2) Même s'il sera bien possible de montrer qu'en fin de compte, une certaine organisation de la durée musicale commande, selon Rousseau, l'appréhension des relations harmoniques, il faut pour l'instant distinguer

1. Pour les aspects proprement esthétiques du problème, nous renvoyons aux travaux de C. Kintzler.

2. *Traité de l'harmonie*, liv. II, chap. XIX, p. 138.

3. Dans ce livre, nous ne développerons pas ce schéma, qui a déjà suscité d'abondants commentaires (cf. par exemple Christensen, *op. cit.*, p178-185).

4. « Prise par les rapports des sons et par les règles du mode, elle [la mélodie] a son principe dans l'harmonie, puisque c'est une analyse harmonique qui donne les degrés de la gamme, les cordes du mode et les lois de la modulation, uniques éléments du chant » (*Dictionnaire de musique*, art. « Mélodie », p. 884).

5. *Ibid.*

clairement le second volet du débat sur la priorité de l'harmonie ou de la mélodie – il concerne précisément le statut de la dissonance et s'avère, selon nous, le plus intéressant. Le passage du *Traité de l'Harmonie*, livre II, chapitre II, que nous avons déjà cité suggère que, chez Rameau, la dissonance s'explique en quelque sorte négativement, en fonction de la mise en lumière qu'elle opère à l'égard de la tonalité. Avant même qu'il soit question de raisonner leur production, les dissonances appartiennent au système de l'harmonie parce qu'elles soulignent le contenu précis que la basse fondamentale imprime à la pièce de musique. La dissonance indique à l'oreille la véritable cause de son plaisir, savoir, la progression organisée qui soutient la mélodie et dissipe un déplaisir passager. Cela suffit-il pour considérer que la dissonance est entièrement subordonnée au système élaboré au préalable? Selon Rameau, la basse fondamentale précède logiquement la dissonance, et celle-ci n'intervient que pour manifester à l'oreille une structure déjà déterminée. Mais ici, objecte Rousseau, nous passons du côté de l'interprétation : on pourrait aussi bien considérer que la fonction expressive de la dissonance impose ses caractères à la progression de la basse – c'est en ce sens que se développe l'explication du Genevois sur la résolution des dissonances. Au lieu d'affirmer qu'en sauvant une dissonance, on la met au service de la basse fondamentale dont elle signale la tonalité, Rousseau se demande « quelle marche doit faire le son fondamental relativement au mouvement assigné à la dissonance[1] ». Comme l'écrit X. Bouvier, « cela revient à dire que le mouvement de la basse fondamentale est ici une conséquence de la conduite des voix[2] ». C'est effectivement ici que la thèse rousseauiste d'une primauté de la mélodie sur l'harmonie trouve sa véritable portée musicale. Ajoutons que ces développements permettent d'approfondir notre compréhension des textes plus connus que Rousseau consacre à cette vaste question. Selon Rameau, la subordination rigoureuse de la dissonance au caractère de la basse signifie au fond que l'écart est logiquement second par rapport aux relations qui définissent l'organisation tonale de l'harmonie. La décentration intervient pour manifester cette structure qui la comporte. Pour Rousseau, en revanche, l'écart vient en premier, en ce qu'il réalise la subordination effective de l'harmonie à la conduite des voix. Les rapports qui organisent l'harmonie ne sont dégagés qu'après coup, comme le fond d'un décalage qui, en réalité, leur donne un sens – de la même façon que l'individu affecté d'une passion primitive ne reconnaît l'identité abstraite

1. *Encyclopédie*, art. « Dissonance », t. IV, p. 1050b; on trouve la même formule dans le *Dictionnaire de musique*, art. « Dissonance », p. 772.

2. « Rousseau et la théorie ramiste », *in* Rousseau, OC V, p. 1687.

de la nature humaine qu'après avoir cru que son semblable était un géant. Le sens propre, dans le langage, est ainsi l'équivalent des rapports qui stabilisent l'harmonie. L'idée d'une primauté de la mélodie se révèle donc dans le rôle fondamental des écarts qui donnent lieu à toute forme : d'un point de vue historique, « le langage figuré fut le premier à naître, le sens propre fut trouvé le dernier [1] » ; et d'un point de vue esthétique, la résolution de la dissonance incarne le mouvement expressif relativement auquel la basse fondamentale doit progresser.

C'est sans nul doute dans le cas de la dissonance que Rousseau conçoit le plus précisément la primauté de la mélodie sur l'harmonie ; et il lui suffit, dans cette perspective, de considérer que la résolution de la dissonance, si elle n'impose pas unilatéralement un mouvement à la basse fondamentale, modifie néanmoins celui-ci – à tout le moins le musicien doit-il prendre acte d'une interaction entre la mélodie (la conduite des voix) et la structure harmonique : « Il y a sur cela une marche prescrite, et à la basse fondamentale de l'accord dissonant, et à la partie qui forme la dissonance [2] ». La façon dont on sauve une dissonance, en tout cas, ne manifeste pas seulement le caractère précis d'un enchaînement d'accords, organisé par une certaine note tonale – elle participe de façon originale à la constitution de cette progression. Il est très probable qu'une étude plus générale de la modulation aboutirait à une conclusion analogue, que le rédacteur du *Journal de Trévoux* formule d'ailleurs dès la parution de la *Génération harmonique* :

> C'est comme un traité de la modulation en général, mais le point de la difficulté consiste dans l'application des règles générales à un chant donné, dont il faut connaître la basse fondamentale pour en connaître la modulation, et dont par malheur il faudrait connaître la modulation pour en trouver la basse fondamentale [3].

Le statut philosophique des objets de la théorie musicale se laisse mieux décrire, à la lumière de la querelle sur la dissonance : en fin de compte, les accords, la basse fondamentale et la dissonance ne doivent pas être compris comme des structures abstraites, déductibles les unes des autres, mais comme des *configurations* musicales ou des formes qui se déterminent dans une mélodie. Le terme de « forme » désigne, dans notre texte, non point une catégorie musicologique mais, bien plutôt, un problème : celui que soulève l'admission de raisons finales dans la définition des ressources harmoniques, bien attestée dans le cas de la dissonance.

1. *Essai sur l'origine des langues*, chap. III, p. 381.
2. *Dictionnaire de musique*, art. « Sauver », p. 1032.
3. *Journal de Trévoux*, juin 1737, art. CXX, p. 2163. L'ensemble de ce compte-rendu est très intéressant.

Rapports de grandeur et rapports de perfection

Afin d'éprouver cette interprétation, il faut faire état de la réaction très violente que Rameau opposa à l'article « Dissonance » de l'*Encylopédie*. L'idée lui semble totalement inacceptable que, dans la résolution des dissonances, le mouvement de la basse fondamentale puisse être déterminé par la conduite des voix. Lorsque la dissonance indique la tonalité dans laquelle une pièce de musique est composée, elle ne fait selon lui que souligner le caractère de l'harmonie, qui reste le guide de la composition : de ce point de vue, on peut dire que la résolution de la dissonance se déduit des données enveloppées dans la progression de la basse fondamentale, comme l'effet se déduit d'une cause qui, avant lui, n'était simplement pas aperçue en toute clarté. C'est pourquoi Rameau accuse Rousseau de prendre, dans son explication, « l'effet pour la cause et la cause pour l'effet[1] ». Ce reproche présente un grand intérêt, car il vise un raisonnement téléologique, selon lequel la pièce de musique achevée (le chant mélodique) serait la cause finale des effets de l'harmonie. L'auteur du *Dictionnaire de Musique* adopte sans nul doute cette perspective, lorsqu'il affirme que l'association des éléments de l'harmonie moderne, mis en évidence par l'analyse ramiste, ne peut produire une véritable musique, s'il n'existe d'abord un sens qui imprime une forme à l'ensemble. Mais le plus important réside en ce que les ressources harmoniques elles-mêmes (ainsi la dissonance), qui supportent la liaison des parties dans le tout – autrement dit, les éléments réunis dans la composition (les accords, leur enchaînement selon une basse fondamentale) – ne sont jamais des structures abstraites : ils constituent, au même titre que la mélodie dont parle Rousseau, des totalités que l'on ne peut jamais qualifier entièrement sans les rapporter au mouvement de l'expression.

Il ne s'agit pas de confondre la question générale de l'expression avec celle d'une détermination tonale de la progression harmonique – notons que Diderot paraît s'opposer à Rousseau et insister sur la disjonction de ces niveaux, lorsqu'il relève une différence entre les figures employées dans le langage (ainsi l'inversion) et l'utilisation syntaxique de la dissonance :

> On pourrait observer (...), qu'au lieu que les licences dans l'arrangement des mots ne sont jamais permises qu'en faveur de l'harmonie du style ; les licences dans l'harmonie musicale ne le sont au contraire souvent que pour faire naître plus exactement et

1. *Erreurs sur la musique dans l'Encyclopédie*, Paris, Jorry, 1755, p. 112-113.

dans l'ordre le plus naturel les idées que le musicien veut exprimer[1].

Nous remarquerons en d'autres circonstances que Diderot, dont il n'est pas exclu qu'il ait participé à la rédaction de la *Démonstration du principe de l'harmonie*[2], adopte en général des positions ramistes. Quoi qu'il en soit, même si l'on doit bien distinguer entre une théorie générale de l'expression et la question d'une détermination précise des ressources harmoniques, il est plus intéressant d'apercevoir la liaison de ces niveaux, une fois que l'on a expliqué la fonction de la dissonance – ce que Rousseau n'a pas manqué de faire. Dans le *Dictionnaire de musique*, c'est le principe de « l'unité de mélodie » qui assume une synthèse dont nous étudierons les ressorts au terme de ce livre. Il est néanmoins possible d'en proposer dès maintenant une première formulation.

En effet, la critique que Rameau adresse à Rousseau se fait l'indice d'un problème philosophique fondamental qui, d'une façon symétrique, se pose aux deux auteurs. Il existe manifestement des raisons finales qui déterminent le caractère de l'harmonie, parce que l'organisation globale d'une pièce de musique détermine l'usage de certaines ressources – la dissonance, la modulation. Rameau reproche à Rousseau de prendre l'effet (la conduite des voix) pour la cause (la structuration harmonique), et cette critique touche effectivement l'un des points les plus délicats de la doctrine rousseauiste. Mais elle manifeste également la riche ambiguïté qui travaille l'entreprise ramiste. Les rapports engendrés par le son fondamental devraient déterminer le caractère de l'harmonie, mais il est patent que leur distribution consiste pour une bonne part dans la reprise d'une composition préalablement orientée – c'est ce qui autorise le renversement auquel procède Rousseau. Dans la théorie ramiste, et pour utiliser des termes malebranchistes, les rapports de grandeur paraissent recouvrir les rapports de perfection. Rousseau stigmatise d'ailleurs la façon dont le théoricien prétend reconduire certains effets qualitatifs de la musique à des rapports abstraits : ainsi Rameau expliquerait-il la génération de la dissonance « comme s'il y avait quelque identité entre les propriétés de la quantité abstraite et les sensations de l'ouïe[3] ». Faut-il cependant conclure que Rameau ne réserve aucun traitement spécifique à ces raisons finales que son adversaire imagine écrasées sous les rapports de grandeur ? Il est inutile de rappeler que le compositeur aperçoit évidemment la primauté sensible de la

1. *Lettre sur les sourds et les muets à l'usage de ceux qui entendent et qui parlent*, in *Œuvres complètes*, Paris, Hermann, t. IV, 1978, p. 168-169.
2. Voir Christensen, *op. cit.*, p. 214.
3. *Dictionnaire de musique*, art. « Dissonance », p. 766.

mélodie – dans une conception où il appartient à la musique de susciter des passions, cette thèse ne présente aucune originalité. Suggérons plutôt qu'*à un niveau plus élémentaire*, une organisation téléologique des ressources harmoniques elles-mêmes se dégage progressivement, dans les versions résonantielles du système ramiste. L'enjeu proprement philosophique de ces textes résiderait ainsi dans une tentative (peu consciente d'elle-même, il est vrai), pour faire leur place, au sein de la théorie harmonique, aux déterminations esthétiques qui organisent le matériau sonore – les dispositions perceptives (réputées naturelles) prendront en charge certaines opérations qui, dans le *Traité de l'harmonie*, relèvent d'une simple manipulation de proportions. En un sens, Rameau reprendra à son compte cette forme de renversement de la cause et de l'effet qu'il dénonce chez Rousseau – c'est précisément ce qui se produira dans l'explication du mode mineur [1].

L'auteur du *Dictionnaire de musique* échappe-t-il, quant à lui, au problème dont nous avons relevé les indices dans la critique ramiste ? Le fait est que Rousseau paraît admettre un peu rapidement que la synthèse finalisée d'une expression, dans l'unité de mélodie, peut s'appliquer aux intervalles et aux accords pour les pénétrer d'une qualité musicale dont ces éléments seraient dépourvus au niveau matériel et/ou arithmétique. Mais il

1. Le problème soulevé par la finalité des enchaînements ne trahit nullement l'irruption d'une interrogation philosophique « abstraite » dans le champ propre de la théorie musicale. La priorité donnée à la conduite des voix ou à la structuration tonale pose en effet une question essentielle qui occupera encore les théoriciens du XXe siècle. Songeons au problème du statut des éléments qui affectent la progression harmonique et de ceux qui paraissent lui demeurer étrangers – c'est-à-dire, respectivement, les dissonances et les notes de suspension ou de retard. Les premières semblent strictement liées à la structuration tonale, au lieu que les secondes paraissent ne tirer leur justification que de la conduite des voix. Lorsque Schœnberg critiquera l'idée même qu'il existe des notes foncièrement « étrangères à l'harmonie » (celles des dissonances qui n'affecteraient pas la progression de la basse et ne seraient motivées que par des considérations mélodiques et polyphoniques), il s'efforcera de mettre en évidence « l'interpénétration inévitable de ces deux disciplines, l'harmonie et le contrepoint (…) parce que tout événement dans la conduite des voix peut à un certain moment se cristalliser en une harmonie et que tout accord peut inversement constituer une assise génératrice de mélodie » (*Traité d'harmonie*, trad. de l'allemand par Gérard Gubisch, Paris, Lattès, 1983, p. 415). Ainsi, dans le cadre de la querelle entre Rameau et Rousseau, le problème de la priorité de l'harmonie ou de la mélodie se voit tranché par une décision philosophique (origine rationnelle ou origine empirique); dans le *Traité d'harmonie* de Schœnberg, ce débat est levé (au moins en partie) à l'intérieur même de la théorie musicale : comme nous l'avons suggéré en introduction, cette structure est caractéristique d'un problème épistémologique. Rameau lui-même tente de rattacher partiellement les notes « étrangères », c'est-à-dire les suspensions ou retards, à la structuration fondamentale de l'harmonie. Il est assez remarquable que, sur ce point, Rousseau s'efforce d'accentuer la subordination suggérée par le *Traité de l'harmonie*.

ne s'explique pas spontanément sur les propriétés qui rendent ces ressources susceptibles d'une telle métamorphose : à l'inverse de Rameau, mais confronté à une difficulté symétrique, il paraît rabattre les rapports de grandeur sur les rapports de perfection – mais il faudra bien expliquer comment de simples facteurs empiriques peuvent être les « causes occasionnelles[1] » des affections de l'âme.

1. *Essai sur l'origine des langues*, chap. XV, p. 418.

CHAPITRE II

LA RÉSONANCE DANS LES SCIENCES

MUSIQUE ET PHILOSOPHIE NATURELLE AU XVIIIe SIÈCLE

Qu'est-ce qui, dans les rapports entre la musique et la science, intéresse spécifiquement les philosophes du XVIIIe siècle ? Deux témoignages doivent être produits dès à présent. Rousseau, tout d'abord, déclare que l'étude du tempérament constitua le principal objet de l'application de la philosophie naturelle à la musique au XVIIe siècle :

> (...) quoique la nécessité du *tempérament* soit connue depuis longtemps, il n'en est pas de même de la meilleure règle à suivre pour le déterminer. Le siècle dernier, qui fut le siècle des découvertes en tout genre, est le premier qui nous ait donné des lumières bien nettes sur ce chapitre [1].

Et Rousseau trouve dans les contributions de Sauveur l'aboutissement de ces recherches. De fait, le *Nouveau système de musique* présenté à l'Académie des Sciences en 1701 (connu sous le titre de *Principes d'acoustique et de musique*) propose une nouvelle division de l'octave qui reçut l'approbation de Leibniz [2]. Citons ensuite J.-A. Serre, qui estime que

1. *Dictionnaire de musique*, art. « Tempérament », p. 1108.

2. « (...) le but de Monsieur Sauveur en se servant des nombres 3010, 301, 43 paraît avoir été de donner une manière d'échelle pour exprimer et estimer aussi exactement que l'on voudra toute sorte de températures et de différents intervalles (...), et même toute sorte de systèmes » (lettre à Henfling du 14 décembre 1706, pièce n° 13 *in* Rudolf Haase, *Der Briefwechsel zwischen Leibniz und Conrad Henfling*, Frankfurt am Main, Vittorio Klostermann, 1992, p. 97-98). Sur Leibniz et la théorie musicale, voir Andrea Luppi, *Lo*

le problème du tempérament est une question de pure technique instrumentale dont le philosophe ne doit plus trop se soucier, une fois qu'il a pris une conscience claire des acquis de la théorie ramiste :

> Une des conséquences de l'intelligence de la succession vraiment fondamentale, c'est celle qui découvrira l'inutilité pour la théorie, de toute supposition de tempérament, dont la connaissance uniquement relative à la commodité de l'exécution n'est proprement que la théorie des instruments bornés ou à touches, et de la méthode de les accorder ; théorie particulière qui ne peut qu'être subordonnée à la théorie générale de l'harmonie, mais non pas réciproquement[1].

Cette appréciation doit bien entendu être nuancée : il est exact que le tempérament proposé par Rameau est élaboré en fonction de la structure harmonique caractéristique d'une centralisation tonale, puisqu'en droit, il est « une modification nécessaire aux intervalles, pour que le même son harmonique puisse y appartenir à différents sons fondamentaux[2] » ; on ne contestera pas davantage que l'élaboration d'un tempérament est liée aux questions d'organologie (à la possibilité, pour les instruments à tons fixes, d'accompagner la voix humaine). Cependant, l'affirmation de Serre est plus délicate, selon laquelle c'est une théorie générale de l'harmonie qui commande la théorie du tempérament – acceptable sous le point de vue logique d'une exposition interne du système de l'harmonie, cette distribution demeure historiquement approximative. Il est manifeste que l'admission des tierces (qui jouent un rôle central dans la théorie ramiste) parmi les consonances, d'abord imparfaites (au Moyen-Age, chez Zarlino et Salinas) puis parfaites (chez Descartes), s'opère dans un contexte où le tempérament est toujours postérieur à la consonance et commandé par elle ; mais il y a loin de cette nouvelle classification des consonances au cadre formel qui, avec Rameau, les distribuera selon leurs fonctions. Le système de l'harmonie, que Serre veut fonder en nature, est ainsi projeté sur les états antérieurs de la théorie musicale. L'intérêt de son texte tient plutôt à ce qu'il manifeste que le débat philosophique sur les rapports entre la musique et la physique connaît un déplacement assez net, du XVIIe au XVIIIe siècle : il ne concerne plus tant la définition du meilleur tempérament que les phénomènes de résonance. Comme l'étude des expériences de Joseph Sauveur le montrera, ce changement ne sanctionne pas seulement la diffusion d'expériences inédites : il consacre surtout un nouvel état des

Specchio dell'armonia universale, Milan, 1989 ; et Ulrich Leisinger, *Leibniz-Reflexe in der deutschen Musiktheorie des 18. Jahrhunderts*, Würzburg, 1994.

1. *Essais sur les principes de l'harmonie*, Deuxième Essai, Paris, Prault, 1753, p. 39-40.
2. *Génération harmonique*, chap. VII, p. 75.

théories scientifique et musicale, qui fait une place à ces expériences. Et ce réaménagement concerne d'abord le statut de l'expression arithmétique.

Le tempérament, ou le siècle de la mesure

Un bilan rapide s'impose pour bien comprendre les origines de ce changement de perspective. Au fond, la classification des intervalles musicaux combine trois termes à l'âge classique : l'expression arithmétique (à laquelle donne lieu la division du monocorde ou le rapport des vibrations), la consonance comme qualité musicale et la résonance – rappelons qu'il s'agit ici de la résonance par sympathie : le monocorde fait vibrer d'autres cordes plus aiguës selon des proportions mesurables qui donnent les consonances naturelles. D'une façon générale, les auteurs du XVIIe siècle établissent une liaison méthodique entre les deux premiers termes (les divisions exprimées par les rapports des nombres et la consonance), tandis qu'il revient à la résonance de manifester cette correspondance. Or, si l'on admet que les phénomènes de résonance ne sont que l'expression phénoménale d'une propriété intrinsèque des intervalles consonants, il va de soi que tout le poids de l'explication repose sur le statut accordé aux rapports mathématiques des sons.

La nécessité d'établir un tempérament conduit précisément les théoriciens de l'âge classique à dégager pour eux-mêmes les principes qui président à la division de l'étendue sonore, une fois les spéculations cosmologiques écartées de l'explication scientifique [1]. Le problème général du tempérament vient de ce que, quelle que soit la méthode de division retenue (pythagoricienne ou zarlinienne), les séries engendrées par chaque consonance « naturelle » ne concordent pas : pour prendre un exemple canonique, douze quintes pures ne donnent pas la même note que sept octaves prises à partir de la même note grave [2]. Selon les théoriciens du XVIIe siècle, c'est l'application de la philosophie naturelle à la théorie musicale qui permet de traiter convenablement cette difficulté. Huygens note ainsi que « l'expérience et la nécessité avaient déjà auparavant introduit l'affaiblissement des quintes qui est le point principal, mais sans

1. Toutefois, le maintien d'une cosmologie dans laquelle la musique occupe une place de choix, parce qu'elle nous manifeste « l'excellence, et la grandeur de l'ouvrier » (Mersenne, *Préludes de l'harmonie universelle*, Paris, Fayard, 1985, p. 621), n'implique nullement l'adhésion aux procédés théoriques de la Renaissance – c'est désormais selon des principes mécanistes qu'il convient de rechercher « les causes du mouvement et des sons » (*ibid.*, p. 618). Voir sur ce point l'étude de F. de Buzon, « Harmonie et métaphysique : Mersenne face à Kepler », in *Les Etudes philosophiques*, janvier-juin 1994, p. 119-128.

2. Elles diffèrent d'un comma pythagoricien.

précise mesure, sans savoir de combien [1] ». Et lorsqu'il compare son propre système à ceux de Huygens (qui divise l'octave en 31 parties) et des musiciens (qui retiennent 55 parties), Sauveur généralise cette appréciation :

> (...) le consentement unanime que les géomètres et les astronomes ont donné à la division du cercle en 360 degrés, et de chaque degré en 60 minutes (...), nous marque la nécessité de convenir dans l'acoustique d'une division des intervalles des sons qui soit reçue par tous les mathématiciens, afin que l'on puisse parler un langage qui soit uniforme [2].

La question du tempérament engage manifestement celle de la mesure, dans laquelle il importe de distinguer différents facteurs.

Soit d'abord le statut scientifique de la mesure. Telle que mise en place chez Descartes, l'analogie entre les longueurs de corde (susceptibles d'une expression arithmétique) et les relations des sons entre eux ne requiert pas que l'on se prononce sur la véritable cause des consonances – il importe même que la représentation proportionnelle soit méthodiquement abstraite des propriétés de l'objet physique qui affecte l'organe. Conformément au dispositif conceptuel mis en place dans les *Règles pour la direction de l'esprit*, la longueur du monocorde joue le rôle d'une *dimensio* [3], dont le mathématicien (et la musique appartient évidemment à la *mathesis* [4]) n'a pas à se demander si elle possède un corrélat physique (ce qui atteste que la reprise des arguments zarliniens chez Descartes, si elle s'effectue bien selon la méthode, n'est cependant pas destinée à leur conférer un statut géométrique [5]). En revanche, la théorie dite « de la coïncidence des coups », élaborée par Beeckman [6] et Galilée, puis diffusée par Mersenne, donne un

1. *Cycle harmonique par la division de l'octave en 31 dièses égaux*, in *Œuvres complètes de Christiaan Huygens*, publiées par la Société hollandaise des Sciences, t. XX, Amsterdam, Swets et Zeitlinger B.V., 1978, p. 155.

2. « Table générale des systèmes tempérés de musique », *Histoire de l'Académie Royale des Sciences*, Année 1711, Paris, Imprimerie Royale, 1714, partie « Mémoires », p. 309.

3. C'est ce qu'indiquent V. Carraud et F. de Buzon, *Descartes et les « Principia II »*, Paris, PUF, coll. « Philosophies », 1994, p. 122.

4. La musique est une des « parties de la mathématique [mathematicæ partes] », c'est-à-dire qu'à certains égards, elle fait partie des choses « dans lesquelles c'est l'ordre ou la mesure que l'on examine [in quibus ordo vel mensura examinatur] » (*Regulæ ad directionem ingenii*, AT X, p. 377-378).

5. A cet égard, l'orientation générale de l'exposé de A. Pirro est foncièrement contestable.

6. *Journal*, éd. par C. de Waard, La Haye, Nijhoff, 1939-1953, t. I, p. 52-56.

contenu physique à cette dimension abstraite[1]. On peut retenir une déclaration éloquente de Galilée, qui suspend tous les paramètres habituellement utilisés pour comparer les hauteurs du son à la fréquence des vibrations qui, seule, fonde la nature du son :

> (...) je dis que la raison première et immédiate dont dépendent les rapports des intervalles musicaux n'est ni la longueur des cordes, ni leur tension, ni leur grosseur, mais la proportion existant entre les fréquences des vibrations, et donc des ondes qui, en se propageant dans l'air, viennent frapper le tympan de l'oreille en le faisant vibrer aux mêmes intervalles de temps[2].

La quantification des rapports caractéristiques des intervalles musicaux désigne un corrélat physique parfaitement identifié, de sorte que les aménagements introduits dans chaque système de musique pour tempérer la différence des séries engendrées par chaque consonance naturelle sanctionnent désormais une variation effectuée à partir d'une référence stable. La division de l'étendue sonore profite en outre d'un instrument mathématique dont la tradition, comme le souligne Huygens, ne disposait pas[3] : les logarithmes permettent de calculer les moyennes proportionnelles qui portent les divisions de l'étendue sonore à un degré que les théoriciens précédents ne pouvaient atteindre. Conscient de ces possibilités, Huygens revendique (à tort[4]) la première utilisation des logarithmes en musique :

> Je me suis occupé pendant quelques jours à étudier la musique, et la division du monocorde à laquelle j'ai appliqué heureusement l'algèbre. J'ai aussi trouvé que les logarithmes y sont de grand usage, et de là je me suis mis à considérer ces merveilleux nombres et admirer l'industrie et la patience de ceux qui nous les ont donnés[5].

Notons au passage qu'il existe une longue tradition interprétative, probablement initiée par Diderot, qui n'envisage les premières applications du calcul logarithmique aux intervalles musicaux que dans les grands

1. Un intervalle sonore est d'autant plus agréable que les retours qui correspondent à chacun des sons qui le bornent coïncident davantage.

2. Galilée, *Discours et démonstrations mathématiques concernant deux sciences nouvelles*, Première Journée, trad. Clavelin, Paris, Armand Colin, 1970, p. 85.

3. Salinas lui-même allègue des divisions dont « il n'a point su la grandeur (...), car on a besoin pour cela des logarithmes inconnus alors » (*Cycle harmonique par la division de l'octave en 31 dièses égaux*, in *Œuvres complètes*, t. XX, p. 157).

4. Les notes de commentaire à la traduction anglaise du *Compendium musicæ* appliquent systématiquement les logarithmes à la division de la corde (voir la présentation de F. de Buzon à son édition de ce texte, p. 37-40).

5. Lettre à R. Moray du 1er août 1661, *Œuvres complètes*, t. XX, p. 12.

traités rédigés au XVIIIe siècle[1] – dans le *Tentamen novæ theoriæ musicæ* de Euler (1739), en particulier.

Dans un contexte que Huygens caractérise expressément par l'application de l'algèbre aux questions de musique, la nécessité du tempérament représente tout à la fois ce qui menace l'expression arithmétique, puisqu'elle impose de modifier les rapports des intervalles purs, et le résultat d'une fondation rationnelle de cette expression, puisque les nouvelles divisions de l'étendue sonore qui fournissent le tempérament se fondent sur la mathématisation des phénomènes sonores. Le tempérament circonscrit donc le lieu d'une confrontation féconde entre les critères physico-mathématiques et esthétiques : « On peut encore distinguer deux espèces de musique : la musique juste, et la musique tempérée : la première géométriquement exacte ; et la seconde, qui ne l'est que physiquement[2] », déclare encore le P. André – entendons que la musique juste est strictement déterminée par les principes de la géométrie, qui sont à la fois ceux des mathématiques et ceux des choses matérielles (elle correspond ainsi à la théorie de la coïncidence des coups), au lieu que la musique tempérée s'accorde à l'organe. Les intervalles reçus dans la musique tempérée ne résultent évidemment pas d'un découpage arbitraire : la théorie physique impose un certain nombre de possibilités auxquelles les critères esthétiques peuvent s'appliquer. Ces critères s'avèrent d'ailleurs décisifs.

Le lieu de la variété

Le choix d'une mesure déterminée pour diviser l'octave ne relève pas, en effet, des seules exigences d'une expression mathématique cohérente – une des forces de la conception cartésienne de la *dimensio* tient d'ailleurs à ce qu'elle décèle, dans toute assignation de paramètre, un écart par rapport aux déterminations physiques : il entre dans la mesure une certaine

1. Assez curieusement, Riemann, qui mentionne le *Nouveau cycle harmonique* (*Geschichte der Musiktheorie im 9.-19. Jahrhundert*, note à la p. 359), ne reconnaît pas d'utilisation des logarithmes en musique avant Euler (*Musik-Lexikon*, 11e éd., Berlin, 1929, art. « Logarithmen »). La raison de ce malentendu nous semble tenir à ce que le lecteur moderne peut avoir l'impression que, chez Euler, les logarithmes sont présentés comme une mesure de nos sensations, et non simplement (comme chez Huygens) des intervalles sonores ; telle est d'ailleurs l'originalité que souligne Diderot : « (...) pour représenter les intervalles par des logarithmes, il faudrait, par exemple, qu'en entonnant une tierce majeure, l'excès de la sensation du dernier son sur la sensation du second fût double de l'excès de la sensation de celui-ci sur le premier. Mais qu'est-ce que cela signifie ? Et quand cela aurait un sens bien précis, qui sait s'il est vrai ? » (*Principes généraux d'acoustique*, in *Mémoires sur différents sujets de mathématiques*, *Œuvres complètes*, Paris, Hermann, t. II, p. 254).

2. *Essai sur le beau*, chap. IV, Paris, Guérin, 1741, p. 230.

facticité, qui exprime simplement la pertinence d'un choix. Suivons à nouveau Huygens, qui identifie parfaitement le rôle des conditions historiques dans l'établissement du tempérament. L'auteur du *Nouveau cycle harmonique* oppose à bon droit l'harmonie des Anciens, « qui ne comptaient pour consonances que l'octave, la quinte et la quarte », à celle des modernes, qui pratiquent « la composition à plusieurs parties » pour laquelle « la pluralité des consonances est nécessaire[1] ». Dans ces conditions, le souci de revenir le plus souvent possible aux intervalles purs des Anciens produirait plusieurs consonances très imparfaites – on altère donc les quintes pour préserver les tierces majeures pures mises à l'honneur par la polyphonie renaissante, et qui joueront un rôle essentiel dans la théorie de l'harmonie tonale. C'est le principe du tempérament mésotonique, auquel Huygens accorde sa préférence[2] :

> Toutes les quintes étant ainsi diminuées, il s'ensuit que les quartes sont augmentées de cette même quantité de quart de comma, que les tierces mineures sont encore diminuées, et les sixtes majeures augmentées, de cette même manière. Et qu'enfin les tierces majeures demeurent parfaites, ce qui est très considérable[3].

Plutôt que d'exposer dans leur détail les propriétés du tempérament mésotonique, il convient ici de retenir celles qui occasionnent une évolution de la théorie musicale susceptible d'éclairer le changement de perspective qui interviendra au XVIIIe siècle.

Dans le tempérament moyen, les différents intervalles ne font donc pas l'objet d'un même traitement – pour garantir la justesse des tierces majeures, l'affaiblissement des quintes dans ce système (que Huygens appelle simplement « le tempérament ») est accentué au point que leur superposition ne parvient pas jusqu'à l'octave. On fait alors porter tout ce qui manque sur une seule quinte, qui devient outrée : c'est ce qu'on appelle la quinte du loup. L'altération plus marquée d'un intervalle au profit de la pureté d'un autre n'est pas dépourvue d'intérêt : il est possible de changer la place de la quinte du loup en fonction de la tonalité retenue – c'est sur cette possibilité que se développe la notion d'affect des tons, qui introduit un élément essentiel. Il s'agit de la variété qui, dans le tempérament mésotonique, repose sur le traitement différent qu'on destine à chaque intervalle admis au rang des consonances. Disons plus simplement que

1. Projet d'une lettre à Basnage de Beauval, dans le dossier du *Nouveau cycle harmonique*, in *Œuvres complètes*, t. XX, p. 153.

2. Au moins pour ce qui concerne la pratique : les intervalles du tempérament mésotonique sont très proches de ceux que donne le système de Huygens.

3. « Projet d'une lettre à Basnage de Beauval », éd. citée, p. 154-155.

l'élément de variété qui rend la musique agréable aux hommes[1] se trouve dans le caractère des intervalles, qui commande leur traitement dans le tempérament. Le passage d'une théorie de la consonance à une théorie de l'accord, réfléchi dans Rameau, n'assignera pas le même lieu à cette variété qui nous intéresse à la musique :

> (...) le goût de la variété se prend dans l'entrelacement des modes, et nullement dans l'altération des intervalles, qui ne peut que déplaire à l'oreille, et la distraire par conséquent de ses fonctions[2].

La recherche de possibilités plus vastes de modulation (peu compatibles avec le tempérament mésotonique) impose donc d'uniformiser la division de l'étendue sonore, afin que l'altération particulière d'un intervalle ne retienne plus l'attention de l'auditeur.

La résonance, ou le siècle du repérage

Tandis qu'il insiste sur la proximité des intervalles construits selon son système et de ceux reçus dans le tempérament (mésotonique) des musiciens, Huygens lui-même précise que sa méthode présente le grand avantage d'équilibrer davantage l'altération des diverses consonances :

> On peut dire du reste qu'il n'est qu'avantageux de gagner quelque perfection sur les quintes et sur les quartes en perdant un peu plus sur les tierces, parce que plus les consonances sont parfaites, c'est-à-dire plus leurs tremblements s'unissent souvent, et moins l'oreille leur souffre d'altération[3].

Sans insister sur les divisions de l'octave, Rameau formule une appréciation très analogue, mais sur des bases bien différentes. Il ne se prononce plus sur la cause du plaisir que l'oreille prend à écouter des consonances caractérisées par l'expression arithmétique du concours des vibrations[4], mais sur le principe qui guide l'oreille dans un enchaînement d'accords, et qui suffit à prescrire l'organisation générale du tempérament : l'essentiel est de ne pas trop altérer les quintes, « puisque c'est principalement sur la succession fondamentale de ces quintes que l'oreille se guide[5] » – elles

1. Mentionnons, outre les remarques de Descartes sur ce problème, qui seront étudiées dans la seconde partie de ce livre, la Question XLVI des *Questions physiques et mathématiques* de Mersenne (in *Questions théologiques*, Paris, Fayard, 1985, p. 395-402).

2. Rameau, *Génération harmonique*, chap. VII, p. 104.

3. *Cycle harmonique*, éd. citée, p. 159.

4. Rameau ne consacre d'ailleurs aucun développement conséquent à l'explication du plaisir procuré par les consonances.

5. *Génération harmonique*, chap. VII, p. 95.

commandent en effet la progression de la basse fondamentale. Et Rameau développe sa pensée dans les termes suivants :

> Qu'importe, après cela, que les tierces, les sixtes, les tons, les demi-tons soient plus ou moins altérés, l'oreille y fait peu d'attention, *dès qu'elle y est soutenue par son guide :* tous ces intervalles ne sont que passagers ; au lieu que les fondamentaux existent continuellement, et font toujours sous-entendre avec eux la perfection qui manque à ce qu'on entend : ils font plus encore, ils donnent aux intervalles telle qualité qui leur convient, la changent même [1].

Cette déclaration est absolument capitale. La facilité que l'oreille éprouve à confondre deux intervalles dont les rapports sont très proches, cette facilité qui (comme chez Huygens) conditionne l'élaboration d'un tempérament, n'est plus présentée comme le fondement du système de musique mais comme une conséquence du rôle structurel rempli par la basse fondamentale. L'auditeur apprécie spontanément la qualité d'un intervalle à l'aune de son inscription dans l'harmonie.

Bien entendu, le calcul des moyennes proportionnelles interviendra encore pour fournir précisément la valeur de chaque consonance dans le nouveau système. Il reste que ces opérations n'occupent plus la même place dans l'ordre logique selon lequel la théorie se développe. On ne doit plus chercher son principe dans une mesure qui procéderait au découpage pertinent de l'étendue sonore, mais dans une organisation complète qui permet à l'oreille de se repérer dans le complexe des sons musicaux et de distribuer leur fonction par rapport à la progression fondamentale. La subordination des consonances à l'égard du centre harmonique, et celle de la mélodie à l'égard de la basse fondamentale fondent une sorte de *repérage* proprement musical auquel la *mesure* des intervalles sonores doit se subordonner :

> (...) cette succession fondamentale est l'unique boussole de l'oreille, d'où elle doit être notre seul et unique guide dans toutes les opérations harmoniques, sans s'embarrasser des petites altérations qu'elle peut y introduire [2].

L'appréciation formulée par J.-A. Serre, que nous rapportions au début de cette analyse, s'inscrit donc résolument sous un horizon ramiste : la détermination du tempérament dépend d'une bonne intelligence de la succession fondamentale qui guide l'oreille.

1. *Ibid.*, p. 96. Souligné par nous.
2. *Ibid.*, p. 93-94.

Encore faut-il établir que ce repérage est fondé en nature, comme la mesure des théoriciens du XVIIe siècle – la résonance du corps sonore remplira précisément ce rôle. Au titre de donnée expérimentale, elle constitue le moule dans lequel l'écoute musicale peut acquérir certaines dispositions qui lui permettront d'appréhender les relations harmoniques selon l'ordre (implicite ou explicite). « Le jugement de l'oreille est toujours fondé », même s'il est « tout obscur[1] », parce que l'organe reçoit dès l'origine l'impression de la résonance dont dérive cette succession fondamentale qui permet à l'auditeur de se repérer. Lorsque Sauveur utilise ses découvertes acoustiques pour accorder les jeux d'orgues, Fontenelle précise que cette application, sans avoir été réfléchie, guida obscurément les praticiens :

> Ce n'est pourtant pas que la nature n'ait eu quelquefois la force de faire tomber les musiciens dans le système des sons harmoniques, mais ils y sont tombés sans les connaître, conduits seulement par leur oreille et par leur expérience[2].

Les systèmes reçus jusqu'à Sauveur (et à Rameau, qui tire parti du développement de l'acoustique) approchaient seulement le système de la musique que « la nature fait par elle-même[3] ». Cette affirmation sera bien sûr amplement discutée : la nature ne fournit pas toutes les ressources d'un véritable système de musique – il faut établir le tempérament vers lequel elle nous guide, il faut réaliser les accords parfaits et les dissonances dont elle contient la possibilité muette. Le problème se posera alors de savoir quel statut on doit accorder à ces figures implicites de l'ordre, qui permettent à l'auditeur de reconnaître dans les éléments de la résonance certains objets que l'expérience acoustique ne donne pas effectivement : chez Rameau, et pour ce qui concerne la théorie, le rôle des spéculations arithmétiques sera d'ouvrir un passage, entre la résonance qui forme l'oreille et les configurations musicales que l'organe sait repérer. L'expression arithmétique fera donc l'objet d'une nouvelle convocation qui, dans le contexte mis en place par Rameau lui-même, rencontrera de très consistantes objections. En effet, la liaison méthodique qui organise l'exposé de la théorie harmonique ne se situe plus prioritairement entre les procédures de division et les consonances : c'est la résonance qui fournit les consonances naturelles dans un accord qu'elle enveloppe.

1. *Ibid.*, p. 78.

2. Fontenelle, « Sur l'application des sons harmoniques aux jeux d'orgues », *Histoire de l'Académie Royale des sciences*, Année 1702, Paris, Boudot, 1704, partie « Histoire », p. 92.

3. *Ibid.*

Les termes dans lesquels Fontenelle commente les communications de Sauveur s'avèrent, à cet égard, très significatifs. Nous aborderons plus tard les problèmes soulevés par l'expression mathématique moderne de la résonance du corps sonore ; il suffit pour l'instant de relever les modifications que les découvertes de Sauveur impriment au repérage arithmétique classique des intervalles sonores. Le mieux est ici de suivre le compte-rendu remarquable que Fontenelle consacre à la méthode proposée par Sauveur pour accorder les tuyaux d'orgues. Le rédacteur de l'*Histoire de l'Académie* remarque que les intervalles musicaux sont traditionnellement exprimés par une série dans laquelle chaque nouvelle division du monocorde se rapporte, non point au monocorde dans son entier, mais aux divisions précédentes :

> Jusqu'ici l'on n'avait considéré les rapports des sons qu'en les conduisant selon les nombres 1,2 : 2,3 : 3,4 : 4,5 : 5,6 etc. ce qui a produit les intervalles qu'on a nommés octave, quinte, quarte, tierce majeure, tierce mineure etc. (...) mais on ne conduisait point les nombres selon leur suite naturelle 1, 2, 3, 4 etc. pour examiner les rapports des Sons qui en résulteraient [1].

L'identification des sons harmoniques, que Sauveur applique aux problèmes soulevés par les tuyaux d'orgue, contribue à modifier cette situation. Dans cette question de technique instrumentale, l'intelligence de sa méthode ne requiert d'ailleurs pas que l'on possède une explication physique bien stabilisée de la résonance du corps sonore, puisque les sons harmoniques ne s'y trouvent définis que par le rapport mathématique de leurs vibrations à celles du fondamental : un son est l'harmonique d'un autre lorsque la fréquence des vibrations qui le produisent est un multiple de celle qui caractérise le fondamental ou, ce qui revient au même, lorsque (toutes choses étant égales par ailleurs) la longueur de la corde qui rend l'harmonique est un sous-multiple de la corde fondamentale. Du strict point de vue du repérage arithmétique, la considération des longueurs de corde rapporte alors chaque intervalle à l'unité qui représente le son fondamental :

> M. Sauveur est le premier qui ait considéré les sons selon cette suite naturelle des nombres. Le premier intervalle 1, 2 est une octave, le second 1, 3 est une douzième, le troisième 1, 4 est une quinzième ou la double octave aiguë, le quatrième 1, 5 est une dix-septième, le cinquième 1, 6 est une dix-neuvième etc. [2].

1. *Ibid.*, p. 90.
2. *Ibid.*

Ces remarques peuvent sembler anecdotiques : elles manifestent en réalité l'inscription des résultats tirés de la résonance du corps sonore (savoir, la série harmonique supérieure) dans le mouvement historique qui conduit à l'élaboration théorique de l'harmonie moderne. Tel que le lit Rameau, l'*Abrégé de musique* de Descartes établit le principe d'une centralisation des relations harmoniques, en unifiant les aspects esthétique et arithmétique de la consonance; Fontenelle relève dans les découvertes de Sauveur des éléments qui contribueront à cette opération – la résonance donne des consonances qui manifestent d'autant mieux les dispositions internes de la corde grave que leur expression arithmétique réside dans un rapport constant de l'unité avec la suite des nombres entiers naturels :

> Cette nouvelle considération des rapports des sons n'est pas seulement plus naturelle en ce qu'elle n'est que la suite même des nombres qui sont tous multiples de l'unité, mais encore en ce qu'elle exprime et représente toute la musique et la seule musique que la nature nous donne par elle-même sans le secours de l'art[1].

Ces déclarations appellent deux commentaires importants. « Sans le secours de l'art », prétend Fontenelle – les conditions historiques qui prescrivent une certaine division de l'étendue sonore infirment manifestement cette prétention, puisqu'elles arrêtent les critères d'une interprétation pertinente des résultats empiriques tirés des expériences acoustiques. De même qu'au siècle précédent, l'admission désormais définitive de nouveaux intervalles au rang des consonances avait imposé l'élaboration de tempéraments à divisions multiples (Huygens) et du tempérament égal qui simplifiait leur principe, c'est bien l'évolution de la théorie musicale qui fait une place à la résonance du corps sonore, factuellement identifiée bien avant Sauveur. C'est donc l'exigence théorique d'une unification de la notion de consonance qui, désormais, place au premier plan la résonance du corps sonore – et nous verrons que, réciproquement, les changements qui affectent la philosophie naturelle rendent enfin utilisables, pour la musique spéculative, des résultats expérimentaux acquis depuis longtemps.

« Cette nouvelle considération des rapports des sons n'est pas seulement plus naturelle en ce qu'elle n'est que la suite même des nombres » – cette conformité n'est donc que l'indice d'une liaison plus profonde. La diffusion des expériences acoustiques modifie en effet l'ordre des termes qui, jusqu'alors, définissait la notion de consonance. Chez les auteurs du XVIIe siècle, la résonance par sympathie permettait d'éprouver empiriquement une correspondance entre l'expression arithmétique et les

1. *Ibid.*, p. 90-91.

relations musicales des sons ; dans le texte de Fontenelle, en revanche, l'application de la suite des nombres entiers naturels n'a pas d'autre objet que de nous rendre particulièrement lisible l'affinité de la résonance du corps sonore et du caractère consonant des intervalles que fournit l'expérience. Sans doute cette lisibilité possède-t-elle encore, chez Fontenelle, une vertu heuristique ; mais les auteurs du XVIIIe siècle français qui, après d'Alembert, prétendront que « la résonance du corps sonore, et les sons multiples qui en dérivent, suffiraient pour fonder tout le système de l'harmonie[1] », identifieront dans l'usage traditionnel de l'expression arithmétique, au mieux une commodité d'exposition, au pire un obstacle à la claire intelligence du statut épistémologique de la théorie musicale. Citons dès maintenant la fameuse déclaration de d'Alembert :

> Nous avons (...) banni de cette édition (...), toutes considérations sur les proportions et progressions géométriques, arithmétiques et harmoniques (...), persuadés comme nous sommes que M. Rameau aurait pu se dispenser d'avoir aucun égard à ces proportions, dont nous croyons l'usage tout à fait inutile, et même, si nous l'osons dire, tout à fait illusoire dans la théorie de la musique[2].

A dire le vrai, cette prise de position recouvre plusieurs attendus qu'il faudra expliciter. D'une façon plus générale, nous souhaitons pour l'instant insister sur l'orientation nouvelle des rapports entre la musique et la science, tels qu'ils sont réfléchis par les philosophes des Lumières[3].

Sur le fond d'un réaménagement systématique de la théorie musicale, la résonance acquiert, dans les philosophies de la musique du XVIIIe siècle, un véritable statut de *principe* – l'expression arithmétique, sur laquelle Rameau fait encore reposer l'aspect le plus visible de sa pensée, n'entretient plus, selon les scientifiques des Lumières, un rapport direct avec les ressources musicales. Sa fonction, néanmoins, tolère d'être mieux circonscrite : les proportions représentent les opérations qui établissent une continuité entre le phénomène physique et l'organisation harmonique de l'écoute musicale tonale, dont les propriétés structurelles commandent la distribution de l'étendue sonore – d'une façon pleinement revendiquée, désormais.

1. *Eléments de musique, théorique et pratique, suivant les principes de M. Rameau*, seconde édition, Lyon, Bruyset, 1762, p. XII.

2. *Ibid.*

3. Cette orientation générale souffre bien entendu d'importantes exceptions – ainsi Euler, dont nous étudierons plus tard les plus notables contributions : voir notre deuxième partie, début du chapitre III.

Le problème physique de la résonance

Il est communément admis que les travaux de Joseph Sauveur engagent l'acoustique sur la voie d'une autonomie conceptuelle inédite – en témoigne d'ailleurs le fait qu'il serait l'inventeur du nom de cette science[1]. Lorsqu'il rend compte des *Principes d'acoustique et de musique*, le rédacteur du *Journal de Trévoux* note déjà que cet ouvrage applique à la science des sons certains concepts spécifiques, qui ne sont pas simplement importés du domaine musical : le système de Sauveur « a principalement pour objet la science des sons et de leurs intervalles : au lieu que la musique a pour objet principal de traiter des sons agréables à l'ouïe[2] ». Il est vrai qu'en première lecture, la définition des sons harmoniques semble purement physique :

> J'appelle son harmonique d'un son fondamental, celui qui fait plusieurs vibrations pendant que le son fondamental n'en fait qu'une, ainsi un son à la douzième du son fondamental est harmonique, parce qu'il fait trois vibrations, pendant que le son fondamental n'en fait qu'une[3].

Néanmoins, la séparation n'est pas aussi claire, entre les notes dont la musique étudie les rapports et les sons partiels produits dans la résonance du corps sonore, qui fait le principal objet de l'acoustique. Tout d'abord, la genèse des travaux de Sauveur répond à un problème instrumental – il suffit, pour s'en apercevoir, de citer la définition des sons harmoniques que fournit l'*Encyclopédie* :

> Sons harmoniques, *ou* Sons flutés, sont une qualité particulière de *sons* qu'on tire de certains instruments à corde, tels que le violon et le violoncelle, par un mouvement très particulier de l'archet, et en appuyant très peu le doigt sur certaines divisions de la corde[4].

1. C'est du moins ce que pense encore Rousseau (*Dictionnaire de musique*, art. « Acoustique », p. 635).

2. *Journal de Trévoux*, juin 1734, art. LXXIX, p. 896.

3. Sauveur, *Principes d'acoustique et de musique, ou système général des intervalles des sons, et de son application à tous les systèmes et à tous les instruments de musique*, section IX, *Histoire de l'académie royale des sciences*, Année 1701 ; Genève, Minkoff reprint, 1973, p. 51.

4. *Encyclopédie*, art. « Son », t. XV, 1765, p. 347a. La dixième section des *Principes d'acoustique et de musique* applique l'hypothèse de Sauveur, relative à la production des sons harmoniques, aux instruments qui produisent le plus facilement de telles émissions (la trompette marine, les grands instruments à vent).

Ensuite, les sources consultées par Sauveur, selon le témoignage de Fontenelle, restent essentiellement musicales : « Il était réduit à emprunter la voix ou l'oreille d'autrui, et il en rendait en échange des démonstrations inconnues aux musiciens [1] ». Enfin, c'est bien dans le cadre conceptuel mis en place par les théoriciens de la musique que les descriptions physiques de Sauveur s'avèrent recevables – cette ambiguïté imposera d'ailleurs de dégager la signification effective de la notion de *génération harmonique*, que Rameau mobilise pour désigner l'articulation de l'acoustique à la théorie musicale. Il faut auparavant souligner l'originalité des travaux de Sauveur du point de vue de la théorie physique et, dans cette perspective, exposer son explication du mouvement vibratoire de la corde sonore. S'il convient d'ailleurs d'envisager ici, en priorité, les questions *mécaniques* que pose l'existence des sons harmoniques partiels, c'est que les problèmes suscités par l'expression mathématique de la résonance du corps sonore n'apparaissent que bien après les communications de Sauveur.

Dans ses *Principes généraux d'acoustique*, Diderot insiste sur l'importance de l'exposé consacré aux découvertes de Sauveur : « (...) ce paragraphe sera sans doute un des meilleurs de ce mémoire [2] ». Or il est très frappant de constater que ce long développement, largement inspiré de Fontenelle, n'aborde pas directement la question des sons harmoniques émis par la résonance d'un corps sonore : l'étude des vibrations du monocorde, qui fait tout l'objet de ce paragraphe X, met plutôt en place le cadre physique dans lequel ce phénomène peut enfin recevoir une explication correcte. Il faut citer dans son entier l'introduction de ce texte :

> M. Sauveur (...) en examinant la théorie de certains instruments qui vont par *sauts* et passent irrégulièrement d'un ton à un autre, fut obligé, pour en rendre raison, de recourir à des expériences dont il fut extrêmement surpris ; car quel philosophe aurait cru qu'un corps, mis en mouvement de manière que toutes ses parties y doivent être, en conserve cependant quelques-unes immobiles dans de certains intervalles, ou plutôt en rend quelques-unes immobiles par une distribution singulière qu'il semble faire entre elles du mouvement qu'il a reçu [3].

Cette présentation appelle deux séries de remarques. 1) Diderot signale que certains instruments ne permettent pas d'émettre facilement un son d'une hauteur stable, bien que les différents facteurs physiques déterminants demeurent inchangés (longueur, diamètre et tension d'une corde

1. Fontenelle, « Eloge de Sauveur », in *Eloges de Fontenelle*, Paris, Garnier, p. 102.
2. Diderot, *Principes généraux d'acoustique*, § X, p. 270.
3. *Ibid.*

vibrante, par exemple). Il présentera dans l'*Encyclopédie* une description plus détaillée de ce phénomène qui complique l'usage d'un petit instrument à vent, tel que le flageolet[1]. L'examen de perturbations analogues est effectivement associé à la découverte et à l'étude des sons partiels harmoniques. Sauveur mentionne ces sauts qui interviennent fréquemment dans l'utilisation de certains intruments à vent (la trompette) ou à cordes (la trompette marine) :

> En méditant sur les phénomènes des sons, on me fît remarquer (...) [qu'on] entendait dans les longues cordes, outre le son principal, d'autres petits sons qui étaient à la douzième et à la dix-septième de ce son ; que les trompettes outre ces sons-là en avaient d'autres, dont le nombre de vibrations était multiple du nombre de celles du son fondamental. Je ne trouvai rien dans les explications des trompettes marines qui me satisfît là-dessus[2].

De la même manière, et dès 1636, Mersenne entend manifester le caractère naturel de l'octave, première des consonances, non seulement par le jeu des expressions numériques, mais aussi en rappelant l'existence des contraintes physiques exercées par les instruments :

> (...) il y a des consonances dans la nature, puisque la trompette nous les apprend, car lorsqu'on en joue, et que l'on commence par le son le plus grave de tous ceux qu'elle peut faire, l'on ne saurait passer de ce premier son à aucun son plus proche que celui de l'octave[3].

Comme nous le verrons, Mersenne soumet de plus à Descartes le problème capital de savoir si la production des premières consonances provient d'un défaut de l'instrument, ou si elle accompagne immanquablement la résonance des corps matériels, selon la conception définitivement adoptée dans l'*Harmonie universelle*.

1. « Il est difficile d'empêcher cet instrument d'aller à l'octave et de tenir à son ton, malgré toute la faiblesse de l'haleine, surtout lorsqu'il n'a que trois ou quatre pouces de long ; et quand il octavie, les trous étant bouchés, souvent il redescend à son ton naturel, en ouvrant tous les trous, au lieu de continuer ses sons à l'octave en haut » (*Encyclopédie*, art. « Flageolet », t. VI, 1756, p. 834a).

2. *Principes d'acoustique et de musique*, p. 2-3.

3. *Harmonie universelle, Traité des consonances, des dissonances, des genres, des modes, et de la composition*, livre I : « Des consonances » [désormais noté *Traité des consonances*], prop. I, Paris, Ballard, 1636, p. 3. D'autre part, Cohen fournit l'indication suivante, sur les sources consultées par Mersenne : « (...) Mersenne used the instrument makers themselves as a direct source of knowledge » (*Quantifying music. The Science of Music at the First Stage of the Scientific Revolution*, Dordrecht, Reidel, 1984, p. 102).

2) Dans les *Pensées sur l'interprétation de la nature*, Diderot envisagera surtout les conséquences mécaniques des découvertes de Sauveur, savoir, l'idée qu'un corps auquel un mouvement est imprimé peut conserver certaines de ses parties à l'état de repos. En effet, dans la cinquième Conjecture, il s'efforce de comprendre la formation des nœuds sur une corde vibrante au sein d'une nouvelle conception de la distribution du mouvement dans le corps choqué, qui s'opposerait à la théorie cartésienne, selon laquelle « on supposait au contraire la distribution du mouvement uniforme dans toute la masse[1] ». Les textes de Fontenelle et de Diderot nous fournissent, sur ce sujet, un précieux exposé d'histoire des sciences. L'étude du premier accueil réservé aux découvertes de Sauveur impose donc d'interpréter les problèmes soulevés par la résonance du corps sonore à l'aune de la constitution historique d'une physique de la vibration, dont les concepts permettent la description de ce phénomène.

« Une grande merveille pour un physicien... »

Après avoir proposé à l'Académie des sciences, en 1700, une méthode originale pour la détermination d'un son fixe, Sauveur présente l'année suivante un nouveau mémoire qui comporte deux parties. La première (et, si l'on tient compte des textes de Wallis[2], la plus originale) est consacrée à une nouvelle division de l'octave : elle justifie donc le titre de cette communication (« Nouveau système de musique »), et elle reçut l'approbation de nombreux savants – ainsi Leibniz. La seconde partie du mémoire nous intéresse plus directement, puisqu'elle contient l'argument de l'explication du phénomène des sons harmoniques, c'est-à-dire la division de la corde vibrante en différents fuseaux, séparés par des points qui restent au repos. Il est instructif de lire ces pages à partir du compte-rendu rédigé par Fontenelle, parce qu'il explicite les conséquences importantes de cette théorie, au lieu que Sauveur n'en fournit qu'une présentation technique dans les *Principes d'acoustique et de musique* de 1701.

On considère d'abord une corde sonore qu'un obstacle léger divise en deux parties, de sorte qu'il semble devoir modifier la longueur de la partie vibrante : dans ce cas, « si le chevalet n'empêche pas entièrement la communication des vibrations des deux parties (...), les deux parties, quoique inégales, rendront le même ton et formeront le même intervalle

1. *Pensées sur l'interprétation de la nature*, XXXVI, *Œuvres complètes*, t. IX, Paris, Hermann, 1981, p. 206.

2. Voir plus bas, nos remarques sur l'interprétation de la résonance dans les textes de Wallis.

avec la corde entière[1] ». Un déplacement significatif s'opère ici dans la division habituelle du monocorde : il ne s'agit plus de matérialiser l'opération mathématique par laquelle on engendre les consonances, mais bien plutôt de reproduire une perturbation instrumentale (celle qui affecte le jeu de la trompette marine, par exemple). Le témoignage de Fontenelle éclaire surtout les relations que ce phénomène entretient avec l'état contemporain des lois des cordes vibrantes. D'une part, dans cette expérience, la plus grande partie de la corde ne rend pas le son qui est normalement associé à sa longueur :

> Il ne serait pas étonnant [que les deux parties du monocorde] fussent toutes deux à l'unisson de la corde entière ; on concevrait alors que l'obstacle léger ne les empêcherait pas de faire les mêmes vibrations que la corde entière, et qu'il ne tiendrait lieu de rien. Mais il est effectivement obstacle ; il détermine les parties de la corde à être effectivement parties, et à rendre un son différent de la toute ; et le merveilleux est qu'il laisse le même ton à des parties inégales[2].

Mais d'autre part, c'est le cadre désormais classique de la loi introduite par Beeckman et Galilée qui permet de décrire la formation des nœuds. Dans la mesure où l'expérience ne modifie pas les autres paramètres (masse et tension) qui déterminent la hauteur du son, Sauveur conclut que la plus grande partie de la corde sonore n'adopte pas un mouvement homogène sur toute sa longueur, mais qu'elle se divise en plusieurs fuseaux qui, dans l'exemple retenu, sont aussi longs que la petite partie distinguée au début, et qui vibrent pour eux-mêmes[3]. Il faut donc admettre qu'un corps sonore, auquel on imprime un mouvement apparemment simple, conserve cependant certaines de ses parties à l'état de repos, – ce sont les nœuds, qui doivent distinguer les uns des autres les différents fuseaux qui se forment sur la plus longue partie de la corde vibrante :

1. « Sur un nouveau système de musique », *Histoire de l'académie royale des sciences*, année 1701, Paris, 1704, partie « Histoire », p. 132.

2. Puis : « Si, par exemple, l'obstacle est au quart de la corde, non seulement ce quart étant pincé rend la double octave aiguë de la toute ; mais l'autre partie, qui est trois quarts et qui devrait donner la quarte de la toute, donne la même double octave » (*Ibid.*).

3. « Sur ce phénomène si bizarre, M. Sauveur imagina que, puisque 3/4 rendaient le même son que 1/4, ils ne devaient pas faire des vibrations proportionnées à leurs longueurs ; qu'il fallait qu'ils se partageassent en trois parties égales chacune au premier quart, et qui fissent chacune leurs vibrations séparément. En ce cas, c'eût été la même chose que si l'on eût pincé à la fois ces trois parties égales. Elles eussent été toutes à l'unisson entre elles et avec le premier quart, c'est-à-dire à la double octave aigue de la corde entière » (*Ibid.*).

> (...) il y aurait donc eu nécessairement entre les vibrations de deux parties égales un point immobile qui ne suivait ni l'une ni l'autre vibration, et par conséquent deux points immobiles sur les [3/4] de la corde, et 3 dans la corde entière, en comptant pour un de ces points celui où est posé l'obstacle léger, parce qu'il est effectivement entre deux vibrations. [D'où résultent des définitions passées dans l'usage :] M. Sauveur appelle ces vibrations partielles et séparées, *ondulations ;* leurs points immobiles, *nœuds ;* et le point du milieu de chaque vibration, *ventre* de l'ondulation[1].

Avant de passer à l'expérience qui met en évidence la formation des nœuds sur une corde vibrante, Sauveur établit que son explication est seule recevable de la façon suivante. Puisque la hauteur d'un son dépend de la fréquence des vibrations, la plus longue partie du monocorde ne peut rendre l'unisson de la petite que si elle bat l'air selon la même fréquence ; mais si elle conserve un mouvement uniforme sur toute sa longueur, elle fera, par rapport à la petite partie, un nombre inférieur d'oscillations dans un même temps – elle doit donc se partager. Ainsi, pour une corde AB divisée en cinq parties aux points D, E, F et G, avec un obstacle léger qui distingue le premier cinquième AD de la corde : « (...) la partie AD entraîne sa partie voisine DE, et l'oblige à suivre son mouvement, elle lui doit être par conséquent égale » ; en effet, « une plus grande partie irait plus lentement, et une plus petite irait plus vite ; ensuite la partie DE oblige la suivante EF à suivre le même mouvement, et ainsi de suite jusqu'à la dernière[2] ». Fontenelle fournit une version un peu plus générale de cette explication, que l'on préférera à celle de Sauveur :

> (...) l'obstacle léger détermine (...) les deux parties à faire leurs vibrations séparément, et indépendamment l'une de l'autre, mais comme elles sont inégales, la plus petite fait ses vibrations beaucoup plus vite, et parce qu'elle communique toujours avec l'autre qui est plus lente, elle la hâte, et la force à suivre son mouvement. Or cette partie plus grande ne peut jamais à cause de sa longueur faire ses vibrations en même temps que la plus petite,

1. *Ibid.* Même définition physique dans les *Principes d'acoustique et de musique :* « J'appellerai ces points (...) *les nœuds* de ces ondulations, et les milieux de ces ondulations seront appelés *les ventres* de ces ondulations » (section IX, p. 54). C'est ainsi que Sauveur propose une description pertinente de la figure d'une corde musicale : « La corde vibrante ne présente pas, en fait, un fuseau unique (...), mais une infinité de fuseaux synchronisés sur le fondamental, dont les longueurs respectives correspondent à une subdivision en 2, 3, 4 etc., parties égales » (E. Leipp, *Acoustique et musique*, Paris, Masson, 1984, p. 175-176).

2. *Principes d'acoustique et de musique*, section IX, p. 54.

> et lui obéir, à moins qu'elle ne se partage en parties toutes égales à cette petite, qui domine à cause de sa vitesse[1].

La formation des nœuds sur le monocorde sanctionne donc une distribution particulière du mouvement à l'intérieur du corps sonore. Corrélativement, et même si la mathématisation effective de ce phénomène n'est pas interrogée avant les travaux de D. Bernoulli, il est patent que la géométrisation de la corde vibrante n'est ici conçue que comme une composition de mouvements sinusoïdaux, selon les termes que formalise Taylor au début du XVIIIe siècle.

Dans ce contexte, il est aisé d'expliquer le phénomène des sons harmoniques. En fait, le cas où chaque ondulation est de même longueur que la petite partie distinguée par l'obstacle léger reste particulier, et Sauveur établit d'une façon plus générale que les ondulations auront chacune une longueur égale à la plus grande commune mesure des parties. Autrement dit, elles doivent toujours correspondre aux parties aliquotes de la corde entière[2]. Bien entendu, la thèse la plus simple consiste à associer les sons harmoniques aux vibrations partielles engendrées par la distribution du mouvement dans la corde, ainsi que le déclare Sauveur dans la préface de ses *Principes d'acoustique et de musique* :

> (...) en cherchant moi-même la cause de ce phénomène, je conclus que la corde outre les ondulations qu'elle faisait dans toute sa longueur pour former le son fondamental, se partageait en deux, en trois, en quatre etc. ondulations égales qui formaient l'octave, la douzième, la quinzième de ce son : je conclus ensuite la nécessité des nœuds et des ventres de ces ondulations[3].

Dans le récit de sa découverte, Sauveur laisse ainsi entendre que la thèse d'une distribution non uniforme du mouvement dans le corps sonore résulte tout naturellement de la nécessité qu'il y a de rapporter la hauteur du son à la longueur de la partie vibrante, toutes choses étant égales par ailleurs – autrement dit, puisque l'expérience certifie que la résonance d'un corps sonore fait entendre plusieurs sons de hauteurs différentes (ce qui est acquis depuis Mersenne), alors la vibration du corps tout entier doit comporter également celle de ses parties aliquotes, selon leurs longueurs propres.

L'exposé de Fontenelle est beaucoup plus satisfaisant, parce qu'au lieu de présenter l'explication de l'émission des sons harmoniques proprement

1. Fontenelle, *op. cit.*, p. 133.

2. Nous laissons de côté, dans cette présentation, les questions posées par Diderot, dans les *Principes généraux d'acoustique*, sur la position de l'obstacle léger.

3. *Principes d'acoustique et de musique*, p. 3.

dite, il insiste davantage sur l'aménagement que l'acoustique expérimentale impose aux doctrines mécaniques :

> Ces points qui d'espace en espace se maintiennent immobiles entre tous les autres points qui se meuvent, et dans un corps qui aurait dû prendre du mouvement selon toute sa longueur, seraient sans doute une grande merveille pour un physicien qui n'y aurait pas été préparé, et amené par degrés [1].

Et si l'on veut se convaincre de la singularité de cette découverte, il n'est qu'à constater que Diderot juge nécessaire de reproduire cette déclaration dans ses *Principes généraux d'acoustique* publiés en 1748 [2]. Ce qui suscite l'étonnement n'est donc pas l'existence des sons harmoniques, mais les modalités de distribution du mouvement qui permettent d'en expliquer la production.

Généalogie du problème : les correspondants de Mersenne

On doit à Mersenne d'avoir compris la résonance de la série harmonique supérieure comme un phénomène physique régulier : étant donné que le son consiste dans les vibrations (les battements) qu'un corps sonore transmet au milieu, « il faut examiner comme il se peut faire que la même corde batte l'air différemment en même temps [3] ». Mais il nous faut comprendre pour quelle raison cette formulation très correcte du problème ne permet pas, chez Mersenne, d'aboutir au résultat acquis ultérieurement chez Sauveur. Les réponses que les correspondants de Mersenne s'efforcent d'apporter à ses questions insistantes sur la résonance des premières consonances permettent d'apprécier un pareil décalage – citons une lettre dans laquelle Christophe de Villiers énonce le problème, tel que soumis par Mersenne : « (...) pourquoi la corde d'une viole ou autre instrument fait deux tons ensemble, l'octave et la douzième, même la quinzième et dix-septième [4] ». Il n'est pas utile de commenter ici en détail l'ensemble de ces textes, et

1. Fontenelle, *op. cit.*, p. 133.

2. « Lcs points qui, d'espace en espace, se maintiennent immobiles entre tous les autres points qui se meuvent, et dans un corps qui aurait dû prendre du mouvement selon toute sa longueur, auraient été sans doute une grande merveille pour un physicien qui n'y aurait pas été amené par degrés » (*Principes généraux d'acoustique*, Section X, p. 272).

3. *Harmonie universelle*, 1636, Livre des instruments, livre IV, proposition IX, p. 209-210.

4. Lettre datée de la mi-septembre 1633; n° 277 in *Correspondance du P. Marin Mersenne*, publiée et annotée par Cornelis de Waard, III, 1631-1633, seconde édition, Paris, Editions du CNRS, 1969, p. 488.

nous nous contenterons de les énumérer avant d'étudier pour elle-même la réponse de Descartes.

Le témoignage de Boulliaud [1] n'apporte rien de concret, et la réponse de Villiers [2] (obscure, mais plutôt intéressante) ne concerne pas directement notre propos. En revanche, les courtes déclarations de Beeckman semblent avoir exercé une influence plus notable sur Mersenne qui, du reste, doit à ce correspondant les éléments fondamentaux de la loi des cordes vibrantes. L'explication de Beeckman mérite d'être retenue parce que, comme celle de Mersenne, elle impute à l'action régulière de la corde sur l'air ambiant les modifications du milieu qui, seules, produisent les sons harmoniques :

> (...) comme toutes les parties de la corde tremblent selon une même fréquence, mais non à la même vitesse, et comme certaines particules de l'air sont peut-être plus fragiles que les autres, tandis que l'épaisseur de la corde n'est pas partout rigoureusement égale, il arrive que certains des globules de l'air se brisent en deux, trois, quatre, etc. parties [3].

Surtout, Beeckman est, à notre connaissance, le premier auteur qui reconnaît dans les sons harmoniques les notes (*ut*, *mi*, *sol*) qui composent l'accord parfait majeur [4]. Mais il revient à l'interprétation cartésienne du phénomène de le situer par rapport aux concepts fondamentaux de la mécanique.

Descartes se prononce quant à lui dans trois lettres rédigées de l'été 1632 au mois de mai 1634. Il semble bien que Mersenne lui ait soumis le problème des instruments qui progressent par sauts, qui donne son occasion à la découverte des sons harmoniques. L'argument de Descartes consiste simplement à imputer l'irrégularité de la hauteur des notes à l'imprécision de pareils instruments – de ce que le chevalet ne détermine pas de façon parfaitement stable les vibrations de la corde, il ne conclut pas à une distribution originale du mouvement dans le corps sonore, mais à des variations qui affectent la tension imprimée à la corde, d'où résultent des irrégularités de fréquence :

1. Lettre d'Ismaël Boulliaud à Pierre Gassend du 21 juin 1633 ; n°260, *ibid.*, p. 449.

2. Lettre à Mersenne datée de la mi-septembre 1633 ; n° 277, *ibid.*, p. 488.

3. « (...) cum omnes partes chordæ æque quidem frequenter, sed non æque celeriter, tremant, et aliæ æris particulæ aliis fortasse fragiliores sint, nec chordæ crassities ubique sit exacte æqualis, fit ut eorum globulorum quidam in duas, tres, quatuor etc. partes frangantur » (lettre à Mersenne du 30 mai 1633 n° 251, *ibid.*, p. 403).

4. *Ibid.*, p. 404.

> Pour cet instrument monocorde qui imite la trompette[1], je voudrais en avoir vu l'expérience, pour en oser dire mon opinion. Mais autant que je puisse conjecturer, tout le secret qui y est ne consiste qu'en ce que le chevalet étant mobile et tremblant, ainsi que vous m'écrivez, le son a quelque latitude, et ne se détermine pas à être grave ou aigu jusqu'à tel degré, par la seule longueur de la corde, mais principalement aussi par la tension, qui fait qu'elle presse plus ou moins ce chevalet, et ensuite que les tremblements de ce chevalet sont plus ou moins fréquents, avec lesquels se doivent accorder ceux de la corde, et par conséquent la hauteur ou la bassesse du son[2].

C'est justement dans la mesure où Sauveur néglige, dans son analyse, de telles variations, qu'il peut rapporter l'émission des premiers sons harmoniques aux seules modifications qui affectent la longueur de la partie vibrante. On relèvera en outre l'adhésion implicite de Descartes à la loi proposée par Beeckman et mise entre parenthèses dans le *Compendium musicæ* – mais elle se trouve ici retenue pour expliquer la hauteur des sons, et non la qualité des diverses consonances.

Comment Descartes réagit-il à la découverte des sons harmoniques, relatée par Mersenne ? Il affirme en avoir eu déjà connaissance et, de fait, le *Compendium musicæ* alléguait déjà la résonance de l'octave supérieure[3] pour souligner la perfection de cette consonance. Mais les formules employées dans ces lettres sont beaucoup plus audacieuses, dans la mesure où elles servent une explication physique du phénomène (ce qui n'était pas du tout le cas, répétons-le, dans *l'Abrégé de Musique*). L'explication relative aux sons harmoniques, telle que Descartes la soumet à Mersenne, présente un double intérêt – d'une part, elle postule une distinction pertinente entre les paramètres mécaniques qui définissent le son fondamental de hauteur stable émis par la corde entière, et les perturbations responsables des sauts que perçoit l'oreille ; d'autre part, et surtout, elle associe ces perturbations à des modifications qui affectent la corde elle-même, et non simplement le milieu (Mersenne ne retiendra pas vraiment ce second point) :

1. Il s'agit vraisemblablement de la trompette marine, instrument à corde qui, comme la trompette (dont Mersenne retient l'exemple pour montrer qu' « il y a des consonances dans la nature », *Harmonie universelle*, 1636, *Traité des consonances*, prop. I, p. 3), connaît des sauts dans la hauteur des sons qu'il émet.

2. Descartes à Mersenne, été 1632, AT I, p. 258-259.

3. On doit donc nuancer l'appréciation formulée par Cohen, selon laquelle « when confronted with Mersenne's discovery of overtones, Descartes answered that he had observed them before (which, if he refers to *Compendium musicæ*, is demonstrably untrue, as by then he knew nothing more about the phenomenon than Aristotle did) » (*Quantifying music*, p. 167).

> Pour ce que vous me mandez des deux sons qui s'entendent quelquefois d'une même corde, je l'ai bien autrefois aussi remarqué; et je pense que la raison est que, les cordes étant un peu fausse et inégales, il se fait en elles deux sortes de tremblements en même temps, l'un desquels, à savoir celui qui fait le son le plus grave, et qui est le principal, dépend de la longueur et grosseur et tension de toute la corde; et l'autre, qui fait un son plus aigu, dépend de l'inégalité de ses parties. (...) L'inégalité de ses parties cause aussi en elle un autre tremblement [que celui qui correspond à la vibration de la corde entière]. Tout de même si ce second tremblement est seulement double du premier, il fera l'octave; si quadruple, la quinzième; et s'il est quintuple, il fera la dix-septième majeure[1].

Il ne s'agit donc pas de rapporter la série harmonique supérieure (dont Descartes énumère ici presque tous les éléments[2]) à une règle mécanique déterminable qui permettrait, par exemple, de concevoir la division de la corde grave en plusieurs fuseaux. On estime simplement que l'inégalité des parties de la corde suffit à expliquer la production des sons harmoniques[3] – comme l'écrit Cohen, Descartes « suggère que les sons harmoniques résultent d'une certaine inégalité dans l'épaisseur des cordes qui les produisent[4] ». On pourrait bien évidemment objecter à Descartes que le phénomène imputé aux accidents matériels qui affectent telle ou telle corde sonore est, quant à lui, beaucoup plus régulier, en ce sens qu'il produit des

1. A Mersenne, 22 juillet 1633, AT I, p. 267-268.

2. Il manque la douzième, en particulier; mais cet intervalle est mentionné dans la lettre du 15 mai 1634.

3. Cette hypothèse cartésienne connaît une certaine fortune avant la mise en place d'une authentique physique de la vibration. C'est ainsi que Fontenelle trouve dans Perrault la description du phénomène des harmoniques : « Les différentes parties d'un même corps résonant font différents tons, et par conséquent des consonances, ou des dissonances. Comme une cloche n'est pas partout d'un égal diamètre, les petits cercles ont des tons plus aigus : et une corde tendue, quoique d'une égale grosseur partout, est plus tendue vers les extrémités, parce que vers le milieu, son poids la courbe nécessairement, quelque peu que ce soit. Ainsi dans l'un et dans l'autre de ces organes, mais beaucoup plus sensiblement dans la cloche, différentes parties ont différents tons; et le ton global qui paraît simple, est cependant composé de tous ces tons partiaux ». *Histoire de l'Académie Royale des Sciences*, tome I, *Depuis son établissement en 1666 jusqu'à 1686*, Paris, Gabriel Martin, Jean-Baptiste Coignard, Hippolyte-Louis Guerin, 1733 : 1677, p. 227-228. Dans les travaux de Perrault, s'il est bien acquis que le son simple recouvre en réalité une série de sons partiels, il reste que cette résonance naturelle n'est imputée qu'aux irrégularités de l'instrument (*i.e.*, à la différence des parties), de sorte qu'elle produit aussi bien les consonances que les dissonances – ce phénomène, en somme, n'est pas déterminé.

4. *Quantifying music*, p. 167.

consonances repérables. Mersenne émet sans doute une réserve de ce type lorsqu'il pose la question de savoir si la corde qui émet les premiers sons harmoniques est fausse, puisqu'elle contient des parties irrégulières.

La réponse de Descartes quitte alors le plan de l'enquête physique, pour se formuler dans les catégories de la perception musicale. On dira que la corde n'est point fausse, puisqu'elle fait entendre des consonances, mais elle est moins bonne que celle qui donnerait un son simple [1]. Il est assez remarquable que Descartes, s'il n'aperçoit pas la nature spécifique du son musical qui comporte des harmoniques, semble estimer (à bon droit) que rien ne permet de supposer que les sons qui accompagnent le fondamental donneront toujours des consonances : de fait, le problème se posera au XVIIIe siècle de faire une différence entre les harmoniques proprement dit et les sons partiels. Descartes finit du reste par se désintéresser de la question [2] ; mais dans cette même lettre où il avoue sa lassitude, il formule néanmoins une hypothèse intéressante, que les commentateurs négligent le plus souvent – les vibrations accidentelles, engendrées par l'irrégularité des parties de la corde vibrante, rencontrent la masse de l'air mis en branle par l'ondulation de la corde entière et communiquent à cette masse, en cette occasion, un mouvement plus rapide qui donne un son plus aigu :

> (...) [les] parties [de la cordel peuvent avoir quelques autres mouvements moins sensibles qui, rencontrant (...) tout le corps de l'air ébranlé selon certaine vitesse par le mouvement principal de cette corde, ne peuvent que doubler ou tripler ou quadrupler ou quintupler les battements qu'il cause dans l'oreille, et ainsi font entendre l'octave, la 12, la 15, ou la 17. Ce qui peut aussi s'attribuer au corps de l'air : à savoir qu'étant mû tout entier de certaine façon par cette corde, ses parties redoublent ou triplent etc. leurs mouvements [3].

Mersenne n'a probablement pas construit sa propre explication à partir de cette hypothèse cartésienne : mais la parenté incontestable qui existe entre les solutions proposées par ces deux auteurs permet au moins de

1. « Pour votre question, je n'y trouve rien à dire plus qu'aux autres fois (...). Pour ce qui est de dire si les cordes qui font cela sont fausses ou non, je pense vous avoir déjà mandé qu'elles sont moins fausses que celles qui pourraient avoir un résonnement plus dissonant, mais qu'elles ne laissent pas de l'être plus que celles qui n'ont qu'un seul son tout net et tout égal et il peut y avoir de la fausseté dans les tuyaux et en tous les autres corps résonants, aussi bien que dans les cordes » (à Mersenne, fin novembre 1633, AT I, p. 272).

2. « (...) je ne juge point qu'il y ait rien en ceci qui vaille la peine que vous vous en serviez en quelque traité toutefois vous avez pouvoir d'en faire ce qu'il vous plaira je vous prie seulement que ce soit sans faire mention de mon nom » (à Mersenne, 15 mai 1634, AT I, p. 296).

3. *Ibid.*

penser qu'ils rencontrent le même problème, même si l'on privilégie l'influence de Beeckman sur Mersenne dans les questions d'acoustique. Surtout, il est patent que, dans ce texte, la production des sons harmoniques n'est pas rapportée à une forme généralisable de distribution du mouvement dans la corde vibrante, mais à la composition des mouvements particuliers qui distinguent les parties inégales du corps sonore.

Interprétation du problème : de Mersenne à Wallis

Le premier bénéfice des propositions que Mersenne consacre aux sons harmoniques réside en ce que l'auteur de l'*Harmonie universelle* inscrit fermement le son musical dans un entourage harmonique stable, qui ne résulte pas simplement des imperfections accidentelles de la corde sonore – une oreille bien formée ne peut donc manquer de les apercevoir :

> (…) la corde frappée, et sonnée à vide fait du moins cinq sons différents en même temps, dont le premier est le son naturel de la corde, qui sert de fondement aux autres, et auquel on a seulement égard pour le chant et pour les parties de la musique, d'autant que les autres sont si faibles qu'il n'y a que les meilleures oreilles qui les entendent aisément. (…) Quant à moi je n'y ai aucune difficulté, et j'ai rencontré plusieurs musiciens qui les entendent aussi bien que moi, et ne doute nullement que chacun les entende, lorsqu'on y apportera l'attention nécessaire[1].

Cette longue citation montre bien quelles nouveautés apporte *l'Harmonie universelle :* le son fondamental est enfin compris comme le fondement *physique* d'une série harmonique supérieure, qui définit un complexe musical accessible à l'attention de tout auditeur[2]. De surcroît, la régularité du phénomène impose de le considérer comme un authentique problème de physique mathématique, dont les termes sont clairement assignables – étant donné que la hauteur du son est proportionnelle au nombre de vibrations que le monocorde effectue dans un temps donné, il faudrait imaginer que les parties de la corde battent l'air selon leurs différentes longueurs, afin de rapporter la série harmonique au mouvement de cette corde :

> (…) puisque [la corde] fait les cinq ou six sons dont j'ai parlé, il semble qu'il est entièrement nécessaire qu'elle batte l'air 5, 4, 3,

1. Mersenne, *Harmonie universelle, Livre des instruments,* livre IV, proposition IX, p. 208. De plus, Mersenne se réfère aux sons harmoniques pour classer les consonances.

2. Sur le fait que l'aperception des harmoniques requiert une attention particulière, voir le début de notre deuxième partie.

et 2 fois en même temps qu'elle la bat une seule fois, ce qui est impossible de s'imaginer, si ce n'est que l'on dit que la moitié de la corde le bat deux fois tandis que la corde entière le bat une fois, et qu'en même temps la 3, 4 et 5 partie le battent 3, 4 et 5 fois [1].

On atteint dans ces lignes le cœur du problème évoqué par Fontenelle dans *l'Histoire de l'académie* de 1701 : Mersenne affirme en effet que la distinction des parties de la corde vibrante « est contre l'expérience, qui montre évidemment que *toutes les parties de la corde font un nombre égal de retours en même temps, car toute la corde étant continue n'a qu'un seul mouvement,* quoi que ces parties se meuvent d'autant plus lentement qu'elles sont plus proches des chevalets [2] ». Mersenne refuse donc de rapporter l'émission des harmoniques aux modalités différenciées de la distribution du mouvement dans la corde, de sorte qu'il doit recourir aux propriétés du milieu aérien qui transmet le son – lorsque la corde s'éloigne de son état de repos, elle imprime à l'air un mouvement particulier (vitesse, mais aussi détermination à se mouvoir vers un certain côté), qu'elle accélère à chaque battement, lorsque la masse d'air se réfléchit sur la corde vibrante [3]. L'explication de Mersenne se conclut sur une évocation prudente des arguments atomistes, grâce auxquels il est possible de se forger une représentation intuitive commode de la production des sons harmoniques [4]. Pour plus de précision, signalons tout de même qu'il évoque brièvement la possibilité de rapporter les émissions partielles à la corde elle-même – mais seulement en ce qu'elle contient de nombreux pores, dans lesquels l'air peut connaître les mêmes modifications que celles qui viennent d'être attribuées au milieu [5].

1. *Ibid.*, p. 210.

2. *Ibid.* Souligné par nous. La dernière précision apportée par Mersenne concerne le vaste problème de la vitesse du mouvement des différents points de la corde, qui ne nous intéresse pas ici.

3. « (...) puisque chaque son est déterminé quant au grave, ou à l'aigu quant au nombre des battements de l'air, et que la corde ne le peut battre qu'un certain nombre de fois dans un même temps, il est nécessaire que l'air ayant été battu se réfléchisse sur la corde, et qu'en faisant son retour elle lui donne un nouveau mouvement » (*Ibid.*).

4. « Si l'on admet les atomes de Démocrite, l'on peut dire que les différentes parties de la corde qui frappent l'air différemment, divisent et rompent la sphère de l'air en 2, 3, 4 et 5 parties, ou que la même partie de la corde le rompt différemment selon ses différentes dispositions de sorte que l'une des parties de l'air se rompt en deux, l'autre en trois, quatre ou cinq parties, etc. » (*Ibid.*).

5. « Il est plus probable que ces différents sons viennent des différents mouvements de l'air extérieur que de ceux de l'intérieur, et que celui-là étant frappé par la corde fait quantité de petits mouvements semblables à ceux de l'eau des verres que l'on fait sonner en pressant le doigt sur le bord, ou à ceux de l'eau, dans laquelle on plonge le bout d'un monocorde, dont

« (...) toute la corde étant continue n'a qu'un seul mouvement », lisons-nous dans Mersenne – c'est bien à l'aune de cette conception que le phénomène décrit par Fontenelle est une « grande merveille » :

> (...) quel philosophe aurait cru qu'un corps mis en mouvement de manière que toutes ses parties y doivent être, en conserve cependant quelques-unes immobiles en de certains intervalles, ou plutôt en rend quelques-unes immobiles par une certaine distribution qu'il semble faire entre elles du mouvement qu'il a reçu ?[1]

Il faut commencer par expliquer, autant qu'il est possible, l'affirmation de Mersenne, avant de restituer toute sa dimension au jugement très pertinent de Fontenelle. Comme nous l'avons vu, Descartes suggère à Mersenne que les sons harmoniques sont produits par des mouvements supplémentaires qui viennent perturber celui de la corde entière[2] : cette hypothèse n'est cependant recevable qu'à partir du moment où l'on suppose, dans la corde vibrante, des irrégularités qui produisent un mouvement total très composé. Au contraire, Mersenne identifie, dans l'émission de la série harmonique, un phénomène régulier – par suite, s'il entreprenait de maintenir son explication au niveau des modifications mécaniques de la corde, il lui faudrait rapporter ces différents sons à de nouvelles modalités généralisables de la distribution du mouvement dans le corps sonore. L'auteur de l'*Harmonie universelle* affirme bien que le mouvement appliqué en un endroit de la corde ne conserve pas la même force dans toutes ses parties : « (...) l'impression qui se fait aux deux extrémités, ne se communique pas au milieu [de la corde] avec tant de violence », comme l'attestent plusieurs expériences « qui font paraître que la force agit plus puissamment sur les parties de l'objet qui sont proches, que sur les éloignées, comme l'on expérimente (...) au mouvement que l'on imprime à une longue corde[3] ». Mais il s'agit toujours d'un seul et même mouvement, dont la grandeur varie simplement à proportion que ses effets sont plus éloignés. Dans l'hypothèse où cette distribution déterminerait de surcroît l'émission des harmoniques, Mersenne devrait admettre

la corde de laiton est partie en l'eau et partie en l'air, car étant touchée, l'eau fait plusieurs frémissements, qui feraient peut-etre entendre les sons précédents, si l'ouïe était assez délicate : en effet j'ai souvent expérimenté que le coulement du doigt sur le bord du verre fait deux ou trois sons en même temps, comme je dirai dans le livre des cloches, qui font semblablement plusieurs sons » (*Ibid.*, Corollaire II, p. 211).

1. « Sur un nouveau système de musique », p. 131.

2. Voir aussi la lettre du 15 mai 1634 : « (...) ses parties peuvent avoir quelques autres mouvements moins sensibles... » (AT I, p. 297).

3. *Les Préludes de l'harmonie universelle,* Question 8, p. 644-645.

qu'une impulsion déterminable produit des mouvements réellement différents dans la corde, dont les parties sont cependant aussi contiguës que possible, de sorte que l'on étudie les propriétés d'un seul et même corps. Or la contiguïté se marque précisément à ce qu'un même mouvement se communique progressivement aux parties de la corde vibrante : « (...) le premier effort est premièrement communiqué aux parties voisines, puis aux autres successivement, jusqu'à ce que l'effort soit communiqué à la corde entière[1] ». C'est au fond la distribution uniforme d'un mouvement dans les différentes parties de la corde qui semble certifier qu'elle forme un corps continu.

En conséquence, il est exclu qu'une même corde produise en elle-même les mouvements indépendants qui correspondent aux harmoniques. Même s'il ne faut pas chercher dans Mersenne une équivalence proprement cartésienne entre le corps et le transport entier de ses parties (dont le père Minime n'avait d'ailleurs pas connaissance en rédigeant *l'Harmonie universelle*), il reste qu'un postulat très analogue justifie à l'évidence le refus que nous essayons d'expliciter. Quand même cette interprétation resterait conjecturale, elle permet d'éclairer notablement l'appréciation de Fontenelle : l'originalité de la distribution du mouvement mise en évidence par Sauveur tient à ce qu'elle produit du repos dans la corde – en somme, le corps sonore échappe à la définition fixée par Descartes dans les *Principes* :

> Par un corps, ou bien par une partie de la matière, j'entends tout ce qui est transporté ensemble, quoi qu'il soit peut-être composé de plusieurs parties qui emploient cependant leur agitation à faire d'autres mouvements[2].

Dans cette perspective, la corde de Sauveur ne constitue pas *un* corps, au moins quand on accorde de plein droit le statut de phénomène physique régulier aux sons harmoniques (et Descartes s'abstenait de le faire). Il va de soi que la précision apportée à la fin de cette citation ne change pas les données du problème puisque, dans l'exercice effectif de la science, « nous ne saurions attribuer à un même mobile plus d'un mouvement[3] » – ce qui paraît pourtant requis pour expliquer la production des nœuds et des ondulations sur une corde vibrante harmonique, tant que l'on s'en tient à une conception élémentaire de la distribution du mouvement. Comme le signale Fontenelle, le phénomène mis en évidence par Sauveur ne saurait

1. *Ibid.*, p. 642.
2. *Principes*, part. II, art. 25, AT IX, p. 76.
3. *Ibid.*, part. III, art. 28, p. 113-114.

donc donner lieu à aucune expression scientifique acceptable en termes rigoureusement cartésiens, puisque, selon l'exposé des *Principes*, le mouvement ne peut jamais être attribué à un corps, si par cette attribution il ne se meut pas dans son entier. De plus, on doit tenir compte du fait que l'identification du corps et du transport entier, si elle n'est pas substantielle pour Descartes, est cependant critiquée au titre de réalité physique par ses successeurs, qui ne la comprennent pas toujours comme un requisit de notre conception. Quoi qu'il en soit, la simplification préalable des conditions du problème de la communication du mouvement interdit l'intelligence de la composition des vibrations décrite par Sauveur.

Il apparaît ainsi que l'appréciation de Fontenelle oppose le phénomène des harmoniques à une identification caractéristique des premières doctrines mécanistes, entre le corps et le transport entier des parties. Mais tandis que, dans le problème du choc, l'identification corrélative entre la cohésion des parties et le repos est insuffisante « pour rendre les corps durs, ou capables de résister à l'effort que l'on fait, lorsqu'on les veut rompre[1] », dans le cas des vibrations d'une corde vibrante, elle semble représenter un supplément embarrassant. C'est à présent le lieu de signaler, avec un académicien dont Fontenelle rapporte le témoignage[2], que l'expérience des nœuds qui restent immobiles, sur une corde vibrante, fut décrite avant Sauveur par Wallis, qui déclare qu'elle fut effectuée par ses disciples, Noble (Merton college) puis Pigott (Wadham college). Dans quels textes les auteurs du XVIIIe siècle pouvaient-ils prendre connaissance de ces expériences? Dans sa notice consacrée à Joseph Sauveur[3], S. Dostrovski ne signale qu'un mémoire paru en 1677 dans les *Philosophical transactions of the Royal* Society, « On the trembling of consonant strings, a new musical discovery »; mais il faut également consulter le *De Algebra tractatus* de 1685, où Wallis fournit un compte-rendu plus détaillé de sa découverte[4]. Même si l'hypothèse d'un emprunt de Sauveur à Wallis ne nous semble pas exclue[5], nous devons souligner que, chez le géomètre

1. Malebranche, *Recherche de la vérité*, livre VI, IIe partie, chapitre IX, *Œuvres de Malebranche*, t. II, Paris, Vrin, 1958, p. 347.

2. « (…) quelqu'un de la compagnie se souvint qu'elle était déjà dans un ouvrage de M. Wallis », (« Sur un nouveau système de musique », p. 133).

3. Sigalia Dostrovski, art. « Sauveur », *Dictionary of scientific biography*, New-York, Charles Scribner's sons, p. 129.

4. *De Algebra tractatus; historicus et practicus*, Oxoniæ, 1685; t. II, cap. CVII : « De Chordis Musicis Experimentum », p. 466.

5. Léon Auger suggère même que Sauveur aurait eu accès aux recherches de Noble et Pigott (« Les apports de Joseph Sauveur (1653-1716) à la création de l'acoustique », *in Revue d'histoire des sciences et de leurs applications*, 1 (1948), p. 329). Rien ne permet à nos

anglais, la formation de points fixes sur une corde grave résulte avant tout de ce que l'on fait résonner à proximité de celle-ci une corde plus aiguë, de telle façon qu'elles constituent ensemble une octave, une quinte juste ou une tierce majeure. Sauveur reprend bien ce dispositif expérimental, mais en lui assignant une fonction nettement secondaire, puisque la résonance par sympathie est logiquement subordonnée, dans les *Principes d'acoustique*, au mouvement de la corde grave. L'apport spécifique de Sauveur tient justement à ce qu'il transfère à l'excitateur toutes les lois découvertes par Wallis sur le résonateur. Il transpose la loi de l'interférence qui, chez Wallis, s'applique à deux cordes distinctes, aux différents modes vibratoires d'une même corde. Il introduit donc l'idée qu'une corde vibrante peut interférer avec elle-même, selon des rapports d'entiers.

L'essentiel est de comprendre que, même si Wallis ne propose aucune explication définitive du phénomène des harmoniques, il dispose du cadre théorique dans lequel la division de la corde en différentes ondulations peut prendre place – il s'agit de l'élasticité qui, à la place du seul mouvement commun des différentes parties, garantit la cohésion du corps sonore, et dont Wallis propose, dans le cadre d'une théorie du choc, une définition au chapitre XIII de sa *Mechanica sive de motu Tractatus geometricus* [1]. D'Alembert prendra d'ailleurs soin de compter l'élasticité au nombre des requisits d'une théorie vraiment complète des cordes vibrantes : « (…) il faut remarquer que la corde fait des vibrations en vertu de l'élasticité que sa tension lui donne [2] ». L'horizon dégagé par ce nouveau concept permet de concevoir plusieurs modalités de distribution du mouvement dans le corps choqué (elle n'est pas nécessairement uniforme), dont les expériences de Sauveur fournissent une première illustration, même s'il n'est pas question, dès cette époque, d'en fournir une expression mathématique adéquate – celle-ci ne se développera que dans les géométries du XVIIIe siècle. En même temps que se constitue cette détermination mathématique rigoureuse, il devient pertinent, après Wallis, de s'interroger sur les effets vibratoires que produit la distribution du mouvement dans un corps élastique. On mesure alors le grand intérêt d'une hypothèse formulée par Diderot, qui met en relation les théories du choc et celles des cordes

yeux de confirmer cette hypothèse – cet article (utile) de L. Auger passe d'ailleurs sous silence l'historique de ces problèmes.

1. Voir M. Fichant *in* Leibniz, *La Réforme de la dynamique*, Paris, Vrin, 1994, p. 23 et p. 237*sq*. Christensen note que « la génération qui suivit Mersenne accomplit peu de progrès dans la compréhension des harmoniques » (*op. cit.*, 136) – il nous semble que cette situation répond, en réalité, aux conditions dans lesquelles se développent les concepts mécaniques requis pour produire une physique de la vibration.

2. *Encyclopédie*, t. IV, 1754, art. « Cordes (méchan.) », p. 210a.

vibrantes – dans les cinquièmes Conjectures des *Pensées sur l'interprétation de la nature*, l'auteur s'efforce en effet de comprendre la formation des nœuds sur une corde vibrante au sein d'une théorie plus générale du choc :

> (...) j'ai pensé que, si on substituait à la corde d'instrument une verge de métal, et qu'on la frappât violemment, il se formerait sur sa longueur des ventres et des nœuds; qu'il en serait de même de tout corps élastique sonore ou non; que ce phénomène, qu'on croit particulier aux cordes vibrantes, a lieu d'une manière plus ou moins forte dans toute percussion; qu'il tient aux lois générales de la communication du mouvement[1].

De fait, lorsqu'il entreprend d'expliquer les phénomènes d'élasticité dynamique, Bernoulli part précisément de la pluralité de sons qui accompagnent la vibration d'une barre de métal :

> (...) permettez-moi de vous dire auparavant ce qui a occasionné la remarque que j'ai faite depuis très longtemps sur la coexistence des vibrations simples dans chaque partie d'un système de corps : ces petits faits ne laissent pas d'éclaircir le sujet en question[2].

Et il faut passer, avec Bernoulli, à l'explication proprement dite de la résonance du corps sonore.

EXPLIQUER ET DÉFINIR

Sous le strict point de vue de l'histoire des sciences, la résonance du corps sonore acquiert donc le statut d'un phénomène physique régulier lorsque se développent les concepts fondamentaux d'une physique de la vibration. Il s'en faut de beaucoup pour que ce nouveau statut manifeste la subordination effective de l'acoustique aux principes de la mécanique : cette évolution, en réalité, ne s'effectue qu'à la fin du XVIIIe siècle. Il importe toutefois d'étudier les explications fournies par les contemporains de Rameau, car leur réception parmi les philosophes assigne une place bien déterminée, dans la classification encyclopédique des sciences, aux principes de la théorie harmonique. On sait que, dans le tome VII de l'*Encyclopédie* qui paraît en 1757, d'Alembert refuse d'accorder à Rameau

1. *Pensées sur l'interprétation de la nature*, XXXVI, p. 57.

2. Lettre de Monsieur Daniel Bernoulli, de l'Académie Royale des Sciences, à M. Clairaut de la même Académie, *Journal des Sçavans*, mars 1758, Paris, Michel Lambert, 1758, p. 158a-b.

que sa théorie, telle qu'exposée dans la *Démonstration du principe de l'harmonie*, fut jamais reçue pour vraiment démonstrative par l'Académie des Sciences : « (...) cette compagnie n'a jamais prétendu approuver le système de musique de M. Rameau comme une science démontrée [1] ». Et d'Alembert explicite les deux critiques qui interdisent de développer une authentique démonstration à partir du principe de la résonance du corps sonore :

> (...) les conséquences qu'on tire de cette résonance n'ont point et ne sauraient avoir l'évidence des théorèmes d'Euclide ; elles n'ont même pas même toutes un égal degré de force et de liaison avec l'expérience fondamentale [2].

Il est possible d'assigner assez précisément le contenu conceptuel que recouvrent ces arguments. Le second point désigne bien entendu les combinaisons que Rameau doit effectuer pour rapporter le mode mineur (mais aussi la dissonance) aux expériences acoustiques. Elles imposent de fonder la théorie musicale, non seulement sur les phénomènes acoustiques allégués par le musicien, mais encore sur une conception substantialiste des proportions arithmétiques, qui permet de les employer *ad hoc* et qui conditionne la double définition de l'objet de la musique proposée au début de la *Génération harmonique* – nous reprendrons ces problèmes dans notre prochain chapitre. La première critique, développée à l'article « Fondamental » du même volume de l'*Encyclopédie*, porte quant à elle sur le statut épistémologique du phénomène de la résonance du corps sonore :

> Quelques physiciens ont entrepris d'expliquer ce singulier phénomène de la résonance de la douzième et de la dix-septième majeure conjointement avec l'octave : mais de toutes les explications qu'on en a données, il n'y en a que deux qui nous paraissent mériter qu'on en fasse mention [3].

D'Alembert ordonne implicitement son exposé aux données du problème – puisque les phénomènes sonores engagent deux corps (celui qui résonne et le milieu qui transmet les vibrations), il retient les deux théories qui, respectivement, envisagent la résonance comme une propriété de la corde vibrante (Bernoulli) puis comme une modification de l'air (Dortous

1. *Encyclopédie*, art. « Gamme », t. VII, p. 465a.

2. *Ibid.*

3. *Encyclopédie*, art. « Fondamental », t. VII, 1757, p. 55a. D'Alembert et Rousseau rejettent le modèle ondulatoire qu'ils attribuent à La Hire (Dortous de Mairan mentionne expressément les Mémoires que La Hire a consacrés aux problèmes acoustiques, et qui sont repris dans les *Œuvres diverses* de 1730).

de Mairan). Le mathématicien examine les concepts que ces explications mobilisent, afin de déterminer le statut épistémologique de l'acoustique expérimentale à partir de laquelle Rameau prétend démontrer les principes de l'harmonie. On ne doit pas trop s'étonner de trouver une telle enquête dans un article consacré à la théorie musicale : l'absence d'une expression mathématique adéquate se traduit par le fait que la diffusion des découvertes de Sauveur dépend étroitement de leur reprise dans le système de l'harmonie, qui fournit le cadre conceptuel au sein duquel l'émission de la série harmonique supérieure reçoit une signification consistante. Rameau propose d'ailleurs une définition du son musical qui, à partir de concepts musicaux, enregistre l'originalité du phénomène de résonance. La critique des explications proposées par les physiciens est donc liée à la mise en cause des notions sur lesquelles Rameau ouvrira sa *Démonstration du principe de l'harmonie* – or le déficit des explications, qui s'exprime dans les limites d'une définition, interdit une véritable démonstration.

Contre Bernoulli : la résonance peut constituer un principe

La première des explications retenues par d'Alembert, élaborée par Bernoulli, permet à l'encyclopédiste de se prononcer sur l'état des rapports entre les expériences acoustiques et la mécanique rationnelle. L'épisode qui retient son attention s'inscrit dans l'histoire complexe des équations des cordes vibrantes au XVIIIe siècle, dont il n'est pas question de dresser ici le bilan [1] – une brève situation du problème suffit pour nous instruire sur le statut des phénomènes acoustiques à l'époque où se développent les discussions sur la théorie résonantielle de Rameau. Deux perspectives concurrentes, qui ne se rejoindront qu'à la fin du siècle [2], s'imposent alors à l'examen : d'une part, d'Alembert et Euler ont fait tomber le calcul du mouvement des cordes vibrantes (dont les principes relevaient déjà de la dynamique depuis Taylor [3]) sous les compétences de la mécanique ration-

1. Pour une présentation générale, on consultera C. Truesdell, *The Rational mechanics of elastic bodies*, Introduction to *Leonhardi Euleri Opera Omnia*, vol. XI seriei secondæ, Turin, Orell Füssli, 1960 : part. III, p. 237-300. Malheureusement, l'auteur ne prend pas au sérieux le bilan dressé par d'Alembert à l'article « Fondamental » de l'*Encyclopédie*, qualifié de « vague et verbeux » (p. 261).

2. Avec Lagrange, dont Truesdell ne fait pas non plus très grand cas.

3. « De motu nervi tensi », *The Philosophical transactions*, Année 1713, London, 1714, p. 26-32. Taylor calcule la fréquence fondamentale d'une corde vibrante à partir des principes de la dynamique : chaque point de la corde se comporte comme un pendule simple (de sorte que la loi des sinus est essentielle à l'analyse). De plus, selon Taylor, la figure de la corde doit toujours être une trochoïde.

nelle, en lui appliquant le calcul différentiel[1]. D'autre part, Bernoulli dénonce l'abstraction de ces méthodes et envisage les aspects physiques du problème, afin d'expliquer l'émission des sons partiels qui donne la résonance du corps sonore. Le premier, il s'interroge sérieusement sur l'application d'une loi des cordes vibrantes au phénomène des harmoniques – mais il faudra attendre Fourier pour que cette opération reçoive une expression mathématique adéquate.

Tout le problème vient de ce que les contributions successivement proposées par d'Alembert (« Recherches sur la courbe que forme une corde tendue mise en vibration[2] ») et par Euler (« Sur la vibration des cordes[3] ») établissent (contre Taylor) que la corde « peut prendre une infinité d'autres figures que celle d'une courbe des arcs allongée [la trochoïde][4] ». Davantage que sur l'utilisation de l'analyse, c'est sur ce résultat que Bernoulli prend position, parce que ces spéculations semblent incompatibles avec l'observation physique. Son argument, passablement allusif, comporte en fait deux moments – d'une part, il conteste que les multiples figures que peut adopter la corde vibrante, selon la mécanique rationnelle, puissent jamais produire les vibrations « régulières, simples, et isochrones[5] » susceptibles de rendre un son déterminé ; par suite, il affirme que la courbe ne connaît pas d'autres vibrations que tayloriennes, c'est-à-dire figurées par la cycloïde :

> Au reste je crois que quelque courbure initiale qu'on donne à la corde, elle ne manquera pas de faire ses vibrations presque aussitôt suivant la simple uniformité des mouvements isochrones, et conformément à la nature de la trochoïde prolongée exposée par M. Taylor[6].

Bernoulli allègue d'autre part les phénomènes de résonance pour conclure que le véritable mouvement de la corde vibrante est une

1. C'est ainsi qu'en 1743, d'Alembert utilise le concept d'équation différentielle aux dérivées partielles pour exprimer le mouvement d'une corde uniforme ; en 1747, il développe à propos du problème des cordes vibrantes le premier exemple d'une équation d'onde avec sa solution générale – il participe ainsi à l'invention du calcul aux dérivées partielles.

2. *Histoire de l'Académie des Sciences et Belles Lettres de Berlin*, Année 1747, Berlin, Haude et Spener, 1749, p. 214-219.

3. *Ibid.*, Année 1748, Berlin, 1750 : « (...) il n'y a aucune vérité dans l'opinion rapportée ci-dessus, savoir que les vibrations de la corde, quelque irrégulières qu'elles aient été d'abord, rentrent aussitôt après dans l'uniformité, de manière que la figure dégénère en une trochoïde prolongée » (§ XXVII, p. 82).

4. *Encyclopédie*, art. « Cordes (Vibrations des –) », t. IV, 1754, p. 210b.

5. « Réflexions et éclaircissements sur les nouvelles vibrations des cordes exposées dans les mémoires de l'Académie de 1747 et 1748 », *Histoire de l'Académie Royale de Berlin*, Année 1753, Berlin, 1755, § I, p. 148.

6. *Ibid.*, § XV, p. 158.

composition de plusieurs vibrations tayloriennes, à laquelle se réduiraient en réalité les multiples figures dont d'Alembert et Euler dégagent l'expression mathématique :

> (...) il se peut faire encore un mélange de toutes ces vibrations avec toutes les combinaisons possibles ; et cependant toutes les nouvelles courbes et nouvelles espèces de vibrations données par Messieurs d'*Alembert* et *Euler* ne sont absolument qu'un mélange de plusieurs espèces de vibrations tayloriennes [1].

Concrètement, ce principe de composition des vibrations tayloriennes fonde une explication physique de la division de la corde en différents fuseaux, décrite par Wallis puis Sauveur – selon le résumé (en ce point fidèle) proposé par d'Alembert, Bernoulli « prétend (...), que la vibration d'une corde est un mélange de plusieurs vibrations partielles ; qu'il faut distinguer dans une corde en vibration différents points, qui sont comme des espèces de nœuds ou points fixes, autour desquels oscille la partie de la corde comprise entre deux de ces points voisins l'un de l'autre [2] ». On doit cependant prendre bien garde au fait que, dans l'explication de Bernoulli, la résonance du corps sonore ne constitue qu'un exemple de composition des vibrations :

> Effectivement tous les musiciens conviennent, qu'une longue corde pincée donne en même temps, outre son ton fondamental, d'autres tons beaucoup plus aigus ; ils remarquent surtout le mélange de la douzième et de la dix-septième majeure (...). Voilà une preuve évidente, qu'il peut se faire dans une seule et même corde un mélange de plusieurs sortes de vibrations tayloriennes à la fois [3].

Le témoignage des musiciens est suffisant pour attester qu'une même corde vibrante produit plusieurs types de vibrations, mais il ne manifeste aucune liaison nécessaire entre la superposition des modes et la série harmonique supérieure.

Comment cette hypothèse est-elle reçue dans les débats de l'époque ? Euler, qui s'efforcera d'inscrire le principe physique de Bernoulli sous les compétences de l'analyse, accorde que cette description rappelle la méca-

1. *Ibid.*, § V, p. 151-152. Bernoulli montre donc que les oscillations d'une corde vibrante peuvent toujours se ramener à une superposition d'oscillations plus simples. Toute oscillation est ainsi une superposition de modes propres – cette remarque ouvre la porte aux séries de Fourier.

2. Art. « Fondamental », p. 55a.

3. « Réflexions et éclaircissements », § VI, p. 152.

nique rationnelle aux données expérimentales négligées par les géomètres – il faut citer un peu longuement cette interprétation remarquable :

> Il n'y a aucun doute, que M. Bernoulli n'ait infiniment mieux développé la partie physique, qui renferme la formation du son dans le mouvement des cordes, qu'aucun autre n'a fait avant lui. On s'était presque uniquement arrêté à la détermination mécanique du mouvement, dont une corde tendue peut être ébranlée, sans rechercher assez soigneusement la nature des sons, qui en sont produits. Malgré l'infinité de manières différentes dont on a trouvé qu'une corde peut être mise en vibration, on ne voyait pas comment il serait possible, qu'une même corde puisse rendre à la fois plusieurs sons différents[1].

Dans ce texte publié en 1755, Euler entreprend de réunir les deux plans que Bernoulli distinguait expressément, dans ses communications précédentes – il s'agissait alors de confronter la formation effective des phénomènes sonores, qui comporte la résonance, avec les équations de la mécanique rationnelle : « (...) mon intention n'a été principalement que d'exposer ce que les nouvelles vibrations de Messieurs d'Alembert et Euler ont de physique[2] ». Le fait est qu'en 1753, Bernoulli formule un principe purement physique. Un système vibratoire quelconque se compose de vibrations indépendantes ; dans chacun de ces modes simples, tous les points du système occupent simultanément le point d'équilibre et vibrent selon une même fréquence, indépendante de celle qui caractérise les autres modes (en témoignent les sons harmoniques, dans le cas de la corde vibrante). Bernoulli considère que tout système vibratoire peut être reconduit à la composition de ses modes simples, mais *il ne donne aucun moyen d'effectuer cette réduction*. De plus, du moment que les fréquences rendues par une corde peuvent être incommensurables, les solutions proposées par d'Alembert et Euler ne lui semblent plus acceptables – la confrontation entre la formation du son et la mécanique rationnelle se fige alors en une opposition pure et simple. Et c'est sur cette opposition que d'Alembert entreprend de se prononcer dans l'article « Fondamental » de l'*Encyclopédie*.

Le principe physique de Bernoulli conduit en effet à tenir la résonance des sons harmoniques, requise par la fondation expérimentale de

1. « Remarques sur les mémoires précédents de M. Bernoulli » (*Histoire de l'Académie Royale de Berlin*, Année 1754, Berlin, 1755, § I, p. 196) ; dans ce texte, Euler établit que, dans les cas où l'équation différentielle est linéaire, les effets décrits par Bernoulli peuvent être expliqués. Le problème sera posé à nouveaux frais par Lagrange.

2. Bernoulli, « Réflexions et éclaircissements », § XV, p. 158.

l'harmonie, pour un cas particulier de composition des vibrations. D'une façon plus générale, l'oscillation des corps sonores produit une série de sons partiels qui n'entretiennent aucune relation harmonique avec le son fondamental. L'expérience elle-même interdit donc de reconduire l'émission de la série harmonique supérieure aux principes de la mécanique rationnelle :

> Si l'on tient par le milieu une verge d'acier, et qu'on la frappe, on entend à la fois un mélange confus de plusieurs tons, lesquels étant appréciés par un habile musicien se trouvent extrêmement disharmonieux, de sorte qu'il se forme ici un concours de vibrations, qui ne commencent et ne finissent jamais dans un même instant, sinon par un grand hasard : d'où l'on voit que l'harmonie des sons, qu'on entend dans un même corps sonore à la fois, n'est pas essentielle à cette matière, et ne doit pas servir de principe pour les systèmes de musique[1].

D'Alembert identifie à bon droit, dans cette disjonction entre les possibilités décrites par la mécanique rationnelle et la formation du son musical, ce qui interdirait définitivement de recevoir le phénomène de la résonance du corps sonore pour l'authentique principe de la théorie musicale. La fondation des ressources harmoniques dans la physique se révèle impossible, si l'on établit que l'émission des consonances parfaites (ou de leurs répliques aux octaves supérieures) demeure un fait exceptionnel. Dans un texte moins fréquenté, Bernoulli met d'ailleurs expressément en cause Rameau, dont les tentatives ne peuvent jamais alléguer qu'une interprétation très partielle du phénomène de la composition des vibrations[2]. Lagrange corrigera le sens de la référence expérimentale pour valider, au moins dans son principe, la tentative ramiste : il est bien possible de fonder la théorie harmonique sur la résonance du corps sonore si l'on considère que le phénomène de la coïncidence des vibrations désigne, parmi les sons partiels, ceux qui remplissent une fonction harmonique[3].

1. *Ibid.*, § VI, p. 152-153.

2. « C'est sur ce phénomène que M. de Rameau appuie son système de musique; quoique l'harmonie de ces tons, accessoires avec le fondamental, n'est en quelque façon qu'accidentelle, puisque dans les barres frappées les tons sont, non seulement dissonants, mais même incommensurables » (Lettre de Monsieur Daniel Bernoulli, de l'Académie Royale des Sciences, à M. Clairaut de la même Académie, *Journal des Sçavans*, mars 1758, p. 159a). Cette observation n'est pas du tout anecdotique : seules les séries de Fourier restitueront à la série harmonique supérieure sa spécificité mathématique, de sorte que de nouvelles versions de la théorie résonantielle de l'harmonie pourront être élaborées au XIXe siècle.

3. *Œuvres*, éd. M. Serret et L. Lalanne, Paris, 1867-1892, t. I, p. 146-148.

La réponse de d'Alembert ne repose pas sur un examen sérieux des conditions sous lesquelles l'analyse pourrait s'appliquer à la résonance : en fin de compte, les arguments mobilisés dans l'article « Fondamental » demeurent purement négatifs, même s'ils sont bien organisés. Ils procèdent en effet d'une double critique qui vise, d'une part, l'organisation générale du raisonnement de Bernoulli et, d'autre part, la portée expérimentale de son explication. Même si elle semble très allusive, la première objection atteste une bonne appréciation des enjeux de ce débat : elle porte en effet sur la tentative du mathématicien suisse pour mettre en rapport deux questions séparées avant lui – celle, relevant de l'analyse, de l'équation des cordes vibrantes, et celle, expérimentale, de la résonance des harmoniques. Bernoulli s'appuie sur le fait que la figuration élémentaire d'une corde vibrante par la cycloïde est associée à un son de hauteur parfaitement stable, pour poser que les frémissements de toute corde « mélangent » une série de vibrations tayloriennes, qui peuvent accidentellement produire la série harmonique supérieure. D'Alembert signale au contraire que ce principe de composition des modes simples ne détermine pas suffisamment le phénomène vibratoire. Il souligne donc que son adversaire n'explique pas « quelle sera la cause qui déterminera la corde vibrante à être un mélange de plusieurs trochoïdes[1] ». Cette solution ne possède pas l'homogénéité caractéristique d'une élucidation rationnelle rigoureuse, puisque Bernoulli se contente de privilégier, en raison de sa simplicité intrinsèque, une certaine construction géométrique, sans établir que le phénomène ne saurait tolérer d'autres déterminations. Qu'en est-il surtout de la portée expérimentale de cette hypothèse ? Les réticences éprouvées par l'encyclopédiste tiennent désormais à ce que l'expérience donne manifestement, pour une corde musicale, les intervalles musicaux que l'on désigne habituellement sous le titre de résonance du corps sonore. En somme, Bernoulli, s'il peut encore expliquer la possibilité du phénomène, ne peut rendre compte de sa généralité :

> (...) à proprement parler, la loi des vibrations de chaque point sera différente, et chacun devrait produire un son particulier, qui, par son mélange avec les autres, ne devrait former qu'une harmonie confuse et une espèce de cacophonie. Pourquoi cela n'arrive-t-il pas ? et pourquoi l'oreille ne distingue-t-elle dans le son de la corde, que ceux qui forment l'accord parfait ?[2]

1. Art. « Fondamental », p. 55b.
2. *Ibid.*, p. 56a.

A dire le vrai, Bernoulli n'accorde précisément pas ce témoignage – toutefois, selon d'Alembert, puisque la composition des modes simples reste une hypothèse purement physique (entendons qu'elle n'est pas entièrement réduite aux principes géométriques de la physique), elle ne peut être alléguée pour corriger une expérience réitérable et généralement admise. L'enjeu de la critique développée par d'Alembert apparaît ici très clairement : il entend montrer que la résonance du corps sonore peut constituer le *principe* physique de la théorie musicale, puisque rien n'interdit de considérer qu'elle caractérise la vibration de tous les corps sonores. Cependant, il faut encore se demander si un tel principe possède le même statut rationnel que les principes géométriques de la mécanique, comme le prétend Rameau – la suite du texte de 1757 remplit précisément cette fonction.

Contre Dortous de Mairan : la résonance est un fait dérivé

La seconde explication exposée dans l'article « Fondamental » de l'*Encyclopédie* atteste bien que l'effort de d'Alembert, dans ce texte, n'est pas le même que celui développé par Euler à partir de 1754 : elle ne consiste pas, en effet, en une théorie qui incluerait, par l'analyse, la résonance du corps sonore dans la mécanique rationnelle.

> D'autres auteurs, écrit d'Alembert, expliquent ainsi la multiplicité des sons rendus par une même corde. Il y a, disent-ils, dans l'air des parties de différent ressort, différemment tendues, et qui par conséquent doivent faire leurs vibrations les unes plus lentement, les autres plus vites [1].

Cette hypothèse est mise au point par l'académicien Dortous de Mairan à partir de 1720; mais elle ne reçoit sa version définitive que dans le « Discours sur la propagation du son » qu'il expose en 1737. Avant d'en étudier les principaux caractères, il faut saisir les deux motifs qui conduisent d'Alembert à commenter en détail une explication qui n'est aucunement comparable, quant à son dégré d'élaboration, aux contributions de Bernoulli. D'une part, le texte de Dortous de Mairan constitue une source trop souvent négligée de la version résonantielle de la théorie harmonique de Rameau; d'autre part, la simplicité même de l'hypothèse sur l'élasticité des parties de l'air permet à d'Alembert de fixer le statut de l'acoustique dans la hiérarchie des sciences.

D'Alembert passe donc de la mécanique rationnelle, organisée par les concepts de la géométrie analytique, à une conception bien plus simple dans laquelle l'explication du phénomène conjugue spontanément une

1. *Ibid.*

hypothèse sur les parties de la matière et une expression arithmétique élémentaire. L'ensemble des recherches de Dortous de Mairan dans le domaine de l'acoustique repose sur une généralisation du paradigme classique de la coïncidence des vibrations. Dans son Discours de 1737, il entreprend avant tout d'expliquer la transmission simultanée, dans un même milieu, de sons de hauteurs différentes. Du moment que la communication du son rendu par une corde vibrante consiste en une propagation de vibrations isochrones, il faut supposer que l'air comporte différentes parties susceptibles de résonner à l'unisson de chaque note rendue dans un concert, ou de chaque son harmonique : « (...) l'air, en tant que véhicule du son, est un assemblage d'une infinité de particules de différente élasticité, dont les vibrations sont analogues par leurs durées à celles des différents tons du corps sonore[1] ». Notons que, dans ce texte, l'auteur postule qu'un même corps sonore, dont les propriétés mécaniques ne sont pas modifiées, ne peut jamais résonner que selon une fréquence bien déterminée – c'est d'ailleurs la raison pour laquelle les différentes notes d'un concert ne se mélangent pas dans le milieu qui les communique à l'organe :

> (...) le corps sonore par ses vibrations et ses frémissements ébranle sans distinction toutes les parties ambiantes du milieu ; mais que l'ébranlement ou le frémissement communiqué par lui au milieu ne se conserve, et ne devient sensible pour l'oreille, que dans les parties qui sont à l'unisson avec lui, c'est-à-dire d'égale fréquence dans leurs vibrations[2].

La première critique formulée par d'Alembert semble d'abord un peu superficielle ; mais on doit bien saisir qu'il prend soin de se situer au même plan que Dortous de Mairan. Il n'applique donc pas au concept de vibration

1. « Discours sur la propagation du son dans les différents tons qui le modifient », *Histoire de l'Académie Royale des Sciences*, Année 1737, Paris, Imprimerie Royale, 1740, partie « Mémoires » : § 5, p. 3. Les commentateurs ont peut-être exagéré l'influence de l'optique newtonienne sur l'hypothèse élaborée par Dortous de Mairan (ainsi Ellen Mc Niven Hine, *J.-J. Dortous de Mairan and the Geneva connection : scientific networking in the eighteenth century*, Oxford, Voltaire Foundation, 1996, p. 98-99). Il est vrai que l'académicien renvoie lui-même à l'*Optique* de Newton : « C'est ainsi que le moindre rayon de lumière sensible se divise en une infinité de rayons ou parties capables d'exciter en nous les sentiments des différentes couleurs, en tombant sur les différentes surfaces des corps qu'on nomme colorés » (« Discours sur la propagation du son », § 11, p. 8). Mais les « Eclaircissements » qui suivent ce Discours sont consacrés, pour l'essentiel, à une critique de cette analogie, que Dortous de Mairan juge superficielle. En revanche, les auteurs qui (tels d'Alembert et Rousseau) font état de cette hypothèse sur l'élasticité des parties de l'air mentionnent systématiquement Newton (voir notre deuxième partie, chap. II).

2. *Ibid.*, § 11, p. 7.

les exigences de l'analyse, mais il se maintient au plan d'une interprétation réaliste des concepts physiques – comme *mouvement* d'une corde vibrante, la vibration comporte non seulement une fréquence mais encore une direction ; or, la théorie de la coïncidence des coups ne prend pas en compte ce second paramètre : « (...) il me semble que la concurrence plus ou moins grande des vibrations est ici un principe absolument illusoire[1] ». Ainsi, dans le cas de l'octave (et contre les interprétations habituelles), les vibrations qui donnent chaque son ne se confondent qu'une fois sur quatre.

Compte tenu de la liaison stricte posée entre les propriétés mécaniques d'un certain corps sonore et l'unique fréquence vibratoire qu'il peut rendre, comment Dortous de Mairan peut-il expliquer l'émission, par une même corde vibrante, d'une série de sons harmoniques ? La théorie physique de la consonance intervient à nouveau dans ce contexte. Lorsqu'elle oscille, une corde grave fait résonner celles des cordes qui, sur un clavecin, donnent les harmoniques du fondamental, à proportion que leurs vibrations coïncident davantage avec celles du son fondamental :

> (...) toutes ses harmoniques résonnent aussi avec elle, et cela à proportion qu'elles sont plus harmoniques, c'est-à-dire, selon que leur rapport de vibration avec la fondamentale est plus simple, ou que l'exposant de ce rapport approche davantage de l'origine de la suite naturelle des nombres, 1, 2, 3, 4, 5, etc.[2].

Chez Dortous de Mairan, la résonance suppose toujours une relation entre deux corps sonores (l'auteur du « Discours sur la propagation du son » critique l'explication de Sauveur, fondée sur la formation des nœuds) ; lorsqu'une corde vibrante isolée fait résonner la série harmonique supérieure, elle communique en réalité ses vibrations aux particules distinctes qui, dans l'air, entretiennent avec elle les mêmes rapports qui caractériseraient des cordes harmoniques :

> Je dis la même chose de l'air ; les particules à l'unisson y ébranlent bientôt leurs harmoniques ; c'est pourquoi une corde, qui ne pourrait par elle-même exciter dans l'air que cet unisson, ou ses octaves, ne laisse pas d'y occasionner et d'y faire entendre la quinte, la tierce, ou leurs octaves[3].

Cette explication repose donc sur l'application ininterrogée des rapports numériques les plus simples (leurs termes sont donnés par les premiers entiers naturels) au mouvement des parties de l'air. Dortous de Mairan

1. Art. « Fondamental », p. 56b.
2. « Discours sur la propagation du son », § 23, p. 13.
3. *Ibid.*, § 24, p. 13-14.

utilise ainsi (comme le fera Rameau) les proportions qui définissent les intervalles consonants comme si elles exprimaient la cause de tous les phénomènes de résonance. Or, ainsi que le souligne d'Alembert, la généralisation de cette hypothèse pourrait aussi bien expliquer la résonance de sons plus graves que le fondamental, qui entretiendraient avec celui-ci des rapports aussi simples :

> Cette hypothèse est ingénieuse : mais je demande pourquoi on n'entend que des sons plus aigus que le son principal : pourquoi on n'entend point l'octave au-dessous, la dix-septième majeure au-dessous ?[1]

Le fond de la critique porte ainsi sur les conditions d'application du calcul à l'hypothèse physique. Les inconséquences que relève l'article « Fondamental » attestent qu'elle ne tolère pas l'expression mathématique élémentaire revendiquée par l'académicien et que, par suite, elle ne participe pas de l'évidence conquise par une authentique mathématisation.

Quelle portée faut-il accorder à la discussion de l'explication de la résonance fondée sur la généralisation hâtive de la théorie de la coïncidence des coups ? D'Alembert ne prend sans doute pas très au sérieux l'hypothèse *ad hoc* imaginée par Dortous de Mairan, parce qu'elle manifeste le retard de son auteur sur l'état contemporain de l'étude des cordes vibrantes. La critique conduite par l'encyclopédiste s'avère d'ailleurs assez rapide – l'essentiel est de bien apercevoir l'horizon sous lequel elle s'inscrit. La réfutation des Réflexions de Bernoulli devait montrer que la résonance peut être reçue au titre de principe de la théorie musicale, puisqu'elle ne tolère pas d'exception ; l'analyse du Discours de Dortous de Mairan permet ensuite d'éprouver le statut épistémologique de ce principe. Le système simpliste de l'élasticité des parties de l'air, parce qu'il ne fait l'objet d'aucune reprise mathématique rigoureuse, conduit à considérer dans les corps une disposition générale à la résonance dont le principe de simplicité des rapports harmoniques, mobilisé pour la circonstance, n'arrête pas les déterminations effectives. L'expression arithmétique, en somme, ne sert pas une authentique géométrisation. Dortous de Mairan, tel que lu par d'Alembert, essaie donc de réduire la résonance à certains principes élémen-

1. Art. « Fondamental », p. 56a. Les termes utilisés par d'Alembert rappellent ici les critiques communes des « hypothèses » cartésiennes (les tourbillons), qui sont élaborées *ad hoc*. J.-A. Serre reprendra d'ailleurs ce rapprochement : l'élasticité est une « hypothèse (...) purement conjecturale, et insuffisante pour rendre raison des phénomènes » (*Observations sur les principes de l'harmonie*, Genève, Gosse, 1763, part. I [il s'agit d'un commentaire (médiocre) de l'article « Fondamental »], § 11, p. 7). Nous reviendrons plus loin sur l'exclusion de l'hypothèse d'une résonance des harmoniques inférieurs.

taires utilisés dans la mécanique, en amont d'une élaboration supplémentaire qui consisterait dans l'application rigoureuse d'une science à une autre (de la géométrie à la mécanique, pour donner la mécanique rationnelle) et qui garantirait l'examen méthodique du phénomène. L'auteur de la seconde explication critiquée dans l'article « Fondamental » n'atteint pas une conceptualisation complète de la résonance (comme fait expérimental, elle ne concerne que certains intervalles au-dessus du fondamental) – cette impossibilité signifie, pour d'Alembert, que ce phénomène demeure irréductible aux notions communes qui permettent de constituer les premiers principes de la mécanique. La résonance du corps sonore, si elle constitue bien le principe de la théorie musicale (contre Bernoulli), ne possède pas la simplicité caractéristique des principes mis en œuvre dans les sciences authentiquement mathématisées.

L'analyse critique conduite à l'article « Fondamental » permet ainsi d'apprécier une déclaration capitale de la seconde édition des *Eléments de musique :*

> (…) quoique la plupart des phénomènes de l'art musical paraissent se déduire d'une manière simple et facile de la résonance du corps sonore, on ne doit peut-être pas se hâter encore d'affirmer que cette résonance est démonstrativement le principe unique de l'harmonie [1].

En effet, une authentique démonstration ne saurait partir que de principes parfaitement élucidés (ceux de la géométrie, par exemple), c'est-à-dire, de notions communes composées d'idées simples qui expriment sans réserve ce que nous pouvons connaître des objets qu'elles nous représentent – telles sont les idées de l'espace et du temps (lorsque nous le considérons sous le seul aspect de son uniformité métrique). Au contraire, le principe susceptible de fonder la théorie musicale comporte un aspect irréductiblement « physique », ou empirique, qui marque son caractère dérivé : « (…) l'harmonie a peut-être quelqu'autre principe inconnu, plus général que celui de la résonance du corps sonore, et dont celui-ci n'est qu'une branche [2] ». L'effort de Rameau pour *démontrer* les principes de l'harmonie à partir de la résonance du corps sonore tombe donc sous le coup d'une *impossibilité de principe* [3].

1. *Eléments de musique*, 2ᵉ éd., Discours préliminaire, p. XV-XVI.

2. *Ibid.*, p. XVII.

3. A partir d'une analyse de ce Discours préliminaire aux *Eléments de musique*, C. Kintzler montre que, selon d'Alembert, « l'acoustique musicale (…) entre dans un ensemble conjectural susceptible de falsification expérimentale » (*J.-Ph. Rameau,*

La définition du son musical

Tandis qu'Euler s'efforcera de soumettre à l'analyse l'émission de la série harmonique, d'Alembert n'entreprendra pas d'expliquer le phénomène de résonance. Sa critique des hypothèses proposées par Bernoulli et Dortous de Mairan exprime avant tout le souci de circonscrire le statut notionnel des concepts qu'elles mettent en œuvre. L'article « Fondamental » montre en effet que le déficit des explications proposées sanctionne les difficultés de l'application d'une science à une autre. Bernoulli généralise abusivement la relation établie entre la trochoïde (définie en géométrie) et l'émission d'un son stable (notion de physique expérimentale) ; Dortous de Mairan ne considère dans les vibrations (qui relèvent de la mécanique) que l'expression arithmétique d'un rapport. Quoi qu'il en soit de la pertinence relative de ces critiques, elles expriment implicitement la priorité des définitions dans l'épistémologie promue par l'encyclopédiste – ce sont elles qui expriment les conditions sous lesquelles il est (ou non) possible de généraliser le traitement mathématique d'un phénomène : c'est ainsi qu'une définition assez restrictive du concept de fonction interdit à d'Alembert de dépasser les critiques dirigées contre Bernoulli pour compléter le traitement mathématique du problème des cordes vibrantes[1]. Par suite, comme le précisent les *Eclaircissements sur les éléments de philosophie*, « pour placer les idées dans l'ordre naturel, il faut surtout se rendre attentif aux définitions[2] ». La définition du son musical tirée de la résonance du corps sonore, sur laquelle Rameau insiste beaucoup, exprimera donc le statut épistémologique de ce principe.

Il importe avant tout de se rendre sensible au fait que cette définition, qui se fonde sur une donnée physique, prend corps à l'intérieur de la théorie harmonique. Le premier bénéfice des expériences de Sauveur tient en effet à

Splendeur et naufrage de l'esthétique du plaisir à l'âge classique, Annexe I, p. 183). Cette analyse éclairante appelle peut-être une précision. Dans le seul texte que d'Alembert consacre expressément au principe de la théorie musicale (la résonance du corps sonore), savoir, l'article « Fondamental » de l'*Encyclopédie*, le caractère expérimental du principe n'implique nullement que les raisonnements qu'on en tire soient purement conjecturaux – la critique de Bernoulli a même pour objet d'établir que la résonance, comme tout principe authentique, ne tolère pas d'exception. Toutefois, comme ce phénomène n'est pas réduit aux notions communes de la mécanique, les propositions qu'on en tire ne sont pas démonstratives, c'est-à-dire qu'elles ne font pas l'objet d'une élucidation rationnelle complète. Si la théorie ramiste (et non l'acoustique) est conjecturale, c'est qu'elle comporte (comme C. Kintzler le rappelle d'ailleurs) une utilisation arbitraire de notions mathématiques dont elle n'a pas établi préalablement la pertinence.

1. Voir V. Le Ru, *Jean Le Rond d'Alembert philosophe*, Paris, Vrin, 1994, p. 74-75.

2. *Essai sur les éléments de philosophie*, chap. XI, p. 316.

ce qu'elles correspondent d'assez près à l'unification de la notion de consonance, dont nous avons dit l'importance dans l'élaboration du système ramiste. Les intervalles consonants, que le *Traité de l'harmonie* classait selon le rapport des cordes aiguës avec le centre harmonique rendu par la corde grave, correspondent désormais aux sons harmoniques donnés dans l'expérience par les vibrations des parties aliquotes de la corde sonore – en témoigne le fait que les cordes plus aiguës vibrent à l'unisson des sons partiels : « (...) ceux qui ont l'oreille fine, distingueront un son harmonique proportionnel aux parties qui forment ces ondulations, ou bien on pourra s'en assurer en mettant le monocorde à l'unisson de ce son harmonique[1] ». La résonance sympathique des cordes supérieures, qui intervenait déjà dans la classification des intervalles consonants, peut désormais être comprise comme la réalisation *physique* des dispositions internes de la corde grave. C'est alors qu'une sorte de réflexion s'opère dans le phénomène de résonance – de même que la corde grave fait résonner celles des cordes aiguës qui forment avec elle un intervalle consonant, de même ces cordes aiguës déterminent la formation des nœuds qui, sur la corde grave, rendent l'unisson des sons aigus qu'elles émettent : comme le précise Sauveur, « sans mettre l'obstacle léger sur une corde, on lui donnera un son harmonique (...), si à côté de cette corde on en touche une autre à l'unisson de quelqu'un de ses sons harmoniques[2] ». On peut dire en ce sens que la résonance *implique* (lorsque la corde grave imprime son mouvement aux cordes supérieures) ou *réalise* (lorsque ces cordes supérieures déterminent la division de la grave) les dispositions internes de la corde fondamentale. C'est en effet dans cette réciprocité que consiste la réalisation physique des divisions internes du monocorde, et l'on comprend qu'elle supporte l'émergence d'un objet original, qui enveloppe les intervalles consonants utilisés dans la musique.

Une pente assez facile conduit alors le théoricien de la musique à définir le son lui-même par la propriété de faire résonner ses harmoniques. On peut en effet pousser jusqu'à son terme l'analogie de la corde vibrante et du son lui-même, puisque Sauveur donne au verbe « contenir », employé dans le *Compendium musicæ*, une signification réaliste. C'est une telle démarche que le rédacteur du *Journal de Trévoux* décèle chez Rameau, quand il rend compte de la *Génération harmonique :* il n'est « pas beaucoup plus difficile à comprendre, comment un son est composé de plusieurs sons qui sont ses parties aliquotes, qu'il est difficile de compter dans une corde ses

1. Sauveur, *Principes d'acoustique et de musique*, section IX, p. 55.

2. *Ibid.* Ce phénomène, produit dans des conditions expérimentales bien précises, donnera à Rameau lieu de croire à la résonance des cordes plus graves que la fondamentale.

parties aliquotes, sa moitié, etc.[1] ». Cette analyse parfaitement pertinente rend bien compte du postulat que se donne Rameau, dans la fameuse distinction qu'il introduit entre le son, qui fait résonner ses harmoniques, et le bruit, qui reste isolé :

> Toute cause qui produit sur mon oreille une impression une et simple, me fait entendre du *bruit ;* toute cause qui produit sur mon oreille une impression composée de plusieurs autres, me fait entendre du *son.* J'appelai le son primitif, ou générateur, *son fondamental*, ses concomitants *sons harmoniques*, et j'eus trois choses très distinguées dans la nature, indépendantes de mon organe, et très sensiblement différentes pour lui ; du bruit, des *sons fondamentaux*, et des *sons harmoniques* [2].

Rameau refuse donc de fonder une distinction entre le son et le bruit sur nos capacités perceptives – celles-ci sont simplement conçues de telle façon qu'elles puissent enregistrer une différence objective. Cette explication causale, ainsi que le suggère le rédacteur du *Journal de Trévoux*, repose sur l'identification des mesures effectuées sur les longueurs de corde avec le rapport des hauteurs du son. Mais Rameau en tire de lourdes conséquences, car sa définition du son exprime en réalité une application spontanée de l'arithmétique à l'acoustique expérimentale, qui doit conférer aux résultats tirés plus ou moins directement de la résonance l'apodicticité caractéristique des sciences mathématiques.

L'auteur de la *Génération harmonique* rapporte cependant cette définition à l'expérience perceptive la moins prévenue, qui doit enregistrer spontanément la discrimination du son et du bruit. A cette fin, il emprunte à Dortous de Mairan une hypothèse physiologique selon laquelle l'oreille interne serait elle-même organisée comme le corps sonore :

> Ce qu'on a dit des corps sonores doit s'entendre également des fibres qui tapissent le fond de la conque de l'oreille ; ces fibres sont autant de corps sonores auxquels l'air transmet ses vibrations, et d'où le sentiment des sons et de l'harmonie est porté jusqu'à l'âme[3].

Nous étudierons dans notre seconde partie la constitution et la portée de cette hypothèse. L'important est pour l'instant de retenir qu'elle permet de se figurer la manière dont les différentes vibrations qui produisent les

1. *Journal de Trévoux*, 1737, art. CXX, p. 2150-2151.

2. Rameau, *Démonstration du principe de l'harmonie*, Paris, Durand et Pissot, 1750, p. 12-13.

3. *Génération harmonique*, Prop. XII, p. 7.

harmoniques du son principal (ou les différentes notes d'un accord) impriment leurs répliques dans l'oreille, de telle façon que l'organe les perçoit simultanément sans les confondre en une seule impression. Rameau peut donc appliquer à la perception elle-même la nouvelle définition du son, puisqu'un même enchaînement causal se poursuit dans le corps humain. Cette définition est, selon l'auteur de la *Génération harmonique*, adéquate à la structure de l'oreille interne et, par suite (c'est une telle consécution qui posera problème), elle correspond aux qualités que nous percevons. Toutefois, dans la mesure où il ne détermine pas strictement le codage de l'impression physique dans le sentiment, Rameau s'expose aux critiques qui pourront alléguer les écarts qui affectent cette correspondance pour récuser sa définition du son musical.

Ce retournement caractérise précisément l'entreprise de Rousseau, qui observe d'abord que, dans l'expérience, la différence du son au bruit échappe au critère très élémentaire fixé par Rameau. La définition du musicien nous interdit en effet d'expliquer qu'une pluralité de sons, qui sont tous accompagnés de leurs harmoniques, peut néanmoins produire du bruit :

> Pourquoi le bruit ne serait-il pas du son, puisqu'avec des sons on fait du bruit ? Touchez à la fois toutes les touches d'un clavier, vous produirez une sensation totale qui ne sera que du bruit, et qui ne prolongera son effet par la résonance des cordes que comme tout autre bruit qui ferait résonner les mêmes cordes [1].

Le son (musical) peut se transformer en bruit. A l'inverse, le bruit possède certaines propriétés du son, puisqu'il produit également des harmoniques, qui font résonner les cordes du clavecin : simplement, ils impressionnent tous l'organe à cause de la force de l'émission, et cette confusion confère à la résonance un caractère bruyant. La définition proposée par Rameau requiert donc des aménagements : le son se distingue du bruit en ce que nous ne percevons qu'un petit nombre de ses harmoniques, et d'une façon relativement stable. Autrement dit, un son existe comme son musical à proportion que l'organisation physique se traduit en un ordre lisible dans la perception. Condillac, tandis qu'il ratifie l'hypothèse physiologique alléguée dans la *Génération harmonique* [2], refuse

1. *Dictionnaire de musique*, art. « Bruit », p. 96.

2. « Quand aux sons proprement dits, l'oreille étant organisée pour en sentir exactement les rapports, elle y apporte un discernement plus fin et plus étendu [que pour les bruits]. Ses fibres semblent se partager les vibrations des corps sonores, et elle peut entendre distinctement plusieurs sons à la fois » (*Traité des sensations*, part. I, chap. 8, § 4, Paris, Fayard, 1984, p. 61).

d'établir entre le son et le bruit une différence de nature, mais les renvoie à deux manifestations subjectives possibles de la structure harmonique du corps sonore :

> On a remarqué que, dans la résonance des corps sonores, le son dominant est accompagné de deux autres, qui ont avec lui un rapport déterminé, et soumis au calcul. (...) Une oreille bien organisée est capable de saisir ces rapports, et c'est pour cela que l'on dit qu'elle apprécie les sons. On peut donc définir le son proprement dit, un son appréciable [1].

Le son reste défini par sa place dans une structure harmonique; mais celle-ci n'agit pas simplement comme *cause* de nos sensations : elle existe sous la condition que l'organe puisse l'apprécier, c'est-à-dire, puisqu'elle ne se donne pas toujours dans une impression expresse, sous la condition que le sujet percevant puisse la restituer.

La critique d'une application maladroite des sciences mathématiques aux données de l'acoustique expérimentale conduit les contemporains de Rameau à privilégier les conditions subjectives d'une manifestation, dans la perception, des phénomènes sonores. Il ne serait cependant pas très heureux de penser que, dans cette entreprise, ils ne procèdent qu'à une critique externe des procédures mises en œuvre dans la théorie harmonique. En effet, l'étude critique que nous venons de commenter, et qui s'applique au fondement acoustique allégué par Rameau à partir de 1726, contient la raison d'un vaste mouvement qui, comme nous allons essayer de le montrer, organise de l'intérieur les écrits résonantiels du théoricien : selon des modalités diverses, la perception prend en charge, dans ces textes, les résultats que Rameau espère d'abord trouver dans les expériences de résonance.

1. *Ibid.*, § 2, rem. 1, p. 59-60.

CHAPITRE III

L'HARMONIE DANS LA RÉSONANCE

L'enjeu de ce chapitre est de cerner le statut de la référence ramiste à l'acoustique expérimentale – doit-elle intervenir pour fonder directement les ressources harmoniques, comme les contemporains (d'Alembert) semblent le penser, ou constitue-t-elle l'origine empirique des procédures monocordistes qui fournissent les éléments de la théorie musicale ? Il nous semble qu'une troisième possibilité se dégage dans les traités proposés par le compositeur à partir de 1726 : lorsque Rameau considère pour elles-mêmes certaines données acoustiques, sans référence au calcul des proportions, il s'efforce d'élucider, non plus l'origine rationnelle des objets dont la théorie expose les propriétés, mais leur apparition dans l'écoute musicale. Il faut toutefois apporter deux précisions qui permettent de circonscrire cette hypothèse. D'une part, elle ne définit pas une série de procédures homogènes, mais elle connaît des expressions très variées selon que l'on examine telle ou telle des ressources harmoniques que Rameau renvoie aux déterminations résonantielles : le mode majeur, le mode mineur puis la dissonance. D'autre part, cette hypothèse demande que soient prises en compte les sources effectivement consultées par Rameau. Il ne fait aucun doute que la référence aux divisions physiques de la corde vibrante renvoie aux expériences de Sauveur – c'est notamment le cas dans le *Nouveau système de musique théorique* de 1726. Mais la *Génération harmonique* de 1737 élargit notablement le domaine d'application des spéculations physiques (ce n'est qu'à partir de ce texte que Rameau entreprend, par exemple, d'expliquer le mode mineur à partir des phénomènes de résonance). C'est que le musicien trouve désormais un système acoustique complet (physique et physiologique) et relativement simple dans les travaux de Dortous de Mairan, qu'il déclare avoir consulté : « Il y a dix ou douze ans que M. de Mairan, dont le nom seul fait l'éloge, [raisonne] avec moi sur mon système[1] ». Or la principale application à laquelle Dortous de Mairan destine son hypothèse concerne précisément l'élucidation de la perception musicale, qu'il confie à Rameau :

> Le sentiment confus de l'harmonie, ainsi développé et justifié par les propriétés du son ou du milieu sonore, qu'on se proposerait de réduire en pratique, selon ces règles, serait sans doute un très digne sujet de recherche ; mais je puis d'autant plus me dispenser d'entrer là-dessus dans le détail, qu'un célèbre musicien [Rameau est mentionné en marge] de nos jours, à qui ces idées et mon hypothèse ne sont pas inconnues, va donner incessamment au public un traité de musique qui tend à ce but, et qui porte sur ces mêmes principes[2].

C'est dire qu'en étudiant l'utilisation ramiste de la résonance du corps sonore, nous devons prendre en compte, non seulement la fondation théorique des ressources musicales, mais encore la formation de l'instinct de l'auditeur pour la musique – du reste, il ne s'agit nullement de considérer deux objets distincts : l'explicitation des dispositions perceptives nourrit l'élaboration de la théorie harmonique.

« Le propre ouvrage de la nature »

L'étude de la résonance du corps sonore met en évidence les sons harmoniques rendus par les premières divisions de la corde vibrante en ses parties aliquotes :

> Raclez une des plus grosses cordes d'une viole, ou d'un violoncello, vous entendrez, avec le son de sa totalité, ceux de son octave, double, peut-être même triple, de sa douzième et de sa dix-septième majeure, qui sont en rapport de 1, 1/2, 1/3, 1/4, 1/5, 1/8. Vous les entendrez quelquefois ensemble, quelquefois l'un après l'autre, quelquefois vous n'en entendrez qu'un seul[3].

Ces variations tiennent à la combinaison de deux paramètres. D'une part, elles sanctionnent les conditions dans lesquelles est produite la résonance, mais Rameau ne tiendra pas vraiment compte des précisions que les scientifiques apporteront sur les limites de ces expériences. D'autre part, l'appréhension de la série harmonique supérieure dépend des dispositions

1. *Génération harmonique*, chap. I, p. 3.
2. « Discours sur la propagation du son », § 26, p. 14.
3. Rameau, *Génération harmonique*, Troisième Expérience, p. 10.

perceptives de l'auditeur. Pour l'instant, on retiendra simplement que la corde vibrante étudiée dans la *Génération harmonique* fournit, d'une part, l'octave accompagné de plusieurs répliques et, d'autre part, les intervalles consonants de douzième et de dix-septième. Si l'on admet provisoirement, avec Rameau, qu'on ne modifie nullement l'octave lorsqu'on la multiplie, alors on peut ne considérer dans la résonance que l'octave au-dessus du son principal ; la douzième et la dix-septième majeure au-dessus de ce même son, « c'est-à-dire l'octave au-dessus de la quinte du son principal, et la double octave au-dessus de la tierce majeure au-dessus de ce même son [1] ». La parenté entre l'ensemble ainsi constitué et l'accord parfait majeur, composé d'une tierce majeure et d'une quinte, semble attester l'origine vraiment naturelle des ressources harmoniques – Sauveur considérait déjà que « l'orgue ne fait qu'imiter par le mélange de ses jeux, l'harmonie que la nature observe dans les corps sonores, qu'on appelle harmonieux [2] » ; Rameau va beaucoup plus loin : selon lui, l'acoustique apporte une confirmation expérimentale décisive à l'entreprise d'unification engagée depuis le *Traité de l'Harmonie*. L'accord parfait majeur est le « propre ouvrage de la nature », dira Rameau [3].

La notion de génération

Reprenons pour commencer les versions à peu près stabilisées des définitions fournies par Rameau pour les différents objets de la théorie résonantielle de l'harmonie. Le son fondamental est d'abord caractérisé par sa simple capacité à faire résonner les différents harmoniques enregistrés dans l'expérience : « J'appelai le son primitif, ou générateur, *son fondamental*, ses concomitants *sons harmoniques* [4] ». En premier examen, la notion ramiste de génération ne semble donc comporter aucune ambiguïté, et l'on peut considérer qu'un son est générateur d'un autre lorsqu'il compte celui-ci parmi ses harmoniques. Le corps sonore peut également être dit générateur, parce qu'il fait régulièrement résonner une série de sons harmoniques : « Tout corps sonore, pris en particulier, est toujours censé porter avec lui la même harmonie qu'il fait résonner, il en est le générateur, c'est ainsi que je le nomme partout [5] ».

Les problèmes apparaissent lorsqu'il faut déterminer précisément les sons harmoniques qui caractérisent le processus ramiste de génération. Il

1. D'Alembert, *Encyclopédie*, art.« Fondamental », t. VII, p. 54b.
2. « Application des sons harmoniques à la composition des jeux d'orgues », p. 23.
3. *Démonstration du principe de l'harmonie*, p. 63.
4. *Ibid.*, p. 13.
5. *Ibid.*, p. 8.

faut d'abord affronter une objection un peu triviale dont Rousseau semble se contenter, au moins sur cette question. Dans le cas d'une corde vibrante, on sait depuis Wallis que les harmoniques doivent être rapportés aux parties aliquotes de la corde entière – mais cette relation permet tout aussi bien de recevoir, au moins en droit, un nombre indéfini de sons harmoniques, que nous n'apercevons jamais, ou qui composeraient des intervalles inappréciables s'ils étaient réellement entendus en même temps que le fondamental :

> (...) le corps sonore ne donne pas seulement, outre le son principal, les sons qui composent avec lui l'accord parfait, mais une infinité d'autres sons, formés par toutes les aliquotes du corps sonore, lesquels n'entrent pas dans cet accord parfait. Pourquoi les premiers sont-ils consonants, et pourquoi les autres ne le sont-ils pas, puisqu'ils sont tous également donnés par la nature ? [1]

Ce n'est toutefois qu'avec Daniel Bernoulli que cette question se pose d'une façon particulièrement urgente, puisqu'il établit que le cas reste particulier, dans lequel la résonance d'un corps sonore fait entendre les seuls sons harmoniques qui forment, en association avec le fondamental, les intervalles consonants reçus dans la théorie musicale. Il faudrait par suite reconnaître que le son fondamental est le générateur, non seulement des consonances, mais aussi de toute une série de sons partiels dépourvus de caractère musical : le générateur ne donnerait pas spécialement l'accord parfait majeur, mais le produirait incidemment. Quoi qu'il en soit, Rameau considère, avec Mersenne et Sauveur, que nous percevons presqu'exclusivement les sons harmoniques qui, en accord avec le son fondamental, composent la dix-septième et la douzième. D'Alembert ne songe d'ailleurs pas à lui contester cette observation :

> Cette expérience est principalement sensible sur les grosses cordes d'un violoncelle, dont le son étant fort grave, laisse distinguer assez facilement à une oreille tant soit peu exercée, la douzième et la dix-septième dont il s'agit. Elles s'entendent même beaucoup plus aisément que l'octave du son principal, qu'il est quelquefois difficile de distinguer, à cause de l'identité d'un son et de son octave, qui les rend faciles à confondre [2].

Cependant, la position définitive de d'Alembert sur le fondement physique de la théorie harmonique se comprend mieux, si l'on prend acte de son interprétation du principe de Bernoulli : la résonance des intervalles

1. Rousseau, *Dictionnaire de musique*, art. « Harmonie », p. 848-849.

2. *Encyclopédie*, art. « Fondamental », t. VII, p. 54b.

qui forment l'accord majeur possède bien un statut principiel, mais elle reste un fait d'expérience, irréductible à la généralité d'une loi mathématique. Lorsqu'il déclare, dans le Discours préliminaire à la seconde édition des *Eléments de musique*, que « la résonance du corps sonore, et les sons multiples qui en dérivent, suffiraient pour fonder tout le système de l'harmonie[1] », même si les rapports mathématiques qui expriment ces intervalles sonores étaient différents (possibilité que Bernoulli envisageait expressément), il prend acte du caractère irrémédiablement factuel du principe allégué par Rameau – ce qui, selon les termes de *l'Essai sur les éléments de philosophie,* interdit de reconduire les explications de Rameau aux principes mathématiques qui, seuls, peuvent soutenir d'authentiques démonstrations.

Bien plus grave est le fait que Rameau, de surcroît, biffe un son harmonique qui, pourtant, obéit à la loi de production qu'il a fixée (division de la corde selon une proportion harmonique) et qui est manifestement donné dans l'expérience de résonance : « (...) vous pourrez encore y distinguer le son de son 1/7, pour ne pas dire plus, mais il sera si faible, qu'il vous échappera sans doute[2] ». Cette dernière restriction ne permet pas de nier la réalité du son harmonique – mais Rameau prend soin de préciser que ce résultat n'intervient qu'au niveau physique. Les données expérimentales qui, dans un premier temps, semblaient définir la génération s'avèrent nettement secondaires lorsqu'il s'agit de tirer du phénomène physique ceux des intervalles que la théorie harmonique reçoit comme consonants. En somme, il s'agirait ici de prendre acte d'une résistance factuelle davantage que d'un fondement expérimental :

> (...) nous l'avons cependant distingué, ce son, mais sans pouvoir l'apprécier relativement à aucun des autres et il nous a fallu, pour en juger, prendre à part le 1/7 de la corde dont le son nous a effectivement rendu l'unisson de ce que nous venions d'entendre[3].

Pour justifier l'exclusion du son rendu par la septième partie de la corde, Rameau doit établir une distinction entre, d'une part, les sons

1. *Eléments de musique*, 2e éd., p. XII.

2. *Génération harmonique*, Troisième Expérience, p. 10. Cohen ne mentionne pas Rameau sur cette question – mais il rappelle qu'un problème analogue se pose chez Mersenne, qui écarte lui aussi le son harmonique 1/7 : « Why is that the discoverer of the overtones, the first musical theorist to call attention to the natural tones, never appeals to these phenomena in order to establish the consonance of the interval with 7 ? For there *is* a seventh partial tone in the series of overtones, and the trumpet *does* sound the seventh natural tone in between the sixth and the eighth one » (*Quantifying music*, p. 109).

3. *Génération harmonique*, Troisième Expérience, p. 10-11.

harmoniques qui réalisent des intervalles consonants, entre eux et avec le fondamental et, d'autre part, celui ou ceux des sons harmoniques qui ne remplissent aucune fonction musicale déterminée dans l'accord complet qu'enveloppe la résonance d'un corps sonore :

> (...) on y sent l'octave, la douzième qu'on y croit la quinte, et la dix-septième majeure qu'on y croit la tierce majeure; on y sent même les consonances que celles-ci font entre elles, comme en y comparant le 1/3 au 1/4, ainsi du reste; de sorte que le son de ce 1/7 n'y paraît que comme un son perdu, qui est d'ailleurs si faible, qu'on ne s'imaginerait jamais qu'on dût l'entendre en pareil cas, si l'on en était averti [1].

L'argumentation de Rameau délivre ici sa version la plus intéressante : ce son partiel est exclu de la série harmonique supérieure parce qu'il ne s'inscrit pas dans le système des consonances dont la théorie harmonique a auparavant fixé le rapport avec le son fondamental. L'aperception d'un tel son « perdu » requiert un déplacement d'attention que ne prescrit nullement le schème ramiste de la perception musicale – ce qui imposera de s'interroger sur la constitution des règles auxquelles elle se conforme comme par instinct. Et si l'auteur de la *Génération harmonique* s'estime fondé à utiliser ce critère pour purifier les résultats de l'expérimentation acoustique, c'est que les propriétés du son musical sont en réalité définies par la combinaison des consonances préalablement admises : « (...) si le corps est assez grand pour que son 1/7 y résonne aussi fortement que son 1/3 et son 1/5 dès lors ce n'est plus qu'un son confus et inappréciable [2] ».

Le caractère appréciable des sons harmoniques fournit ainsi le principe d'une discrimination qui recouvre l'expérience de physique. Les remarques de Rameau possèdent une portée théorique que l'on néglige trop souvent, lorsqu'on aborde le problème complexe du traitement ramiste du son partiel rendu par la septième partie du monocorde : l'exclusion de cet harmonique permet de définir le son musical (pourvu de ses harmoniques) au même titre que l'émission effective des intervalles de dix-septième et de douzième [3]. Par conséquent, la notion de génération, qui définit le son

1. *Ibid.*, p. 11.

2. *Observations sur notre instinct pour la musique*, Paris, Prault, 1754, p. 33.

3. Considérer que cette exclusion est une erreur pure et simple importe sans doute à une meilleure compréhension de l'harmonie tonale (J. Chailley, « Pour une lecture critique du premier chapitre de la *Génération harmonique* », *Actes du colloque Rameau*, p. 282); mais cela ne nous instruit absolument pas sur le statut conceptuel de la théorie harmonique de Rameau.

fondamental, comprend deux aspects inséparables chez Rameau : d'une part, elle repose sur l'expérimentation acoustique, qui manifeste l'existence des sons harmoniques ; d'autre part, elle ne concerne que ceux des harmoniques qui forment, avec le fondamental, des intervalles consonants dont la théorie harmonique a déjà fourni la définition, par calcul des proportions, et dont une expérience sédimentée permet l'appréhension dans la perception. C'est un lieu commun de dire que la musique crée sa propre matière – entendons qu'elle prélève certains traits pertinents sur le matériau sonore, selon un mouvement que Lévi-Strauss oppose à celui de la peinture, qui fonderait ses productions sur une organisation naturelle des couleurs : « La musique parcourt un trajet exactement inverse : car la culture lui était déjà présente, avant qu'au moyen de la nature elle l'organise intellectuellement[1] ». Cette lecture décrit bien l'interprétation ramiste de la résonance du corps sonore ; mais plutôt qu'une méthode, elle constitue un problème dont les premiers termes sont les suivants : du point de vue de la théorie harmonique, l'idée de génération doit fournir un substrat acoustique à la notion proprement musicale de centre harmonique d'un accord, qui est organisée selon certains rapports arithmétiques ; et d'un point de vue psychologique, comme nous le verrons, cette idée engage implicitement une prise de position sur l'important problème de la perception des rapports.

Le concours de l'acoustique et de la perception musicale

Il convient à présent d'aborder une autre difficulté, qui n'est pas moins stimulante. Si l'on biffe de la série harmonique supérieure les répliques de l'octave, ainsi que les sons harmoniques primaires à partir de la septième, on obtient un ensemble numériquement distinct de celui que l'auditeur vise spontanément dans une perception naïve de la résonance :

> Je passai (...) à la considération relative du son fondamental et de ses harmoniques, et je trouvai que c'était sa *douzième* et sa *dix-septième*, c'est-à-dire, l'*octave* de sa *quinte* et la *double octave* de sa *tierce*, au lieu que j'avais éprouvé que c'était sa quinte et sa tierce que je lui faisais succéder par préférence à tout autre[2].

Tandis que tout à l'heure, les conditions esthétiques de la perception du son musical permettaient d'opérer un tri dans le matériau acoustique disponible, c'est maintenant l'expérimentation scientifique qui doit découvrir à l'oreille ce qu'elle perçoit vraiment : non point un accord parfait

1. *Le Cru et le cuit*, Ouverture, Paris, Plon, 1964, p. 30.
2. *Démonstration*, p. 15.

majeur à son état fondamental (une octave et, surtout, une tierce et une quinte) mais un accord parfait dont les intervalles constitutifs sont augmentés d'une ou deux octaves. Certains auteurs considèrent alors que l'expérience physique de la résonance du corps sonore n'entretient aucun rapport immédiat avec l'expérience esthétique, même lorsque celle-ci inclut la perception des sons harmoniques supérieurs :

> (…) un musicien qui n'aurait jamais entendu parler du système de M. Rameau pourrait bien ne point entendre la douzième et la dix-septième dans les sons graves : et quand même on le préviendrait que le son de cette cloche qu'il entend n'est pas un son simple, mais composé de trois sons, il pourrait convenir qu'il entend en effet trois sons ; mais il dirait que ces trois sons sont le son fondamental, la tierce et la quinte [1].

Il n'est pas indifférent que l'épreuve acoustique de la théorie musicale ait suscité cette description relativiste – Rameau lui-même finira par admettre qu'après tout, la notion de génération doit attester le caractère naturel, ou physique, de configurations musicales qui, jusqu'alors, étaient exprimées dans des intervalles que la résonance du corps sonore ne fournit jamais directement :

> (…) on n'a jamais opéré en musique que sous l'idée des intervalles de *seconde*, *tierce*, *quarte*, *quinte*, *sixte*, *septième* et *octave*, dont aucun ne se distingue dans la résonance du corps sonore, excepté la sixte majeure qu'y forment entr'elles la douzième et la dix-septième [2].

Le passage des données expérimentales à la thèse ramiste selon laquelle la résonance du corps sonore produit l'accord parfait majeur n'est donc pas si évident que la *Génération harmonique* le laisse entendre, lorsque Rameau se contente d'y signaler que « nous prenons presque toujours la double, la triple octave pour la simple, dès que nous n'y donnons pas une attention expresse [3] ».

Pour obtenir une version plus convaincante de cet argument, il faut conférer à l'observation empirique de l'identité des octaves, qui n'est pas nouvelle, le statut d'un principe universel de la perception musicale et, surtout, montrer que ce principe est adéquat à l'organisation physique du

1. Buffon, *Histoire naturelle de l'Homme*, « Du sens en général », « Observations sur le son », in *Œuvres choisies de Buffon*, Paris, Firmin Didot, 1859, p. 311.

2. *Extrait d'une réponse de M. Rameau à M. Euler sur l'identité des octaves*, Paris, Durand, 1753, p. 5.

3. Rameau, *Génération harmonique*, Troisième Expérience, p. 12.

matériau sonore. Nous reviendrons, dans la seconde partie de ce livre, sur cette réduction spontanée que l'auditeur est supposé effectuer. Rameau tâchera de prouver que l'écoute musicale tend, de façon naturelle et générale, à saisir les intervalles sonores dans l'étendue d'une octave : « (...) ce fait est commun à tous, et (...) nous sommes tous portés à réduire les intervalles à leurs moindres degrés[1] ». Les exposés de théorie musicale de cette époque stipulent d'ailleurs que la génération de l'accord majeur, dont on ne conteste pas le caractère naturel, implique de tenir l'identité des octaves pour l'un des caractères de notre instinct pour la musique. L'oreille humaine restitue spontanément l'état fondamental des intervalles produits par la résonance du corps sonore, qui « fournissent l'accord le plus parfait qu'on puisse joindre à *ut*, puisque cet accord est l'ouvrage de la nature[2] » :

> (...) nous entonnons naturellement la tierce *mi* et la quinte *sol*, au lieu de la double octave de *mi*, et de l'octave de *sol ;* d'où nous formons, en y joignant l'octave du son *ut*, ce chant *ut*, *mi*, *sol*, *ut*, qui est en effet le plus simple et le plus facile de tous ; aussi a-t-il son origine dans la résonance même du corps sonore[3].

A l'évidence, cette interprétation postule que l'opération de la perception réalise une possibilité inscrite dans le matériau sonore[4] – selon cette perspective, les données acoustiques et la configuration musicale qui intéresse la théorie harmonique s'inscrivent dans un ordre commun. On doit donc s'interroger sur le fondement physique qu'il est possible de donner au principe de l'identité des octaves; mais il faut auparavant formuler quelques conclusions relatives à la liaison de l'acoustique et de la théorie musicale, telle qu'elle apparaît dans la génération de l'accord parfait majeur.

Le son fondamental, avons-nous dit, est générateur, non seulement en ce qu'il fait résonner tous les sons harmoniques que l'expérience peut manifester, mais aussi en ce que c'est par rapport à lui que se définissent les intervalles consonants fournis par les premières divisions de la corde vibrante : la génération harmonique fournit avant tout les éléments qui se rapportaient déjà au centre harmonique. Ce caractère peut surprendre, dans la mesure où il traduit l'irruption d'un critère totalement externe dans

1. Rameau, *Démonstration*, p. 17.
2. *Eléments de musique*, liv. I, chap. II, § 27, p. 18.
3. *Ibid.*, p. 19.
4. Ce postulat permet de mieux comprendre les déclarations péremptoires par lesquelles Rameau impose l'application du principe de l'identité des octaves – ainsi : « (...) nous confondons naturellement toutes les répliques pour nous en aider selon nos besoins » (*Démonstration*, p. 17).

l'interprétation de l'expérience physique : on peut admettre que les seuls sons harmoniques intéressants soient ceux que l'auditeur peut apercevoir ; en revanche, on voit mal pourquoi le phénomène acoustique de résonance devrait recevoir une délimitation encore plus étroite de son objet, imposée par la théorie harmonique – non pas tous les sons harmoniques perceptibles, mais ceux dont on connaît déjà la fonction dans le système harmonique. C'est pourtant le rapport des trois premiers intervalles consonants à un même centre harmonique qui met en place le cadre théorique où l'on peut comprendre que la résonance du corps sonore produit véritablement la série harmonique supérieure. L'expérimentation acoustique, qui met en évidence la vibration des parties aliquotes d'une corde vibrante, est d'autant plus acceptable que la notion de centre harmonique ménage d'abord une signification à la proposition selon laquelle un son peut contenir d'autres sons. Il fallait préalablement établir la possibilité d'un rapport simultané et systématique de sons de différentes hauteurs à une même dimension (la longueur de la corde), pour accueillir ensuite les résultats des expériences de Sauveur. Or cette possibilité est dégagée dans le champ musical, selon les règles de son fonctionnement interne : on ne peut déplorer que Rameau impose aux données acoustiques le filtre de son ancienne classification des consonances, car c'est sur ce fond que prennent sens, au moins dans un premier temps, les énoncés de la science acoustique. Cette relation n'est d'ailleurs pas unilatérale. Corrélativement, la reprise de la notion de centre harmonique en contexte résonantiel, qui permet de définir le son musical, dégage le statut de l'identité des octaves. Tandis qu'à l'époque du *Traité de l'Harmonie*, ce principe semblait importer une observation tirée de la pratique musicale dans le champ d'une nouvelle théorie des accords, on voit désormais qu'il constitue essentiellement une catégorie de l'écoute musicale, nécessaire pour jeter un pont entre les données acoustiques et l'accord parfait majeur. Il faut encore savoir, bien entendu, si cette catégorie recouvre une réalité physique bien attestée. Pour Rameau, dans un premier temps, il n'y a là aucun problème : c'est pourquoi la définition résonantielle du son fondamental mélange les données physiques, perceptives et esthétiques – elle en suppose la collaboration naturelle. Cette construction postule l'adéquation normale du phénomène physique, de la théorie harmonique et des capacités du sujet, et place dans la réalisation de cette adéquation le motif du plaisir. L'étude de ce complexe esthétique peut être différée[1] : il importait surtout de montrer que l'élaboration d'une théorie

1. Ainsi que l'a montré C. Kintzler, la découverte de la résonance du corps sonore, qui donne l'accord parfait majeur, permet aux penseurs de l'âge classique de concevoir la musique comme un ordre objectif, auquel les conditions subjectives de la perception, dans

harmonique résonantielle au XVIIIe siècle constitue, non pas une monstruosité épistémologique, mais le fond commun sur lequel les objets de la musique et de l'acoustique reçoivent des définitions originales.

La notion de représentation

Pour ne considérer que le problème de la génération de l'accord parfait majeur, est-on fondé à dire que le principe de l'identité des octaves, en plus de constituer une catégorie de la perception musicale, s'appuie sur un fondement physique bien établi ? Rousseau signale opportunément qu'une fois encore, Rameau préjuge trop rapidement de l'accord des scientifiques :

> M. Estève, de la société Royale de Montpellier, lui a fait voir qu'à commencer par cette proposition, que, dans la loi de la nature, les octaves des sons les représentent et peuvent se prendre pour eux, il n'y avait rien du tout qui fût démontré, ni même solidement établi dans sa prétendue démonstration[1].

L'étude des textes de Rousseau consacrés au problème de la perception musicale nous montrera que les travaux de Pierre Estève constituent une source relativement importante du *Dictionnaire de Musique*. Pour l'instant, nous devons nous attacher à sa critique de la génération naturelle de l'accord parfait majeur, qui contient un examen original du postulat de l'identité des octaves. Estève observe d'abord que l'identité des octaves constitue une règle interne au domaine artistique : « (...) cette loi (...), que tout son est le même que son octave, a été observée dans la pratique de l'art musical[2] ». Cependant, Rameau utilise cette « loi » afin de réduire tous les éléments donnés dans l'expérience de physique à une configuration musicale élémentaire (l'accord parfait majeur) – c'est « ainsi qu'il a raisonné sur les deux harmoniques qu'il connaissait » (la douzième et la dix-septième) : « Ces harmoniques ne fournissent point des combinaisons utiles, et il les a descendus à leurs octaves en-dessous pour y trouver ce

leur état de plein développement, sont entièrement adéquates. Les théoriciens des Lumières n'auraient pas aperçu que cette relation très originale posait un problème particulier : « Le fait que seul un être rationnel soit capable de voir, de comprendre et d'entendre les relations qui composent l'ordre naturel n'est jamais interprété comme un motif de relativisme : on y voit plutôt la preuve que la nature et la raison sont le miroir l'une de l'autre » (*Poétique de l'Opéra français de Corneille à Rousseau*, p. 414). C'est précisément cette situation typiquement ramiste que nous interrogerons dans notre seconde partie.

1. *Dictionnaire de musique*, art.« Harmonie », p. 846-847.

2. Pierre Estève, *Nouvelle découverte du principe de l'harmonie*, Paris, Jorry, 1752, p. 19.

qu'il cherchait[1] ». Pour apprécier les raisonnements conduits dans la *Génération harmonique*, puis dans les écrits ultérieurs du musicien, il faut donc savoir si l'identité des octaves est opératoire dans le domaine de l'acoustique expérimentale. Estève va ainsi s'efforcer de critiquer l'importation d'un concept musical dans l'explication scientifique à l'aune des critères internes que celle-ci met en vigueur : par la négative, sa contribution permet de mieux saisir les exigences auxquelles Rameau soumet sa propre démarche.

L'aspect le plus original de la critique qu'Estève adresse à Rameau consiste à montrer qu'on ne peut appliquer indifféremment le principe de l'identité des octaves au son musical, accompagné de ses harmoniques, et aux harmoniques considérés en eux-mêmes : « (...) il fallait non seulement être assuré par des raisons de théorie, que les octaves étaient toujours des répliques dans les sons principaux, mais encore qu'il en était de même dans les harmoniques considérés tous seuls[2] ». Cette distinction repose sur une interprétation inédite de la consonance[3], qui tient compte des découvertes de Sauveur. Un intervalle consonant est constitué par des sons dont les harmoniques concourent et, de cette façon, « se fortifient mutuellement[4] » : l'accord des deux sons devient alors plus sensible. A l'inverse, la dissonance résulte de ce que les harmoniques des sons qui composent l'intervalle ne coïncident pas. On peut concevoir des stades intermédiaires, selon que l'intervalle permet de conserver un nombre plus ou moins important de sons harmoniques – nous reviendrons sur cette théorie dans la deuxième partie de notre recherche. Dans le cas de l'octave, Estève constate que le son aigu renforce le premier harmonique du fondamental, tandis qu'il conserve lui-même tous ses harmoniques : « Le son qu'on ajoute pour former cet accord se place sur le premier harmonique du fondamental. Il conserve tous ses harmoniques, comme le faisait le fondamental lorsqu'il était seul[5] ». Ce cas de coïncidence maximale entre les séries harmoniques supérieures soutient l'équivalence fonctionnelle des deux sons générateurs qui bornent l'intervalle, dans les relations musicales comme dans la production de l'effet esthétique – c'est en cela que réside l'identité des octaves :

1. *Ibid.*

2. *Ibid.*, p. 20.

3. On attribue à tort la paternité de cette conception à Helmholtz : voir par exemple E. Leipp, *Acoustique et musique*, p. 134 et J. Chailley, *Expliquer l'Harmonie*, p. 59 ; mais il est vrai que Helmholtz a présenté de façon beaucoup plus précise la jonction par sons harmoniques communs qui caractériserait tous les intervalles consonants.

4. *Nouvelle découverte*, Introduction, p. XI.

5. *Ibid.*, p. 23.

> (...) le second son principal ne doit pas imprimer des mouvements différents du premier, ils doivent l'un et l'autre réveiller à peu près la même idée, et voilà pourquoi cet accord n'est qu'une répétition, et que de deux sons qui le composent, l'un peut être pris indifféremment pour l'autre[1].

Il n'est pas anodin que, dans ce texte, Estève emploie systématiquement le terme « accord », au lieu que celui d'intervalle conviendrait le cas échéant : cette terminologie met bien l'accent sur les relations structurelles dans lesquelles le son fondamental se trouve immédiatement inséré. La reprise d'une note à une octave supérieure opère la restitution la plus importante possible de ce complexe qui définit le son musical : c'est en cela qu'elle peut être prise pour une réplique.

Précisément, le fond de la critique conduite par Estève porte sur le fait que Rameau applique le principe de l'identité des octaves aux éléments isolés dont la combinaison permettait seule de le définir : Rameau « devait se garder d'appliquer aux harmoniques la propriété que leur combinaison produisait, et que chacun en particulier n'avait pas[2] ». Cette critique vise directement la version ramiste de la génération de l'accord parfait majeur, où les sons harmoniques qui donnent la dix-septième et la douzième sont identifiés à la tierce et à la quinte[3]. La réfutation du principe de l'identité

1. *Ibid.*

2. *Ibid.*, p. 25.

3. On objectera à Estève que l'expérimentation acoustique met également en évidence des harmoniques d'harmoniques, ou *harmoniques secondaires*, auxquels on pourrait appliquer sa propre définition de l'identité des octaves. Cependant, outre qu'Estève définit le son musical par la présence d'harmoniques qui, en eux-mêmes, constituent des sons simples (ce qui, à défaut d'être exact, témoigne d'une bonne compréhension du problème), il faut ajouter que les harmoniques secondaires n'ont pas à être pris en compte dans le cas de l'accord parfait majeur, puisqu'ils provoquent des dissonances lorsqu'ils sont entendus avec le fondamental. En toute rigueur, cela n'est pas vrai dans le cas de l'octave qui, « quelle que soit la puissance à laquelle on l'élève, (...) ne fournit jamais de dissonance » (Riemann, *Dictionnaire de musique*, art. « Son », trad. G. Humbert, Paris, Perrin, 1900, p. 778) – mais on ne voit pas pourquoi le premier harmonique de chaque harmonique primaire (*i.e.* son octave) se ferait entendre, alors que le rapport dissonant des autres harmoniques secondaires au son fondamental n'affecterait pas l'accord majeur. Quoi qu'il en soit, Rousseau fait preuve d'une certaine maladresse, dans la charge polémique qu'il lance contre Rameau, lorsqu'il se contente de juxtaposer, d'une part, la critique proposée par Estève (qui considère les harmoniques du fondamental comme des sons simples) et, d'autre part, une observation qui concerne les dissonances hypothétiquement produites par les harmoniques secondaires : « De plus, les harmoniques qu'on fait sonner ont eux-mêmes d'autres harmoniques, lesquels ne le sont pas du son fondamental : c'est par ces harmoniques ajoutés que celui qui les produit se distingue encore plus durement; et ces mêmes harmoniques qui font sentir l'accord n'entrent point dans son harmonie » (*Dictionnaire de musique*, art. « Harmonie », p. 849).

des octaves n'a rien d'anecdotique : elle affecte la notion de représentation qui, chez Rameau, permet de valider dans la théorie les résultats de la résonance.

Le grand intérêt du texte d'Estève tient en effet à ce qu'il met en évidence un écart, entre le phénomène acoustique et la configuration musicale – celle-ci, même dans le cas de l'accord parfait majeur, n'est pas vraiment donnée par la résonance du corps sonore :

> Il ne fallait pas descendre ces sons harmoniques à leurs octaves en dessous, et conclure qu'on était toujours dans le principe de la nature. C'était en sortir que de dire : l'accord de tierce majeure et de quinte peut être pris pour celui de la douzième et de la dix-septième [1].

Sortir du principe de la nature signifie simplement que la génération de l'accord majeur requiert une opération, qui sélectionne un certain nombre de sons harmoniques (exclusion de la septième) et qui les conforme à l'expression musicale en vigueur (réduction dans une même octave). C'est la perception, et une perception éduquée en contexte ramiste, qui réalise cette opération : il n'y a génération que pour une oreille savante. Mais le plus important réside en ce que cette interprétation n'exclut pas une exposition résonantielle de la théorie harmonique – on dira que la nature, si elle ne réalise pas l'opération requise, la vise cependant, en ce sens qu'elle en indique la possibilité : dans le cas présent, c'est Estève qui écrit que « ces nouveaux accords ne peuvent représenter les harmoniques. Ils sont de fausses images de ce que la nature n'avait fait qu'*indiquer* [2] ».

Dans ce passage, Estève mentionne surtout deux notions très importantes, dont l'articulation ne nous semble pas toujours bien comprise : la *représentation*, qui, depuis le *Traité de l'harmonie*, possède un sens relativement stable, et l'*indication*, qui devrait être portée au compte de la nature. La relation de représentation désigne la subordination d'un élément musical (une note, un accord ou tout l'accompagnement), reçu comme produit, par rapport à une structure fondamentale (la résonance du corps sonore, à partir de 1726) qui peut n'être pas actuellement donnée. Prise en son sens propre, cette représentation établit un rapport de stricte correspondance qui doit être univoque – c'est d'ailleurs la raison pour laquelle Estève refuse de considérer que l'explication ramiste de l'accord majeur *représente* vraiment le phénomène physique : elle laisse subsister un écart entre les

1. *Nouvelle découverte*, p. 25.

2. *Ibid.*, p. 25-26. Souligné par nous. La notion d'indication est introduite par Rameau à propos de l'accord mineur, dans la *Démonstration du principe de l'harmonie* – voir plus bas.

harmoniques effectivement émis et leur expression dans l'étendue d'une octave. Rameau développe en fait une conception moins étroite, puisqu'il reconnaît une relation de représentation entre deux éléments lorsqu'ils entretiennent un rapport réglé susceptible, par ailleurs, de plusieurs expressions (ce qu'il appelle des changements d'ordre) :

> (...) ce son fondamental qui ne peut changer d'ordre avec un autre son qu'en y empruntant le secours de ses octaves, n'y paraît-il pas représenté comme s'il était toujours le même ? Qu'on ne s'y trompe pas, la différence consiste dans le changement d'ordre, et nullement dans l'octave, qui tient ici lieu de son générateur[1].

Sans revenir sur la définition de l'identité des octaves, on retiendra simplement deux points : d'une part, ce principe constitue le type de la relation représentative ; d'autre part, dans la version forte qu'en propose Rameau, il est au fondement de la théorie du renversement des accords, selon laquelle l'ordre empirique des notes ne modifie pas la structure harmonique de l'accord, caractéristique du ton. La représentation manifeste donc l'élément essentiel d'une configuration harmonique, puisqu'elle impose de distinguer entre la structure de cette configuration et son ordre factuel et contingent. Il faut alors se persuader qu'en contexte ramiste, la perception musicale elle-même est foncièrement une représentation, puisqu'elle s'organise selon une structure dont la disposition actuelle des notes n'est que le tenant-lieu. La seconde partie de ce livre sera consacrée aux implications de cette thèse capitale.

La définition de la relation représentative donne un contenu plus consistant à la notion d'*indication*, dans laquelle Estève n'identifie qu'une faiblesse de l'exposé ramiste. En effet, lorsque l'oreille reconnaît dans l'intervalle ou l'accord renversés des représentations, c'est-à-dire les produits d'une structure essentielle qu'elle n'entend pas actuellement, elle procède à une inférence spontanée qui, tout à la fois, dénonce le caractère dérivé de la représentation et lui confère la seule consistance dont ce produit reste susceptible, puisque cette opération renvoie implicitement l'accord à sa véritable raison – l'auditeur s'applique donc au « produit », dans le système ramiste, comme il s'applique au signe, dans la *Logique* de Port-Royal : « (...) quand on ne regarde un certain objet que comme en représentant un autre, l'idée qu'on en a est une idée de signe et ce premier objet s'appelle signe[2] ». En ce qui concerne l'accord majeur, il est bien clair, pour Rameau, que l'inférence reste implicite – ce n'est pas seulement

1. *Extrait d'une réponse à M. Euler sur l'identité des octaves*, p. 36.
2. *La Logique ou l'art de penser*, part. I, chap. IV, Paris, Gallimard, 1992, p. 46.

que l'auditeur ne l'aperçoit pas, mais surtout qu'elle n'a pas à être signalée dans l'exposé théorique : en effet, dans le cas typique de la transposition du fondamental à l'octave, la représentation consiste simplement en une modification factuelle qui n'affecte pas les rapports internes de l'objet. Si l'on met de côté les problèmes (historiques) soulevés par l'exclusion de l'harmonique de septième, l'explication de l'accord majeur répond apparemment aux critères de cette forme de représentation. Des cas plus complexes surviennent cependant, dans lesquels l'écart entre la cause et le produit, qui caractérise la relation représentative, résiste à une réduction aussi simple. C'est Rameau lui-même qui va porter la génération de l'accord mineur au compte d'une inférence spontanée – dans ces circonstances, la cause ne comporte plus qu'une *indication* à partir de laquelle il revient à l'auditeur de se représenter le produit, selon une relation désormais explicite de signe à interprétation.

« Celui qu'elle se contente d'indiquer »

En plus de l'expérience qui manifeste la résonance de l'accord parfait majeur, Rameau allègue un second phénomène, mis en doute dès le XVIIIe siècle, qui permet d'expliquer la génération du mode mineur. D'Alembert, dans la première édition des *Eléments de Musique*, produit le meilleur compte-rendu de cette expérience :

> (...) si on accorde avec le même corps sonore deux autres corps dont l'un fait à la douzième au-dessous du corps sonore, et l'autre à sa dix-septième majeure au-dessous, ces deux derniers corps frémiront dès qu'on fera résonner le premier, mais ils ne frémiront point dans leur totalité ; en frémissant ils se diviseront par une espèce d'ondulation, l'un en trois, l'autre en cinq parties égales ; en sorte qu'il y aura pendant le frémissement des points qui resteront en repos[1].

Ces dernières précisions suffisent en fait à rejeter la seconde expérience alléguée par Rameau, puisqu'elles indiquent que les cordes supposées fournir les intervalles descendants de douzième et de dix-septième ne résonnent pas pour elles-mêmes, mais se divisent pour rendre l'unisson du son principal émis par le corps sonore. Pourtant, cette description adéquate du phénomène ne constituera pas une objection insurmontable : Rameau, dans la *Démonstration du principe de l'harmonie*, puis d'Alembert, dans la première édition des *Eléments de Musique*, s'efforceront de l'intégrer

1. *Eléments de musique*, première édition, 1752, chap. I, § 23, p. 14

dans une version résonantielle complète de la théorie musicale. Quoi qu'il en soit, il est utile de partir du phénomène acoustique que cette expérience doit manifester, pour exposer le raisonnement qui permet, selon Rameau, de mettre en évidence la génération naturelle de l'accord parfait mineur à partir de la résonance du corps sonore. Cette orientation possède d'ailleurs une justification historique.

En effet, il n'est pas difficile de montrer que l'enchaînement des arguments employés par Rameau n'évolue guère sur ce sujet – en tous cas, pas sur les points habituellement signalés. L'auteur de la *Génération harmonique* n'ignore pas que chaque corde inférieure vibre en se partageant ; mais il considère qu'en outre, les nœuds connaissent eux-mêmes de petites vibrations et que, par suite, il existe réellement un mouvement de la corde sur toute sa longueur :

> Pour s'assurer que la corde grave frémit dans sa totalité, pendant qu'elle se divise en trois, lorsque l'aiguë est raclée, il faut y effleurer les points fixes avec l'ongle, et on la sentira frémir en ces endroits, où pour lors ce frémissement est imperceptible à l'œil[1].

A la suite des critiques vigoureuses formulées par les scientifiques, Rameau déclare au contraire, dans la *Démonstration du principe de l'harmonie*, que les seules parties aliquotes de la corde grave vibrent dans l'expérience ; néanmoins, la théorie musicale peut prendre cette corde physique pour un monocorde traditionnel, à l'aune duquel les calculs de proportions permettent de définir les intervalles recherchés – on peut alors imaginer qu'il résonne selon toute sa longueur :

> Au reste, pour former un accord parfait où le genre mineur ait lieu, il faut supposer que les multiples résonnent, et qu'ils résonnent dans leur totalité, au lieu, qu'en suivant l'expérience que j'ai rapportée, ils ne font que frémir, et se divisent, en frémissant, dans les parties qui constituent l'unisson du corps sonore qui les met en mouvement[2].

Après 1737, la génération du mode mineur ne fait donc pas, chez Rameau, l'objet de « démonstrations » différentes, mais elle s'appuie sur un même raisonnement qui postule toujours la vibration (effective, puis posée par hypothèse) des cordes graves. Du reste, certains textes critiques témoignent bien de la permanence de cet argument, dans les écrits tardifs de Rameau comme dans la première version des *Eléments de Musique* de

1. *Génération harmonique*, Troisième Expérience, p. 9.
2. *Démonstration du principe de l'harmonie*, p. 64-65.

d'Alembert. Citons à cet égard l'observation très pertinente que Serre formule en 1763 :

> Il est vrai que dans les ouvrages postérieurs à la *Génération harmonique*, M. Rameau paraît avoir reconnu le peu de réalité de ce frémissement de la totalité, et M. d'Alembert y a expressément renoncé dans ses *Eléments de Musique*. Cependant ces deux auteurs n'ont pas laissé de retenir la conséquence[1], après avoir reconnu la nullité du seul fait dont elle pouvait être déduite[2].

Sur ce point précis, nous ne partageons donc pas la thèse d'une profonde évolution de Rameau, exprimée par certains commentateurs[3]. S'il convient enfin de distinguer au moins deux versions de l'explication résonantielle du mode mineur (celle de Rameau et celle de d'Alembert), il n'est pas pertinent d'alléguer à cette fin une modification profonde du compte-rendu expérimental. Il serait plus juste de dire, pour faire vite, que l'affirmation constante relative au phénomène de la vibration partielle des cordes graves ne lui confère pas le même statut dans les différents textes du compositeur.

Résonance et proportion : la contribution de d'Alembert

Une fois admise la résonance des cordes inférieures, l'application du principe de l'identité des octaves permet de réduire les intervalles descendants de dix-septième et de douzième majeures, jusque dans l'étendue de l'octave dont le son fondamental fixe la borne supérieure[4] ; on obtient alors, respectivement, un intervalle descendant de tierce majeure *ut-la* bémol, et un intervalle descendant de quinte *ut-fa*. Toutefois, une lecture un peu

1. Cette conséquence est que le frémissement des cordes graves donne effectivement la dix-septième et la douzième en-dessous du fondamental.

2. *Observations sur les principes de l'harmonie*, § 3, p. 3.

3. Ainsi X. Bouvier : « (...) la corde la plus longue se divise bien en ventres et en nœuds pour rendre l'unisson de la plus petite, mais elle ne vibre pas sur toute sa longueur. Dès la *Démonstration du principe de l'harmonie* de 1750, Rameau renonce, du reste, à affirmer ce fait » (« Rousseau et la théorie ramiste », art. cité, p. 1679).

4. Plus encore que dans le cas de la résonance des harmoniques supérieurs, l'utilisation du principe de l'identité des octaves paraît ici contestable, puisque l'existence des harmoniques inférieurs n'est pas fermement établie – reprenons le texte d'Estève : « Après avoir admis ces nouveaux harmoniques, M. Rameau les rapproche du fondamental en les élevant à leurs octaves. Il en prend les représentations, les fausses images, tout de même qu'il a été démontré à propos des harmoniques entendus au-dessus du fondamental, et que l'auteur avait descendu à ses octaves. Et puisqu'il a été conclu que descendre les vrais harmoniques à leurs octaves, c'était sortir du principe de la nature, combien vraie est cette conséquence lorsqu'on y élève de faux harmoniques » (*Nouvelle découverte du principe de l'harmonie*, p. 29).

attentive des textes manifeste que Rameau et d'Alembert ne tirent pas du tout les mêmes résultats de cette expérience. Dans la *Génération harmonique* puis dans l'exposé plus ramassé de la *Démonstration du principe de l'harmonie*, l'expression numérique dont la vibration des cordes plus graves que la fondamentale est susceptible fournit une proportion arithmétique, à partir de laquelle il est possible de construire le mode mineur : « La proportion arithmétique réduite à ses moindres degrés, et subordonnée à l'harmonique, donne le mode mineur [1] ». Si les textes de Rameau, comme nous le verrons, proposent bien de rapporter directement le mode mineur à la résonance du corps sonore (au moins à partir de 1750), ils n'ont pas pour fonction, en ces circonstances, d'expliquer *l'origine rationnelle* de l'accord mineur. Celle-ci ne se découvre, selon le théoricien, que dans l'expression proportionnelle mobilisée à l'occasion de la résonance. Il entre, dans la démarche de Rameau, un principe de symétrie qui peut être à la fois considéré comme prescrit par la nature et comme un guide indispensable dans les cas où la nature n'a pas tout formulé : ce schème découvre alors des symétries cachées, dont le domaine d'application est en fin de compte beaucoup plus vaste – à la proportion harmonique, au-dessus du fondamental, on fait ainsi correspondre une proportion arithmétique qui, en-dessous, donne le mode mineur. Une tentative plus directe pour tirer cette ressource de la résonance existe pourtant, mais chez d'Alembert et conformément au projet de fonder la théorie harmonique sans recourir aux proportions numériques. Il paraît d'ailleurs raisonnable de suivre en détail le texte de la première édition des *Eléments de musique*, parce qu'il exhibe les difficultés soulevées par la notion de génération.

La réduction des intervalles fournis par l'hypothétique vibration des cordes graves livre donc les résultats suivants : « (...) la dix-septième majeure au-dessous d'*ut*, sera la double octave de *la* bémol en descendant. De même la quinte au-dessous d'*ut* étant *fa*, la douzième au-dessous d'*ut* sera l'octave de *fa* en descendant [2] ». On observe ensuite que l'intervalle *fa-la* bémol est une tierce mineure, et qu'on aboutit ainsi à un accord parfait mineur *fa-la* bémol-*ut*, qui comporte une tierce mineure au-dessus du fondamental *fa* :

> De là, et de cette facilité naturelle que nous avons de confondre les sons avec leurs octaves, nous pouvons former ce chant indiqué par la nature *fa*, *la* bémol, *ut* dans lequel la tierce *fa la* bémol en partant

1. *Génération harmonique*, chap. XII, p. 132.
2. *Eléments de musique*, 1752, chap. II, § 29, p. 20.

> du premier son *fa*, est mineure ; et voilà l'origine du genre ou mode appelé mineur[1].

Il faut bien comprendre que le son *ut* ne conserve pas la même fonction tout au long de ce raisonnement : dans un premier temps, il constitue le fondamental auquel se rapportent les intervalles descendants de dix-septième et de douzième majeures prétendûment fournis par l'expérience, qui se trouvent ensuite réduits, pour les besoins de la cause, dans l'étendue d'une octave. Une fois le mode mineur établi, en revanche, le son *ut* devient la dominante de l'accord parfait mineur. Le problème réside en ce que la correspondance établie chez Rameau entre l'acoustique et la théorie musicale, comme en témoigne l'étude du mode majeur, reposait jusqu'alors sur la coïncidence du centre harmonique d'un accord et du son principal rendu par le corps sonore – c'est le sens de la notion ramiste de génération. Or d'Alembert prend soin de préciser que, dans le cas présent, le son principal donné dans l'expérience n'est pas le fondamental de l'accord mineur dont on s'efforce d'établir la génération[2]. En effet, si l'on maintient que le son principal *ut* remplit pleinement sa fonction de générateur dans le cas de l'accord parfait mineur, une fois les intervalles acoustiques réduits à l'octave, on se soumet à une double contrainte : d'un point de vue musical, il faut exprimer l'état fondamental de cet accord sous la forme *ut-mi* bémol-*sol*, où *ut* est le centre harmonique de l'accord ; d'un point de vue acoustique, corrélativement, on doit déduire de cette expression la prédiction selon laquelle le son fondamental *ut* fait résonner sa tierce mineure *mi* bémol. Mais la première expérience convoquée par Rameau, dans la mesure même où elle manifeste la résonance de l'accord parfait majeur, infirme une pareille prédiction : « A la vérité le son principal ne pourra l'être dans le nouveau mode, puisque *ut* ne fait résonner que la tierce majeure *mi*, et non la mineure *mi* bémol[3] ». Ce n'est pas seulement que l'expérience ne donne pas l'accord mineur mais, bien davantage, qu'elle ne pourrait le produire qu'en invalidant les acquis fondamentaux tirés de la résonance de la série harmonique supérieure ; par suite, les combinaisons internes à la théorie musicale qui rapportent la constitution du mode mineur au phénomène de résonance n'expriment pas un processus physique de génération, dans le sens où c'était le cas pour le mode majeur.

D'Alembert enregistrera finalement cette séparation entre le registre expérimental et le registre musical, afin de proposer une nouvelle explication du mode mineur dans laquelle les combinaisons d'intervalles

1. *Ibid.*, § 30, p. 20.
2. Sur la théorie du double générateur chez d'Alembert, *cf.* Christensen, *op. cit.*, p. 275.
3. *Eléments de musique*, chap. IX, § 80, p. 55.

n'auront plus aucune portée acoustique – elles ne se rapporteront au phénomène de résonance que pour servir la cohérence formelle de l'exposé théorique. Il sera alors possible d'exprimer le mode mineur sous la forme *ut-mi* bémol-*sol*, qui est incompatible avec l'expérience acoustique, mais qui entretient avec celle-ci une analogie apparente susceptible de servir une simple *classification* des ressources harmoniques. Dans ce nouveau contexte, nous nous « imaginons [1] » qu'un nouveau son (*mi* bémol) partage la quinte *ut-sol* rendue par la résonance, afin d'obtenir l'accord mineur recherché. Sa naturalité ne repose plus sur la résonance, mais sur le fait que « l'oreille s'en accommode à peu près aussi bien [2] » que de l'accord parfait majeur. La seconde explication de d'Alembert sanctionne donc une réflexion sur le statut épistémologique de la théorie harmonique de Rameau :

> [elle est] un système beaucoup mieux fondé, plus clair, plus simple, mieux lié, et plus étendu qu'aucun de ceux qui avaient précédé ; mérite d'autant plus grand, qu'il est le seul auquel on puisse prétendre dans cette matière, où il ne paraît pas possible de s'élever jusqu'à la démonstration [3].

L'explication du mode mineur proposée en 1762 porte manifestement la marque de cette distinction – elle ne se fonde plus directement sur la résonance du corps sonore qui, par suite, ne saurait constituer, comme nous l'avons vu, un authentique principe. Les analogies formelles que d'Alembert utilise ne servent qu'à classer les faits, « à peu près comme les méthodes de botanique, bonnes ou mauvaises, servent à ranger les plantes dans la mémoire [4] ». La grande cohérence épistémologique de l'exposé final de d'Alembert sur le mode mineur ne doit cependant pas masquer le parcours historique dont il est le résultat et l'intérêt philosophique de la tentative ramiste, que le mathématicien avait d'abord suivie.

Résonance et perception : la notion d'indication

Qu'en est-il maintenant des textes publiés après la *Génération harmonique*, dans lesquels Rameau s'efforce de rapporter effectivement l'accord mineur aux expériences acoustiques, sans utiliser les spéculations arithmétiques ? Même si cette entreprise ne permet pas d'expliquer l'origine

1. *Eléments de musique*, 2e éd., chap. II, § 29, p. 22.
2. *Ibid.*, p. 23.
3. *Encyclopédie*, art. « Gamme », t. VI, p. 465a.
4. D'Alembert, *Réflexions sur la théorie de la musique*, in *Œuvres et correspondances inédites de d'Alembert*, éditées par Charles Henry, Paris, Perrin, 1887, p. 140.

rationnelle[1] de la configuration soumise à l'examen, elle présente le très grand intérêt d'introduire une notion essentielle – l'indication – dans le système ramiste, qui acquiert alors un intérêt proprement philosophique. En outre, c'est dans ce contexte que d'Alembert estime malgré tout que les combinaisons ramistes possèdent un fondement « naturel ». En effet, la génération harmonique ne repose pas seulement sur un phénomène mécanique, mais aussi sur une organisation finale : dans la vibration partielle des cordes inférieures, la nature suggère à l'oreille l'accord parfait mineur. Le mode mineur se trouve désormais référé à l'expérience acoustique, non point comme une configuration harmonique qui serait directement produite par le phénomène physique, mais en ce que cette configuration résulte d'une variation raisonnable opérée à partir du son fondamental. On va considérer que le son grave, qui fait résonner l'accord parfait majeur, détermine corrélativement le caractère propre de l'accord parfait mineur, bien qu'il n'en soit point le générateur :

> (...) au défaut de cette place [celle du fondamental], il occupera celle qui est ici en quelque manière la principale, en ce qu'elle constitue le nouveau genre, et en fait la différence d'avec le majeur[2].

L'accord parfait mineur se distingue du majeur en ce que le centre harmonique donne immédiatement la tierce mineure au lieu de la majeure; afin de rapporter cette différence au fondement expérimental de la théorie harmonique, Rameau et, à sa suite, d'Alembert proposent de prendre le son principal émis par le corps sonore (*ut*) pour l'élément qui définit cette tierce mineure, en association avec un nouveau son fondamental (le *la* en dessous). Dans cette perspective, le son principal émis par la vibration d'un corps sonore, s'il ne conserve pas sa fonction de générateur, devient néanmoins le pivot de l'accord parfait mineur. Ainsi Rameau considère-t-il que le son fondamental de l'accord parfait mineur demeure subordonné au son principal donné dans l'expérience de résonance, puisque c'est de celui-ci que l'accord mineur reçoit sa configuration propre :

> (...) ainsi ce nouveau *son* fondamental, qu'on peut regarder, pour lors, comme générateur de son mode, ne l'est plus que par subordination ; il est forcé d'y suivre, en tout point, la loi du premier

1. Celle-ci, dans *tous* les ouvrages du musicien, est donnée par les proportions. Christensen souligne à bon droit que l'usage des proportions, dans les écrits théoriques de Rameau, est encore tributaire de la tradition monocordiste; mais il estime que, « dès que [Rameau] découvrit une façon de dériver les accords et les dissonances de l'acoustique, il n'hésita pas à abandonner l'appareil canoniste » (*op. cit.*, p. 102) – cette thèse ne nous paraît pas rendre compte de l'usage ramiste des données acoustiques.

2. *Eléments de musique*, 1752, chap. IX, § 80, p. 55.

générateur, qui lui cède seulement sa place dans cette seconde création, pour y occuper celle qui est la plus importante [1].

Il n'est pas absurde de songer ici à la distinction introduite beaucoup plus tard (et pour d'autres raisons) par Riemann entre le *son fondamental*, qui ne génère que des harmoniques supérieurs, et le *son prédominant*, qui est caractérisé par sa fonction proprement musicale, et peut très bien consister en l'un de ces harmoniques [2].

Mais tout l'intérêt des textes de Rameau tient à l'effort du musicien pour garantir l'homogénéité de l'acoustique et de son interprétation harmonique. L'ensemble de cette construction repose en effet sur un finalisme au regard duquel le résultat visé par la nature n'est pas moins déterminant, dans la production de la configuration musicale, que l'application de la cause mécanique, à laquelle il peut d'ailleurs être substitué dans le cours du raisonnement : « (...) le produit, ou censé tel, est la seule cause de l'effet [3] ». C'est bien ce qui se passe ici : étant admis que le corps sonore doit permettre d'expliquer la production de l'accord mineur (en vertu du principe implicite de symétrie), et puisque celui-ci ne peut être identifié dans les émissions harmoniques attestées – alors, on procède régressivement à partir de l'effet musical recherché, afin d'identifier dans la cause l'*indice* de la différence propre qui caractérise le mode mineur. C'est ce que signifient les déclarations un peu obscures de Rameau qui, dans la *Démonstration du principe de l'harmonie*, admet bien que le son principal « ne peut plus être [la cause] d'une tierce mineure directe qu'on lui suppose », mais ajoute aussitôt que « ce sera donc nécessairement de cette tierce mineure même, que naîtra la différence de l'effet entre elle et la majeure [4] ». La démarche adoptée par d'Alembert dans la première édition des *Eléments de Musique* reste ainsi, quant au contenu des propositions, conforme à l'exposé ramiste. Néanmoins, il est frappant de constater que l'encyclopédiste s'efforce d'éviter les formulations assez confuses de Rameau qui, dans le cas particulier du mode mineur, ne distingue pas vraiment entre la fonction discriminante (par rapport à l'accord parfait majeur) du son principal émis par la vibration du corps sonore, et une qualité de générateur que cette fonction téléologique ne recouvre pas. Tout ce développement gagne cependant en cohérence du fait que le son *mi* qui, dans l'accord majeur, formait une tierce majeure avec le son principal *ut*, retrouve une situation harmonique très importante par rapport au nouveau

1. *Démonstration du principe de l'harmonie*, p. 71-72.
2. Voir sur ce sujet J. Chailley, *Expliquer l'harmonie ?*, p. 62.
3. *Démonstration*, p. 70.
4. *Ibid.*

son fondamental *la* que l'on vient d'établir – il devient la quinte de l'accord parfait mineur *la-ut-mi :*

> (...) le son *ut* deviendra donc la tierce mineure du son fondamental, lequel sera par conséquent *la*. De plus la tierce majeure *mi* du son *ut* deviendra la quinte du son fondamental et c'est la quinte, comme nous l'avons vu, qui donne la loi dans l'harmonie, et dans la mélodie; ainsi le principe *ut* a toute la part qu'il peut avoir à la formation du nouveau genre[1].

Mais une fois encore, d'Alembert nuance les formulations de Rameau – l'auteur de la *Démonstration du principe de l'harmonie* laisse en effet entendre que l'indication du mode mineur dans la résonance ne dépend pas d'une interprétation suggestive opérée selon les règles de la théorie musicale, mais d'une véritable intention exprimée par la nature.

Comment cette intention se réalise-t-elle? Autrement dit, comment l'indication fournie par la résonance donne-t-elle lieu, chez l'auditeur, à une représentation effective de l'accord mineur? Si nous tenons à parler ici de « représentation », c'est que l'organisation conceptuelle du propos ramiste reste assez analogue à la structure mise en place à propos de l'identité des octaves; simplement, l'écart entre les données empiriques et la configuration musicale se fait désormais plus manifeste – en somme, l'indication exhibée par les adversaires de Rameau dans la génération de l'accord majeur restait implicite dans les descriptions proposées par le musicien, tandis qu'elle passe au premier plan dans l'exposé de la génération de l'accord mineur. L'indication, c'est-à-dire, tout à la fois, l'écart et ce qui permet de le surmonter, devient explicite. Concrètement, Rameau ne fait qu'attribuer au son harmonique *mi* rendu par le son principal *ut* un générateur différent, qui est choisi en raison du rôle prédominant de l'intervalle de quinte dans l'harmonie tonale. Cependant, le musicien décrit en d'autres termes cette opération : il déclare en effet que c'est le son principal qui, par le truchement de la tierce majeure, « [se] choisit lui-même un son fondamental, qui lui devient subordonné, et comme propre, et auquel il distribue tout ce dont il a besoin pour paraître comme générateur[2] ». Le point important réside en ce que Rameau identifie dans les dispositions spontanées de la perception musicale les conditions sous lesquelles cette opération peut s'effectuer. L'écoute réalise spontanément une indication dont elle intériorise le code : « Aussi l'oreille indique-t-elle clairement les opérations

1. *Eléments de musique*, 1752, § 80, p. 55-56.

2. *Démonstration*, p. 71.

du principe générateur *ut* dans cette circonstance[1] ». Il est d'ailleurs possible, à partir des textes ramistes, de pénétrer les détails de ce montage qui accorde la théorie et le témoignage certifiant de l'écoute.

Dans le cas présent, le caractère naturel de l'interprétation des données acoustiques se reconnaîtrait à ce que les accords parfaits, dont le majeur est directement produit pas la résonance du corps sonore, possèdent en commun deux sons donnés dans l'expérience : « On voit de plus combien il y a de liaison entre le genre mineur *la-ut-mi*, et le genre majeur *ut-mi-sol*, puisque ces genres ont deux sons en commun *ut, mi*[2] ». Si elle n'était présentée que dans ces termes, cette observation n'emporterait pas vraiment la conviction, puisque l'identité des sons *ut* et *mi* semble alors simplement numérique, et ne concerne pas les intervalles qu'ils bornent – ce qui n'est guère conforme à l'esprit général de la théorie ramiste, qui définit les sons par la fonction qu'ils occupent au sein d'une certaine configuration harmonique, et non par les notes isolées qui les désignent. Encore moins pourrait-on arguer de la coïncidence factuelle de certains sons, pour affirmer qu'elle manifeste un processus physique de production concomitant pour les deux accords parfaits. C'est pourquoi d'Alembert ajoute, à la suite de Rameau, que cette observation manifeste une identité de structure : « La même chose s'observe dans les adjoints de ces deux modes, c'est-à-dire (...) dans les modes de leurs quintes en montant, et en descendant[3] ». Encore faut-il que l'auditeur se représente cette structure, conformément aux affirmations de Rameau selon lesquelles l'indication se réalise en un principe effectif dans et par l'écoute musicale. L'auteur de la *Génération harmonique* prend alors soin de préciser que l'oreille a intériorisé la résonance naturelle des corps sonores, qui fournit le mode majeur, de telle sorte qu'elle aperçoit très facilement l'analogie que l'organisation harmonique du mode mineur présente avec la structure primordiale donnée dans la résonance :

> Le grand nombre de sons harmoniques communs entre ces deux modes (...), remplace tellement le défaut de communauté entre leurs sons fondamentaux, que si l'oreille ne préfère point ce dernier rapport à celui de la quinte harmonique [au-dessus du fondamental], du moins en est-elle presqu'également affectée[4].

Les textes que nous avons cités appellent plusieurs conclusions. Tout d'abord, ils attestent que Rameau, lorsqu'il met en rapport les phénomènes

1. *Ibid.*, p. 70-71.
2. *Eléments de musique*, 1752, § 81, p. 56.
3. *Ibid.* ; voir aussi *Démonstration*, p. 72.
4. *Génération harmonique*, chap. XIII, p. 142.

acoustiques et les configurations harmoniques sans passer par le moyen terme des proportions, s'efforce toujours d'expliquer le sentiment qui ratifie les constructions théoriques – il ne s'agit jamais de fonder les accords parfaits sur les seules données expérimentales, comme d'Alembert essaie de le faire mais, bien plutôt, de justifier le témoignage de l'oreille. Notons ensuite que la résonance du corps sonore, dans cette perspective, n'intervient pas seulement lorsqu'elle impressionne actuellement l'organe (c'est-à-dire lorsqu'elle se réalise physiquement); elle fournit aussi une structure qui s'incorpore à la perception musicale, de telle façon que l'auditeur peut très bien reconnaître les relations qu'elle prescrit (le rôle de la quinte divisée en tierces majeure et mineure) en l'absence même d'un substrat acoustique. L'étude de la dissonance confirmera ce point. Il faut enfin prendre au sérieux le fait que, sous ces conditions, il revient à l'auditeur de réaliser certaines indications enveloppées dans la résonance – du reste, cette opération ne trahit nullement, aux yeux de Rameau, l'irruption d'un nouveau registre dans la théorie de la génération : du phénomène acoustique à l'écoute spontanée, une même nature est à l'œuvre. Nous interrogerons cette construction dans la seconde partie de ce livre; pour l'instant, il convient simplement de la dégager et d'en distinguer les différents aspects. Une brève revue des attaques dirigées contre la version ramiste de l'explication du mode mineur atteste, dès à présent, que la notion d'indication constitue bien l'horizon du débat.

Les critiques adressées à Rameau

L'article « Harmonie » du *Dictionnaire de Musique* de Rousseau brosse un tableau assez complet des critiques adressées à l'utilisation de la seconde expérience de résonance, alléguée par Rameau pour expliquer la génération naturelle du mode mineur[1]. Le Genevois entreprend de montrer : 1) que l'expérience est fausse; 2) qu'elle ne permettrait pas, si elle livrait les résultats escomptés par Rameau, de fonder les principes de l'harmonie musicale.

1) L'explication du mode mineur tombe évidemment sous le coup de la première critique, qui consiste d'abord à souligner que le corps sonore ne fait pas résonner les harmoniques inférieurs susceptibles, selon Rameau, de former avec le fondamental les intervalles descendants de dix-septième et de douzième :

> Il est reconnu que les cordes accordées au-dessous du son fondamental ne frémissent point en entier à ce son fondamental,

1. *Dictionnaire de musique*, art. « Harmonie », p. 848.

> mais qu'elles se divisent pour en rendre seulement l'unisson, lequel conséquemment n'a point d'harmoniques en dessous [1].

Une version simplifiée des travaux de Sauveur inspire directement cette réfutation. On sait en effet que la petite partie d'une corde vibrante, distinguée de la corde entière par un obstacle léger, détermine le reste du corps sonore à vibrer en se divisant; de plus, l'étude de la résonance manifeste dans l'expérience la pertinence de l'unification, engagée par Descartes, de la notion de consonance : ce que Sauveur établit d'abord pour un corps sonore isolé, vaut aussi dans le cas où une corde vibrante communique à une autre, plus grave, ses vibrations – par conséquent, une corde grave (accordée à la dix-septième ou à la douzième en-dessous du son fondamental, dans le cas présent) ne répond aux vibrations de la corde aiguë, qui fournit ce son fondamental, que dans la mesure où elle se divise. Aussi la résonance d'un corps sonore ne saurait-elle fournir les harmoniques inférieurs du son principal rendu par ce corps [2].

Il est frappant de constater qu'une variante ramiste de la génération du mode mineur peut intégrer cette interprétation adéquate de l'expérience – d'une part, la vibration des cordes inférieures accordées à la dix-septième et à la douzième en-dessous du fondamental porte témoignage du caractère naturel de l'accord parfait mineur; mais d'autre part, le fait que ces vibrations correspondent en réalité à la division de ces cordes graves montre que

1. *Ibid.*

2. On évitera bien entendu de confondre les harmoniques inférieurs, que l'expérience ne met jamais en évidence, et les sons résultants qui se font entendre en dessous de deux sons primaires assez forts et contenus, le plus souvent, dans l'étendue d'une octave. Ils sont mentionnés dès 1744 par Sorge, dans l'*Anweisung zur Stimmung der Orgelwerke und des Klaviers*, puis par Romieu, en 1753. Mais il revient à Tartini, dans son *Trattato di musica* (Padoue, 1754), d'utiliser l'expérience du *terzo suono* pour montrer que l'harmonie est fondée en nature – les sons résultants qu'il parvient à identifier reproduisent presque toujours l'octave du fondamental. A l'article « Système » du *Dictionnaire de musique*, Rousseau prétend opposer le système de Tartini (qu'il a sérieusement étudié) aux hypothèses de Rameau; il faut cependant assigner une place très marginale à cette présentation : les postulats du théoricien italien (priorité de l'harmonie sur la mélodie; origine mathématique – et fantasque – des ressources musicales) sont largement incompatibles avec les principes de la pensée musicale de Rousseau et il semble clair que le Genevois ne mentionne cette tentative que dans une perspective polémique. C'est sur des fondements bien différents, empruntés à l'anthropologie et non à la physique ou aux mathématiques, que Rousseau entreprend de reconstruire l'ensemble de la musique spéculative (*cf.* notre étude « De l'*Encyclopédie* au *Dictionnaire de musique*. La matière de l'expression musicale », art. cité). Sur la place de Tartini dans le débat musical en France, *cf.* la notice déjà signalée de B. Boccadoro.

l'accord mineur n'est que suggéré, et non véritablement produit, par la résonance du corps sonore :

> (...) si d'un côté [la nature] indique la possibilité de ce tout harmonieux, par la proportion qui se forme d'elle-même entre le corps sonore et ses multiples considérés dans leur totalité, de l'autre elle prouve que ce n'est pas là sa première intention, puisqu'elle force ces multiples à se diviser, de manière que leur résonance, dans cette disposition actuelle, ne peut rendre que des unissons [1].

Et d'Alembert précise que cette argumentation s'applique bien au frémissement des cordes graves mentionné par Rameau :

> (...) comme les sons *fa*, *la* bémol, ou plutôt leurs octaves, ne font que frémir quand *ut* résonne, et ne résonnent pas avec lui comme les octaves de *mi* et de *sol* ; il s'ensuit de là que le mode ou genre mineur est donné par la nature moins immédiatement et moins directement que le mode majeur [2].

De surcroît, la thèse d'une génération naturelle du mode mineur peut tirer argument de ce que la division des cordes inférieures s'opère de telle façon qu'elles rendent l'unisson du son principal fourni par le corps sonore – le phénomène de résonance indiquerait alors le rôle capital du son *ut* qui, dans l'interprétation que nous avons exposée, fournit la tierce mineure caractéristique du second accord parfait :

> La nature ne fait que nous *indiquer* le mode mineur par le frémissement des cordes *fa* et *la* bémol, ou plutôt de leurs octaves : mais par la manière dont ces cordes frémissent, elle nous ramène, autant qu'il est possible, au son *ut*, comme nous l'avons déjà observé ; de sorte qu'elle nous force, pour ainsi dire, à donner à *ut* dans le nouveau mode, la place de tierce mineure, qui est la principale de toutes celles qu'il y peut occuper [3].

Selon cette hypothèse, nous prenons le *la* en dessous du son rendu par la corde entière pour fondamental d'un accord dans lequel il forme, avec *ut*, la tierce mineure recherchée. Il est certain que cet argument demeure empreint des ambiguïtés que nous avons déjà signalées : le caractère de principe conféré à la tierce mineure *la-ut* n'apparaît que rétrospectivement, pour constituer l'originalité de l'accord parfait mineur, et ne désigne nullement un fondement physique posé avant l'opération classificatoire – contre la synonymie en

1. Rameau, *Démonstration*, p. 65.
2. *Eléments de musique*, 1752, chap. II, § 31, p. 20-21.
3. *Ibid.*, chap. IX, § 83, p. 58 ; voir également la *Démonstration* de Rameau, p. 21 et p. 67.

vigueur à l'époque du *Traité de l'Harmonie*, le son principal émis par le corps sonore serait *principe* dans l'ordre théorique, sans pour autant être *premier* dans l'ordre de la génération. Néanmoins, on peut admettre que la solution ramiste, explicitée par d'Alembert dans la première édition des *Eléments de Musique*, tire un bon parti de la première objection adressée à l'expérience de résonance des cordes inférieures. Au fond, l'interprétation du signe acoustique répond ici à ce qui, précisément, le constitue comme signe ou comme indication : l'écart qui exige l'intelligence d'une représentation. Cette inférence, toutefois, est-elle rigoureusement prescrite par les éléments dont dispose l'auditeur ?

Le problème réside alors en ceci que, si la résonance du corps sonore détermine les cordes inférieures à se diviser et à rendre l'unisson du son principal, il demeure que ce phénomène n'est point particulier aux cordes qui forment les intervalles descendants de dix-septième et de douzième – par suite, on peut soupçonner que Rameau les retient arbitrairement, sous prétexte qu'elles suggèrent l'accord mineur qu'il veut établir :

> (...) il est reconnu de plus que la propriété qu'ont les cordes de se diviser n'est point particulière à celles qui sont accordées à la douzième et à la dix-septième en dessous du son principal, mais qu'elle est commune à tous ses multiples ; d'où il suit que les intervalles de douzième et dix-septième en dessous n'étant pas uniques en leur manière, on n'en peut rien conclure en faveur de l'accord parfait mineur qu'ils représentent[1].

Dans ces lignes, Rousseau choisit d'examiner une version forte du lien revendiqué par Rameau entre la théorie musicale et le phénomène physique : il s'agit de savoir si l'expérience *ne* nous indique *que* celles des configurations harmoniques qui possèdent une fonction déterminée en musique, de sorte qu'elle apporterait une confirmation nette à la théorie. Il est vrai que Rameau ne se soucie guère de donner ce sens technique au fondement qu'il prétend recevoir de l'expérience de physique : il lui suffit, au fond, de trouver dans les phénomènes la matière des opérations qu'il conduit par ailleurs selon des critères proprement musicaux. Cependant, si l'on prend au sérieux les prétentions affichées dans la *Génération harmonique*, on doit considérer que les manipulations qui permettent d'obtenir l'accord parfait mineur reposent sur le primat accordé aux intervalles descendants de dix-septième et de douzième, précisément en ce qu'il serait attesté dans les phénomènes. De ce point de vue, la seconde expérience de résonance, puisqu'elle ne fournit pas ces intervalles à

1. Rousseau, *Dictionnaire de musique*, art. « Harmonie », p. 848.

l'exclusion de tous les autres, n'apporte pas de confirmation univoque au développement théorique : de ce que la vibration de certaines cordes donne l'accord mineur, il est impossible de conclure que la résonance du corps sonore désigne spécialement cette configuration harmonique, puisque d'autres cordes inférieures vibrent et se divisent de la même façon. En somme, le sens que nous pouvons déchiffrer dans les données expérimentales ne paraît nullement stabilisé [1].

2) Au terme d'un examen un peu attentif de cette première critique, qui met en doute les résultats expérimentaux convoqués pour établir le mode mineur, on peut encore estimer que la réfutation de la théorie musicale ramiste, dans son rapport avec la résonance du corps sonore, demeure imparfaite : certes, il est établi que les configurations sonores sur lesquelles statue la théorie ne peuvent se déduire purement et simplement du phénomène physique ; mais d'Alembert le sait bien, lorsqu'il reprend les développements de Rameau dans la première édition des *Eléments de Musique*. Et Rousseau ne se contente pas d'une description adéquate de l'expérience physique pour réfuter l'exposition relative au mode mineur : « Quand on supposerait la vérité de cette expérience, cela ne lèverait pas, à beaucoup près, les difficultés [2] ».

C'est qu'au fond, la faute du musicien dans ces pages consiste à faire passer pour un raisonnement scientifique une argumentation proprement esthétique qui, une fois dissipée cette prétention illégitime, conserve une validité propre : il s'agit de montrer que l'accord mineur, au titre de ressource harmonique, est virtuellement présent dans l'expérience – en d'autres termes, il faut établir que cette configuration musicale trouve dans le phénomène de résonance une matière adéquate à sa réalisation. Dans cette perspective, l'astucieuse interprétation de Rameau (puis de d'Alembert) sur la résonance partielle des cordes inférieures conserve un intérêt certain, bien qu'elle ne possède aucune justification physique, car elle montre que l'émission sonore patente indique et, pour ainsi dire, appelle la réalisation de l'accord parfait mineur – à défaut d'être donné dans les modifications de la matière, celui-ci serait une configuration visée par la nature, même si, comme l'a montré Rousseau, il en est d'autres possibles d'un point de vue matériel. Dans ce cas, la production véritable de l'accord parfait mineur

1. Le même problème se pose à la doctrine cartésienne de l'institution de la nature : « (…) la transmission d'une impulsion, parce qu'elle suffit à provoquer une sensation, ne nécessite pas plus la permanence d'un sens que d'une similitude » (J.-L. Marion, *Sur la théologie blanche de Descartes*, Paris, PUF, 1981, p. 254).

2. Rousseau, *Dictionnaire de musique*, art. « Harmonie », p. 848.

relève bien de l'expression artistique; mais cette expression réalise ou encore perfectionne ce que la nature avait engagé :

> Cette différence, du propre ouvrage de la nature à celui qu'elle se contente d'indiquer, est bien marquée, en ce qu'il y a résonance du *genre majeur* dans le corps sonore d'*ut*, au lieu qu'il n'y a qu'un simple frémissement par effet de sa puissance sur des corps étrangers capables de donner le *genre mineur* [1].

Rameau témoigne ici d'une certaine prudence, dans la mesure où il évite de compter de telles indications de la nature au nombre des données acoustiques. Néanmoins, il considère sans aucun doute que l'art garantit la continuité de ces différents niveaux : « (...) la nature n'offre rien d'inutile, et nous voyons le plus souvent qu'elle se contente de donner à l'art de simples indications, qui le mettent sur les voies [2] ». L'important, dans cette question du mode mineur, n'est plus tellement de savoir si la résonance du corps sonore le donne effectivement – l'argumentation du musicien conserve une partie de sa pertinence, du moment que l'on déchiffre, dans les vibrations partielles des cordes graves, des indications à partir desquelles l'auditeur peut spontanément se représenter l'accord parfait mineur. Car l'exposé théorique doit expliciter l'inférence spontanée en quoi consiste la perception musicale – la seconde critique formulée dans le *Dictionnaire de musique* intervient précisément pour invalider ce décodage purement spéculatif de la perception, en montrant que l'expérience physique ne fournit pas les éléments à partir desquels l'auditeur pourrait dégager l'accord mineur [3]. Rousseau feint de concéder que la résonance du corps

1. *Démonstration*, p. 63.
2. *Ibid.*, p. 66.
3. La solution de Rameau est, sans conscience d'elle-même, bien proche du contexte cartésien, parce qu'elle se fonde sur une théorie du signe, qui articule les déterminations matérielles et la représentation d'une qualité : « (...) la production et la transmission du sens supposent qu'un signe se constitue; ce signe n'apparaît que lorsque l'arbitraire joint à la matérialité d'un signal l'intelligence d'une représentation; mais justement, cette conjonction ne fait qu'un avec l'arbitraire » (Marion, *Sur la théologie blanche de Descartes*, p. 256). Dans la version résonantielle de la théorie harmonique, l'écart n'intervient plus simplement entre les modifications mécaniques et le sentiment qu'elles suscitent selon l'institution de la nature : l'absence d'une équivalence pure et simple entre ces deux registres, qui donne lieu à la théorie du code, est comme réfléchie sur le phénomène lui-même, car l'impression physique appelle, selon Rameau, un sentiment auquel elle ne correspond plus exactement. L'institution de la nature, qui doit assumer le codage des mouvements dans une pensée, est en outre susceptible d'une interprétation téléologique qui, dans le cas du sentiment de l'harmonie, passe au premier plan : l'impression physique est codée dans des accords qui, selon les lois connues des phénomènes sonores, ne lui correspondent pas rigoureusement. Reste à savoir si ce décalage (explicite dans le cas de l'accord mineur) n'interdit pas, comme

sonore donne toute l'harmonie, fût-ce indirectement : on ne peut alors admettre dans le système des accords que les intervalles musicaux produits par des sons qui résonnent effectivement. Or l'expérience relative aux cordes inférieures ne fournit aucun son caractéristique (les cordes accordées à la dix-septième et à la douzième en-dessous du fondamental ne résonnent pas pour elles-mêmes) : il est donc impossible d'en tirer une conclusion sur l'accord parfait mineur, qui serait relative à une opération effectuée par l'auditeur. Une définition extrêmement restrictive du son musical, adéquate aux données acoustiques concernées par le phénomène de résonance utilisé dans la *Génération harmonique*, permet ainsi de déclarer nulle et non avenue une expérience qui donnerait un accord virtuel, au lieu de produire une émission perceptible :

> Si, comme le prétend M. Rameau, toute l'harmonie est dérivée de la résonance du corps sonore, il n'en dérive donc point des seules vibrations du corps sonore qui ne résonnent pas. En effet, c'est une étrange théorie de tirer de ce qui ne résonne pas les principes de l'*harmonie ;* et c'est une étrange physique de faire vibrer et non résonner le corps sonore, comme si le son lui-même était autre chose que l'air ébranlé par ces vibrations [1].

Rameau prétend tirer de la résonance du corps sonore, non seulement des résultats actuels (l'accord parfait majeur), mais aussi l'indication de configurations musicales absentes des données expérimentales, selon une méthode incompatible avec les définitions élémentaires du son et de la résonance qu'impose la théorie physique. Le finalisme dont nous avons relevé les traces ne constitue pas, selon l'examen conduit dans le *Dictionnaire de Musique*, une possibilité ouverte par la conception expérimentale que revendique Rameau.

Cette position rousseauiste, qui subordonne l'admission des thèses ramistes à l'effectivité d'une correspondance terme à terme entre les résultats expérimentaux et les objets de la théorie harmonique, s'exprime très tôt dans l'examen de la notion de représentation que Rameau place au cœur de ses exposés. Lorsque Rousseau refuse de considérer que l'accompagnement représente le corps sonore, il montre surtout que l'accompagnement comporte des éléments (le mode mineur, la dissonance) qui ne peuvent se réduire, dans toutes leurs déterminations, aux phénomènes de

le soupçonne Rousseau, la transmission d'un sens que Rameau suppose prescrit par la résonance. *Cf.*, dans la deuxième partie de ce livre et en conclusion, nos remarques sur le déplacement du problème de l'institution de la nature dans les textes du XVIIIe siècle.

1. *Dictionnaire de musique*, art. « Harmonie », p. 848.

résonance – par exemple, « si l'accompagnement représente le corps sonore, il ne doit rendre que les sons rendus par le corps sonore. Or ces sons ne forment que des accords parfaits. Pourquoi donc hérisser l'accompagnement de dissonances ?[1] ». Si l'on restitue à cette déclaration polémique (Rousseau ne s'aveugle pas sur l'utilité des dissonances) son assise théorique, on parvient à la formulation d'un problème plus général : l'adversaire de Rameau récuse l'extension de la relation représentative au rapport de signe à interprétation caractéristique de la notion d'indication, dans le cas où le seul phénomène physique constitue le terme de départ. Il sera bien possible de trouver chez Rousseau une position moins restrictive, selon laquelle les données acoustiques se soumettent effectivement à une mise en forme prise en charge dès le niveau perceptif – mais cette thèse sanctionnera un profond réaménagement, dont les attendus devront être précisés.

On retiendra dès à présent que, dans les textes qui viennent d'être étudiés, c'est la perception qui, comme dans le cas de l'accord majeur, est pourvue d'une organisation finale, dont Rameau propose une version désormais explicite. Dans le cas de l'accord parfait mineur, il renonce à faire reposer entièrement son argumentation sur l'expérience relative aux cordes inférieures, mais il fait en sorte que l'écoute musicale pose spontanément leur résonance – il s'agit alors d'une sorte d'induction passive de la perception qui, ayant d'abord perçu l'intervalle de quinte effectivement donné au-dessus du son fondamental, se trouve spontanément disposée à en viser un second, constitué au-dessous de ce même son :

> (...) nous pressentons la *quinte* au-dessous comme au-dessus : d'où il suit qu'en entendant *ut*, nous pouvons également pressentir le *fa* dont il est la *quinte :* il y a de chaque côté un son commun, qui est la quinte au-dessus ou au-dessous ; et c'est par de pareils ressorts que l'oreille est guidée d'un son à l'autre[2].

La perception prend en charge des possibilités muettes (dont les proportions décrivent la structure à l'occasion des expériences acoustiques) pour se représenter des ressources musicales effectives.

1. *Examen de deux principes*, p. 361.
2. *Observations sur notre instinct pour la musique*, p. 44-45.

Le versant dynamique de la génération

La génération des deux accords parfaits se rattachait expressément, chez Rameau, au phénomène de la résonance du corps sonore, même si les modalités selon lesquelles l'expérience contribuait à fonder les ressources harmoniques ne se recoupaient apparemment pas – nous avons cependant observé que l'explication de l'accord mineur place au premier plan une relation d'indication implicitement présente dans l'appréhension de l'accord parfait majeur. Il revient en fait à l'étude de la dissonance de dégager le sens précis dont Rameau investit la référence expérimentale, une fois acquise l'introduction des proportions arithmétiques. C'est justement dans la mesure où elle constitue un écart par rapport aux données de la résonance que la dissonance manifeste pour lui-même le sens profond de la génération. La lecture que nous proposons constitue d'ailleurs le développement d'un paradoxe que les contemporains n'ont pas manqué de souligner :

> M. Rameau dit en termes formels, que la dissonance n'est pas naturelle à l'harmonie, et qu'elle n'y peut être employée que par le secours de l'art. Cependant, dans un autre ouvrage, il essaye d'en trouver le principe dans les rapports des nombres et les proportions harmonique et arithmétique[1].

Ainsi Rousseau dénonce-t-il tout à la fois, chez Rameau, une contradiction (entre les différents textes du musicien) et une confusion (entre les données naturelles et leur expression arithmétique). L'examen de la querelle soulevée par l'article « Dissonance » de l'*Encyclopédie*[2] doit donc permettre de distribuer plus clairement les registres théoriques engagés dans le concept de génération harmonique. On notera tout d'abord que le paradoxe relevé par Rousseau renvoie effectivement à deux déclarations de Rameau. En 1726, il concluait bien que la dissonance ne constituait pas une donnée naturelle (au sens de physique) : « (...) l'on n'entend point de *dissonances* dans la résonance d'un corps sonore; cela prouve qu'elles ne sont pas naturelles dans l'harmonie; et par conséquent qu'elles ne peuvent y être introduites que par le secours de l'art[3] ». L'ambition de découvrir à la dissonance un fondement dans la nature serait cependant

1. Art. « Dissonance » de l'*Encyclopédie* (t. IV, 1754, p. 1049b) et du *Dictionnaire de musique*, p. 766.

2. Pour une présentation des enjeux esthétiques de cette querelle, voir Béatrice Didier, « La réflexion sur la dissonance chez les écrivains du XVIIIe siècle : d'Alembert, Diderot, Rousseau », *Revue des sciences humaines*, 76 (1987), p. 13-25.

3. *Nouveau système de musique théorique*, chap. XI, p. 55.

satisfaite dans la *Génération harmonique*, si l'on en croit la réponse que Rameau adresse à Rousseau :

> (...) quoique, cette addition de la dissonance semble n'être due qu'à l'art, les raisons tirées du chapitre en question [*Génération harmonique*, chapitre IX] (...), prouvent assez que la nature y a beaucoup de part, sinon directement, du moins indirectement, par la nécessité où l'on est de l'employer pour faire distinguer, dans le mode, la tonique de sa dominante, et de sa sous-dominante : l'instinct qui nous la suggère n'est-il pas l'ouvrage de la nature ? [1]

Il est clair que les dispositions de la perception musicale confèrent à ses objets un caractère naturel, qui peut ne pas apparaître dans la résonance du corps sonore : leur génération est alors indirecte. Dans cette perspective, l'étude de la dissonance en contexte résonantiel nous place dans une situation assez proche de celle qui caractérisait l'explication du mode mineur – sur cette analogie, d'Alembert, une fois encore, est un bon guide : « La dissonance ajoutée à l'accord de la dominante et de la sous-dominante, quoiqu'*indiquée* en quelque manière par la nature, est cependant un ouvrage de l'art [2] ». L'indication ne consistera cependant plus, avec la dissonance, dans la simple règle d'une transformation efficace : Rameau essaie en effet de la comprendre dans son caractère dynamique.

Le registre de l'origine : les proportions

L'introduction de la dissonance répond à la fois aux conditions définies par la formalisation du système de l'harmonie et à l'ambition de donner un fondement mathématique à l'ensemble de la théorie. Puisqu'il ne saurait être question d'altérer l'harmonie du son fondamental dont il faut précisément matérialiser la fonction tonale, et puisque sa dominante comme sa sous-dominante peuvent également être des notes toniques, ce sont elles qui vont recevoir la dissonance, afin de souligner qu'elles ne commandent pas le mode. C'est l'adjonction d'une nouvelle tierce qui permet de produire les dissonances et (comme le signalera Rousseau), ce complément ne se conforme, chez Rameau, qu'à la règle des transformations arithmétiques : « Le son fondamental qui recevra une nouvelle tierce dans son harmonie, ne le pourra que dans l'ordre de la proportion où il a pris racine [3] ». Plutôt que d'imaginer que l'auteur abandonne ici une méthode expérimentale qu'il aurait suivie dans la génération des modes

1. *Erreurs sur la musique dans l'Encyclopédie*, Paris, p. 103-104.
2. *Eléments de musique*, 1752, chap. XIV, § 112, p. 72 ; souligné par nous.
3. *Génération harmonique*, chap. IX, p. 110.

majeur et mineur, on peut identifier, dans cette déclaration, l'aveu d'un procédé qui commandait déjà les textes plus manifestement résonantiels, et dont la production des dissonances exhibe les ressorts.

En vertu de quel principe les proportions permettent-elles d'ajouter un nouvel intervalle à l'harmonie des notes fondamentales qui ne fixent pas le mode ? Il faut comprendre que ces proportions constituent une structure indépendante de sa (prétendue) manifestation dans la résonance, et qui peut être utilisée pour elle-même une fois qu'on l'a découverte. Dans le cas présent, la proportion harmonique exprime la constitution de la série harmonique supérieure qui, à la quinte, donne la dominante – cette organisation implique, selon Rameau, que le nouvel intervalle (qui constitue la dissonance) se situe au-dessus de la dominante et (ce qui ne va pas de soi) qu'il s'agisse d'une tierce mineure. On ajoute ce même intervalle à la sous-dominante qui, selon l'ordre inverse prescrit par la proportion arithmétique, reçoit cette tierce mineure en dessous. Ainsi, lorsque *sol* est la « note principale » (celle qui fixe la tonalité), on obtient, pour la dominante, un accord de septième *ré-fa-la-ut* et, pour la sous-dominante, l'accord de grande sixte *la-ut-mi-sol*. L'intervalle *la-ut* fournit lui même une septième, que Rameau reçoit pour principe de toutes les dissonances. Dès ce niveau, l'explication ramiste est entachée d'une facticité patente, puisque les proportions qui définissent ces nouveaux intervalles ne s'accordent pas avec celles qui caractérisaient les accords auxquels on les ajoute – Rousseau ne manque pas de le signaler :

> Ces Tierces ainsi ajoutées ne sont point, il est vrai, de proportion avec les rapports précédents : les rapports mêmes qu'elles devraient avoir se trouvent altérés ; mais qu'importe, M. Rameau fait tout valoir pour le mieux ; la proportion lui sert pour introduire la *Dissonance*, et le défaut de proportion pour la faire sentir [1].

L'argument *ad hoc* de Rameau consiste en effet à soutenir que les deux sons supplémentaires, « *la* et *ut*, forment de chaque côté la Tierce mineure ajoutée, dont le rapport est même altéré, pour mieux y faire sentir la Dissonance [2] ». L'essentiel est de retenir que l'adjonction des tierces mineures ne repose pas sur une simple amplification, par laquelle on se contenterait de prolonger la génération naturelle au-delà de ses résultats effectifs, en appliquant une loi de production attestée dans l'expérience aux intervalles que celle-ci ne fournit pas actuellement. Il s'agit bien plutôt d'utiliser hors de son contexte l'expression arithmétique à laquelle la

1. Art. « Dissonance » : *Encyclopédie*, p. 1049b ; *Dictionnaire*, p. 767.
2. *Génération harmonique*, chap. IX, p. 111-112.

résonance du corps sonore paraissait donner lieu, pour s'en servir comme d'une donnée indépendante, qui serait toujours disponible pour une nouvelle application. Ainsi peut-on expliquer l'origine rationnelle de la dissonance. Le principe de symétrie, déjà appliqué dans le cas du mode mineur, fonctionne ici de manière autonome, sans s'appuyer sur une sorte de « vibration sans résonance » : il fournit alors l'instrument d'une synthèse susceptible de nous rendre intelligible une propriété (la dissonance harmonique) qui, en elle-même, ne peut revendiquer l'évidence de l'expérience[1].

Rameau procède donc à une sorte de substantialisation des relations numériques des longueurs de cordes. Reprenons ici une déclaration essentielle, qui commande l'ensemble des textes théoriques :

> Nous ne nous sommes point conduits en conséquence de cette proportion, nous avons feint de l'ignorer, et nous avons attendu que la nature même des corps sonores nous la rendît, pour être convaincus par nous-même qu'*elle est effectivement l'unique arbitre de l'harmonie*[2].

La résonance introduit la proportion harmonique, et ce n'est qu'une fois celle-ci restituée que la théorie musicale peut se développer. Au contraire, Rousseau s'efforce de mettre en évidence, dans l'assignation de rapports déterminés aux intervalles musicaux, une irréductible facticité qui, au fond, tient au choix d'une dimension particulière : l'adjonction proposée par Rameau repose sur la convention par laquelle, « dans l'ordre des sons harmoniques la proportion arithmétique lui donne, par les longueurs des cordes, une Tierce mineure au grave (*remarquez qu'elle la donne à l'aigu par le calcul des vibrations*)[3] ». Cette critique nominaliste de l'expression arithmétique dépasse bien entendu le cas de la dissonance pour toucher l'ensemble des transformations que Rameau impose aux données expérimentales. Comme écart, la dissonance exhibe simplement le procédé. Toutefois, dans le cas qui nous occupe, il n'est guère vraisemblable que le compositeur n'ait pas aperçu ces difficultés, et il faut suivre son texte un

1. De telles combinaisons suscitent les critiques des contemporains, qui dénoncent les arguments *ad hoc* mobilisés dans la *Génération harmonique* et dans les écrits ultérieurs (voir plus bas). Il y a peut-être une autre façon de comprendre ces procédures : la théorie ramiste de l'harmonie, que l'on caractérise d'une manière classique par l'unité de sa loi productive, doit être comprise, plus profondément, dans la diversité des opérations qu'elle légalise. Il revient précisément à d'Alembert d'interroger cette ambition.

2. *Ibid.*, chap. I, Conclusions, p. 29.

3. *Dictionnaire de musique*, art. « Dissonance », p. 766. Souligné par nous.

peu plus longtemps pour apercevoir le fond de sa réponse, comme ses véritables faiblesses.

On soulignera auparavant que l'explication de la dissonance harmonique s'est effectuée, jusqu'à présent, sans référence directe au phénomène de la résonance du corps sonore : il n'est donc guère étonnant que les commentateurs n'aperçoivent dans ces développements qu'une démarche monocordiste qui, malgré l'originalité des résultats, s'appuierait encore sur une méthode très traditionnelle. La critique nominaliste développée par Rousseau ne peut d'ailleurs que confirmer cette impression. Nous devons toutefois prendre acte du fait que Rameau précise lui-même, dans la *Génération harmonique*, que la résonance ne donne pas la dissonance; mais il désigne en même temps le point de vue sous lequel elle répond cependant à l'exigence de naturalité revendiquée plus tard dans les *Erreurs sur la musique :*

> (...) les Sons fondamentaux ne (...) donnent point [la dissonance], ils ne la reçoivent que par surabondance; de sorte que ne pouvant être sous-entendue, il faut nécessairement que la liaison l'annonce, c'est le seul moyen de la faire agréer à l'oreille[1].

C'est précisément à propos de l'inscription des dissonances dans la liaison que Rameau en appelle à la nature.

Le registre musical : résonance et temporalité

L'exposé du chapitre IX de la *Génération harmonique* s'attache plus précisément au cas de la sous-dominante qui, lorsqu'elle reçoit une tierce mineure en dessous, donne l'accord *la-ut-mi-sol*, pour le mode de *sol* qu'il faut déterminer. Cet accord peut se renverser en *ut-mi-sol-la*[2], « où pour lors la Sous-dominante *ut* conservera toujours son droit de fondamentale, en y recevant la Sixte majeure pour directe, mais cependant comme Dissonance[3] ». C'est là l'origine du « double emploi », dont Rameau introduit le principe dans les termes suivants :

> (...) nous croyions n'ajouter qu'une Dissonance à la Sous-dominante, nous lui faisons, en même temps, présent d'un nouveau Son fondamental, auquel elle peut prêter toute son Harmonie, en le soutenant par ce moyen[4].

1. *Génération harmonique*, chap. X, art. I, p. 120.
2. Accord de grande sixte.
3. *Ibid.*, chap. IX, p. 113.
4. *Ibid.*, p. 115.

Ce n'est pas ici le lieu d'insister sur les ressorts de cette technique assez délicate[1] ; l'important est plutôt de retenir que, dans le cours de l'exposé, la référence à la nature n'apparaît qu'au moment où il s'agit de manifester le rôle musical de la dissonance dans la modulation. Autrement dit, tant que la dissonance harmonique ne faisait l'objet que d'une étude statique, destinée à montrer comment elle permet de reconnaître, par contraste, l'harmonie de la note tonique (le « son principal », dans le texte ramiste), l'exposé reposait sur les seuls calculs de proportion : mais dans ce premier temps, le texte n'en appelait pas à la nature. En revanche, à présent qu'il s'agit d'expliquer le rôle musical de la dissonance à travers l'exemple du double emploi, Rameau prend soin de marquer que sa théorie met en évidence « les ressorts de la nature[2] ».

« C'est ici où les ressorts de la nature se déploient avec le plus de dextérité[3] ». La variété introduite par la dissonance dans l'harmonie va enfin donner lieu à une référence à la nature qui, désormais, désigne tout à la fois l'ordre empiriquement disposé par la résonance et les capacités de l'auditeur. L'accord de la sous-dominante renversé présente la même organisation harmonique que l'accord de dominante, de telle sorte que les relations internes à ces deux configurations présentent une équivalence fonctionnelle. Par suite, la progression descendante habituellement prescrite, de la dominante au son principal[4], s'applique désormais à l'accord de sous-dominante, quand il est pourvu d'une dissonance. C'est à ce point que l'argument de Rameau est le plus intéressant – en effet, comment l'impression suscitée par la sous-dominante peut-elle s'effacer, pour laisser la dissonance qu'elle supporte remplir la fonction d'une dominante et permettre le double emploi ?

> (...) comme l'ordre des sons harmoniques est plus conséquent à l'ordre naturel au-dessus de cette Dissonance, qu'au-dessus de la sous-dominante, bientôt *[l'oreille] oublie le passé pour se livrer au présent ;* et ce qu'on lui donne ensuite, soit ce qui devait suivre

1. D'un point de vue pratique, « on ne saurait user avec trop de réserve du *Double-emploi*, et les plus grands Maîtres sont les plus sobres à s'en servir » (Rousseau, *Dictionnaire de musique*, art. « Double-emploi », p. 788). D'un point de vue théorique, toute la difficulté vient de ce que Rameau considère l'accord de grande sixte comme un accord fondamental, et non comme le renversement de l'accord de septième (voir Riemann, *Geschichte der Musiktheorie*, p. 495).

2. *Génération harmonique*, chap. IX, p. 116.

3. *Ibid.*

4. Christensen signale opportunément que, si Rameau n'invente pas la théorie les cadences, il est le premier à placer la résolution de la septième de dominante au cœur du dispositif cadentiel. *Op. cit.*, p. 115.

> naturellement la sous-dominante, soit ce qui doit suivre la dissonance prise pour dominante, lui devient également agréable[1].

Ce texte capital présente un double intérêt pour la compréhension du système de Rameau. D'un point de vue musical, il montre comment l'explication statique de l'origine rationnelle de la dissonance trouve son aboutissement dans une théorie dynamique de la cadence : « Les repos, les cadences sont d'ailleurs des moyens propres à faire oublier le passé, pour ne plus s'occuper que du présent[2] ». L'explication des cadences permet en effet de comprendre que le repos de l'oreille est toujours prescrit par la structure de l'harmonie – d'où il résulte, en particulier, que ce repos peut n'être que sous-entendu, comme la structure même qui oriente l'écoute musicale : « (...) il faut au moins (...) sous-entendre un *repos*, à la faveur duquel, oubliant ce qui le précède, on peut aisément se livrer à ce qui le suit[3] ». Il n'est pas utile de revenir sur cette question, envisagée dans notre premier chapitre.

D'un point de vue plus proprement philosophique, le texte de la *Génération harmonique* permet de mieux apprécier les protestations de Rameau, qui affirme que la naturalité de la dissonance désigne d'abord « l'instinct » de l'auditeur. L'ordre naturel de l'harmonie, à l'aune duquel l'auditeur peut recevoir la dissonance au titre de nouvelle dominante – cet ordre ne vaut pas en ce qu'il impressionne actuellement l'oreille, mais pour ce qu'il se conforme implicitement à la structure des phénomènes sonores (la résonance), qui constitue au préalable notre instinct pour la musique. Autrement dit, cet ordre sert plutôt de schème à la perception musicale, qui accepte spontanément d'y conformer la progression de l'harmonie – toutefois, cette transformation se soumet, sous un double point de vue, à la condition expresse d'une organisation temporelle de l'écoute musicale. D'une part, l'habitude de la résonance doit constituer notre instinct pour la musique – nous reviendrons en détail sur cette thèse, mais il faut signaler qu'elle atteste l'influence de Dortous de Mairan sur Rameau :

> (...) le sentiment que nous (...) recevons [de la résonance] ayant été répété des millions de fois depuis notre naissance, il s'en est formé en nous une habitude qui peut porter à juste titre le nom de sentiment naturel de l'harmonie[4].

1. *Génération harmonique*, chap. IX, p. 117. Souligné par nous.
2. *Ibid.*, chap. VII, p. 79.
3. *Démonstration du principe de l'harmonie*, p. 50.
4. « Discours sur la propagation du son », § 27, p. 15.

D'autre part, pour que la dissonance acquière un caractère naturel, on doit concevoir l'écoute musicale dans la dynamique de ses opérations, qui permet d'oublier une première impression [1].

Les textes de Rameau consacrés à la résonance des accords parfaits s'incrivaient apparemment dans le contexte d'une écoute instantanée, qui ne s'appliquait qu'aux relations synchroniques des accords. Toutefois, nous verrons que, selon Rameau, l'appréhension de la résonance requiert également cette capacité de l'auditeur à se détourner de l'impression présente. Ainsi la dissonance exhibe-t-elle les conditions générales de la génération harmonique, davantage qu'elle ne met en évidence la perversion d'une méthode (expérimentale) suivie dans les autres textes. Cette conclusion, établie négativement pour ce qui concerne l'usage des proportions numériques, prend maintenant un tour beaucoup plus positif : elle concerne en effet la définition de la nature qui, chez Rameau, enveloppe les phénomènes sonores comme les déterminations de la perception musicale – à tel point que, dans le cas de la dissonance, l'ordre naturel ne fournit plus que l'occasion d'une organisation musicale visée par l'auditeur. Simplement, la part de plus en plus importante accordée aux conditions d'une écoute savante exprime le caractère dérivé des structures étudiées. Dans le cas de l'accord parfait majeur, ce sont les lecteurs de Rameau qui trouvent dans l'écoute musicale une activité de mise en forme des données acoustiques; toutefois, comme les résultats expérimentaux et la configuration visée sont très proches, l'opération qui les identifie reste implicite. Elle devient explicite dans le cas de l'accord mineur, car elle répond alors à une « indication » de la nature; mais elle demeure statique, puisque les sons plus graves que le fondamental sont spontanément sous-entendus dans la résonance du corps sonore. Le cas plus complexe de la dissonance demande enfin que l'oreille humaine procède à une transformation qui est, non seulement explicite (la dissonance harmonique n'est pas donnée dans la

1. On songe bien entendu à l'émancipation de la dissonance, telle qu'elle sera conçue au XXe siècle. Rameau met en place certaines données de ce vaste problème lorsqu'il s'efforce d'assigner à la dissonance un fondement naturel, qui réside justement dans les capacités de l'oreille. Dans le contexte d'un réaménagement de la théorie harmonique, Schœnberg entreprend ainsi d'inscrire la dissonance dans l'entourage naturel du son, que le développement des capacités perceptives devrait permettre d'apercevoir : « (...) les expressions de consonance et de dissonance qui tendent à signifier un antagonisme se révèlent (...) fausses. Tout dépend seulement de la faculté croissante de l'oreille analytique de se familiariser avec la perception des sons harmoniques lointains et d'élargir ainsi, dans sa potentialité artistique, le concept de consonance afin qu'y trouve place un jour la totalité du phénomène sonore donné par la nature » (*Traité d'harmonie*, p. 39). Mais il est évident que, du point de vue de l'exposé interne de la théorie, Rameau établit une polarité ferme entre les consonances et les dissonances qui, de plus, ne sont pas données dans la résonance.

résonance), mais encore dynamique (cet objet n'est même pas sous-entendu et doit s'inscrire sous l'horizon d'une restitution de l'harmonie naturelle [1]). La fondation naturelle de la dissonance s'opère donc dans le passage du statique au dynamique, de telle façon que les conditions d'une perception musicale concrète prennent en charge l'ensemble du processus de la génération.

Des régimes théoriques au problème de la perception

La naturalité partielle que Rameau revendique, pour la dissonance, ne qualifie donc plus l'objet même qu'il entreprend d'expliquer, mais l'écoute musicale qui en arrête comme par instinct les propriétés. L'appréhension dynamique des liaisons harmoniques supportées par les dissonances s'effectue en effet avec une spontanéité qui paraît répondre à une suggestion de la nature. L'interprétation que nous proposons ici ne doit cependant pas recouvrir les lourdes spéculations arithmétiques auxquelles se livre l'auteur de la *Génération harmonique*, et qui entrent dans l'élucidation de l'instinct qui nous découvre la dissonance. Les textes ultérieurs sont, à cet égard, parfaitement explicites :

> Si la dissonance était naturelle à l'harmonie, il suffirait d'exposer le fait : et c'est justement parce qu'elle ne l'est pas, quoique l'oreille l'adopte, que pour satisfaire la raison sur ce point, autant qu'il est possible, on ne saurait trop épuiser les rapports, les analogies, les convenances, même les métamorphoses, s'il y en a : sans doute que l'instinct qui nous l'a suggérée, cette dissonance, doit trouver dans son principe, de quoi l'autoriser [2].

Ainsi le long développement du chapitre IX de la *Génération harmonique* aurait-il pour objet de fonder le témoignage de l'oreille, en remontant aux principes de l'harmonie, c'est-à-dire aux proportions que donne la résonance. Cette explication *ad hoc* postule donc une conformité entre les proportions arithmétiques et les catégories musicales dont une écoute ramiste porterait spontanément témoignage – et l'enjeu philosophique des grands débats engagés à propos de la dissonance consiste pour une bonne part dans l'examen de cette correspondance problématique.

1. Le point essentiel, du point de vue de la théorie musicale, tient bien entendu à ce que la dissonance harmonique, si elle appelle une résolution dans la cadence, ne requiert plus absolument d'être préparée (comme c'était le cas chez les théoriciens précédents) – en témoigne, chez Rameau, le traitement exemplaire de la septième de dominante. Chez Schœnberg, enfin, l'émancipation de la dissonance lèvera l'impératif d'une résolution.

2. *Erreurs sur la musique dans l'Encyclopédie*, p. 101.

Quelle portée accordera-t-on, en fin de compte, à la fameuse définition que Rameau propose dans la *Génération harmonique :* « La musique est une science physico-mathématique, le son en est l'objet physique, et les rapports trouvés entre différents sons en sont l'objet mathématique[1] » ? L'absence d'une réduction effective des phénomènes de résonance aux principes mathématiques conduit d'Alembert à n'envisager que la fondation expérimentale de la théorie musicale, qui devra parfois se satisfaire de procédures classificatoires. C'est en ce sens qu'il faut comprendre l'affirmation selon laquelle « la résonance du corps sonore, et les sons multiples qui en dérivent, suffiraient pour fonder tout le système de l'harmonie[2] ». La position définitive d'Euler, à cet égard, est rigoureusement concurrente : même s'il convient de prendre acte des expériences sur la résonance du corps sonore, « il faut convenir que les principes de l'harmonie sont si bien établis par la simplicité des rapports que les sons tiennent entre eux, qu'ils n'ont pas besoin d'un nouveau soutien[3] ». C'est que les procédures de calcul permettent de décrire l'ensemble de la théorie musicale, au lieu que les expériences acoustiques ne donnent jamais que des résultats partiels. Devons-nous cependant nous en tenir au constat d'une relative incompatibilité des termes en fonction desquels Rameau entreprend d'exposer la musique comme une science ?

Le fait est qu'avant les contributions des derniers grands mathématiciens du siècle, rien ne permet d'effectuer une synthèse des aspects physiques et mathématiques des ressources musicales. Néanmoins, un examen plus circonstancié de la tentative ramiste atteste que les différents objets susceptibles d'une exposition résonantielle convoquent, à des degrés divers, une explication fondée sur les capacités de l'auditeur. Il faut encore observer que, selon les cas, les aspects physiques *ou* mathématiques de chaque objet sont privilégiés. Le mode majeur est presque tout entier donné dans la résonance; le mineur sanctionne l'application des proportions arithmétiques au substrat acoustique; la dissonance, enfin, relève entièrement (et pour ce qui concerne l'explication de son origine rationnelle) des relations établies au niveau de la quantité discrète. Même si l'examen scientifique doit conclure à l'absence d'un fondement physico-mathématique rigoureux des ressources harmoniques, la théorie musicale peut, en son régime propre, recourir d'une façon différenciée à l'une ou l'autre des disciplines alléguées par Rameau. L'irréductible multiplicité des principes,

1. *Génération harmonique*, chap. II, p. 30.

2. « Discours préliminaire » à la 2e édition des *Eléments de musique*, p. XII.

3. *Lettres à une Princesse d'Allemagne sur divers sujets de physique et de philosophie*, Lettre XXVI, in *Opera omnia*, série III, t. XI, Orell Füssli Turici, 1960, p. 226.

dans laquelle d'Alembert trouve l'indice du statut épistémologique dérivé de la musique, autorise donc une exposition plus souple de la musique spéculative dont les procédures reflètent le statut esthétique des objets auxquels elle s'applique – Serre prend d'ailleurs acte de cette situation :

> On voit (...) que l'effet du principe de la résonance se fait plus sentir dans la formation du mode majeur, et celui du principe des rapports dans celle du mode mineur : quoique dans l'un et l'autre de ces modes on puisse remarquer l'influence compliquée de ces deux principes [1].

La place de l'acoustique dans la version résonantielle de la théorie harmonique de Rameau s'avère assez complexe au terme de cet exposé. Les expériences empruntées à Sauveur ne servent qu'assez ponctuellement à produire les configurations harmoniques élémentaires ; en revanche, les résultats acquis en physique donnent lieu à une expression proportionnelle qui, appliquée au monocorde et comme hypostasiée, fournit les accords parfaits et l'instrument de la liaison harmonique. On ne saurait pourtant considérer que la résonance du corps sonore est rabattue sur cette seule fonction : dans le cas du mode mineur et de la dissonance, elle sert surtout à justifier le témoignage de l'auditeur en le conformant aux structures décrites par la théorie harmonique. Il s'agit alors de montrer qu'à partir du phénomène acoustique, l'oreille réalise une indication qui lui permet de se représenter immédiatement les objets dont l'exposé discursif, quant à lui, explicite l'institution. Et c'est sous l'horizon de cette actualisation que le phénomène de résonance, qui demeure impur au niveau physique, peut être reçu au titre de principe :

> (...) cet ordre constant, qu'on n'avait reconnu tel qu'en conséquence d'une infinité d'opérations et de combinaisons, précède ici toute combinaison et toute opération humaine, et se présente, dès la première résonance du corps sonore, tel que la nature l'exige [2].

L'interprétation des données acoustiques s'effectuerait donc dans des conditions de complète spontanéité, et les rapports abstraits analysés puis combinés dans la théorie ne feraient qu'expliciter le code selon lequel la nature organise la perception musicale – le texte de la *Démonstration* se poursuit sur une déclaration très nette : « (...) ainsi, ce qui n'était qu'indication devient principe, et l'organe, sans le secours de l'esprit, éprouve ici ce que l'esprit avait découvert sans l'entremise de l'organe [3] ».

1. *Essais sur les principes de l'harmonie*, Troisième Essai, p. 137.
2. *Démonstration du principe de l'harmonie*, p. 61.
3. *Ibid.*, p. 61-62.

C'est du reste en vertu de ce parallélisme rigoureux que d'Alembert, aussi bien, peut biffer les proportions dans son exposé de la théorie harmonique : le montage de la résonance et de l'organe suffirait à l'établissement des ressources de l'art. Cependant, dès le moment qu'un écart supplémentaire peut être mis en évidence, non plus seulement entre la résonance et les configurations harmoniques primitives, mais entre le phénomène et le compte-rendu de l'expérience musicale la moins prévenue – alors, l'application des rapports abstraits utilisés en musique spéculative aux conditions de l'écoute apparaît inévitable : il faut admettre que l'esprit s'engage dans la perception musicale, avant d'en effectuer la reprise théorique.

DEUXIÈME PARTIE

LA PERCEPTION DE L'HARMONIE

L'étude de la version résonantielle de la théorie harmonique, à travers les débats qu'elle soulève au XVIIIe siècle, a mis en évidence chez Rameau le recours aux capacités de l'auditeur, qui se représente les ressources harmoniques à partir des indications acoustiques : il doit réaliser le mode mineur et, surtout, la dissonance à partir de phénomènes qui, en eux-mêmes, ne sont nullement décisifs ; il doit reconnaître la pureté du mode majeur dans la série harmonique supérieure, qui ne produit qu'un accord parfait modifié. Il est cependant essentiel que l'individu n'introduise aucun élément subjectif dans la constitution des objets de l'expérience musicale, sous peine d'affecter d'une relativité trompeuse les descriptions ramistes. En somme, la perception de l'harmonie doit accomplir un dessein explicite de la nature, aussi objectif que les phénomènes positifs enregistrés par Sauveur. Cette exigence se manifeste également dans la thèse bien connue [1] selon laquelle nous ne percevons le son musical, comme tel, qu'au sein d'une structure complexe qui peut n'être pas exprimée – ici encore, l'auditeur remplit la fonction d'un révélateur : on admet qu'un objet sonore isolé reçoit son caractère proprement musical d'un accompagnement qui doit être restitué au moment de l'écoute. Le fait est qu'en apparence Rameau considère que la structure harmonique est simplement manifestée par les dispositions du sujet. Mais les débats que cette conception suscite au XVIIIe siècle suggèrent bien que, dans ces termes, on soulève un problème au lieu de proposer une solution : à quel niveau cette manifestation s'opère-t-elle (il faut en effet savoir s'il s'agit de dispositions intellectuelles, physiologiques ou esthétiques) et quel aspect de l'objet sonore est-elle en charge de réaliser (mathématique, acoustique ou musical) ?

L'enjeu des chapitres qui suivent est de reprendre, dans leur détail, les hypothèses développées pour expliquer comment l'auditeur peut intervenir dans la constitution effective des objets de l'expérience musicale, sans pour autant dégrader le caractère naturel que la théorie résonantielle de la

1. On consultera en particulier la présentation de Marie-Elisabeth Duchez, « Connaissance scientifique et représentations de la musique. Valeur épistémologique de la basse fondamentale », in *Annales du colloque Rameau*, p. 385-391 ; surtout p. 390.

musique doit leur conférer. On se trouve ainsi confronté à une série de problèmes psychologiques et gnoséologiques de première importance : l'intervention certifiante du sujet percevant implique en effet, quoiqu'en dise Rameau, une mise en forme des données acoustiques qu'elles n'appellent en aucune façon. Quel statut convient-il alors de donner aux connaissances ou aux principes selon lesquels le sujet institue des rapports qui, dans l'expérience physique, ne sont pas donnés ? Comment maintenir l'appréhension de la relation harmonique des sons au niveau de l'immanence sensorielle, lorsqu'une activité de l'esprit paraît intervenir ? L'analytique des idées simples prônée par Locke, puis par les empiristes français, dans la mesure où elle n'envisage cette activité que comme une opération de la réflexion, se trouve prise dans l'alternative suivante : soit il faut admettre que le plaisir musical est foncièrement intellectuel, fût-il aussi élémentaire que celui procuré par la perception des consonances naturelles ; soit on doit trouver dans la genèse des sensations la source de la musicalité des impressions sonores – on se trouve alors dans l'obligation de remonter en deçà des idées simples, à partir desquelles se déroulait le *way of ideas* de l'examen gnoséologique. La physiologie de l'oreille intervient précisément pour donner à la perception auditive cette vocation esthétique.

La magistrale synthèse de Rousseau montrera en fin de compte que l'étude physiologique, pas plus que la science des sons, n'accomplit l'intention musicale que la nature désigne sous les phénomènes acoustiques. L'auditeur ne réagit pas comme les corps physiques : il n'éprouve jamais son émotion comme l'effet mécanique de la résonance, mais il la constitue progressivement. La perception de l'harmonie décrit une expérience temporelle – et d'abord, d'une façon fondamentale, parce que les relations synchroniques qui, dans la théorie harmonique, règlent l'accord, ne se donnent que dans une durée. Si l'activité du sujet percevant ne se peut donc résorber, il faudra encore l'identifier en amont des opérations réflexives, pour maintenir la synthèse au niveau d'une perception spontanée.

Chapitre premier

PROBLÈMES PSYCHOLOGIQUES ET GNOSÉOLOGIQUES

La mise en forme des données acoustiques

S'il est bien évident que, dans le domaine de la théorie musicale, les études conduites au XVIIIe siècle ne séparent pas nettement la question de la perception proprement dite et celle de l'agrément qui en résulte, il apparaît cependant que cette distinction s'avère pertinente, au moins pour un objet : c'est l'accord parfait majeur et, plus précisément, sa réalisation au niveau de la série des consonances naturelles qui résonnent avec le son musical. Le débat de Rameau et de ses adversaires, sur ce point, tient en effet à ce que le témoignage de l'oreille ne recoupe pas tout à fait les données de l'expérience acoustique, sous divers points de vue. On identifiera trois problèmes principaux, qui requièrent un examen précis. 1) Même si la résonance affecte physiquement l'organe, il faut bien rendre compte du fait qu'elle n'est pas identiquement aperçue par tous les hommes – on doit donc se prononcer sur le type de déplacement qui, dans la perception, nous la rend sensible. 2) Puisque la perception se dispose à recevoir son objet, on doit se demander si elle modifie corrélativement la stimulation acoustique pour produire la configuration musicale visée dans la résonance. 3) Dans quelle mesure ces questions s'inscrivent-elles sous l'horizon d'une investigation plus proprement musicale, qui permet aux auteurs du XVIIIe siècle de fournir des réponses compatibles avec leurs postulats empiristes ? Ce dernier problème nous fera rejoindre le volet esthétique des textes consacrés à l'appréhension spontanée de la résonance du corps sonore ; mais il exige que soient d'abord abordées les questions relatives à la seule expérience perceptive.

Le déplacement de l'attention

Reprenons d'abord un texte dont nous avons déjà signalé l'intérêt, les « Observations sur le son » que Buffon inclut dans son *Histoire naturelle de l'homme*. Bien que ces pages témoignent d'une connaissance très approximative des problèmes techniques soulevés par la résonance du corps sonore, elles contiennent plusieurs remarques pertinentes sur la perception des données acoustiques. Buffon objecte d'emblée à Rameau que la structure harmonique du son musical, même si elle peut être mise en évidence dans l'expérience acoustique, n'est pas aperçue, dans des conditions normales, par l'oreille humaine :

> Toutes les fois qu'on entend un son, est-il bien vrai qu'on entend trois sons différents? Personne, avant M. Rameau, ne s'en était aperçu : c'est donc un phénomène qui, tout au plus, n'existe dans la nature que pour des oreilles musiciennes[1].

Même si l'élément historique, dans cette critique, est éminemment contestable, on peut considérer que l'objection reste pertinente, dans la mesure où elle atteint la prétention de Rameau à fournir une description universelle de la perception du son musical. De la même façon, Rousseau essaiera de montrer qu'un ignorant qui prend plaisir aux mélodies les plus simples est incapable d'appréhender la basse fondamentale qui, selon le système de Rameau, les organise structurellement : les hommes rustiques « n'ont entendu la basse qu'autant que je la leur soufflais ; encore souvent ne pouvaient-ils la saisir[2] » – nous remettons à plus tard l'examen de ce problème très élaboré, pour rester un moment au plan de la perception élémentaire du son musical. Buffon reproche ainsi à Rameau d'avoir retenu pour fondement de son explication une donnée qui n'est pas générale, un complexe que tous les hommes ne peuvent appréhender dans leur écoute spontanée, même s'ils en sont avertis ; tandis que le phénomène des sons harmoniques devrait être « généralement aperçu de tous les hommes (...), ici on avoue qu'il n'y a qu'un petit nombre de personnes qui soient capables de la reconnaître[3] ». Si l'on se maintient au niveau que Rameau définit, c'est-à-dire au niveau d'une écoute savante, on peut se contenter de répondre à Buffon que l'état normal d'un organe est en réalité caractérisé par le complet développement de la faculté dont il est le siège, et que c'est à l'aune de cet état (ce que Buffon appelle une « oreille musicienne ») qu'il

1. *Histoire Naturelle générale et particulière*, De l'Homme, « Du sens en général », « Observations sur le son », *in Œuvres choisies de Buffon*, p. 310.

2. *Examen de deux principes avancés par M. Rameau*, p. 355.

3. « Observations sur le son », p. 310-311.

faut juger du caractère naturel du son musical, tel que mis en évidence par la science moderne. C'est le point de vue que commente C. Kintzler :

> Le fait que seul un être rationnel soit capable de voir, de comprendre et d'entendre les relations qui composent l'ordre naturel n'est jamais interprété comme un motif de relativisme : on y voit plutôt la preuve que la nature et la raison sont le miroir l'une de l'autre[1].

Nous avons déjà dit que cette interprétation s'applique très bien aux idées de Rameau, mais que l'objection relativiste est formulée, au moins chez Buffon. De plus, cette lecture n'évacue pas vraiment le problème soulevé par l'auteur de l'*Histoire naturelle de l'homme*. En effet, il faut encore comprendre qu'il existe un écart entre l'écoute ordinaire et l'écoute savante, même si celle-ci définit un état normal, et que cet écart affecte toute description de la perception du son musical : Rameau « semble en convenir, lorsqu'il dit que ceux qui sont insensibles au plaisir de la musique n'entendent sans doute que le son fondamental[2] ». Le fait est que la *Démonstration du principe de l'harmonie* accorde qu'il existe « des hommes pour qui la musique ne sera que du bruit, ceux qui ne seront frappés que du son fondamental, ceux pour qui tous les harmoniques seront perdus[3] ». Ces déclarations permettent de lire (avec C. Kintzler) l'ensemble du débat soulevé par les théories ramistes à la lumière d'une opposition entre deux conceptions hétérogènes de la nature : celle de Rameau, pour qui la nature est l'ordre réglé des phénomènes découvert par la science, et celle de Rousseau qui ne considère que le naturel du sentiment, représenté, dans le cas présent, par le témoignage d'une oreille non prévenue. Le problème n'est pas tellement de la pertinence de cette distinction générale que de son application au problème de la perception du son musical : en effet, l'écart qui intervient, entre les données de l'écoute la plus naïvement spontanée et celles fournies par l'écoute savante ou normative, n'est pas simplement le motif d'une opposition extérieure aux conclusions de Rameau – cet écart fait l'objet d'un traitement interne dans la théorie du musicien. C'est ce dont témoigne le *Nouveau système de musique théorique* (1726) qui, bien qu'il constitue le premier ouvrage résonantiel de Rameau, reste aujourd'hui très peu étudié.

A notre connaissance, Rameau n'a jamais douté que l'oreille humaine, quand elle s'est développée au point d'apercevoir toutes les nuances de la qualité qu'elle appréhende, puisse saisir la série harmonique supérieure

1. *Poétique de l'Opéra Français de Corneille à Rousseau*, p. 414.
2. Buffon, « Observations sur le son », p. 310.
3. *Démonstration*, p. 14.

dans l'émission du son musical. En revanche, dans le *Nouveau système de musique théorique*, il envisage le problème concret d'un auditeur naïf, qui n'a pas encore aperçu cette structure complexe dans l'objet sonore ; pour la lui rendre manifeste, il faut d'abord que cet auditeur déplace son attention, depuis le son isolé qu'il est habitué à percevoir dans telle note déterminée que doit rendre l'instrument, jusqu'aux perturbations qui, dans le milieu, constituent en quelque sorte l'entourage de cette note :

> [Les sons harmoniques qui donnent les consonances naturelles] se distinguent encore dans les tymbales, dans le son le plus grave d'une trompette, dans les cloches, etc. pourvu qu'on donne pour lors toute son attention aux ondulations qui forment une espèce de murmure dans l'air, immédiatement après le son dominant de l'instrument propre à cet effet, sans s'occuper pour lors de ce son dominant, ni sans y être distrait par aucun bruit étranger[1].

Ce déplacement d'attention, dans la mesure où il nous éloigne de celles des données acoustiques qui sont les plus manifestes à la sensation, requiert la mise en œuvre d'une autre faculté[2]. Autrement dit, la sensation, parce qu'elle est rigoureusement passive, ne peut faire autrement que de transmettre l'impression des objets (*i.e.* le son fondamental) qui affectent le plus intensément l'organe ; pour qu'elle se dirige vers les sons harmoniques, elle doit céder à de nouvelles instances, qui sont susceptibles de l'orienter, dans l'impression actuelle, vers des éléments moins apparents. D'une façon plus générale, Rameau estime que l'auditeur, surtout s'il est musicien, doit s'abstraire de l'impression actuelle pour apercevoir l'ordre qui organise implicitement son écoute spontanée :

> [le simple praticien] n'est pas assez en garde contre son oreille ; il ne songe pas qu'elle ne peut l'instruire que sur la partie qui lui est sensible dans le moment, au lieu qu'en faisant abstraction de ce sentiment, la raison embrasse le tout, et peut ensuite en faire part à l'oreille dans chacune de ces parties[3].

L'important réside en ce que ce détour doit donner lieu à une nouvelle organisation de l'expérience sensible dont on s'est écarté. Rameau estime

1. *Nouveau système*, chap. I, p. 17.

2. Deux raisons importantes imposeront d'examiner pour elles-mêmes d'autres élaborations du concept d'attention : d'une part, il doit permettre de surmonter l'antinomie de la passivité et de l'activité qui, nous le verrons, commande les débats sur la perception des rapports en musique ; d'autre part, et corrélativement, il est probablement au centre d'une théorie de la réminiscence qui, avec les travaux de J.-A. Serre, apporte un complément décisif à l'analyse de l'expérience musicale.

3. *Génération harmonique*, chap. XIX, p. 224.

ainsi que l'activité qui permet de viser la série harmonique supérieure échoit, non directement à la raison, mais à l'imagination : on peut se disposer à percevoir la structure harmonique du son musical « en imaginant en soi-même la *quinte* ou la *tierce majeure* de ce son dominant, pour disposer l'oreille à sentir ces consonances dans leurs *unissons* ou dans leurs *octaves*, dont l'air retentira[1] ». L'imagination peut de plus développer notre perception de la série harmonique supérieure, lorsque nous appréhendons isolément l'une des consonances que les sons partiels forment avec le son fondamental :

> (...) au reste, si l'on n'y entend d'abord que la quinte ou la tierce majeure, il n'y aura qu'à imaginer ensuite la consonance qu'on n'aura pas entendue, bientôt elle viendra frapper le tympan de l'oreille, et bientôt après ces deux consonances le frapperont également ensemble[2].

L'imagination nous permet ainsi d'anticiper la structure harmonique du son musical : cette faculté oriente notre attention vers des objets sonores jusqu'alors inaperçus, qui accèdent ainsi à une présence manifeste; corrélativement, elle permet à la structure de se réaliser effectivement, pour autant que celle-ci met en forme les données acoustiques. Sous le premier aspect, le rôle d'anticipation rempli par l'imagination nous *prépare* à reconnaître l'existence des sons harmoniques; sous le second point de vue, l'imagination est le lieu où nous percevons que les rapports définis dans la théorie harmonique sont bien les rapports qui règlent les objets accessibles à l'oreille. Rameau ne développe pas pour elle-même cette dernière orientation, dont il reviendra à Euler d'illustrer la fécondité[3].

Dans le *Nouveau système*, l'imagination ne fait que préparer l'appréhension des sons harmoniques qui, elle, doit s'opérer de façon purement passive. Dans un esprit cartésien, Rameau considère que l'intervention de l'imagination, qui facilite la visée consciente d'une certaine configuration musicale, ne suffit pas pour attester l'existence de cette configuration, qui doit être enregistrée « positivement » dans l'expérience sensible. Après avoir ouvert une perspective intéressante sur la mise en forme des données acoustiques / sensorielles, l'auteur du *Nouveau système* veut éviter que le rôle pédagogique de l'imagination n'affecte l'existence de la série harmonique d'un indice de relativité : le risque demeure que la fantaisie, comme instrument d'une visée de l'objet, ne nous délivre que le fantasme

1. *Nouveau système*, chap. I, p. 17.
2. *Ibid.*
3. Voir, dans cette partie, le début de notre dernier chapitre.

d'une structure harmonique. Dans le texte de 1726, c'est à ce point seulement qu'intervient une expérience sur la résonance des corps sonores. On peut aisément vérifier qu'un tuyau d'orgue fait résonner sur l'instrument toutes les consonances naturelles, même lorsque nous ne prêtons attention qu'au son fondamental rendu par cet instrument – contre ceux qui rejettent l'utilisation de l'imagination dans la formation de l'écoute musicale, Rameau répond ainsi :

> (...) les personnes qui voudraient traiter ceci de préjugé, pourront s'apercevoir, en attendant qu'elles soient revenues du leur, qu'une seule touche de l'orgue, par le moyen de laquelle on fait résonner en même temps toutes les consonances, semble néanmoins ne fournir à l'oreille qu'un seul son, qui est toujours le plus grave et le plus dominant[1].

Le passage de l'écoute spontanée à l'écoute savante comporte indéniablement la mise en œuvre d'une activité de l'esprit, savoir, l'imagination, qui nous permet d'envisager l'objet sonore dans son complet développement; mais cette fonction n'intervient que provisoirement, pour nous préparer à éprouver passivement la réalité de ce complexe. Il n'est pas absurde de songer ici à l'une des caractéristiques de la notion d'anticipation de la perception : cette activité de la conscience doit toujours cesser avec la donation de l'objet. Surtout, dans la théorie ramiste, le recours à cette activité demeure provisoire : une fois que l'auditeur a reconnu la série harmonique supérieure dans l'accompagnement du son musical, ses expériences perceptives ultérieures relèvent uniquement du domaine de l'intuition sensible qui, simplement, enregistre les données acoustiques. Le problème de la mise en forme des données sensorielles, quand il est soulevé à propos de la pure présence des sons harmoniques dans la constitution de l'objet perçu, et même s'il donne lieu à de remarquables intuitions dans les textes de Rameau, ne semble pas dépasser le stade des considérations méthodologiques préliminaires. Il ne s'impose vraiment que lorsqu'il s'agit de définir précisément les objets de l'expérience musicale.

La modification des données acoustiques

L'intérêt des objections formulées dans les « Observations sur l'ouïe » tient à ce que Buffon, après avoir mis en question la perception des sons harmoniques pour une oreille naïve, montre qu'en outre la génération des consonances naturelles, telle qu'elle peut être aperçue par une oreille

1. *Nouveau système*, chap. I, p. 18.

savante, ne correspond pas aux données de l'expérimentation acoustique alléguée par Rameau – relisons sous ce point de vue un texte de Buffon que nous avons déjà cité :

> (...) un musicien qui n'aurait jamais entendu parler du système de M. Rameau pourrait bien ne point entendre la douzième et la dix-septième dans les son graves : et quand même on le préviendrait que le son de cette cloche qu'il entend n'est pas un son simple, mais composé de trois sons, il pourrait convenir qu'il entend en effet trois sons ; mais il dirait que ces trois sons sont le fondamental, la tierce et la quinte [1].

L'objection formulée dans ces lignes trouve un écho dans les déclarations de Rameau lui-même ; l'auteur de la *Démonstration du principe de l'harmonie* admet en effet qu'avant de prendre connaissance des expériences sur la résonance du corps sonore, il n'avait jamais identifié, dans le rapport des sons harmoniques avec le fondamental, que les intervalles de tierce et de quinte :

> (...) je passai de là à la considération relative du son fondamental et de ses harmoniques, et je trouvai que c'était sa douzième et sa dix-septième, c'est-à-dire, l'octave de sa quinte et la double octave de sa tierce, au lieu que j'avais éprouvé en moi-même que c'était sa quinte et sa tierce que je lui faisais succéder par préférence à tout autre [2].

Comme dans le cas précédent, il existe un écart entre l'objet physique et l'objet de la perception ; mais quand il s'agissait d'attester simplement l'existence des harmoniques, l'écart se reproduisait entre deux régimes perceptifs (l'écoute spontanée et l'écoute savante), de sorte qu'une éducation de la perception pouvait résorber ce *hiatus*. A présent qu'il faut déterminer avec précision la série harmonique supérieure, c'est au sein d'une écoute savante homogène que le problème se pose : la perception semble bien modifier les données acoustiques, puisqu'elle réduit les intervalles physiques dans l'étendue d'une octave.

L'étude de la génération de l'accord parfait majeur a montré que le principe de l'identité des octaves permet d'établir une équivalence entre les intervalles sonores donnés dans la résonance et cette configuration primitive. Mais il faut encore justifier ce principe, une fois que l'on a pris acte, avec Pierre Estève, de l'absence d'un fondement physique. Lorsqu'il

1. « Observations sur le son », p. 311.
2. *Démonstration du principe de l'harmonie*, p. 15.

doit fournir cette justification[1], Rameau commence par employer un argument téléologique assez contestable – le fait que l'on ait exprimé l'accord majeur sous les intervalles fondamentaux, au lieu de se conformer à ceux que produit naturellement la résonance, atteste en retour la validité de la règle qui certifie leur équivalence :

> [Pour admettre l'identité des octaves] il suffit de se rappeler cette source unique de notre sentiment pour la musique, c'est-à-dire, le phénomène de la résonance du corps sonore, en y remarquant que la douzième et la dix-septième, qui seules s'y distinguent relativement au son du corps total, sont justement aussi les seules consonances dont il semble que l'oreille n'ait tenu nul compte, jusqu'à présent, dans la manière dont elle nous a toujours conduits tant en harmonie qu'en mélodie[2].

Cette présentation est bien entendu prise dans un cercle, puisque l'identité des octaves qui, au préalable, a permis d'établir la parenté de l'accord majeur et des données acoustiques livrées dans l'expérience, est désormais fondée sur cette analogie. A tout le moins parvient-on à une formulation plus convenable du problème, lorsqu'on se demande pour quelles raisons la pratique musicale s'est appuyée sur les intervalles fondamentaux (la quinte et la tierce) et non sur les intervalles plus étendus qui, selon le principe que l'on veut fonder, leur correspondent dans la résonance (la douzième et la dix-septième). Rameau considère qu'il n'y a là rien d'arbitraire, mais qu'il faut concevoir cette « prédilection pour des intervalles moindres que ceux qui nous sont offerts par la nature » comme une intention enveloppée dans la nature elle-même : « (...) c'est à la nature même que nous la devons[3] ». A nouveau, la nature physique (autrement dit, l'ensemble des résultats fournis par l'expérimentation acoustique et les lois qui les organisent) se trouve pourvue d'une organisation finale, que prennent en charge les dispositions perceptives du sujet. Dans la mesure où nous préférons les moindres degrés, nous rapportons spontanément les intervalles rendus par la résonance à ceux qui constituent l'accord parfait – et cette opération s'appuie sur le principe de l'identité des octaves, dont elle manifeste en même temps la réalité. Tel est, au fond, l'argument de

1. A dire le vrai, Rameau ne songe pas, la plupart du temps, à *prouver* le principe de l'identité des octaves, dont il se contente de donner au passage quelques justifications possibles : « Ce fait est commun à tous, et soit paresse, soit faiblesse d'organe, soit le peu d'étendue de la voix, nous sommes tous portés à réduire les intervalles à leurs moindres degrés » (*Démonstration*, p. 17).

2. *Extrait d'une réponse de M. Rameau à M. Euler sur l'identité des octaves*, p. 4-5.

3. *Ibid.*, p. 5-6.

l'*Extrait d'une réponse de M. Rameau à M. Euler sur l'identité des octaves* (1753).

Quelles raisons Rameau peut-il alléguer pour soutenir l'idée que la nature nous porte vers les moindres degrés? En premier lieu, l'oreille semble apprécier plus facilement et, par conséquent, préférer les intervalles fondamentaux, car le rapport des sons qui les constituent est plus lisible : « (...) ces moindres degrés sont les plus simples, et les plus faciles à exprimer par le moins de distance qu'il y a d'un son à l'autre; dont les rapports s'apprécient, en conséquence, le plus promptement par l'oreille [1] ». Notons que cette conception ne s'appuie pas sur la théorie de la coïncidence des coups, mais qu'elle trouve dans la perception de certains rapports l'occasion du plaisir – nous y reviendrons. Cette description de l'agrément de l'organe permet de comprendre pourquoi le musicien exprime plus volontiers l'accord majeur sous les intervalles les plus simples, bornés dans l'étendue d'une octave; mais elle ne suffit pas pour expliquer qu'un auditeur ordinaire (et même savant, si l'on en croit le témoignage de Rameau lui-même) perçoit d'abord dans la série harmonique supérieure l'accord majeur à son état fondamental, et non les intervalles multipliés qui sont effectivement émis. Il y a là, au niveau perceptif, une opération de transposition dont il faut bien rendre compte, et qui réalise concrètement l'identité des octaves. Cette opération, qui donne lieu à la seconde explication de la préférence pour les moindres degrés, pose une question très stimulante. Le problème réside en ce qu'il est essentiel, dans la perspective ramiste, de ne pas imputer à notre perception une production autonome, car sa passivité même doit toujours attester l'objectivité des rapports harmoniques prescrits par la nature. Il n'est pas interdit d'identifier ici un point susceptible d'intéresser, d'une façon plus générale, une pensée empiriste : d'un côté, on doit reconnaître que l'objet perçu résulte d'une mise en forme qui se tient à l'écart des simples données acoustiques, pour s'y appliquer; d'un autre côté, la perception doit ratifier ce processus sans y mêler le point de vue relativisant d'un auditeur particulier. La perception des rapports soulèvera une difficulté du même type, parce qu'elle requiert une activité de l'âme.

Il faut donc dégager une médiation entre l'objet acoustique et l'objet visé dans la perception, afin d'éviter que l'écoute savante ne soit elle-même affectée d'un indice de relativité qui sanctionnerait, pour les auteurs de l'époque, l'activité spontanée du sujet dans la perception de l'accord parfait majeur. Rameau considère alors le complexe musical que constituent ensemble l'ouïe et la voix – comprenons ici la voix chantante, par

1. *Ibid.*, p. 13.

opposition à la voix parlante[1]. La voix humaine n'est pas capable, sans avoir reçu une formation particulière, de couvrir l'étendue des intervalles produits dans la résonance : et Rousseau rappelle « qu'on peut fixer à peu près à une dixième majeure », soit moins d'une double octave, « la portée des voix ordinaires[2] ». Ce sont donc les capacités ordinaires de l'organe qui expliquent notre « prédilection pour les moindres degrés[3] » ; plus précisément, la physiologie (Rameau adopte une position très classique selon laquelle « la voix est comparable à un instrument à vent[4] ») détermine au préalable les capacités de l'auditeur qui, en quelque sorte, peut percevoir ce qu'il a d'abord pu chanter – c'est pourquoi nous entendons les intervalles de tierce majeure et de quinte au lieu des intervalles de dix-septième et de douzième :

> [les premiers] sont les plus analogues aux modifications de la glotte les moins contractées, outre qu'ils se trouvent dans l'étendue bornée de notre voix : de sorte que les *octaves* qui se confondent entr'elles, ne devenant plus qu'un même son pour l'oreille, elle choisit pour lors celle qui convient pour sa plus simple et plus facile opération[5].

L'écoute musicale fait ainsi l'objet (passif) d'une genèse vocale, qui en arrête les possibilités perceptives. Cette hypothèse paraît ainsi reprendre, en les inversant, les rapports traditionnellement posés entre l'ouïe et la voix, tels qu'ils sont établis, au XVIIIe siècle, à partir de l'examen des pathologies de l'audition. Tandis qu'un sourd ne peut prononcer correctement des sons qu'il n'a pas entendus dans l'enfance, un auditeur normal ne peut reconnaître facilement des intervalles qu'il n'a pas auparavant chantés : l'ouïe et la voix entretiennent un rapport réciproque d'imitation. La genèse retracée par Rameau permet d'établir la correspondance recherchée entre l'objet physique, qu'il nous est difficile de reconnaître spontanément, et l'objet perçu que nous avons d'abord produit. Surtout, cette correspondance ne relève pas d'une activité de comparaison qui interviendrait au niveau de la perception : elle est de nature, dans la mesure où la physiologie de l'organe l'impose à l'auditeur. Rameau prend d'ailleurs soin d'appliquer à cette

1. Voir par exemple Rousseau, *Dictionnaire de musique*, art. « Voix », p. 1146-1154.

2. *Ibid.*, p. 1150.

3. Rameau, *Extrait d'une réponse de M. Rameau à M. Euler sur l'identité des octaves*, p. 13.

4. Béatrice Didier, *La Musique des Lumières*, Paris, PUF, 1985, p. 114 : chez Rameau, « c'est (...) la plus ou moins grande ouverture de la glotte qui expliquerait les variations de hauteur des sons » (p. 114-115).

5. *Extrait d'une réponse à M. Euler*, p. 13-14.

organisation corporelle un principe mécaniste un peu vague : « (...) la nature nous portant ici, comme partout ailleurs, à préférer les voix les plus courtes, les plus simples et les plus faciles[1] ». Sans doute s'agit-il d'insister alors sur la compatibilité de cette version *physiologique* du principe de l'identité des octaves, avec les données *physiques* (les sons harmoniques) auxquelles on applique ce principe – ces deux niveaux se soumettent au canon d'une description mécaniste. Toujours est-il que cette explication permet de comprendre comment la perception modifie les données acoustiques, sans que cette modification ne trahisse l'arbitraire d'une complexion individuelle. Il faut désormais reprendre toute cette argumentation dans le contexte proprement musical qui permet à l'expérience acoustique et au fonctionnement de l'écoute de se recouper dans le témoignage de l'oreille savante.

Le lieu de l'habitude

L'auditeur n'applique pas son écoute à des objets quelconques, mais à des configurations spécifiques qui sont entièrement définies par leur fonction musicale : il doit identifier, dans la stimulation acoustique, les éléments de l'harmonie. La mise en forme par laquelle il appréhende les intervalles acoustiques de dix-septième et de douzième est naturelle, en ce qu'elle résulte de l'actualisation, dans le chant, de ses dispositions physiologiques ; mais, une fois explicitée, cette opération permet en outre de légaliser le caractère plaisant qui caractérise subjectivement les sensations auditives, car elle manifeste dans la nature un ordre proprement rationnel que la théorie a anticipé, dans la définition de l'accord parfait par les intervalles de tierce majeure et de quinte. La liaison du niveau résonantiel et du niveau musical, supportée par la description de l'écoute, est ainsi pourvue de la fonction suivante : l'expérience acoustique doit attester que la configuration étudiée dans la théorie est bien celle que réalise effectivement la nature ; la théorie doit stabiliser les données de cette expérience, en inscrivant, dans un système harmonique bien défini, une impression plaisante et passagère. Précisément, le sujet doit établir une relation entre ces deux niveaux, qui ne coïncident pas rigoureusement. En réalité, cette non-coïncidence factuelle constitue une richesse philosophique, car elle suggère qu'il existe un écart entre l'objet de la perception et les contenus fournis par la sensation, dont on postule qu'ils correspondent, quant à eux, aux données acoustiques. D'un certain point de vue, l'absence de cette correspondance concrète ne fait évidemment que redoubler une différence

1. *Ibid.*, p. 14.

plus profonde (dégagée par Descartes), entre le phénomène physique et l'objet visé dans la perception. Cependant, il faut bien considérer que l'interrogation la plus urgente des textes du XVIIIe siècle concerne la fonction de confirmation que l'on vient de présenter. L'argumentation de d'Alembert porte nettement la marque de cette priorité.

L'auteur des *Eléments de musique* reprend l'hypothèse de Rameau sur le rôle de la voix dans la formation de nos capacités auditives, mais il la vide des considérations physiologiques (sur la glotte) et méthodologiques (sur le principe d'économie), pour ne considérer en elle que le contenu musical. En toute rigueur, nous devrions trouver une meilleure expression de l'accord parfait majeur dans les intervalles de dix-septième et de douzième, qui sont donnés dans la résonance d'un corps sonore ; mais cette perfection échoit à l'association des intervalles fondamentaux, parce qu'ils se conforment davantage à nos capacités vocales. La tierce majeure et la quinte, si elles n'ont pas le même degré de réalité que les consonances naturelles, possèdent néanmoins le privilège de s'accorder à notre condition de sujet musical (c'est-à-dire, aussi, chantant) :

> Le chant formé d'*ut*, de l'octave de *sol* et de la double octave de *mi*, entonnées l'une après l'autre, serait aussi le chant le plus simple et le plus naturel de tous, si notre voix avait assez d'étendue pour former sans peine d'aussi grands intervalles : mais la liberté et la facilité que nous avons de substituer à un son son octave, lorsque cela est plus commode à notre voix, nous fournit un moyen de représenter ce chant[1].

L'accord parfait tel qu'effectivement émis par la résonance du corps sonore, qui associe la douzième et la dix-septième majeures au son fondamental, excède les capacités ordinaires de l'organe du chant : celles-ci imposent la réduction de cette combinaison harmonique, dont nous éprouvons confusément la perfection, à son état fondamental. C'est ainsi l'activité musicale, la production d'un chant, qui nous prépare à reconnaître, dans les sons partiels qui accompagnent la résonance du corps sonore, le véritable fondement d'une configuration essentielle dans l'harmonie tonale. En retour, ce fondement naturel fournit une justification objective aux rapports ordinaires utilisés spontanément en musique :

> C'est pour cela qu'après avoir entonné le son *ut*, nous entonnons naturellement la tierce *mi* et la quinte *sol*, au lieu de la double octave de *mi*, et de l'octave de *sol ;* d'où nous formons, en y joignant l'octave du son *ut*, ce chant *ut*, *mi*, *sol*, *ut*, qui est en effet le

1. *Eléments de Musique*, première édition, Liv. I, chap. II, § 27, p. 19.

plus simple et le plus facile de tous; aussi a-t-il son origine dans la résonance même du corps sonore[1].

Comme chez Rameau, un processus de mise en forme des données acoustiques est requis, afin de discerner l'état fondamental de l'accord parfait dans le phénomène de résonance. Toutefois, au lieu de conclure que la perception du son musical comporte en elle-même une pareille activité (abstraction faite des conceptions de l'époque, ce serait la solution la plus cohérente), d'Alembert soutient à son tour, dans ce texte, que la voix remplit au préalable cette fonction configuratrice. Quand nous chantons, nous réduisons spontanément les différents intervalles dans l'étendue d'une octave, et nous sommes ensuite disposés à recevoir les sons harmoniques qui résonnent effectivement dans les bornes ainsi fixées. On peut donc considérer que la voix humaine met en place le cadre au sein duquel la perception musicale peut identifier le fondement objectif de son plaisir : la voix prend en charge, du simple fait des capacités physiologiques de l'organe, l'activité de transposition qui autorise l'affirmation de la naturalité de l'accord parfait majeur, de sorte que la perception, quant à elle, paraît seulement enregistrer un ordre objectif[2]. Au fond, les capacités de l'écoute constituent l'objectivation de l'activité de la voix : elles en portent les limites, et les intègrent dans l'ordre consistant de la théorie harmonique. D'une façon plus générale, l'écoute a son siège dans un corps capable de musique.

L'explication qu'il nous paraît ainsi permis de reconstituer impose enfin de reprendre à nouveaux frais l'opposition entre écoute spontanée et écoute savante qui, dans toutes les présentations, recoupe (à bon droit) le débat entre Rousseau et Rameau. La présentation polémique des arguments au XVIIIe siècle interdit une compréhension fine des textes que nous avons cités, car elle porte tous les caractères de l'écoute savante, capable d'appréhender la structure musicale de la résonance, au compte d'une notion floue de l'habitude. Celle-ci intervient bien entendu, puisque c'est la pratique du chant qui nous prépare à reconnaître l'accord parfait – mais cette expérience sédimentée ne relève précisément pas de ce que l'on nomme à

1. *Ibid.*

2. La voix est le versant actif de l'ouïe – c'est ce que marque clairement Buffon, lorsqu'il introduit la fonction de communication de l'audition : « L'ouïe est bien plus nécessaire à l'homme qu'aux animaux : ce sens n'est dans ceux-ci qu'une propriété passive, capable seulement de leur transmettre des impressions étrangères : dans l'homme, c'est non seulement une propriété passive, mais une faculté qui devient active par l'organe de la parole » (*Histoire Naturelle générale et particulière*, De l'Homme, « Du sens de l'ouïe », in *Œuvres choisies de Buffon*, p. 310).

l'ordinaire « l'habitude », dans les philosophies de la musique. Il faut en réalité distinguer deux niveaux dans cette notion, pour comprendre la cohérence de l'exposé ramiste et, corrélativement, le lieu de la critique rousseauiste. D'une part, l'habitude se manifeste dans la préférence accordée à telle musique et, un peu plus précisément, à tel système de musique – c'est-à-dire à telle ou telle division de l'octave qui hiérarchise les consonances que nous avons coutume d'apprécier. Cette habitude est une construction dérivée, historiquement constituée et qui reçoit l'agrément passif de l'auditeur; mais elle n'entretient aucune relation univoque avec les déterminations naturelles (acoustiques) du matériau sonore, et Rameau l'écarte expressément :

> (...) cette prédilection me parut une pure affaire d'habitude. J'imaginai que dans un autre système de musique que le nôtre, avec une autre habitude de chant, la prédilection de l'organe et du sens aurait été pour un autre son [1].

Ainsi cette habitude, qui sanctionne simplement la coutume d'un système de musique donné en extériorité, doit-elle être écartée, parce que l'auditeur ne peut fournir « aucune bonne raison [2] » d'une préférence dont il hérite passivement. Mais il est d'autre part une habitude plus profonde, qui exprime selon des déterminations précises les conditions sous lesquelles le sujet s'est d'abord approprié le domaine musical, dans le chant par exemple (dans la possibilité même de chanter, et non dans la coutume d'un certain chant) : c'est elle qui nous permet de reconnaître spontanément l'accord majeur dans la résonance et qui forme *de l'intérieur* une oreille savante. En effet, elle consiste d'abord en une habitude de l'auditeur à son propre corps, avant de le rendre particulièrement sensible au vrai système de musique. Telle est la marque de l'écoute savante (dont Rousseau s'efforcera de dénoncer la facticité) : l'auditeur possède vraiment sa compétence pour l'avoir lui-même constituée. Le caractère de *passivité* qui distingue bien évidemment la perception d'une pure fantaisie se voit donc pénétré, en amont, d'une *activité* qui l'organise en une authentique *réceptivité*. Il reste encore à voir dans quels termes les philosophes du XVIIIe siècle reprennent conceptuellement le processus dont les textes sur la musique décrivent les différents moments avec une admirable finesse. En droit, l'empirisme est plutôt bien placé pour rendre compte de la genèse d'une habitude par laquelle l'individu passe des déterminations de son propre corps à celles des objets extérieurs; dans les faits, nous verrons que les procédures

1. *Démonstration du principe de l'harmonie*, p. 8-9.
2. *Ibid.*

analytiques systématiquement développées par les auteurs des Lumières poseront d'assez lourdes difficultés à la compréhension de la perception musicale.

Notons dès à présent que Rousseau qui, seul au XVIIIe siècle, surmontera cet obstacle, sait très bien mobiliser, à des fins polémiques, cette analyse qui n'aperçoit pas la genèse commune des termes qu'elle sépare – il fige en une opposition statique les capacités de la voix et les déterminations des ressources harmoniques pour retourner contre Rameau la construction assez complexe que nous avons décrite. Au lieu de dire que la voix applique spontanément le principe de l'identité des octaves (ce qui, néanmoins, est un fait), on pourra en effet tirer argument du peu d'étendue de l'organe du chant, afin de rejeter toutes les ressources harmoniques qui excèdent ces limites. C'est ainsi que Rousseau estime qu'entre autres raisons, la basse fondamentale est artificielle parce qu'elle réalise, avec la mélodie, une série d'intervalles que la voix chantante ne peut couvrir sans se forcer :

> La plupart des hommes qui ne savent pas la musique et qui n'ont pas appris combien il est beau de faire grand bruit prennent tous leurs chants dans le *medium* [1] de leurs voix, et son diapason ne s'étend pas naturellement jusqu'à pouvoir en entonner la basse fondamentale, quand même ils la sauraient [2].

Mais cette interprétation, pour efficace qu'elle soit dans la polémique, nous fait retomber au niveau de l'opposition bien connue d'une écoute spontanée et d'une écoute savante, dont nous avons vu qu'elle n'épuise pas le problème de la perception du son musical. C'est au cœur même de l'écoute savante que se pose en effet la question d'une correspondance entre les régimes physique et perceptif, comme l'attestent les réflexions de Rameau.

Quel est le principe qui organise ces différentes opérations, par lesquelles le matériau acoustique devient un objet esthétique ? Le fait qu'on puisse prendre un intervalle acoustique pour un autre plus petit et plus répandu dans le chant, sans que cette identification soit l'indice d'une relativité trompeuse – ce fait suggère que les objets sonores numériquement distincts n'importent pas tant que les rapports constants qu'ils entretiennent, et qui sont susceptibles de diverses représentations. Encore ces rapports peuvent-ils, dans le cas de l'identité des octaves, être portés au compte de l'organisation acoustique du matériau sonore, si l'on comprend

1. « Lieu de la voix également distant de ses deux extrémités au grave et à l'aigu », (*Dictionnaire de musique*, art. « Medium », p. 884).

2. *Examen de deux principes avancés par M. Rameau*, p. 354.

dans celle-ci les déterminations physiologiques. Il est plus important, toutefois, d'identifier dans ce cas précis le type d'un problème plus général : puisque l'objet perçu ne correspond pas trait pour trait aux données acoustiques à partir desquelles on prétend le constituer, il faut intégrer dans l'expérience perceptive les rapports abstraits qui, dans la théorie ramiste, supportaient la génération des ressources musicales à partir de la résonance. La perception de la résonance est avant tout une perception des rapports – à ce titre, elle soulève des problèmes gnoséologiques.

Le principe de la perception des rapports

Le phénomène de la consonance constitue l'un des grands thèmes des relations entre musique et philosophie à l'âge classique. La théorie de la coïncidence des coups est l'explication la plus fréquemment alléguée, jusqu'au XVIIIe siècle : on considère que deux sons constituent un intervalle d'autant plus agréable que les vibrations qui les produisent coïncident plus régulièrement. Inversement, la dissonance résulte de ce que ces vibrations ne se recouvrent pas, ou trop partiellement. Les difficultés soulevées par cette théorie tiennent, d'une part, à ce qu'elle souffre plusieurs exceptions [1] et, d'autre part, à ce qu'elle confond deux niveaux dont la relation reste foncièrement mystérieuse. L'hypothèse de la coïncidence des chocs postule en effet une correspondance réglée entre les déterminations mécaniques du phénomène et l'apparition d'une qualité seconde (le sonore) dans le sentiment [2]. Ce problème se complique dans le cas des consonances, du fait que la qualité perçue est, de surcroît, pourvue d'une coloration affective – et il est impossible de négliger l'écart qui existe entre le phénomène de la superposition des chocs par lesquels deux monocordes transmettent leur mouvement à l'air ambiant, et le sentiment agréable caractéristique de certains intervalles sonores. On ne peut donc suivre Cohen lorsqu'il affirme que la plupart des auteurs de l'âge classique n'ont pas cherché à établir ce qui transforme « la coïncidence fréquente des petits chocs produits par les

1. « (…) qu'on me dise comment il se peut faire que deux sons, dont l'un fait cinq vibrations pendant que l'autre en fait 6, produisent une *consonance* agréable [la tierce mineure], et que deux sons, dont l'un fait six vibrations pendant que l'autre en fait 7, produisent une dissonance aussi dure » (Rousseau, *Dictionnaire de musique*, art. « Consonance », p. 728).

2. « The mecanistic point of view implied that it was not at all necessary to posit a ressemblance between a particuliar sensation and the object that produced it. We do not perceive the regular vibrating of the air as vibrating, but rather as sound, and the problem is to explain by what mechanism this comes about » (Cohen, *Quantifying music*, p. 172).

intervalles consonants en une sensation plaisante[1] » – Mersenne se demandait déjà « quel plaisir [il y a] d'apercevoir que l'air est battu deux ou trois fois par une corde, pendant qu'il est battu quatre ou six fois par une autre[2] »; et Rousseau, dans un texte certes un peu tardif, résume parfaitement la difficulté : « (...) toute cette explication n'est, comme on voit, fondée que sur le plaisir qu'on prétend que reçoit l'âme par l'organe de l'ouïe du concours des vibrations; ce qui, dans le fond, n'est déjà qu'une pure supposition[3] ». Cette remarque atteste la permanence, tout au long de l'âge classique, d'une interrogation sur le rapport qu'entretiennent les mouvements du corps, qui se transmettent au cerveau, et les modifications de l'âme – la théorie cartésienne de l'institution de la nature formule exemplairement cette difficulté. Or il est frappant de constater que, selon le même texte de Rousseau, l'hypothèse sur la perception des rapports épargnerait au philosophe de spéculer sur cette correspondance inélucidable des mouvements et des sentiments : Diderot élabore une conception originale du plaisir musical, selon laquelle les consonances nous plaisent, non point directement à cause de l'effet physique produit par la superposition des diverses vibrations, mais parce que nous percevons les rapports entretenus par les sons qui les composent. Ce principe général, selon lequel le sentiment du beau réside dans la perception des rapports, évite l'écart que laissait subsister la théorie traditionnelle de la coïncidence des coups, entre, d'une part, l'objet physique et, d'autre part, le complexe constitué par l'émotion, dans sa relation à un objet esthétique spécifique. La cause du plaisir se trouve, non point directement dans le concours mécanique des vibrations, mais dans l'appréhension, par l'esprit même qui éprouve ce sentiment, d'un élément intellectuel ou abstrait – le *rapport* qu'elles entretiennent. Néanmoins, cette explication rencontre des oppositions savantes (et d'abord celle de Rousseau lui-même) et soulève des débats très importants, qui engagent diverses conceptions du fonctionnement de la perception et, surtout, qui concernent le modèle objectif selon lequel on décrit la production musicale.

Situation historique du principe

La contribution de Diderot à l'élucidation du sentiment de l'harmonie ne nous semble intelligible qu'une fois bien comprise la situation

1. *Ibid.*

2. *Harmonie universelle*, 1636, *Traité des consonances, des dissonances, des genres, des modes et de la composition*, liv. I, prop. I, p. 1.

3. *Dictionnaire de musique*, art. « Consonance », p. 727. Tous les passages de cet article auxquels nous faisons ici allusion seront cités et commentés dans ce chapitre.

historique du principe de la perception des rapports, à laquelle les contemporains se montrent d'ailleurs particulièrement attentifs : Rameau, dès 1726, puis Estève et surtout Rousseau, à l'article « Consonance » du *Dictionnaire de musique*, trouvent en effet une parenté entre les diverses formulations de cette hypothèse (de Malebranche à Diderot) et les *prænotanda* du *Compendium musicæ* de Descartes. En première lecture, il y a là un paradoxe manifeste : en même temps qu'on sait gré à l'encyclopédiste, nous l'avons dit, de supprimer les difficultés caractéristiques de la théorie de l'institution de la nature, on affirme que son explication se maintient sous un horizon cartésien. A tout le moins devine-t-on ainsi que l'histoire de la réception de l'*Abrégé de musique* organise, au siècle des Lumières, les diverses positions sur la question du plaisir musical.

C'est que les *prænotanda* du texte de 1618 bouleversent d'une façon décisive la tradition des esthétiques de la proportion, dont relève manifestement le principe diderotien. On soulignera d'abord que, dans le *Compendium musicæ*, c'est à partir du sens que se développe une analyse des déterminations de l'objet plaisant : « Tous les sens sont capables de quelque plaisir[1] ». Il est essentiel d'éviter une lecture récurrente de ce *prænotandum*, qui l'expliquerait à partir d'une théorie développée de la sensation développée ultérieurement. Dans le commentaire qu'il consacre à cette première remarque préalable de l'*Abrégé*, D. Kambouchner signale opportunément que ce principe « reste beaucoup trop général ou schématique pour qu'une vraie théorie psycho-physiologique du plaisir et de la douleur soit supposée constituée par lui[2] » – allons plus loin : dans le contexte théorique où s'inscrit l'*Abrégé de musique*, aucune espèce d'explication physiologique (ou mécanique) n'est requise pour le développement de l'argumentation. Lorsqu'il part d'une simple capacité du sens au plaisir, Descartes laisse totalement indéterminée la question des ressorts de cette disposition pour s'en tenir aux critères phénoménaux du sentiment, susceptibles d'un simple repérage arithmétique. En somme, ni la constitution géométrique du sensible, ni les modalités de son codage dans des modifications de l'âme ne se trouvent présumés en 1618. Reste alors à interroger la signification de la représentation proportionnelle du plaisir du sens, introduite dès le second *prænotandum :* « En vue de ce plaisir est requise une certaine proportion de l'objet avec le sens même[3] » – et non, serait-on tenté de préciser, du sens avec le sensible. Ces lignes capitales procèdent au renversement d'une perspective aristotélicienne qui orientait les esthétiques

1. *Abrégé de musique*, p. 54.
2. *L'Homme des passions*, t. I : *Analytique*, Paris, Albin Michel, 1995, p. 273.
3. *Abrégé de musique*, p. 56.

médiévales de la *proportio*. Chez Thomas, et pour ce qui concerne les aspects psychologiques de cette notion, la proportion désigne une disposition du sens au sensible. Autrement dit, elle rend les sens aptes à la sensation selon certains critères qualitatifs et quantitatifs dont l'actualisation procure le plaisir[1] : « [Aristote] dit que l'harmonie, c'est-à-dire le son accordé et proportionné, étant un certain son, et le son étant d'une certaine manière identique à l'ouïe, l'harmonie étant, en outre, une certaine proportion, il est nécessaire que l'ouïe soit une certaine proportion[2] » – comme l'indique F. de Buzon dans la présentation de son édition[3], cette référence permet du même coup d'interpréter les six premières remarques préalables de l'*Abrégé de musique* comme une lecture des passages du *De Anima*[4] consacrés à l'harmonie, dans laquelle Descartes inverserait les termes du problème. L'auteur du *Compendium musicæ* affirme en effet que l'objet ne peut être dit proportionné qu'en raison du sens lui-même et, surtout, qu'il revient au sens d'arrêter les critères de cette proportion. Cette orientation commande la sixième remarque préalable de l'*Abrégé*, dont nous n'examinons pas le détail[5]. L'essentiel est de retenir que c'est en raison de la simplicité caractéristique du procédé que Descartes présente, dans ce texte, comme une proportion arithmétique, qu'il faut retenir cette méthode de division du monocorde : la proportion de l'objet par rapport au sens se caractérise donc par la simplicité du premier, en tant qu'elle est appréhendée par le second. Corrélativement, cette simplicité réside, non prioritairement dans l'application régulière d'une loi de production uniforme (la division arithmétique de la corde), mais surtout dans l'unité qu'elle imprime à l'objet du sens : « Cet objet est plus aisément perçu par le sens dans lequel la différence des parties est moindre[6] ». La proportion ne signale nullement l'application d'une causalité formelle à l'harmonie des sons, mais elle chiffre le témoignage du sens, qui impose son critère à la théorie des consonances.

Le renversement cartésien des esthétiques de la *proportio* conforme de surcroît l'étude du sentiment musical aux conditions d'abstraction que les *Regulæ* dégageront pour la *mathesis universalis*. En effet, dans l'*Abrégé*, la

1. Voir sur ce point U. Eco, *Le Problème esthétique chez Thomas d'Aquin*, trad. M. Javion, Paris, PUF, 1993, p. 109-110.

2. *Commentaire du Traité* De l'âme *d'Aristote*, liv. II, ch. XXVI, trad. J.-M. Vernier, Paris, Vrin, 1999, p. 300.

3. Edition citée, p. 11.

4. En particulier III, 2, 426 a 27 ; trad. Tricot, Paris, Vrin, 1977, p. 157.

5. Voir la présentation de F. de Buzon, p. 15 et le premier chapitre de ce livre.

6. *Abrégé de musique*, 4e remarque préalable, p. 56. Le détail de ce texte gagne beaucoup à être rapproché de la Règle IX.

proportion n'est jamais alléguée que pour exprimer le plaisir élémentaire du sens, et non le fonctionnement général de la sensation. La comparaison des *prænotanda* de Descartes avec le texte d'Aristote mérite à cet égard d'être poursuivie, pour saisir les limites que l'auteur du *Compendium musicæ* assigne à cette représentation de l'expérience sensible. Dans le *De Anima*, les « excès dans les sensibles [1] » qui détruisent l'organe permettent de montrer par la négative que la forme, qui se réalise dans l'acte commun du sentant et du senti, fait l'essentiel du processus sensoriel – Aristote trouve d'ailleurs l'analogue de ces excès dans la destruction de l'harmonie des tons. En revanche, et à l'époque de l'*Abrégé de musique*, Descartes ne mentionne cette altération de la proportion *que* dans la mesure où elle contrevient au principe du plaisir, et non au mécanisme de la sensation [2] dont nous n'apprenons rien dans ce texte – il ne nous est rien dit de la destruction possible des organes sensoriels, dont la prise en compte sera en revanche essentielle dans la théorie du chatouillement. Ainsi l'expression arithmétique des intervalles musicaux, dans le *Compendium musicæ*, n'a-t-elle pas à correspondre au dispositif physico-physiologique qui produit la sensation elle-même. L'inversion cartésienne, qui subordonne la proportion au plaisir des sens, doit s'entendre en un sens restrictif : elle n'exprime que ce plaisir. De plus, comme nous l'avons déjà suggéré, le passage au critère de variété, dans le septième *prænotandum*, dépasse le niveau où peut s'identifier, entre l'objet et le sens, cette corrélation susceptible d'une représentation proportionnelle – nous y reviendrons [3].

Il faut donc suivre les auteurs du XVIIIe siècle, lorsqu'ils inscrivent le principe de la perception des rapports sous l'horizon ouvert par l'*Abrégé de musique*. La prise en compte du renversement cartésien s'impose absolument pour apprécier certains caractères (il est vrai très généraux) de l'hypothèse diderotienne : d'une part, les proportions plaisantes sont strictement relatives aux dispositions du sujet qui éprouve le plaisir ; d'autre part, et si l'on considère bien la situation originale du *Compendium musicæ* dans le *corpus* cartésien, le principe du plaisir n'est pas associé à un mécanisme particulier (comme la coïncidence des coups), mais il vaut pour tous les sens. Il reste que les commentateurs ont (à bon droit) insisté sur l'inspiration malebranchiste des textes de Diderot sur le sentiment de l'harmonie : « (...) dans le sillage de Crousaz et du Père André, Diderot

1. *De Anima*, II, 12, 424 a 27-28.

2. *Abrégé de musique*, 2e remarque préalable, p. 56. Sur cette question, nous suivons donc les indications de J.-L. Marion, *L'Ontologie grise de Descartes*, chap. III, § 19, 2e éd., Paris, Vrin, 1993, p. 120-121.

3. Voir notre dernier chapitre.

subordonne l'esthétique à l'éidétique et ramène l'expérience du beau à une perception de rapport[1] ». Le fait est qu'avant Diderot, Malebranche choisit l'exemple des intervalles musicaux lorsqu'il affirme que les beautés sensibles trouvent leur raison dans l'ordre qui les pénètre et qui repose sur des rapports de grandeur (et non de perfection) :

> L'ordre et la vérité se rencontrent même dans les beautés sensibles, quoiqu'il soit extrêmement difficile à l'homme de l'y découvrir. Car ces sortes de beautés ne sont que des proportions, c'est-à-dire, des vérités ordonnées, ou des rapports justes et réglés. Par exemple, une voix est belle, lorsque les vibrations ou les secousses que cette voix produit dans l'air sont commensurables entre elles[2].

On peut toutefois identifier facilement une divergence notable entre les deux auteurs en considérant, une fois encore, l'histoire de la réception de l'*Abrégé de musique* de Descartes.

Malebranche se prononce sur le principe (repris de Zarlino par Descartes, puis par Rameau) selon lequel *sonus se habet ad sonum, ut nervus ad nervum*, dans les commentaires de Théodore sur les divisions de l'octave, dont Ariste lui expose le principe : « Je conçois clairement tout ceci, en supposant que le son soit au son comme la corde à la corde. Mais je ne comprends pas bien ce principe[3] ». C'est ici qu'intervient le fameux exemple d'un frottement sur la main, qui suscite d'abord un chatouillement agréable et qui, lorsqu'il devient plus intense, ne se signale nullement par un plaisir deux fois plus grand mais par un sentiment douloureux. Cette expérience permet de souligner que la cause des consonances, qui sont qualifiées affectivement, n'est pas convenablement décrite par l'analogie des longueurs de la corde :

> De ce que les tremblements d'une corde ou de l'air sont suivis d'un son et de tel son, jugez-en que les choses étant comme elles sont, cela est nécessaire afin qu'on l'entende. Mais ne vous imaginez pas qu'il y ait un rapport nécessaire entre ces choses. (...) Enfin je ne vois nul rapport de grandeur entre les consonances. Il n'est point clair que la différence des sons qui les composent soit du plus ou moins, comme les cordes qui les rendent[4].

1. J. Deprun, *La Philosophie de l'inquiétude*, chap. V, p. 80.
2. *Méditations chrétiennes et métaphysiques*, Méd. IV, art. XIV, OC X, p. 42.
3. *Entretiens sur la métaphysique et sur la religion*, IIIe Entretien, art. XIV, OC XII, p. 79.
4. *Ibid.*, art. XV, p. 81-82.

Malebranche oppose ainsi une connaissance des objets sensibles par « les idées que la Raison nous découvre », qui permet de définir les consonances par la coïncidence des vibrations et les lois de l'union, au principe utilisé par Descartes dans l'*Abrégé de musique*, qui serait tiré d'une expérience sensible insuffisamment élucidée. Est-ce à dire que, dans le *Compendium musicæ*, Descartes aurait confondu le plan du sentiment et celui du phénomène physique, pour les considérer à la ressemblance l'un de l'autre ? C'est plutôt que, comme nous l'avons vu, les rapports définis dans le texte de 1618 n'ont pas à exprimer la constitution physique du phénomène. Ils sont utilisés à un niveau abstrait dont la *mathesis universalis* des *Regulæ* décrira l'organisation. Dans ce contexte, les conditions d'une articulation bien déterminée entre les modifications de l'étendue et celles de l'âme n'ont pas à être dégagées pour elles-mêmes. Dans l'*Abrégé de musique*, Descartes ne postule nullement une similitude entre les mouvements du corps et les sentiments de l'âme – non, bien entendu, qu'il respecte une théorie de l'union développée beaucoup plus tard, mais, plus simplement, parce qu'il n'examine pas l'aspect proprement physique des phénomènes musicaux en 1618. L'analogie que dénonce Malebranche souligne ainsi l'originalité des premiers textes cartésiens sur la musique, qui s'autorisent un usage abstrait de la représentation proportionnelle, au lieu qu'Ariste la recevra pour une explication physique.

Une différence très nette apparaît donc, entre les théories malebranchiste et diderotienne de la beauté – l'explication des beautés sensibles, chez l'oratorien, atteste l'objectivité d'un ordre qui organise le physique du sentiment ; dans l'article « Beau » de l'*Encyclopédie*, en revanche, le principe de la perception des rapports s'applique aux sensations elles-mêmes, et non directement à leur cause mécanique. Pour s'en convaincre, il suffit de constater que, *dans l'ensemble des textes de Diderot, ce principe vaut pour tous les sens*, tandis que la *Lettre sur les aveugles* insiste sur l'absence de commune mesure entre le fonctionnement des divers organes sensoriels :

> (...) rien n'est plus difficile d'ailleurs que d'expliquer comment le toucher s'y prendrait pour enseigner à l'œil à apercevoir, si l'usage de ce dernier organe était absolument impossible sans le secours du premier[1].

La seule façon de comprendre l'application du principe de la perception des rapports aux différents sens (l'ouïe et la vue, dans les *Principes généraux d'acoustique*) est alors d'admettre qu'il suspend la question du processus physique qui produit chaque sensation qualifiée affectivement.

1. *Lettre sur les aveugles à l'usage de ceux qui voient*, in *Œuvres complètes*, t. IV, p. 63.

Rousseau comprend d'ailleurs très bien le statut de cette théorie lorsqu'il déclare que Diderot a développé son hypothèse en « laissant à part tous ces concours de vibrations [1] » caractéristiques des théories précédentes, et dans lesquels Malebranche identifiait l'inscription de l'ordre pour les objets de l'ouïe.

Ces éléments historiques permettent de tirer deux conclusions très importantes. D'une part, les discussions engagées par les thèses exposées dans les *Principes généraux d'acoustique* ne sont intelligibles qu'à partir du renversement que Descartes effectue du sensible au sens pour définir la proportion plaisante : cette opération permet (provisoirement, nous le verrons) d'abstraire l'examen de la perception des rapports d'une théorie physiologique de la sensation. D'autre part, l'utilisation de Malebranche, bien attestée chez Diderot, est ici typique des philosophies françaises du XVIIIe siècle : les textes de l'oratorien, qui connaissent de nombreuses rééditions à l'époque, offrent aux auteurs des Lumières un répertoire de descriptions bien articulées qu'il paraît possible de mobiliser à part des explications qui les supportent. C'est ainsi que Diderot, lorsqu'il élabore le principe de la perception des rapports, emprunte moins à Malebranche une théorie qu'une phénoménologie de l'ordre.

Pour ce qui concerne le détail technique de la théorie de l'ordre qui fonde l'explication diderotienne du plaisir musical, les *Principes généraux d'acoustique* dépendent moins de Malebranche que de Euler. Sans entrer tout de suite dans le détail, on peut relever trois emprunts manifestes au *Tentamen novæ theoriæ musicæ* publié par le mathématicien suisse en 1739 – du reste, ces références renseignent davantage le lecteur sur l'orientation esthétique exprimée dans les *Principes* de Diderot que sur la théorie musicale de Euler, dont les contributions les plus originales demandent un examen particulier [2]. On retiendra d'abord l'utilisation de la référence à l'architecture, qui se substitue au langage pour penser les propriétés de l'objet musical [3]. Diderot trouve ensuite chez Euler l'affirmation selon laquelle nous pouvons comprendre (et apprécier) un ordre dont nous ne connaissons pas la loi au préalable [4] : l'article « Beau » rédigé pour l'*Encyclopédie* inscrira plus tard la perception des rapports dans une généalogie empiriste des connaissances humaines. Il faut souligner que

1. *Encyclopédie*, art. « Consonance », vol. VI, p. 51a.

2. Voir le dernier chapitre de ce livre et, pour une présentation générale du *Tentamen*, E. Emery, *Temps et musique*, Lausanne, L'Age d'Homme, 1998, p. 338-345.

3. *Tentamen novæ theoriæ musicæ*, cap. II, § 35, in *Leonhardi Euleri opera omnia*, série III, t. I, Lipsiæ et Berolini, B. G. Teubner, 1926, p. 236.

4. *Ibid.*, § 10, p. 226.

l'obscurité des raisons du plaisir entre positivement dans la constitution des hypothèses de Euler et de Diderot : l'agrément esthétique des sons réside dans la perception d'un rapport qui, justement parce qu'il est destiné à n'être perçu que dans la confusion du sentiment, ne doit jamais être très complexe. Enfin, l'auteur des *Principes généraux d'acoustique* salue en Euler le promoteur du calcul logarithmique, dont l'usage reste hypothétique, mais qui permet de comparer *les sons comme tels* – il est possible de leur appliquer les opérations arithmétiques élémentaires. Le rapport des sensations apparaît pour lui-même dans l'expression logarithmique, de sorte que le principe de leur appréhension peut faire l'objet d'une explicitation spécifique[1].

Les aspects noématique et noétique du principe

C'est dans l'*Encyclopédie* que Rousseau, au terme d'une analyse exhaustive de la notion de consonance, définit la nouveauté de la théorie selon laquelle le sentiment du beau consiste dans la perception des rapports.

> Un écrivain judicieux, qui nous a donné nouvellement des principes d'acoustique, laissant à part tous ces concours de vibrations, a rendu raison du plaisir que les consonances font à l'oreille par la simplicité des rapports entre les sons qui les forment[2].

En effet, Diderot formule pour la première fois sa théorie dans les *Principes généraux d'acoustique* de 1748, qui constituent le premier des *Mémoires sur différents sujets de mathématiques*. Rousseau comprend bien qu'au lieu d'expliquer le plaisir que procurent les consonances par l'effet physique des vibrations, considérées en elles-mêmes, Diderot propose de considérer l'effet du *rapport* que les vibrations entretiennent. Cette hypothèse se développe ainsi à l'écart d'une description purement physique du phénomène – à l'écart, mais non sans relation avec celle-ci. Soit l'exemple du déplaisir de l'organe[3]. Ce sentiment n'est pas provoqué par une propriété intrinsèque des vibrations, mais il sanctionne une

1. « (...) b/a exprime proprement le rapport des nombres de vibrations qui constituent les sons ; mais *log b/log a* peut être regardé comme exprimant les intervalles, puisque, si l'on fait glisser un chevalet sur une corde, tandis qu'à l'aide d'un archet on en tirera un son non interrompu, on entendra ce son croissant, pour ainsi dire, uniformément depuis le degré le plus grave ou le son de la corde entière jusqu'à son octave et par-delà » (Diderot, *Principes généraux d'acoustique*, p. 254).

2. *Encyclopédie*, art. « Consonance », t. VI, p. 51a.

3. En fait, Diderot entend ici rendre raison de l'observation d'Euler, qui a établi un lien entre le défaut d'isochronie et l'absence de plaisir musical.

variation de leur fréquence qui, dans ce cas assez particulier, ne permet pas au sujet percevant de déterminer de façon stable le rapport d'un son de référence à ceux auxquels il se trouve associé :

> Le chagrin de l'organe naît de ce que le défaut d'isochronisme dans les vibrations, rendant le rapport d'un son variable, il ne sait en quelle raison ce son qui le frappe est à celui qui le précède, l'accompagne ou le suit. Ce qui démontre que le plaisir musical consiste dans la perception des rapports des sons [1].

On notera qu'ici, le principe fourni par Diderot semble s'appliquer également à l'organisation diachronique des sons. Comme chez Descartes, un même principe commande la distribution des notes selon la hauteur et selon la durée, parce que ces deux déterminations relèvent des rapports de grandeur dans lesquels l'explication que Diderot emprunte à Euler trouve son corrélat typique :

> Or, en musique, les quantités constituent l'ordre; considérons en effet, soit le caractère grave et aigu, soit la durée, qui l'un et l'autre sont déterminés par des quantités : l'un par la vitesse des coups produits dans l'air, et l'autre par le temps, durant lequel chaque son est produit. Par conséquent, celui qui perçoit dans les sons la relation de vitesse des coups comprend l'ordre des sons et pour cette raison en éprouve du plaisir [2].

La relation des sons selon la hauteur ou selon la durée se soumet donc à une appréhension du même type. Cette généralité du principe suffit d'ailleurs pour observer que, chez ces auteurs, il n'est pas spécialement attaché à tel ou tel phénomène physique (comme c'était le cas dans la doctrine de la coïncidence des chocs). Il y a plus : la qualité des intervalles synchroniques dépend effectivement du rapport des vibrations; mais elle n'est pas si étroitement arrêtée que le sentiment ne tolérerait aucune exception (en témoigne l'utilisation agréable des dissonances [3]). Un décalage peut intervenir entre le niveau physique et le niveau esthétique, puisque l'objet du sentiment consiste, non point dans l'arrangement mécanique des sons, mais dans le signe (les rapports de grandeur) qui l'exprime, de telle façon que le plaisir se trouve porté au compte d'une

1. Diderot, *Principes généraux d'acoustique*, § 6, p. 255-256.

2. « In musica vero ordinem quantitates constituunt; nam sive gravitatem et acumen sive durationem respiciamus, utrumque quantitatibus determinatur; illud scilicet pulsuum inære productorum celeritate, hoc vero tempore, per quod sonus quisque producitur. Qui igitur relationem celeritatem [*lire* celeritatis] pulsuum in sonis percipit, is ordinem sonorum comprehendit eoque ipse delectatur ». (Euler, *Tentamen*, cap. II, § 17, p. 228).

3. *Cf.* évidemment le septième *prænotandum* du *Compendium musicæ*.

interprétation effectuée par l'auditeur. *En droit*, le principe de la perception des rapports relativise donc la corrélation stricte que la théorie de la coïncidence des coups se trouvait elle-même contrainte de moduler, après l'avoir postulée. Encore faut-il que ces variations relèvent *en fait* des seuls rapports de grandeur que les *Principes généraux d'acoustique* étudient en musique : nous verrons qu'Euler prend soin de ménager cette cohérence; mais Diderot ne s'en soucie guère – ses adversaires le lui reprocheront.

Dans l'Objection qui suit son premier exposé, Diderot ne mentionne plus que le rapport des sons à l'intérieur d'un même accord. Conçue tout d'abord pour expliquer le sentiment de plaisir qui caractérise les consonances, la théorie de la perception des rapports s'applique essentiellement, dans la suite du texte, à la relation des hauteurs du son. Il reste que, dès l'époque des *Principes généraux d'acoustique*, Diderot envisage la généralisation de son principe :

> (...) cette origine n'est pas particulière au plaisir musical. Le plaisir en général consiste dans la perception des rapports : ce principe a lieu en poésie, en peinture, en architecture, en morale, dans tous les arts et dans toutes les sciences. Une belle machine, un beau tableau, un beau portique ne nous plaisent que par les rapports que nous y remarquons : ne peut-on pas même dire qu'il en est en cela d'une belle vie comme d'un beau concert ? [1]

Ce très beau passage a suscité de nombreux commentaires [2] – nous nous contenterons, dans cette présentation, de formuler deux remarques : 1) Diderot applique le principe de la perception des rapports au plaisir des sens comme aux affections morales, mais c'est dans la confusion de ces deux régimes que résidera, aux yeux des contemporains les plus avisés (ainsi Pierre Estève), la faiblesse du principe; 2) l'architecture fait partie de ces arts qui reçoivent une meilleure explication, lorsqu'on leur applique le principe général de la perception des rapports. On sait que cette analogie aboutira, dans les textes de Rameau, à une série de spéculations sur l'origine des proportions mathématiques. La série harmonique supérieure s'organise selon une proportion *harmonique*, par rapport au son fondamental que rend le monocorde sur toute sa longueur; de plus, le musicien prétend trouver dans l'expérience fictive de la résonance des cordes inférieures la proportion *arithmétique ;* la proportion *géométrique*, enfin, combine les accords de sous-dominante, de tonique et de dominante pour engendrer la gamme diatonique – bien que cette assertion fût rapidement

1. *Principes généraux d'acoustique*, § 6, p. 256.

2. Voir par exemple Jacques Chouillet, *Diderot, poète de l'énergie*, Paris, PUF, 1984, p. 251 *sq*.

infirmée, comme nous l'avons vu, il ne manqua pas d'affirmer que l'acoustique donnait physiquement toutes les proportions utilisées dans les calculs. Ainsi, lorsqu'il communique à Bernoulli un exemplaire de sa *Démonstration du Principe de l'harmonie*, à laquelle Diderot collabora probablement, Rameau écrit, au sujet du son fondamental (le principe) rendu par la résonance du corps sonore :

> Ce principe est en même temps le principe physique des proportions, ce qui prouve bien que rien ne plaît à nos sens qu'autant qu'il s'y trouve des proportions, dont celles que la musique nous donne sont apparemment les plus convenables, pour ne pas dire les seules. Mon ignorance m'empêche de trop hasarder, mais je vois que quiconque voudra appliquer à d'autres sciences ou arts ce que j'ai découvert dans la musique en pourra tirer quelques notions favorables. L'architecture par exemple y doit trouver son compte, nous avons ici un architecte[1] qui ne se conduit que par les proportions harmoniques et qui vient de nous donner un bâtiment dont les dehors ont du neuf et de l'agréable[2].

Selon Rameau, la musique renferme l'origine positive et naturelle des proportions utilisées dans les autres arts et, en particulier, en architecture. Diderot, quant à lui, se contente de souligner à plusieurs reprises que l'architecture réalise par excellence le principe de la perception des rapports, qu'il découvre en musique. Ces deux orientations se rejoindront cependant dans la critique formulée par d'Alembert : du moment que l'ordre des choses perçues se donne au sujet selon des rapports mathématiques, il devient très difficile de ménager un niveau où ces idéalités font l'objet d'une appréhension intellectuelle bien spécifique. Examinons maintenant les deux aspects qui caractérisent fondamentalement la théorie diderotienne : le premier concerne l'application du principe à son corrélat objectif; le second met en évidence l'aspect noétique de l'appréciation esthétique des rapports.

Les implications noématiques du principe de la perception des rapports tiennent à ce qu'il semble nécessaire de l'appliquer, non seulement à la relation ponctuelle d'un vécu momentané de plaisir avec une certaine configuration des rapports dans l'objet, mais encore à l'association plus complexe qui doit exister entre, d'une part, les états successifs et variés du plaisir des sens et, d'autre part, le changement des rapports dans l'objet qui

1. Il s'agit évidemment de Briseux : voir les *Nouvelles réflexions de M. Rameau sur sa Démonstration du principe de l'harmonie*, Paris, Durand et Pissot, 1752, p. 48-51.

2. Rameau, Lettre à Bernouilli du 27 avril 1750, citée dans *Musique raisonnée*, textes réunis par C. Kintzler, Paris, Stock, 1980, p. 115.

procure ce plaisir différencié. Autrement dit, on doit admettre que la variation d'un état de plaisir est proportionnelle à l'altération des rapports dans l'objet esthétique. Dans cette perspective, on prendra pour état de référence les rapports les plus simples, car ils sont perçus le plus facilement :

> (...) si vous admettez une fois que le plaisir consiste dans la perception des rapports, vous serez contraint de faire un pas de plus et de convenir que le plaisir doit varier avec les rapports, et que les rapports les plus simples se saisissant avec plus de facilité que les autres doivent aussi plaire plus généralement[1].

Qu'en est-il du privilège conféré aux rapports les plus simples? Rousseau essaiera de donner à cette préférence une explication généalogique, en reprenant la thèse de Mersenne sur la perfection de l'unisson. Mais il faut ici s'attacher à l'exemple retenu par Diderot lui-même :

> (...) de tous les rapports, le plus simple, c'est celui d'égalité; il était donc naturel que l'esprit humain cherchât à l'introduire partout où il pouvait avoir lieu (...). C'est par cette raison qu'on fait les ailes d'un bâtiment égales et les côtés d'une fenêtre parallèles. Si la raison d'utilité demande qu'on s'en écarte, on lui obéit; mais c'est comme à regret, et l'artiste ne manque jamais de revenir au rapport d'égalité dont il s'était écarté[2].

Descartes et Diderot partagent la thèse selon laquelle, dans le mouvement de la création, l'artiste revient toujours au rapport qui est le plus aisément perçu par les sens : c'est d'ailleurs cette communauté de point de vue qui donnera à Rousseau l'occasion de développer sa critique. Ce texte suggère en outre que l'architecte, lorsqu'il conçoit un bâtiment, doit avant tout suivre l'organisation que commande la perception des rapports, tandis que l'utilité apparaît ici comme un principe subordonné. Diderot renverse ainsi un ordre traditionnellement admis – quand il définit l'architecture par la connaissance de l'usage auquel sont destinées les productions de cet art, Batteux exige que le bel arrangement des parties dans l'objet, qui procure du plaisir, prenne le tour de l'utilité :

> Que penserait-on d'un édifice somptueux qui ne serait d'aucun usage? (...) S'il y a proportion, variété, unité, c'est pour le rendre plus aisé, plus solide, plus commode : tous les agréments pour être parfaits doivent paraître avec un caractère d'utilité; au lieu que

1. *Principes généraux d'acoustique*, § 6, p. 256.
2. *Ibid.*

> dans la sculpture, les choses qui y sont pour l'utilité doivent se tourner en agrément[1].

C'est la catégorie du *commode* qui commande l'activité de l'architecte. Au contraire, Diderot soumet les nécessités pratiques à la production, dans l'objet, des plus beaux rapports possibles – même si l'on doit penser que l'harmonie des rapports est l'indice d'une construction qui a parfaitement intégré le modèle de son usage[2]. Il est assez frappant de constater que ce premier corrélat du principe de la perception des rapports, savoir, la règle selon laquelle le plaisir varie en même proportion que les rapports, se vérifie avant tout en architecture[3]. Nous aborderons un peu plus tard l'exemple musical (c'est la dissonance qui, à l'âge classique, atteste la nécessité d'un retour aux rapports simples).

Les caractères noétiques du principe de la perception des rapports prennent vite l'allure d'une difficulté majeure. Le plus souvent, le musicien ne thématise pas les rapports auxquels il conforme sa production, comme par instinct : « C'est à [ce principe] que nous sommes redevables d'une infinité de petits ornements minutieux que l'on traite tous les jours d'arbitraires et qui ne sont rien moins[4] ». D'une façon plus générale, la plupart des artistes n'explicitent pas pour lui-même le principe général de leur action (« Il étaient secrètement guidés par la perception des rapports »[5]), tandis que les hommes de goût doivent mettre ce principe en évidence[6] :

1. *Les Beaux-arts réduits à un même principe*, Première Partie, chap. VI, p. 104.

2. Il ne faut pas exagérer l'influence de Batteux sur Diderot : l'explication du sentiment du beau, dans les *Principes généraux d'acoustique*, ne repose nullement sur l'idée d'imitation – il est vrai que Diderot s'efforcera, dans les textes ultérieurs (songeons surtout à la *Lettre sur les sourds et les muets*), d'articuler son premier principe avec une théorie de l'expression. C'est lorsqu'il spécule sur l'origine des arts que Batteux recourt à la considération des seuls rapports que l'art est en charge d'imiter : « Après avoir contemplé la nature, [l'homme] se considéra lui-même. Il reconnut qu'il avait un goût né pour les rapports qu'il avait observés, qu'il en était touché agréablement. Il comprit que l'ordre, la variété, la proportion tracé[e]s avec tant d'éclat dans les ouvrages de la nature, (...) pouvaient (...) être regardées comme des leçons de conduite, et tournées au profit de la société humaine. Ce fut alors, à proprement parler, que les arts sortirent de la nature » (*Les Beaux-arts réduits à un même principe*, IIe partie, chap. III, p. 124). Pour le reste, et même si Diderot n'assume pas vraiment cette orientation, il est patent que le principe des rapports conduit surtout à se dégager du dogme de l'imitation.

3. « (...) la seule architecture m'en fournirait mille exemples; mais ils seraient ici déplacés » (*Principes généraux d'acoustique*, § 6, p. 256-257).

4. *Ibid.*, p. 256.

5. *Ibid.*, p. 257.

6. « (...) ce principe doit servir de base à un essai philosophique sur le goût, s'il se trouve jamais quelqu'un d'assez instruit pour en faire une application générale à tout ce qu'il embrasse » (*ibid.*, p. 256).

cette idée est encore admissible, sous la plume du rédacteur du *Prospectus* de l'*Encyclopédie*. Il existe cependant une difficulté corrélative, qui tient à ce que le sujet qui entend les consonances, et les apprécie comme telles, n'a cependant pas toujours conscience des rapports qui leur confèrent une qualité particulière. Le problème tient justement à ce que, chez Diderot, c'est le rapport des sons, *en tant que nous le percevons*, et non l'action mécanique des vibrations, qui procure le plaisir – comment cette opération peut-elle s'effectuer à notre insu ? Les *Principes généraux d'acoustique* ne manquent pas de poser cette question délicate :

> Mais comment se peut-il faire, dira-t-on, que le plaisir des accords consiste dans la perception des rapports des sons ? La connaissance de ces rapports accompagne-t-elle donc toujours la sensation ? C'est ce qu'il paraît difficile d'admettre ; car combien de gens, dont l'oreille est très délicate, ignorent quel est le rapport des vibrations qui forment la quinte ou l'octave à celles qui donnent le son fondamental ?[1] L'âme a-t-elle ces connaissances sans s'en apercevoir, à peu près comme elle estime la grandeur et la distance des objets, sans la moindre notion de géométrie, quoiqu'une espèce de trigonométrie naturelle et secrète paraisse entrer pour beaucoup dans le jugement qu'elle en porte ?[2].

Euler affirmait plus directement que le plaisir suscité par la compréhension des rapports sanctionne une connaissance enveloppée, qui a son siège dans l'oreille :

> (...) nous comprenons la relation réciproque d'un plus grand nombre de sons si nous connaissons tous les rapports qu'entretiennent les nombres de vibrations des sons singuliers, émises en même temps[3].

Diderot établit alors une comparaison importante entre la perception des intervalles consonants et l'appréciation des distances par la vue

1. Tel serait pourtant le fondement physique du plaisir que procurent les premières consonances – citons par exemple Buffon : « En considérant donc le son comme sensation, on peut donner la raison du plaisir que font les sons harmoniques ; il consiste dans la proportion du son fondamental aux autres sons : si ces autres sons mesurent exactement et par grandes parties le son fondamental, ils seront toujours harmoniques et agréables ; si au contraire ils sont incommensurables, ou seulement commensurables par petites parties, ils seront discordants et désagréables » (*Histoire naturelle de l'Homme*, « Du sens de l'ouïe », in *Œuvres choisies de Buffon*, p. 290).

2. *Principes généraux d'acoustique*, Objection, p. 257-258.

3. « (...) plurium sonorum mutuam relationem comprehendimus, si omnes rationes, quas singulorum sonorum numeri vibrationum eodem tempore editarum inter se tenent, cognoscemus » (*Tentamen*, cap. II, § 18, p. 228).

– d'Alembert reprendra ce parallèle, pour conclure que ces problèmes, dans la mesure où ils ne peuvent donner lieu qu'à des hypothèses invérifiables, confèrent à l'optique et à l'acoustique un moindre degré de perfection, dans la hiérarchie des sciences : il estime que « les moyens par lesquels l'œil juge de la distance et de la grandeur apparente des objets »[1] [ce qui, au fond, correspond aux *rapports* des objets visibles pour notre perception] nous restent aussi obscurs que « la cause du plaisir que certains accords produisent en nous, et des sensations désagréables que d'autres nous font éprouver[2] » – nous aurons l'occasion de revenir sur cette critique fondamentale, dont l'argument nous semble le plus souvent mal compris.

En fait, quand Diderot parle des connaissances inaperçues que l'âme mobilise, afin de juger les rapports qui organisent l'objet esthétique, il paraît suggérer une réponse analogue à celle que Leibniz fournissait, dans le cadre de la théorie de la coïncidence des coups. L'âme n'aperçoit pas les vibrations régulières qui produisent le son musical, mais elle apprécie les intervalles consonants grâce à une pratique occulte de l'arithmétique, qui calcule le degré de coïncidence des coups entre les sons réunis dans un accord :

> La musique est un exercice occulte d'arithmétique de l'âme qui ignore qu'elle compte, car elle fait beaucoup de chose dans les perceptions confuses ou insensibles qu'elle ne peut remarquer par une aperception distincte. (...) Donc, même si l'âme ne sent pas qu'elle compte, elle sent cependant l'effet de ce décompte sensible, c'est-à-dire le plaisir qui en résulte dans les consonances et le déplaisir dans les dissonances[3].

Il est évident que Diderot ne développe pas, dans les *Principes généraux d'acoustique*, une conception comparable, quant à son degré d'élaboration; mais il faut bien faire état des possibilités que sa réponse laisse ouvertes. Au fond, elle consiste simplement à distinguer des degrés de conscience – tandis que l'auditeur ordinaire jouit de l'effet des rapports sans les connaître (il reste alors au plan du simple *sentiment*), l'homme de goût est capable de les apercevoir, c'est-à-dire d'avoir une conscience claire

1. *Eléments de philosophie*, chap. XVIII, p. 162.

2. *Ibid.*, p. 163. Suit un renvoi à l'article « Consonance » de l'*Encyclopédie*, que nous justifierons plus tard. Sur la genèse de ce problème en milieu cartésien, voir le paragraphe suivant, « la critique du principe ».

3. Lettre à Goldbach du 17 avril 1712, A.-P. Juschkewitsch et Ju. Ch. Kopelewitsch, « La correspondance de Leibniz avec Goldbach », *Studia Leibnitiana*, Band XX/2 (1988), p. 175-189; trad. F. de Buzon, « Extraits de la correspondance Leibniz-Goldbach concernant la musique », *Philosophie*, n° 59, sept. 1998, p. 11.

de l'effet esthétique qui leur incombe directement et, peut-être, de thématiser les raisons mathématiques auxquelles ils se conforment (quoi qu'il en soit de ce dernier aspect de son jugement, il atteint une authentique *perception* des rapports) :

> (...) nous nous contenterons d'observer qu'il est d'expérience que les accords les plus parfaits sont formés par les sons qui ont entre eux les rapports les plus simples; que ces rapports peuvent affecter notre âme de deux manières, par sentiment ou par perception, et qu'ils n'affectent peut-être la plupart des hommes que de la première manière[1].

A partir de cette description, on peut bien imaginer que l'esprit du vulgaire calcule inconsciemment les rapports, mais on ne doit pas négliger le fait que le passage du sentiment à la perception peut être conçu, pour certains auteurs, dans les termes d'une genèse empiriste, qui ne postule pas, selon eux, la connaissance préalable des raisons mathématiques. C'est dans cet esprit que Buffon mentionne l'aveugle de Cheselden, tandis qu'il reprend la question posée par Diderot :

> On pourrait me dire qu'on ne conçoit pas trop comment une proportion peut causer du plaisir, et qu'on ne voit pas pourquoi tel rapport, parce qu'il est exact, est plus agréable que tel autre qui ne peut pas se mesurer exactement. Je répondrai que c'est cependant dans cette justesse de proportion que consiste la cause du plaisir, puisque toutes les fois que nos sens sont ébranlés de cette façon, il en résulte un sentiment agréable, et qu'au contraire ils sont toujours affectés désagréablement par la disproportion. On peut se souvenir de ce que nous avons dit au sujet de l'aveugle-né auquel M. Cheselden donna la vue en lui abattant la cataracte : les objets qui lui étaient les plus agréables lorsqu'il commençait à voir étaient les formes régulières et unies; les corps pointus et irréguliers étaient pour lui des objets désagréables[2].

Quelles que soient leurs divergences sur la possibilité, pour un sens (le toucher) d'instruire un autre sens (la vue), la plupart des philosophes des Lumières tirent du problème de Molyneux l'idée selon laquelle la perception fait l'objet d'un apprentissage : « (...) il faut peut-être que l'œil

1. *Principes généraux d'acoustique*, § 6, Objection et Réponse, p. 258.

2. *Histoire naturelle de l'homme*, « Du sens de l'ouïe », *in Œuvres choisies de Buffon*, p. 290-291.

apprenne à voir, comme la langue à parler[1] » – comme l'écrit efficacement F. Markovits, « l'apprentissage serait au principe de la perception[2] ». En revanche, on accordera peut-être moins facilement à F. Markovits que cette perspective généalogique se soustrait aux difficultés soulevées par la théorie classique des jugements naturels : outre que Descartes et Malebranche comptent l'habitude au nombre des facteurs qui entrent dans l'appréciation des distances par la vue, il faut surtout noter que le modèle de l'apprentissage linguistique inscrit l'examen de la relation de signe à interprétation au cœur du problème philosophique de la perception – et cette relation, conçue sur le modèle mathématique de la perception des rapports, constitue précisément le problème fondamental des jugements naturels.

La question de l'origine des connaissances qui nous permettent d'apprécier les rapports (sont-elles enveloppées dans le sentiment simple, où sont-elles construites à partir de l'analyse de ce sentiment ?) peut être provisoirement suspendue pour dégager la thèse qui, de toute façon, implique de les engager dans la constitution du plaisir musical : la perception des rapports requiert un jugement et, partant, une certaine activité de l'esprit. Certes, cette inférence ne porte pas sur les raisons mathématiques qui expriment exactement ces rapports, précisera plus tard Diderot : « Je n'exige pas que celui qui voit un morceau d'architecture soit en état d'assurer ce que l'architecte même peut ignorer, que cette partie est à celle-là comme tel nombre à tel nombre[3] ». Il reste que l'appréciation esthétique ne peut se constituer que dans l'application d'un jugement aux données sensorielles, fût-il implicite : « Le rapport en général est une opération de l'entendement[4] » – les critiques du principe élaboré par Diderot vont s'efforcer de préciser les modalités auxquelles une telle opération devrait se soumettre, afin de savoir si elles sont compatibles avec le témoignage de l'expérience. On peut d'ailleurs distribuer l'ensemble des objections formulées à l'époque selon les deux volets, noématique et noétique, de l'hypothèse diderotienne.

1. *Lettre sur les aveugles*, p. 60. Rappelons simplement que Condillac, dans le *Traité des sensations*, se reproche de ne pas avoir aperçu ce point dans l'*Essai sur l'origine des connaissances humaines*.

2. Postface à J.-B. Mérian, *Sur le problème de Molyneux*, Paris, Flammarion, 1984, p. 250.

3. *Encyclopédie*, art. « Beau », p. 176.

4. *Ibid.*

La critique du principe

Le premier problème soulevé par les contemporains tient en effet à ce que l'on constate que, contrairement aux déterminations noématiques du principe, les variations qui affectent notre sentiment ne correspondent pas toujours au degré selon lequel les rapports sont altérés dans l'objet esthétique. C'est ainsi que les premiers intervalles donnés par l'expérience de résonance (l'octave, la tierce et la quinte), ne tolèrent pas de la même façon des altérations identiques – ces trois premiers intervalles constituent l'accord parfait majeur et, à cet égard, ils reçoivent à coup sûr l'agrément de l'organe ; mais s'ils se trouvent ensuite affectés d'une modification équivalente, certains conserveront leur caractère plaisant, tandis que d'autres (parmi lesquels l'octave, qui est le premier d'entre eux) deviendront franchement insupportables :

> Pourquoi d'ailleurs certains accords fort agréables, tels que la quinte, ne perdent-ils presque rien de leur agrément quand on les altère, et que par conséquent on détruit la simplicité de leur rapport ; tandis que d'autres accords, fort agréables aussi, tels que la tierce, deviennent durs par une faible altération ; tandis enfin que le plus parfait et le plus agréable de tous les accords, l'octave, ne peut souffrir l'altération la plus légère ? [1]

Dans ce texte, d'Alembert renvoie finalement l'examen de tels problèmes à ces questions métaphysiques qui, comme dans le cas de la vue (on retrouve bien entendu l'analogie relevée dans les *Eléments de philosophie*), ne peuvent recevoir de solution satisfaisante :

> Avouons de bonne foi notre ignorance sur les raisons premières de tous ces faits. Il en est vraisemblablement de la métaphysique de l'ouïe, si on peut parler de la sorte, comme de celle de la vision, dans laquelle les philosophes ont fait jusqu'à présent si peu de progrès, et vraisemblablement ne seront guère surpassés par leurs successeurs [2].

Surtout, une note insérée dans l'*Essai sur les éléments de philosophie* (1759, chap. XVIII), puis dans la préface à la seconde édition des *Eléments de musique* (1762) présente le grand intérêt de nous renvoyer à l'exposé fourni dans l'article « Consonance » de l'*Encyclopédie* [3], rédigé

1. D'Alembert, *Eléments de musique, théorique et pratique*, 2ᵉ éd., préface, p. XXV.

2. *Ibid.*

3. « A ces raisons on peut en joindre encore d'autres, qu'on trouvera dans l'article CONSONANCE de l'*Encyclopédie*, où cette question a été fort bien discutée par M. Rousseau » (*ibid.*, note e).

par Rousseau. Le Genevois n'y apporte en fait aucun élément supplémentaire, pour ce qui concerne la théorie de la perception des rapports proprement dite : il déclare effectivement que, dans la mesure où « il n'y a pas toujours une proportion exacte entre les rapports des sons et le degré de plaisir ou de peine dont ils nous affectent ». L'explication proposée par Diderot dans les *Principes généraux d'acoustique*, bien qu'elle « s'étende facilement à d'autres phénomènes qui se remarquent dans les beaux-arts » doit être simplement considérée comme une « hypothèse (...) fort vraisemblable, mais qu'il ne faut pas la regarder comme démontrée[1] ». Le corrélat empirique du principe de la perception des rapports, qui posait l'adéquation de notre sentiment à la disposition des rapports dans l'objet, n'est pas entièrement acceptable, puisque la variation conjuguée de ces deux ordres ne se vérifie pas toujours. Mais Rousseau en conclut simplement que Diderot a présenté la meilleure hypothèse possible, encore qu'elle ne soit pas entièrement satisfaisante. Cependant, il importe surtout de signaler l'évolution de la pensée de Rousseau sur ce sujet.

L'article « Consonance » du *Dictionnaire de Musique* (1768), en effet, apparaît beaucoup plus catégorique : Rousseau rejette définitivement le principe de Diderot, au nom d'arguments complexes et, surtout, passablement elliptiques. Une étude des sources consultées par l'auteur du *Dictionnaire* permet cependant de lever un certain nombre d'obscurités. Avant de fournir ces éclaircissements, citons le début de l'alinéa consacré au problème qui nous occupe :

> Le philosophe qui nous a donné des principes d'acoustique, laissant à part tous ces concours de vibrations, et renouvelant sur ce point le système de Descartes, rend raison du plaisir que les *consonances* font à l'oreille par la simplicité des rapports qui sont entre les sons qui les forment. Selon cet auteur, et selon Descartes, le plaisir diminue à mesure que ces rapports deviennent plus composés, et quand l'esprit ne les saisit plus, ce sont de véritables dissonances ; ainsi c'est une opération de l'esprit qu'ils prennent pour le principe du sentiment de l'harmonie[2].

L'amplification de la critique est particulièrement frappante, et l'on observe tout d'abord que Rousseau établit un parallèle, dont il faut tâcher d'évaluer la portée, entre le principe de Diderot et la théorie cartésienne. Comme on l'a vu, ce rapprochement tient à ce que ces deux auteurs ont proposé un critère esthétique général qui permet de définir l'agrément de la sensation, quel que soit le sens qui éprouve le plaisir – au lieu que le

1. *Encyclopédie*, art. « Consonance », vol. VI, p. 51a.
2. *Dictionnaire de musique*, art. « Consonance », p. 729.

système de la coïncidence des coups (critiqué par Rousseau dans les lignes précédentes) s'appliquait uniquement à l'ouïe. Cette parenté peut-elle se fonder sur une reprise textuelle? Tout au plus notera-t-on que, dans le septième *Prænotandum* du *Compendium musicæ*, Descartes indique que c'est pour l'agrément de l'âme (et non pour le plaisir du sens) que l'objet doit comporter une certaine variété :

> Parmi les objets du sens, celui-ci n'est pas le plus agréable à l'âme qui est le plus facilement perçu par le sens, ni celui qui l'est le plus difficilement; mais c'est celui qui n'est pas si facile à percevoir que le désir naturel qui porte les sens vers les objets ne soit pas entièrement comblé, ni également si difficile qu'il fatigue le sens [1].

Par la manière dont il se donne dans la perception, le bel objet éveille en l'âme un certain désir, une certaine attente, qui constitue le propre des réalisations artistiques. S'il faut, avec Rousseau, découvrir une thèse sur le plaisir musical commune à Descartes et à Diderot, on peut alors mentionner la fin de la Remarque au § 6 des *Principes généraux d'acoustique :*

> Si l'esprit, qui est nécessairement paresseux, s'accommode volontiers des rapports simples, comme il n'aime pas moins la variété qu'il craint la fatigue, on est quelquefois forcé d'user de rapports composés, tantôt pour faire valoir les rapports simples, tantôt pour éviter la monotonie, tantôt pour ajouter à l'expression, et c'est de là que naît en musique l'emploi que nous faisons de la dissonance, emploi plus ou moins fréquent, mais presque toujours nécessaire [2].

Chez les deux auteurs, la dissonance constitue le meilleur exemple de la dynamique que la référence noétique introduit dans le plaisir des sens : en effet, lorsque l'âme apprécie un intervalle consonant caractérisé par des rapports très simples, elle désire rapidement que d'autres rapports, plus complexes, introduisent quelque variété dans un objet qui, s'il restait simple, suffirait à satisfaire le plaisir des sens – notons au passage que Descartes prend soin de ménager le rôle des sens dans cette description, puisque c'est à leur niveau qu'est éprouvée la nécessité des rapports les plus simples, tandis que le désir d'une variété plus grande s'affirme pour l'âme; Diderot estime plus brutalement que l'esprit (quelle qu'en soit, par ailleurs,

1. *Abrégé de Musique*, trad. F. de Buzon, 7e Remarque préalable, p. 58.

2. *Principes généraux d'acoustique*, p. 257. Il faudra bien entendu revenir aux rapports les plus simples, c'est-à-dire, selon l'usage prescrit par une harmonie moderne, sauver la dissonance : « mais la dissonance, selon les musiciens, veut ordinairement être préparée et sauvée; ce qui, bien entendu, ne signifie rien autre chose que, si l'on a de bonnes raisons d'abandonner les rapports simples pour en présenter à l'oreille de plus composés, il faut revenir sur-le-champ à l'emploi des premiers » (*ibid.*).

la nature[1]) prend en charge l'ensemble de ces opérations. Descartes et Diderot incluent une participation de l'âme ou (en termes moins décisifs) de l'esprit dans la constitution du plaisir que procurent les consonances – cette intervention est requise, en effet, pour expliquer que l'on effectue la saisie synoptique d'un enchaînement harmonique déterminé, mais aussi, en amont, pour appréhender les rapports en fonction desquels s'effectue cette progression (il s'agit d'apprécier la dissonance sous l'horizon de sa résolution ultérieure). Comme en témoigne le texte du *Dictionnaire de Musique*, le rôle de l'esprit dans le sentiment élémentaire de l'harmonie suscite le second volet des critiques adressées à la théorie de la perception des rapports.

Reprenons la formule lapidaire par laquelle le *Dictionnaire de Musique* récuse l'aspect noétique des conceptions de Descartes et Diderot sur la perception des rapports qui constituent les intervalles consonants : « (…) c'est une opération de l'esprit qu'ils prennent pour le principe du sentiment de l'harmonie ». Il s'agit d'un emprunt inavoué à la *Nouvelle découverte du principe de l'harmonie*, de Pierre Estève, qui commentait en ces termes le passage du *Compendium Musicæ* que nous avons cité : « (…) c'est une opération de l'esprit que Descartes a pris pour le principe du sentiment de l'harmonie[2] ». Estève précise aussitôt quelle est la nature de cette opération : « Il a réduit ce sentiment à un jugement de comparaison[3] ». Il est assez patent que le texte cartésien est envisagé à travers le prisme des discussions que les philosophes du XVIIIe siècle entretiennent sur la nature du jugement – et les positions peuvent dès à présent se distribuer assez clairement : contre Condillac, Diderot et Rousseau affirment qu'en général, c'est une puissance active (la réflexion) qui commande l'appréhension des rapports entre les idées simples issues de la sensation ; mais l'auteur du *Dictionnaire de musique* affirme ici que ce n'est précisément pas ce qui se passe, quand l'individu appréhende les relations purement sensuelles qui

1. Dans ses œuvres tardives, Diderot confie à un organe spécifique (le cerveau) la fonction que remplit l'esprit dans les *Principes généraux d'acoustique* – voir la *Réfutation d'Helvétius* de 1778.

2. *Nouvelle découverte du principe de l'harmonie*, Introduction, p. VIII. La source indirecte de l'argument rousseauiste serait alors Dortous de Mairan, dont Estève reprend les termes : « Dirons-nous avec de fameux philosophes modernes, que l'âme par sa nature ressent toujours du plaisir à juger de la proportion des objets qui l'affectent, à les comparer, et au contraire, une peine secrète, quand elle ne peut que difficilement en faire la comparaison, comme il arrive dans le cas opposé de la consonance et de la dissonance, de la commensurabilité et de l'incommensurabilité ? Mais n'est-ce pas substituer un jugement explicite, et une satisfaction purement intellectuelle à une pure sensation ? » (« Discours sur la propagation du son », § 29, p. 15-16).

3. *Nouvelle découverte du principe de l'harmonie*, Introduction, p. VIII.

composent l'harmonie. Cette position de principe se révélera en réalité incompatible avec la théorie rousseauiste de la musique, mais on peut retenir, pour l'instant, que la partie de l'article « Consonance » du *Dictionnaire de Musique* consacrée à la théorie de la perception des rapports reprend l'argumentation développée par Estève : Rousseau ne fait guère qu'appliquer à Diderot les critiques que cet auteur adressait à Descartes – ce déplacement se fonde d'ailleurs sur les motifs plutôt pertinents que nous avons exposés.

Dans le contexte de la critique rousseauiste, le texte d'Estève présente en outre le grand intérêt d'admettre certains principes revendiqués par Diderot lui-même. Selon l'encyclopédiste, l'opération de comparaison, qui s'applique aux rapports constitutifs de l'objet esthétique, est instantanée – nous portons notre attention sur deux idées simples que nous ne concevons pas alternativement (comme chez Helvétius), mais que nous apercevons simultanément. Diderot emploie d'ailleurs, pour décrire cette opération, la métaphore de la résonance des harmoniques : nous comparons plusieurs idées en même temps, de la même manière qu'une corde sonore émet parfois plusieurs sons concomitants à différentes hauteurs[1]. D'une même façon, dans l'introduction de la *Nouvelle découverte du principe de l'harmonie*, Estève admet que certains sentiments comportent une activité de l'entendement, c'est-à-dire un jugement de comparaison, sans que ces sentiments se trouvent pour autant différés, par rapport à l'occasion extérieure qui les suscite : « Le jugement de comparaison qui décide le sentiment est dans plusieurs affections de l'âme, qui cependant n'en paraissent ni moins vives ni moins promptes qu'une sensation[2] ». Les exemples retenus par Estève sont empruntés au domaine moral[3], dont on a signalé que Diderot l'organisait également, sous un certain point de vue, selon le principe de la perception des rapports :

1. Les sons rendus par les cordes vibrantes ne traduisent pas simplement les mouvements de l'archet, mais expriment certaines configurations harmoniques ; de la même façon, les sollicitations externes éveillent en nous des idées qui, à leur tour, entrent en résonance avec d'autres idées : « (...) les cordes vibrantes ont encore une autre propriété, c'est d'en faire frémir d'autres ; et c'est ainsi qu'une première idée en rappelle une seconde, ces deux-là une troisième, toutes les trois une quatrième, et ainsi de suite, sans qu'on puisse fixer la limite des idées réveillées, du philosophe qui médite ou qui s'écoute dans le silence ou l'obscurité » (Diderot, *Le rêve de d'Alembert*, « Entretien entre d'Alembert et Diderot », p. 272).

2. *Nouvelle découverte du principe de l'harmonie*, Introduction, p. VIII-IX.

3. « Pour décider le juste et l'injuste, il faut sans doute, que l'âme fasse plusieurs comparaisons, et il arrive presque toujours que comme par instinct subit elle se détermine, elle n'a donc point alors été retardée, elle ne s'est point aperçue des opérations qui l'ont décidée » (*ibid.*, p. IX).

> Sans contredit plusieurs sentiments sont produits par des opérations de l'entendement. L'amour que nous portons au bien, l'horreur pour le mal, les vertus et les vices moraux, les affections et les antipathies qui en sont produits, tout cela est décidé par un jugement de comparaison, qui précède et détermine le sentiment[1].

A dire le vrai, on conçoit assez mal quelle conception du sentiment moral Estève défend dans ce texte – suggérons simplement que l'idée de conscience, telle que les jurisconsultes la constituent à partir de la théorie scolastique classique, pourrait ici convenir[2]. L'important est de comprendre qu'un sentiment instantané peut cependant envelopper un jugement, et qu'à cet égard, il est possible qu'une sensation agréable s'appuie sur une opération de l'esprit : « C'est ainsi que l'émotion que fait un son, quoique paraissant instantanée, pourrait être réglée en partie par une opération de l'esprit[3] ». Pour écarter cette interprétation, selon laquelle le plaisir que procurent les consonances sanctionne un jugement, Estève va développer une réfutation sur deux plans : d'une point de vue négatif, il va s'efforcer d'établir que l'émotion esthétique élémentaire dont il est ici question ne présente pas les traits caractéristiques des sentiments intellectuels; plus positivement, il propose une explication alternative (et originale) au phénomène des consonances, que nous avons déjà exposée[4].

Les sentiments dans lesquels intervient le jugement peuvent recevoir des colorations affectives très variées, et l'on peut dire que les rapports intellectuels changent ainsi la nature de l'émotion primitive. Au contraire, Estève considère que l'organisation matérielle des sens ne connaît pas des différences telles qu'une sensation élémentaire, comme celle que produit l'accord de deux sons, pourrait se donner comme agréable ou désagréable, selon qu'elle affecte tel ou tel individu. On peut penser, par conséquent,

1. *Ibid.*

2. Pour une reprise cartésienne de la théorie scolastique, on peut mentionner J.-B. Duhamel : « La règle prochaine des actions humaines est la conscience qui est définie par saint Thomas le jugement de l'intellect, par lequel on applique la science pratique à l'acte particulier. C'est donc comme une application de la loi naturelle et une connaissance innée de ce qu'il faut faire *hic et nunc* » (*Philosophia vetus et nova*, 2e éd., 1614, vol. 2, p. 381 ; cité par E. Bréhier, *Lectures malebranchistes de J.-J. Rousseau*, p. 115). En ce qui concerne les jurisconsultes, citons par exemple Pufendorf : « La CONSCIENCE est le jugement que chacun porte de ses propres actions, comparées avec les idées qu'il a d'une certaine Règle nommée LOI ; en sorte qu'il conclut en lui-même que les premières sont ou ne sont pas conformes aux dernières » (*Les Devoirs de l'homme et du citoyen*, trad. Barbeyrac, 6e éd., Londres, 1741, liv. I, chap. I, § V, note 1, p. 6). L'ensemble de ces références est fourni par R. Derathé, *Le Rationalisme de J.-J. Rousseau*, p. 76-77.

3. *Nouvelle découverte du principe de l'harmonie*, Introduction, p. IX.

4. *Cf.* notre première partie, début du chap. III.

que c'est l'organe qui se trouve agréablement affecté par les consonances et qui, selon un processus physiologique étroitement déterminé chez tous les hommes, transmet jusqu'à l'âme le sentiment de plaisir :

> (…) les sensations produites par les organes dans leur effet sur l'âme, ont (…) [des] mouvements qui les portent et des caractères plus fixes, et qui par des combinaisons inaltérables commandent, pour ainsi dire, à l'âme le sentiment qui doit l'affecter[1].

L'âme, quant à elle, n'intervient pas dans la constitution d'un sentiment qui, pour cette raison, est identique chez tous les individus[2]. Il faut bien noter que c'est au titre de l'objectivité du plaisir musical qu'Estève écarte la thèse d'une constitution intellectuelle de l'agrément – bien entendu, il ne s'agit ici que du plaisir élémentaire procuré par les consonances. Une fois encore, la passivité des sens certifie que le sujet n'affecte l'objet esthétique d'aucun indice de relativité.

L'élimination du jugement sanctionne d'autre part l'explication physique positive mise au point par P. Estève, puisque l'émission des séries harmoniques supérieures produit son effet dans l'organe, quoi qu'il en soit de l'attention que nous portons au phénomène : « Qu'on soit attentif ou qu'on ne le soit pas; qu'on distingue dans un son les harmoniques ou qu'on ne les y distingue pas, aucun ne nous échappe, tous se portent à l'organe et adoucissent par des gradations l'impression principale[3] ». Estève développe donc une théorie de la perception musicale assez solide pour s'opposer à celle de Diderot, et qui n'implique pas l'activité de l'âme dans la production des agréments qui font le premier objet de la science harmonique. Rousseau peut tirer argument de ces développements originaux afin de dénier à l'harmonie tout autre effet que mécanique ou sensoriel; il lui faudra encore montrer qu'elle ne donne qu'une beauté savante, destinée à des oreilles modernes (*i.e.* intellectualisées) – ce qui, dans la perspective définie par Estève, ne va pas du tout de soi. Il faut bien constater qu'en outre, l'explication fournie dans la *Nouvelle découverte* présente l'inconvénient de ne s'appliquer qu'à une certaine catégorie

1. *Ibid.*, p. IX-X.

2. « Dans la pratique de la musique, aucune oreille ne distingue aucun harmonique, tout est fugitif à l'esprit; mais le sentiment n'y perd rien; il obéit aux mouvements qui le développent » (*ibid.*, p. 14).

3. *Ibid.*, p. 12. Puis : « (…) quoique ces harmoniques ne soient pas entendus distinctement, ils n'échappent pourtant pas au sentiment; ils se trouvent dans l'action mécanique et nécessaire des sons; ils entrent dans l'organe, en émeuvent les nerfs et produisent dans chaque impression cette gradation de sons plus faibles et plus hauts, qui n'est distinguée que par la douceur et la mélodie des mouvements sonores » (p. 14-15).

d'objets musicaux (les consonances et les accords, et non la mélodie), au lieu que Diderot propose un principe général qui ne soumet pas l'appréciation esthétique à des conditions mécaniques déterminées.

Le principe de la perception des rapports embarrasse certains auteurs du XVIIIe siècle, parce qu'il leur semble requérir une activité de l'esprit, là où nous enregistrons passivement le plaisir sensuel procuré par les consonances [1]. L'agrément qu'elles suscitent, dans la mesure où il paraît se jouer au niveau de l'organe, n'engage nullement une interprétation mentale qui se surajouterait aux données sensorielles. De surcroît, cette intervention introduirait dans la classification esthétique des intervalles consonants une appréciation subjective, susceptible d'être contestée ou invalidée : la passivité des sens, au contraire, atteste en cette occasion le fondement objectif de l'affection. Cependant, il demeure que l'hypothèse proposée par Diderot permet de faire l'économie des spéculations sur les propriétés des vibrations qui, au prix d'une solution de continuité entre le phénomène physique et le sentiment agréable, ne définissaient encore que certaines consonances : la perception des rapports fournit un principe immédiatement efficace, qui s'applique à tous les phénomènes musicaux et, plus largement, à l'ensemble des beaux-arts. Il n'est donc pas surprenant que, dans des contextes parfois différents, on s'efforce de conférer au sentiment esthétique un critère analogue, qui possède les mêmes qualités de généralité (il doit valoir pour tous les arts) et qui, de plus, échappe à l'arbitraire des associations d'idées (il doit se maintenir au niveau de la sensation). On essaie en somme de maintenir l'appréhension des rapports au plan de l'immanence sensorielle pour définir le sentiment de l'harmonie.

La pensée naturée

La question de savoir comment sont appréhendées les relations harmoniques est souvent mise en rapport, au XVIIIe siècle, avec le problème de la perception des distances par la vue – encore faut-il remarquer que cette analogie, chez les auteurs des Lumières, est systématiquement négative : elle signale que ces appréciations ne tolèrent pas une élucidation rationnelle complète, réductible aux principes des connaissances mathématiques.

1. L'esthétique kantienne portera la trace de ces discussions sur l'intervention du jugement dans le plaisir musical – selon que l'on admet ou non cette hypothèse, on dira de la musique, « soit qu'il s'agit d'un beau jeu des sensations (pour l'ouïe) (...), soit qu'il s'agit d'un jeu de sensations *agréables* » (*Critique de la faculté de juger*, § 51, trad. A. Philonenko, Paris, Vrin, 1986, p. 153).

C'est d'ailleurs la raison pour laquelle les commentateurs opposent souvent l'interprétation du problème de Molyneux proposée par ces philosophes aux spéculations sur les jugements naturels qui, au XVIIe siècle, postulent une constitution géométrique du visible[1]. Reste que, dans les textes qui nous occupent, c'est bien la théorie de Diderot que l'on suspecte de poser les mêmes difficultés que la doctrine malebranchiste des jugements naturels. S'il est donc essentiel de ressaisir tous les présupposés de la critique formulée par Rousseau et d'Alembert, c'est d'abord parce qu'elle interdit d'interpréter les théories de la perception élaborées au XVIIIe siècle sous le seul point de vue d'une substitution du modèle généalogique de la génération des idées au modèle géométrique qui qualifiait les doctrines d'inspiration cartésienne.

On conçoit aisément de quelle façon le principe diderotien peut rappeler certaines hypothèses (prêtées aux classiques) sur la trigonométrie naturelle qui permet à l'âme d'apprécier la grandeur des objets visibles. Au fond, le principe de la perception des rapports conduit à fonder sur une opération intellectuelle (voire un calcul) la régularité et la cohérence qui, au niveau de l'expérience sensible, caractérisent les sentiments par lesquels nous distinguons certains objets : Rousseau et, à sa suite, d'Alembert refusent au contraire de substituer une pensée de sentir (un jugement) au témoignage immédiat du sentiment. La thèse selon laquelle un jugement dont je n'apercevrais pas l'intervention conditionne l'appréhension des accords leur paraît, au mieux, purement hypothétique. Les termes dans lesquels le problème de l'appréhension des relations harmoniques se trouve alors posé rappellent manifestement la doctrine malebranchiste des jugements naturels, conçue pour répondre aux difficultés analogues soulevées par la perception visuelle à trois dimensions – d'Alembert effectue expressément ce rapprochement et il existe toute une tradition, jusqu'à Rameau, pour appliquer les idées de Malebranche sur cette « géométrie naturelle » dont parlait déjà Descartes au sentiment de l'harmonie.

Certaines différences majeures interdisent cependant de recevoir trop rapidement cette analogie. D'une part, tel qu'introduit dans l'œuvre de Diderot, le principe de la perception des rapports doit expliquer l'appréhension du sensible propre de l'ouïe (le son, réduit aux déterminations de hauteur et de durée), au lieu que les jugements naturels ont pour corrélat un sensible commun (la distance) – c'est même cette condition que vise le problème de Molyneux : les idées acquises par l'exercice du toucher sur la figure et la distance des objets peuvent-elles s'appliquer à l'expérience

1. C'est la thèse de F. Markovits, « Diderot, Mérian et l'aveugle », *in* J.-B Mérian, *op. cit.*

visible pour l'organiser ? On peut toutefois estimer que, prise dans toute sa généralité, l'hypothèse diderotienne est supposée commander l'appréhension de toutes les relations sensibles – l'auteur des *Principes généraux d'acoustique* suggère d'ailleurs lui-même cette généralisation[1]. Il demeure que cette première différence se fait, à l'âge classique, l'indice d'une hétérogénéité plus profonde. C'est que, d'autre part, le statut de sensible commun désigne une série de qualités géométrisables : et si les jugements naturels authentiques, chez Malebranche, s'appliquent à des modifications de la quantité continue, le principe de la perception des rapports, lorsqu'on l'envisage en musique, concerne les relations de hauteur des sons, exprimées dans le registre de la quantité discrète. Aussi convient-il de commencer par saisir les attendus de cette différence, avant d'envisager une application effective des jugements naturels aux phénomènes musicaux. L'objet des pages qui suivent n'est donc pas de fournir un exposé complet de cette théorie malebranchiste, ni de considérer l'évolution de l'oratorien sur cette question[2]. Il s'agit plutôt d'examiner la reprise de cette hypothèse chez d'autres philosophes : nous nous attacherons plus particulièrement aux indications laissées par Fontenelle qui, si elles restent assez brèves, interviennent toujours à des moments décisifs[3]. Il apparaît que, d'une façon générale, l'élargissement du domaine des jugements naturels conduit les philosophes des Lumières à détacher cette théorie de son explication métaphysique et, du même coup, à penser pour elles-mêmes les implications gnoséologiques du principe de la perception des rapports. Les textes sur la musique montrent ainsi (contre une opinion répandue) que c'est l'élargissement d'un modèle « géométrique » de la perception (la quantification des qualités secondes) qui suscite une thématisation inédite des exigences spécifiques d'une théorie de la connaissance. Toutefois, la référence à Malebranche imposera également d'apprécier les descriptions de l'expérience perceptive à l'aune d'une situation métaphysique originale.

1. *Cf.* l'Objection déjà citée, p. 257-258.

2. On sait que les changements concernent essentiellement le rôle que Malebranche attribue à Dieu, dans la formation de ces jugements qui se donnent comme des sensations. Voir G. Rodis-Lewis, *Le Problème de l'inconscient et le cartésianisme*, chap. II, § 4, 2e édition, Paris, PUF, 1985, p. 1.

3. Mentionnons simplement un texte important de l'*Histoire de l'Académie* de 1700, que nous commenterons, et les passages qui, dans les *Eloges* de Malebranche et de Régis, insistent sur la querelle qui opposa ces auteurs, à propos des jugements naturels. L'article de Joseph Beaude (« Fontenelle et Malebranche », *Fontenelle : actes du colloque tenu à Rouen du 6 au 10 octobre 1987*, Paris, PUF, 1989, p. 369-378) n'envisage pas la mention des jugements naturels chez Fontenelle mais fournit une présentation des relations des deux auteurs.

Les réquisits des jugements naturels

Pourquoi l'appréhension spontanée des grandeurs respectives des corps fait-elle l'objet d'un traitement particulier, qui la soustrait à l'obscurité des sentiments qui se rapportent aux qualités sensibles? Compte tenu de l'orientation retenue dans cet ouvrage, ce n'est pas au niveau de ses implications métaphysiques que nous souhaitons poser cette question, mais tout d'abord au niveau gnoséologique – une justification historique nous est d'ailleurs fournie par le fait que la doctrine des jugements naturels connaît encore une relative fortune chez Fontenelle, bien après que cet auteur a prétendu réfuter la doctrine des causes occasionnelles [1].

On sait qu'en général les jugements naturels permettent de corriger les erreurs qui affecteraient systématiquement, s'ils n'intervenaient pas, l'appréciation spontanée des grandeurs des corps extérieurs. En effet, les conditions physiologiques (l'image rétinienne) sont telles qu'elles devraient engendrer une sensation différente de celle qui est actuellement aperçue :

> Quand nous regardons un cube, par exemple, il est certain que tous les côtés que nous en voyons, ne font presque jamais de projections ou d'image d'égale grandeur dans le fond de nos yeux; puisque l'image de chacun de ces côtés qui se peint sur la *rétine* ou nerf optique, est fort semblable à un cube peint en perspective : et par conséquent la sensation que nous en avons nous devrait représenter les faces du cube comme inégales, puisqu'elles sont inégales, dans un cube en perspective. Cependant nous les voyons toutes égales, et nous ne nous trompons point [2].

Il existe donc un écart entre ce que nous apercevons effectivement et l'impression rétinienne (la grandeur apparente) qui est physiquement produite sur l'organe, selon les lois connues de la perspective. Bien que la doctrine des jugements naturels engage des développements relativement complexes, on peut s'en tenir, pour commencer, à cette formulation relativement simple du problème, qui correspond d'ailleurs au résumé que les contemporains fournissent de la querelle survenue entre Régis et Malebranche, sur cette question – Fontenelle reconduit ainsi le débat au problème posé par cet écart entre les données physiologiques et l'objet effectivement aperçu :

1. Voir les textes de mars et décembre 1686, réunis dans le premier tome des *Œuvres complètes*, Paris, Fayard, 1990, p. 525 *sq*.

2. *Recherche de la vérité*, liv. I, chap. VII, § IV, OC I, p. 96.

> M. Régis (...) avait attaqué dans sa *Physique* l'explication que le P. Malebranche avait donnée dans sa *Recherche de la Vérité* de ce que la Lune paraît plus grande à l'horizon qu'au méridien. Ils écrivirent de part et d'autre, et la question principale se réduisit entre eux à savoir, si la grandeur apparente d'un objet dépendait uniquement de la grandeur de son image tracée sur la rétine, ou de la grandeur de son image, et du jugement naturel que l'âme porte de son éloignement [1].

Fontenelle détache nettement le problème gnoséologique qui, selon lui, fait le motif de la querelle, des implications métaphysiques de la thèse malebranchiste ; nous verrons qu'il a d'assez bons motifs pour procéder de la sorte. Quoiqu'il en soit, on sait que, chez Malebranche, c'est effectivement l'appréciation de la distance (dans le cas du cube, distance des différentes faces de l'objet) qui intervient pour corriger l'impression rétinienne, laquelle n'apparaît jamais pour elle-même. Le jugement naturel que nous portons sur la taille des objets articule une série de grandeurs (celle de l'image rétinienne et la distance) pour constituer le sentiment d'une autre grandeur. On comprend ainsi pour quelle raison la sensation visuelle apporte quelque vérité, tandis qu'en elles-mêmes, les sensations auditives ne consistent qu'en des modifications de l'âme.

Lorsque Malebranche établit que l'on peut connaître clairement les rapports des idées, mais certainement pas l'état de l'âme qui les examine, il choisit l'exemple des comparaisons qui interviennent entre les quantités discrètes, puis entre différentes figures géométriques qui sont produites par modification des rapports caractéristiques de chacune d'elles et, enfin, à l'aide de la mesure, entre les expressions numériques des variations qui affectent le rapport des figures :

> On a des idées claires des nombres et des parties de l'étendue, parce qu'on peut comparer ces choses entr'elles. On peut comparer 2 avec 4, 4 avec 16, et chaque nombre avec tout autre ; on peut comparer un carré avec un triangle, un cercle avec une ellipse, un carré et un triangle avec tout autre carré et tout autre triangle, et l'on peut ainsi découvrir clairement les rapports qui sont entre ces figures et entre ces nombres [2].

1. *Histoire de l'Académie Royale des Sciences*, année 1707, Paris, 1708, partie « Histoire », p. 160.

2. *Recherche*, Eclaircissement XI, OC III, p. 168.

S'il est vrai que je ne puis connaître pour elle-même la modification de l'âme qui compare ces différents rapports [1], il reste que la comparaison des quantités entre elles (et, partant, des grandeurs) assure une connaissance claire. Qu'en est-il, maintenant, dans le cas des sensations auditives ? « Il est vrai que je puis découvrir des rapports exacts entre les sons, que l'octave, par exemple, est double, la quinte comme 3 à 2. Mais je ne puis connaître ces rapports par le sentiment que j'en ai [2] ». Comme nous l'avons vu, il est donc impossible de prendre en un sens réaliste la proposition selon laquelle « le son est au son comme la corde est à la corde ». On peut donc résumer le problème dans les termes suivants. Dans le cas de l'appréhension des figures, le corrélat du sentiment est une relation entre idées strictement homologue à la comparaison effective que je puis établir, entre les objets de mes perceptions visuelles. En revanche, ce n'est que par une sorte de « métaphore » qu'il m'est possible d'apprécier clairement le rapport des hauteurs du son, dans la mesure où j'établis, par une opération seconde, une analogie entre les variations enregistrées dans la sensation et les modifications physiques qui affectent la corde vibrante :

> Si je sais que l'octave est double, c'est que j'ai appris par expérience qu'une même corde donne l'octave, lorsque l'ayant pincée toute entière, on la pince ensuite après l'avoir divisée en deux parties égales ; c'est que je sais que le nombre des vibrations est double en temps égal, ou quelque chose de semblable [il peut s'agir de la tension d'une corde, mesurée par les poids qui la tendent] ; c'est que les tremblements de l'air, les vibrations de la corde, et la corde même sont des choses que l'on peut comparer par des idées claires ; et qu'on connaît distinctement les rapports qui peuvent être entre la corde et ses parties, comme aussi entre les vitesses de différentes vibrations [3].

Le sentiment ne se trouve nullement arraché à son obscurité – c'est simplement la cause physique du phénomène qui reçoit une expression mathématique [4]. Dans le cas des sensations auditives, on ne dispose que

1. « Quand je connais que 2 fois 2 font 4, je le connais très clairement ; mais je ne connais point clairement ce qui est en moi qui le connaît » (*ibid.*, p. 167).

2. *Ibid.*, p. 168.

3. *Ibid.*, p. 168-169.

4. Mersenne affirmait déjà que les termes par lesquels nous décrivons l'expérience perceptive, en musique, étaient déficients par rapport à la réalité du phénomène : « (...) il vaudrait mieux dire, à proprement parler, que l'on aperçoit un certain nombre de battements d'air, que de dire que l'on ouit un son grave ou aigu ; quoi que l'un revienne à l'autre, et que l'un soit la cause, et l'autre l'effet » (*Harmonie universelle, Traité des consonances*, Livre I, Prop. II, Corollaire I, vol. II, p. 6). La mesure des différences du son selon la hauteur se

d'une corrélation empiriquement observable entre les variations du sentiment et les modifications quantifiables des paramètres qui définissent le phénomène physique. L'appréciation des grandeurs apparentes, au contraire, nous place dans une situation où les rapports qui nous représentent l'objet, et qui peuvent recevoir une expression mathématique, appartiennent également au registre de la quantité continue.

Le caractère objectif des jugements naturels ne réside donc pas simplement en ce qu'il est possible, rétrospectivement, d'exprimer dans un calcul l'intervention divine qui est la cause véritable de la sensation effectivement donnée – de la même façon, les hauteurs du son se trouvent déterminées par une dimension (la longueur de la corde, par exemple) qui peut recevoir une expression mathématique précise. Mais entre les données de l'optique et l'appréciation spontanée de la grandeur des objets, il intervient un paramètre supplémentaire (la distance) qui appartient au même registre (géométrique) que les modifications mécaniques et, surtout, les idées qui me représentent la grandeur des objets. En revanche, l'appréciation qualitative des intervalles musicaux ne déborde pas le témoignage du sentiment, puisque l'expression mathématique dont elle est susceptible ne s'applique pas au son lui-même, mais à la corde vibrante dont on analyse la résonance. La correspondance qui associe la cause physique du phénomène et les sentiments qui discriminent les intervalles sonores, relève sans doute d'un rapport réglé – mais il sanctionne le codage, foncièrement mystérieux, du mouvement vibratoire dans une modification de l'âme. La différence qui sépare les jugements naturels du sentiment et les jugements naturels authentiques, dans lesquels on peut de plein droit identifier tous les éléments de l'inférence, réside ainsi dans le fait que les premiers ne peuvent s'exprimer que métaphoriquement dans des relations quantitatives, tandis que les seconds font intervenir une série de paramètres *géométriques* pour produire l'impression (homogène) d'une *grandeur*. Les jugements naturels de la grandeur des objets s'appliquent à la quantité continue, dont les

révèle d'ailleurs plus fine que celle des nuances de certaines qualités visibles. Il n'est pas nécessaire de revenir sur les contributions de Malebranche en ce domaine, sinon pour signaler qu'elles mettent en évidence, dans le calcul du rapport des sons, une précision bien supérieure à celle que peut atteindre la théorie des couleurs – citons Fontenelle, sur le mémoire présenté par Malebranche à l'Académie en 1699 : « (...) des couleurs plus différentes naissent aussi de rapports plus différents, et plus éloignés de l'égalité. (...) On a déterminé dans la Musique tous les rapports de nombres qui font les différents tons, mais il n'y a pas lieu d'espérer qu'on en puisse faire autant à l'égard des couleurs » (*Histoire de l'Académie Royale des Sciences*, année 1699, Paris, 1703, p. 17-19; *in* Malebranche, *Œuvres complètes*, t. II, Appendice IV, p. 511).

rapports sont clairement assignables, au lieu que le sentiment de la consonance reste comme tel hétérogène à son expression numérique.

L'expansion du domaine des jugements naturels

Tandis que l'on peut comparer les grandeurs, en tant que déterminations de la quantité continue directement visées dans la sensation, on ne peut comparer les hauteurs du son, en tant que qualités du sentiment, car elles ne se rapportent jamais que par une analogie enveloppée aux nombres qui expriment la division de la corde vibrante :

> (...) on ne peut comparer les sons en eux-mêmes, ou en tant que qualités sensibles et modifications de l'âme ; on ne peut de cette manière en connaître les rapports. (...) C'est l'oreille seule qui juge chez eux [les musiciens] de la différence des sons ; la raison n'y connaît rien. Mais on ne peut pas dire que l'oreille juge par idée claire, ou autrement que par sentiment. Les Musiciens mêmes n'ont donc point d'idée claire des sons, en tant que sentiments ou modifications de l'âme[1].

La comparaison de ce texte s'impose, à nos yeux, avec un extrait de l'*Histoire de l'Académie* dans lequel Fontenelle résume le bénéfice qu'il faut tirer des découvertes de Sauveur en acoustique (sur le phénomène des battements) :

> Si cette hypothèse est vraie, elle découvrira la véritable source des règles de la composition, inconnue jusqu'à présent à la Philosophie, qui s'en remettait presque entièrement au jugement de l'oreille. Ces sortes de jugements naturels, quelque bizarres qu'ils paraissent quelquefois, ne le sont point, ils ont des causes très réelles, dont la connaissance appartient à la philosophie, pourvu qu'elle s'en puisse mettre en possession[2].

Signalons au passage que Joseph Sauveur fut directement impliqué par Malebranche dans la querelle engagée par Régis, au sujet des jugements naturels – afin de certifier que les bases scientifiques de sa doctrine étaient bien établies, l'oratorien se résolut à demander une attestation à des géomètres compétents : L'Hospital, Varignon, l'abbé Catelan et Sauveur, le géomètre du Roi[3]. Mais l'important est de comprendre en quoi

1. Malebranche, *Recherche*, Eclaircissement XI, OC III, p. 169.

2. *Histoire de l'Académie Royale des Sciences*, année 1700, Paris, 1703, partie « Histoire », p. 140.

3. Pour l'anecdote, on notera que Sauveur répondit seul aux accusations franchement injurieuses que Régis diriga contre les auteurs de l'attestation, pour récuser leur témoignage :

l'acoustique expérimentale développée par Sauveur apporte aux contemporains le motif d'une application de l'hypothèse des jugements naturels au domaine des sensations auditives. Deux raisons doivent ici être produites.

1) Les divisions effectuées sur une corde vibrante ne désignent plus le simple repérage des intervalles dont il revient à l'oreille d'identifier le caractère consonant. La correspondance entre les déterminations physiques du phénomène et les variations du sentiment, si elle ne peut être complètement élucidée, se trouve pour partie arrachée à l'obscurité d'une institution de nature dans le système de Sauveur : la consonance, c'est-à-dire l'association agréable de deux sons, n'est plus comprise selon le rapport numérique des vibrations, mais comme une relation spécifiquement sonore. En somme, le sentiment des consonances se révèle homologue aux relations physiques des sons partiels. Le phénomène de la résonance des harmoniques et celui des battements, que lui associe Sauveur, fournissent alors un équivalent théorique efficace à l'appréciation de la distance qui entre dans la composition des jugements naturels – dans les deux cas, le paramètre inaperçu qui conditionne le sentiment (les battements, la distance) est du même ordre que l'objet visé dans la perception (un complexe sonore, une grandeur). Il demeure bien entendu que l'agrément, comme tel, ne constitue qu'une modification de l'âme : mais cette originalité n'empêche pas que l'explication physique porte désormais sur les propriétés des sons. Si Fontenelle conclut son compte-rendu de 1700 par la mention des « jugements naturels » qui s'appliquent aux sensations auditives, c'est donc parce qu'il peut désormais considérer que l'appréhension des intervalles musicaux n'est pas mystérieusement constituée dans le sentiment, mais concerne une modification du phénomène sonore. Force est de constater que, dans cette perspective, le problème des jugements naturels est rabattu sur des considérations épistémologiques : on s'est assuré que les différences appréciées dans la sensation, et exprimées par les divisions de la corde vibrante, avaient leur fondement dans une sorte de division du son lui-même, c'est-à-dire dans l'émission de la série harmonique supérieure; et comme les éléments combinés dans les véritables jugements naturels doivent résider dans des modifications homologues aux sentiments qui nous les manifestent, on s'autorise à parler de jugements

« Un homme piqué comme M. Régis, peut récuser au hasard toute la terre, et imaginer des raisons de sa récusation. Mais la véritable manière de répondre à l'attestation était de faire signer des gens de lettres à une attestation de son sentiment contre le P. Malebranche ; et alors il se serait épargné les puérilités dont son avis est rempli » (*Journal des sçavants*, pour l'année 1694, Paris, Jean Cusson, 1694, p. 141).

naturels à propos de l'appréciation des consonances. Les sons harmoniques fournissent un corrélat objectif aux sentiments qui distinguent les consonances, de sorte que l'on dispose des éléments requis pour l'inférence.

2) Surtout, le principal motif du débat entre Régis et Malebranche conserve une consistance forte, dans le contexte d'une application du jugement naturel au sentiment de l'harmonie. G. Rodis-Lewis résume en ces termes l'opposition de Régis aux thèses exposées dans la *Recherche de la vérité :* « C'est (...) le détail de l'explication qui le heurte, et non l'intervention d'un jugement[1] » – Régis conteste en effet que le jugement naturel de la grandeur des objets repose sur la distance qui nous en sépare, de sorte qu'il sanctionnerait une correction de l'image rétinienne. Pour comprendre la relative fortune de l'hypothèse malebranchiste dans la description de l'expérience musicale, il faut considérer qu'aux yeux des successeurs de l'oratorien, le jugement naturel mobilise des données qui ne correspondent pas à la grandeur apparente de l'objet, telle qu'elle se figure sur la rétine. La référence paraît alors s'imposer à Dortous de Mairan, qui succède à Fontenelle au titre de rédacteur de l'*Histoire de l'Académie*. De même que le jugement que nous portons sur la grandeur des objets visibles fait intervenir un paramètre géométrique qui n'affecte pas l'organe immédiat de la vue, de même, dans la théorie de Rameau, l'appréciation des relations harmoniques s'appuie sur les rapports définis par une basse fondamentale qui, pourtant, n'affecte pas l'oreille interne :

> La basse fondamentale déduite immédiatement du principe, que tout corps sonore fait entendre avec le son principal ses sons harmoniques, est donc, comme on voit, la véritable clef de toute la théorie de la musique : mais cette basse peut ne pas être exprimée, pourvu que tout le reste y réponde ; la Musique n'en sera pas moins agréable, l'esprit saura bien la suppléer par un de ces jugements naturels qu'on fait sans s'en apercevoir[2].

La basse fondamentale demeure presque fictive, puisqu'elle est formée par la série des fondamentales des accords, dont la phrase harmonique exprime en réalité les renversements ; mais cette fiction organise l'écoute musicale et, à cet égard, elle s'apparente à la distance qui, dans les jugements naturels, permet d'apprécier les grandeurs des objets. L'identification de « jugements naturels » dans l'appréhension du rapport des sons doit donc être prise au sérieux : elle répond au même problème qui se posait à Malebranche, en ce sens qu'il faut postuler, pour expliquer l'appréhension

1. *Le Problème de l'inconscient et le cartésianisme*, chap. II, § 4, p. 168.

2. *Histoire de l'Académie Royale des Sciences*, année 1750, Paris, 1754, partie « Histoire », p. 164-165.

de l'harmonie tonale, qu'un paramètre supplémentaire, absent au niveau de l'impression pure et simple, est pris en compte pour déterminer le sentiment.

Problèmes gnoséologiques et situation métaphysique

Les contributions qui viennent d'être présentées attestent que la reprise de la théorie malebranchiste des jugements naturels s'effectue avant tout au titre de considérations épistémologiques (développements de l'acoustique expérimentale et formalisation du système de l'harmonie) – il convient à présent d'expliciter les enjeux d'un tel déplacement. Malebranche rappelle qu'on ne peut confondre la sensation avec les causes physiques qui l'occasionnent :

> (...) il n'y a nul rapport nécessaire entre quelques ébranlements des fibres du cerveau, produit par la lumière réfléchie des objets, et les perceptions que nous en avons ; les mêmes ébranlements sont suivis de perceptions différentes, et les différents ébranlements sont accompagnés des mêmes perceptions [1].

On peut relever dans ce passage les deux arguments qui supporteront chez Rousseau et d'Alembert la critique de l'hypothèse diderotienne. D'un point de vue noématique, les sentiments ne varient pas toujours en même proportion que les rapports géométriques – dans la perception musicale, nous sous-entendons même des rapports qui ne sont pas donnés effectivement (ceux que prescrit la basse fondamentale). Et d'un point de vue noétique, le fait de disposer des éléments d'une inférence (les modifications corporelles) ne rend que plus problématique le statut d'une appréhension effective des rapports dans le sentiment. Chez Malebranche, cette appréhension peut cependant reposer sur une version spécifique de l'institution de la nature, puisqu'elle consiste, dans le cas des jugements naturels authentiques, en une sorte d'inférence que Dieu effectue pour moi. Au XVIIIe siècle, les problèmes gnoséologiques soulevés par cette inférence apparaissent pour eux-mêmes, parce que le fondement métaphysique de l'explication se trouve suspendu.

Il est alors possible de mieux comprendre comment l'hypothèse de Diderot sur la perception des rapports soulève, aux yeux de ses contemporains, les mêmes difficultés que la théorie malebranchiste. Dans la version « classique » des jugements naturels, l'âme éprouve des sentiments lorsque le corps est modifié (lorsque la disposition des esprits animaux est altérée), sans qu'elle effectue elle-même la « géométrie

1. *Recherche*, Eclaircissement XVII, § 25, OC III, p. 325.

naturelle » qui articule tous les paramètres requis pour la vision tridimensionnelle. Il y a bien des jugements naturels, mais ils se font « sans nous et malgré nous », c'est-à-dire en vertu d'un dispositif (de signe à interprétation) sur lequel nous n'avons pas prise. Ce montage est évidemment solidaire d'une institution de la nature que d'Alembert, avec la plupart des philosophes français des Lumières, met entre parenthèses. L'influence de Locke le conduit d'ailleurs à considérer que l'appréhension des distances et des grandeurs apparentes des objets visibles sanctionne une expérience sédimentée qui incorpore le témoignage des autres sens (en particulier le toucher). La genèse empiriste intervient donc pour remplacer l'institution de la nature. Une fois effectuée cette (prétendue) suspension de la métaphysique, le principe de la perception des rapports ne fait plus guère que reprendre les acquis de la théorie des jugements naturels : le sentiment (de la distance des objets ou de la qualité des intervalles) sanctionne une inférence dont l'optique et l'acoustique réunissent les éléments, et dont la vulgarisation de la doctrine malebranchiste souligne le caractère rigoureusement implicite.

Mais il est essentiel de saisir que le souci de d'Alembert, lorsqu'il reprend à son compte les arguments mis au point par Rousseau contre l'hypothèse diderotienne, ne rejoint pas vraiment celui du Genevois. Pour le mathématicien, l'urgence n'est pas de fournir une description adéquate de l'expérience musicale, au regard de laquelle le principe élaboré par Diderot se révèlerait foncièrement inadéquat. Sans doute d'Alembert emprunte-t-il au rédacteur des articles de musique de l'*Encyclopédie* l'affirmation selon laquelle l'idée d'un calcul implicite reste hypothétique et ne permet pas d'expliquer la cohérence irrécusable du sentiment – mais cette perspective, déterminante chez Rousseau, ne justifie pas les condamnations que d'Alembert formule à de nombreux endroits contre le principe de la perception des rapports. L'horizon de sa reprise des arguments rousseauistes relève bien davantage d'une théorie de la connaissance scientifique, que menacerait le principe diderotien. Si d'Alembert refuse de considérer que certains sentiments particulièrement cohérents (ceux qui donnent les consonances, par exemple) sont le résultat d'une interprétation (voire d'un calcul), c'est qu'une telle hypothèse nous interdit, en retour, de rendre compte des opérations proprement intellectuelles développées en mathématiques [1].

1. Christensen déclare efficacement que « pour d'Alembert, rien de ce qui est perçu par les sens ne possède le même genre de valeur ontologique qu'un axiome de mathématiques ou de mécanique » (*op. cit.*, p. 270).

A ne considérer que les déclarations de principe exprimées dans le *Discours préliminaire de l'Encyclopédie*, on peut avoir l'impression que d'Alembert se contente, avec la plupart de ses contemporains, de décrire l'acquisition des idées les plus abstraites à partir de la perception, selon une série d'abstractions qui, par exemple, suffisent pour « déterminer les propriétés de l'étendue, simplement en tant que figurée[1] ». Mais lorsque le mathématicien aborde l'exposition effective des éléments de géométrie, il prend soin d'éliminer, autant qu'il est possible, toute référence aux déterminations de l'expérience sensible[2]. Une solution acceptable consisterait à dire qu'à partir de cette expérience, une réflexion abstractive permet de produire les idées simples de l'espace et du temps, cependant que le développement des principes d'une science doit s'effectuer uniquement au niveau des idées abstraites – mais cette répartition, qui correspond sans doute à la pensée de d'Alembert, ne tolère pas que les ressources mathématiques élémentaires organisent déjà la perception. Or c'est précisément ce que suggère Diderot, lorsqu'il déclare que « la perception des rapports est un des premiers pas de notre raison[3] ». A l'extrême, on peut penser que d'Alembert s'adresse autant à Diderot qu'à Rameau, lorsqu'il reproche à l'auteur de la *Génération harmonique* de prétendre « que la géométrie est fondée sur la résonance du corps sonore ; parce que la géométrie est, dit-on, fondée sur les proportions, et que le corps sonore les engendre toutes[4] » – cette prétention intenable participe d'une même erreur, systématisée chez Rameau, selon laquelle la pure appréhension sensible de relations plaisantes préfigure la constitution des idéalités mathématiques.

Pour être plus précis, on distinguera deux réserves de d'Alembert sur la dérivation concrète des idéalités mathématiques à partir de l'expérience sensible. 1) Cette genèse ne peut s'opérer qu'à partir des sensations de la vue, qui donnent simultanément les termes entre lesquels on aperçoit les rapports :

> (...) quand on entendrait ces octaves et ces sons des multiples, le sens de l'ouïe ne peut en aucune manière nous donner la notion de *rapport* et de *proportion*, que nous ne pouvons acquérir que par la vue et le toucher. Pour avoir une idée nette des *proportions* et des *rapports*, il est nécessaire de comparer les corps par ces deux

1. *Discours préliminaire de l'Encyclopédie*, p. 91.

2. Que l'on songe à la critique, par d'Alembert, des tentatives de ses contemporains pour tirer une définition de la ligne droite de l'expérience sensible.

3. « Lettre à Mademoiselle*** », *Lettre sur les sourds et les muets à l'usage de ceux qui entendent et qui parlent*, in *Œuvres complètes*, t. IV, 1978, p. 202.

4. *Encyclopédie*, art. « Fondamental », t. VII, p. 62a.

> derniers sens; la perception des sons n'y contribue absolument en rien, n'y ajoute rien, y est totalement étrangère [1].

Mais cet argument représente la formulation la plus extrême que d'Alembert peut s'autoriser, quand il se prononce sur la genèse des idées mathématiques : « (...) les mathématiciens trouveront à coup sûr que j'en ai encore trop dit [2] ». L'auteur des *Eléments de musique* impose d'ailleurs à Rameau de distinguer entre la considération des rapports, que les sens de la vue et du toucher peuvent apercevoir et qu'il est permis d'utiliser en musique, et la théorie des proportions, dont le caractère spécifiquement mathématique appelle des contraintes méthodologiques bien plus strictes :

> La notion de *rapport*, qui est moins composée que celle de *proportion*, est alors suffisante pour l'objet qu'on se propose; et vous pouvez voir en effet, Monsieur, que dans ces *Eléments* je n'ai eu besoin que de la théorie des *rapports* sans avoir recours à celle des *proportions ;* par la raison que j'ai cherché à simplifier la théorie le plus qu'il m'a été possible, et à n'emprunter du calcul que les notions les plus indispensables [3].

L'utilisation des rapports mathématiques est donc soumise aux conditions d'exposition de la théorie harmonique, et ne présuppose nullement que ces notions déterminent effectivement l'expérience musicale de la consonance et de l'accord.

2) D'une façon générale, le fait que les objets mathématiques soient dérivés de l'exercice de certains sens ne rend évidemment pas compte de l'appréhension particulière qui s'y applique, et qui engage l'activité de l'entendement qui les manipule (ce qui est requis pour exprimer les rapports de la théorie harmonique). Même s'il critique violemment les remarques de Berkeley sur l'analyse, on peut penser que d'Alembert trouve dans la *Nouvelle théorie de la vision* plusieurs arguments qui soulignent l'hétérogénéité du processus perceptif et du raisonnement mathématique [4]. Chez d'Alembert, l'orientation de la critique est cependant différente

1. Lettre à Rameau, in *Eléments de musique*, 2e éd., p. 213.
2. *Ibid.*, p. 214.
3. *Ibid.*, p. 216.
4. « Ce qui semble avoir égaré les auteurs d'optique à ce sujet, c'est qu'ils s'imaginent que les hommes jugent de la distance comme ils jugent d'une conclusion en mathématiques; or, entre cette dernière et les prémisses, il est en effet absolument obligatoire qu'il y ait une connexion apparente et nécessaire; mais il en est tout autrement pour les jugements soudains que les hommes font sur la distance. Nous ne devons pas penser que les bêtes et les enfants, ou même les personnes adultes et raisonnables, chaque fois qu'ils perçoivent un objet s'approcher ou s'éloigner d'eux, le perçoivent en vertu de la géométrie et de la démonstration » (*Nouvelle théorie de la vision*, § 24, Paris, PUF, 1985, p. 209).

– voire, sur la base d'un constat analogue, franchement concurrente : il s'agit moins de dégager le cours ordinaire de la nature, qui organise les compétences perceptives de chaque individu, que de cerner le caractère spécifique des objets mathématiques, qui fonde la certitude des vraies démonstrations.

Le principe de la perception des rapports exhibe les difficultés proprement gnoséologiques de la théorie des jugements naturels : dans les deux cas, il s'agit de présenter le résultat d'une inférence dans un sentiment, dont le témoignage le moins prévenu atteste pourtant la passivité. Rousseau récuse l'intervention d'un calcul dans l'élaboration d'une affection sensible ; d'Alembert dénonce les conséquences de cette confusion, qui conduit à rabattre la constitution bien spécifique des idéalités mathématiques sur l'appréhension d'un objet empirique. C'est qu'alors l'autonomie de l'activité rationnelle devient proprement incompréhensible.

Les débats dont nous venons de faire état restent-ils subordonnés aux questions gnoséologiques qui constituent, à notre sens, la principale préoccupation de d'Alembert ? Les termes du problème méritent d'être rappelés : dans la perception des rapports, l'auditeur dispose des éléments d'une inférence dont il éprouve le résultat dans un sentiment – simplement, au lieu que, dans le cas des jugements naturels, une institution de la nature effectuait la relation du signe à son interprétation, Diderot affirme qu'une genèse « empiriste », c'est-à-dire la sédimentation de procédures réflexives inaperçues, permet d'incorporer le jugement de comparaison au sentiment même. Autrement dit, ce qui, chez Malebranche, relevait d'une prise de position métaphysique fondamentale se trouve désormais porté au compte d'une anthropologie de l'habitude. De nombreux auteurs rejettent toutefois l'idée que, dans l'expérience musicale la plus élémentaire, un jugement viendrait modifier les données sensorielles, parce que cette hypothèse s'accorde mal avec l'ambition de fonder la musique sur les seules dispositions naturelles de l'auditeur. Deux perspectives s'ouvrent alors, qui rendent assez bien compte des reformulations du problème de la perception des relations harmoniques après Diderot, et jusqu'à Chabanon. On s'efforce d'abord d'opérer une réduction de l'inférence à ses éléments, c'est-à-dire, selon les termes de Fontenelle, d'identifier les « causes très réelles », ou physiques, des jugements naturels relatifs à l'harmonie. L'anthropologie de l'habitude se fonde alors sur une physiologie mécaniste, dont la méthode sera précisément analytique. Le complexe qui constitue le sentiment fait du même coup l'objet d'une réduction au plan des causes secondes, susceptibles d'une élucidation rationnelle. L'explicitation des facteurs qui entraient dans la géométrie naturelle repose sur l'idée que ces *raisons* sont la cause même du *sentiment* que l'homme éprouve – et Fontenelle ajoutera, en commentant un mémoire de Mauperpuis sur la forme des instruments de musique, que « tout est du ressort de la philosophie, même les agréments, car ils ont leurs causes, et toutes les causes lui appartiennent [1] ». Sans doute la radicalité de la thèse d'une institution de la nature se trouve-t-elle recouverte dans cette entreprise, qui paraît justement confondre les modifications des corps et celles de l'âme ; mais la reconnaissance du « code » cartésien [2], c'est-à-dire la prise en compte sérieuse d'une irréductibilité des sentiments aux mouvements physiques, n'épargne pas d'améliorer le seul décodage dont l'homme est capable, qui consiste à pénétrer le détail du mécanisme de l'impression – c'est même le sens de nombreux passages des *Passions de l'âme*. L'autre perspective, que Rousseau adoptera seul au XVIIIe siècle, consistera précisément à souligner que l'impression physique, réductible aux rapports quantifiables, n'agit que comme « cause occasionnelle des affections de l'âme ».

1. *Histoire de l'Académie Royale des Sciences*, Année 1724, Paris, 1726, partie « Histoire », p. 90.

2. Sur cette question, cf. J.-L. Marion, *Sur la théologie blanche de Descartes*, en particulier p. 231-263.

CHAPITRE II

L'IMMANENCE SENSORIELLE

OBJECTIVITÉ ET IMMANENCE DES RAPPORTS

On ne peut que s'étonner du fait que certains théoriciens [1] aient identifié, dans l'hypothèse de la perception des rapports avancée par Diderot, la menace d'un relativisme esthétique; en effet, les *Principes généraux d'acoustique* tirent précisément argument des rapports invariables qui définissent les consonances, pour affirmer que le plaisir musical complet, qui résulte de leur combinaison dans la basse fondamentale et la mélodie, n'a rien de fortuit : « (...) si en effet tous les sons n'étaient pas également propres à former des consonances agréables, pourrait-on regarder la succession des sons et des consonances comme arbitraire ? [2] ». Au fond, on ne conteste pas tant à Diderot l'idée (très classique) que les intervalles sonores nous plaisent à proportion qu'ils se soumettent à certains rapports mathématiques particulièrement simples, que la thèse selon laquelle c'est l'appréhension de ces rapports, en ce qu'elle est effectuée par un principe actif (l'esprit), qui procure du plaisir. Bien entendu, il est pour nous assez curieux de constater que les *Principes généraux d'acoustique* sont interprétés dans une perspective résolument cartésienne : mais Rameau, dans son *Nouveau système de musique théorique*, reconnaissait déjà une loi de simplicité des rapports dans les *Prænotanda* du *Compendium musicæ* [3]. Quoiqu'il en soit, ceux des théoriciens qui, à la suite de Diderot ou dans

1. Ainsi Pierre Estève. *Cf.* plus haut, la critique du principe de Diderot.

2. *Principes généraux d'acoustique*, § 1, p. 236.

3. *Nouveau système*, p. 21 : le jugement des intervalles consonants « sur la simplicité des rapports » est imputé à l'*Abrégé de Musique* (trad. Poisson, p. 54).

une perspective différente, s'efforcent de définir un principe esthétique général, applicable au sentiment de l'harmonie, prennent grand soin de le concevoir sur le modèle de la pure impression sensible – la passivité de l'émotion doit en effet garantir l'objectivité des rapports qui l'occasionnent. Une fois dégagée brièvement la signification esthétique de cette entreprise, nous examinerons ici les deux modalités sous lesquelles les philosophes des Lumières essaient de fixer le sentiment du beau au plan de l'immanence sensorielle, selon que l'on s'attache à la spécificité de l'affection esthétique [1], ou que l'on s'efforce de rabattre la cause du plaisir sur les raisons de l'impression.

L'objectivité des rapports

La fécondité de l'hypothèse diderotienne tient d'abord à ce qu'elle s'adapte aisément aux caractères de la musique moderne. Quand Rousseau critique le principe de la perception des rapports, il entend avant tout montrer que l'harmonie (qui fournit à ce principe son illustration la plus frappante) relève foncièrement d'un agrément sensuel, ou même d'une excitation, tandis que la mélodie supporte une imitation musicale authentique, c'est-à-dire une communication affective qui requiert l'intervention de l'âme sensible :

> On pourrait et l'on devrait peut-être (...) diviser la *musique* en *naturelle* et *imitative*. La première, bornée au seul physique des sons et n'agissant que sur le sens, ne porte point ses impressions jusqu'au cœur, et ne peut donner que des sensations plus ou moins agréables. (...) La seconde, par des inflexions vives et accentuées, et, pour ainsi dire, parlantes, peint tous les tableaux, rend tous les objets, soumet la nature entière à ses savantes imitations, et porte ainsi jusqu'au cœur de l'homme des sentiments propres à l'émouvoir [2].

L'âme réserve son adhésion à une expression qui n'est pas déductible des combinaisons harmoniques : la musique se conforme aux exigences d'un langage expressif [3]. En revanche, les penseurs qui prennent acte du développement positif des ressources instrumentales, abstraites de la norme linguistique, adoptent plus volontiers le paradigme architectural sur lequel les *Principes généraux d'acoustique* insistaient déjà. Ce n'est

1. Quitte à isoler ce sentiment d'autres affections bien attestées, objectera Diderot.

2. *Dictionnaire de musique*, art. « Musique », p. 918.

3. Sur la question de l'imitation des passions en musique, qu'il nous soit permis de renvoyer à notre petit livre, *Musique et philosophie à l'âge classique*, Paris, PUF, 1998, p. 61-108.

pourtant pas chez Diderot que cette orientation atteint son expression la plus cohérente – les développements esthétiques de la *Lettre sur les sourds et les muets* attestent que le plaisir musical authentique repose, non seulement sur le principe de la perception des rapports, mais encore sur l'imitation :

> (...) ces morceaux de musique qui vous affectent agréablement sans réveiller en vous ni peinture, ni perception distincte de rapports, ne flattent votre oreille que comme l'arc-en-ciel plaît à vos yeux, d'un plaisir de sensation pure et simple[1].

Cet ouvrage développe ainsi une tentative pour identifier en musique celles des ressources qui, comme la dissonance (dont l'auteur comprend mal le rôle structurel), peuvent correspondre aux ressorts de l'expression linguistique. Diderot, qui se montre particulièrement sensible à la diffusion de nouvelles formes musicales (comme la sonate instrumentale), essaiera donc de reformuler le principe classique de l'imitation de la nature[2]. Les perspectives plus radicales ouvertes dans les *Principes généraux d'acoustique* seront plutôt explorées par les musiciens philosophes, comme Chabanon.

L'architecture, où le plaisir paraît tenir plus manifestement à la perception des rapports, élargit considérablement notre conception de la musique, dont les effets inédits ne se conforment plus à la seule imitation des affections prescrites par le livret. Chabanon adopte sur ce point une position très nette :

> J'ignore tout en architecture : je voudrais savoir si tel ordre de colonnes est préférable à tel autre ; si les ornements de celles-ci ont une beauté plus vraie que le simple et le nu de celles-là : pour m'en assurer, je recours au principe que vous m'avez donné, *l'imitation de la nature* : je le consulte, je l'interroge : sourd à ma voix, il me laisse mon doute et mon ignorance[3].

Et il identifie la même difficulté dans la musique :

> Appliquons ceci à la musique. Quel est le vrai beau dans cet art ? – Ce qui est conforme à la nature, me dit-on ; mais c'est ne me rien apprendre. Qu'est-ce que la nature en musique ? Tel chant est-il dans

1. « Lettre à Mademoiselle*** », *Lettre sur les sourds et les muets*, p. 205-206.

2. Sur cet aspect de la philosophie diderotienne de la musique, on consultera Béatrice Durand-Sendrail, *La Musique de Diderot. Essai sur le hiéroglyphe musical*, Paris, Kimé, 1994, chap. 7.

3. Chabanon, *De la musique considérée en elle-même et dans ses rapports avec la parole, les langues, la poésie et le théâtre*, Part. II, chap. VIII, p. 356.

> la nature, n'y est-il pas? Répondez d'une manière positive. Si votre réponse n'est déterminée que par l'impression de plaisir que vous recevez, mille témoignages contraires au vôtre s'élèveront pour le détruire ou le balancer; chacun aura senti différemment : le beau sera partout, ou du moins chacun voudra le désigner à sa manière[1].

Le modèle architectural de la perception des rapports se développe ainsi contre le danger de ce nouveau relativisme, auquel menacent de conduire les apories de l'idée d'imitation[2]. Le postulat de l'objectivité des rapports permet ainsi de formuler un jugement sur l'organisation interne de la musique moderne, sans référence à un modèle extérieur (la langue) qui n'est plus pertinent[3].

Dans la mesure où des rapports objectifs décrivent de façon adéquate l'ensemble des ressources musicales modernes, Rameau affirme qu'ils produisent leur effet, même s'ils ne sont pas aperçus par l'auditeur :

> M. Rousseau veut-il dire qu'on peut avoir du plaisir en musique, sans connaître les rapports des intervalles? Cette proposition ne lui sera jamais contestée; mais que prétend-il, lorsqu'il ajoute que la considération des proportions est inutile dans la théorie?[4]

Il faut prendre cette déclaration dans un sens radical – Rameau ne dit pas simplement que le compositeur construit une harmonie selon certaines raisons mathématiques qui peuvent rester inaperçues; il affirme que l'effet produit, c'est-à-dire le plaisir de l'auditeur, résulte directement de ces rapports, qui en déterminent la qualité :

> Bien plus, si l'on veut apprécier aux yeux de la raison le plaisir que cause l'harmonie, c'est-à-dire, faire concevoir au juste les différents degrés de ce plaisir, lorsqu'il résulte de tel ou tel accord, de telle ou telle consonance, de quelle manière peut-on s'y prendre, si ce n'est

1. *Ibid.*

2. Nous sommes ainsi confrontés, dans ces théories, à deux critiques du relativisme : Estève dénonce dans la théorie de la perception des rapports l'intervention incontrôlable du sujet empirique; Chabanon enregistre l'impuissance de l'idée d'imitation à éclairer les nouveaux moyens de la musique.

3. B. Didier indique fort justement que la théorie de l'imitation, de plus en plus insuffisante, conduit les philosophes de la seconde moitié du XVIIIe siècle « à se demander ce que c'est qu'imiter et ce qu'est cette « nature » dont on parle sans cesse, à interroger le concept de vraisemblance, et celui de représentation; à proposer aussi d'autres explications du phénomène musical où entrera *une synthèse du beau comme ensemble de rapports*, à analyser la sensation, l'émotion esthétique et le problème plus général de l'expression » (*La Musique des Lumières*, p. 21; souligné par nous). Il n'est pas absurde de penser que la théorie de la perception des rapports développée par Diderot trouve son origine dans cette crise esthétique.

4. *Lettre à M. d'Alembert sur ses opinions en musique*, p. 121.

en exposant les proportions et les rapports que la nature a mis entre les sons qui forment ces accords et ces consonances ? [1]

Les rapports qui caractérisent les intervalles consonants produiraient leur effet dans l'organe, sans qu'il soit jamais besoin de les saisir pour eux-mêmes : « L'oreille, en musique, n'obéit qu'à la nature, elle ne tient nul compte de la mesure ni du compas, le seul instinct la conduit [2] ». On est bien loin d'une arithmétique perceptive, fût-elle inconsciente. Il faudra revenir sur l'adéquation que Rameau postule, entre l'oreille et le phénomène acoustique. Pour l'instant, notons simplement que l'appréhension des rapports s'effectue ici au niveau de l'immanence sensorielle, et ne requiert pas une activité de l'esprit. Comment caractériser cette appréhension, dont la passivité met en évidence un corrélat objectif du plaisir ?

L'immanence des rapports : le sixième sens

En quoi réside l'intervention subjective qui, selon Estève, soumet le principe de la perception des rapports à une variabilité irréductible ? Il s'agit d'un jugement de comparaison qui s'appliquerait aux données sensorielles pour en découvrir l'organisation interne et déterminer le sentiment. Il existe alors un risque que d'autres contenus mentaux se trouvent associés à ce premier résultat. Dans cette perspective, l'agrément combine un matériau objectif enregistré passivement et une opération réflexive qui en évalue certaines qualités. Si l'on veut imputer au sentiment esthétique le même degré de passivité qu'aux sensations, afin d'en assurer la pureté, il faut éviter le redoublement intellectualiste que certains auteurs identifient chez Diderot, et conférer aux résultats de la réflexion le statut d'une impression simple et originale. Tel est le sens de la modification que Hutcheson imprime à la philosophie de Locke, lorsqu'il affirme que nous appréhendons immédiatement la beauté comme une idée simple – pour l'auteur de l'*Essai sur l'entendement humain*, elle constituait en effet une idée complexe, élaborée par l'entendement. Comme l'écrit Peter Kivy, Hutcheson « ne semble pas suivre Locke, lorsque celui-ci fait de la beauté une idée complexe ; de fait, il n'y aurait alors aucun besoin de postuler un sens de la beauté [3] ». On doit effectivement poser, selon cette nouvelle orientation, un sens particulier, qui est en charge d'apercevoir la beauté comme une donnée originale : « (...) le fait qu'il y ait un sens de la beauté

1. *Ibid.*, p. 124.
2. *Observations sur notre instinct pour la musique, et sur son principe*, p. 157.
3. *The seventh sense. A study of Francis Hutcheson's æsthetics*, New York, Burt Franklin, 1976, p. 46.

implique que la beauté soit une idée simple [1] ». On peut sans doute aller plus loin, et renverser cette proposition : c'est pour garantir la simplicité de l'idée, indice d'une objectivité élémentaire, que Hutcheson conçoit un sens spécifique. Une première figure de l'immanence sensorielle consiste ainsi à ajouter aux sensations externes un sens interne susceptible d'appréhender les qualités esthétiques de l'objet – on suivra donc le résumé de Cassirer :

> (...) il existe un sens spécifique, qui n'est pas autrement définissable ou réductible, pour la perception du beau, de la même manière que l'œil est le sens spécifique de la perception des couleurs, l'oreille le sens spécifique de la perception des sons [2].

Le fait que chacun distingue spontanément la sensibilité musicale de la simple capacité auditive permet d'ailleurs, selon Hutcheson, d'admettre facilement l'existence du sens interne : « On a donné au sentiment que nous avons de l'harmonie, le nom de délicatesse d'oreille; et nous sommes naturellement portés à le regarder comme une perception naturelle, ou comme un sens tout à fait distinct de celui de l'ouïe [3] ».

Contrairement à ce que laissaient penser les *Principes généraux d'acoustique*, l'épreuve de la beauté se distingue ainsi des appréciations que nous pouvons porter sur la perfection d'un théorème, parce qu'elle ne recourt pas le moins du monde aux ressources de l'entendement :

> C'est à juste titre, qu'on donne le nom de sens à cette faculté supérieure d'apercevoir, puisque semblable aux autres sens, elle procure un plaisir tout à fait différent de celui qui provient de la connaissance des principes, des proportions, des causes ou de l'usage des objets. La beauté nous frappe dès la première vue; et la connaissance la plus parfaite ne saurait ajouter à ce plaisir [4].

Bien entendu, il n'est pas exclu que l'on procède à l'explicitation des caractères du beau dans chaque art, afin d'élaborer un canon, une norme de

1. *Ibid.*

2. *La Philosophie des Lumières*, Paris, Fayard, 1990, p. 313. Dans le compte-rendu de la doctrine de Hutcheson qu'il inclut dans l'article « Beau » de l'*Encyclopédie*, Diderot formule déjà cette interprétation : « On entend par *visible*, ce qui est fait pour être aperçu par l'œil; et M. Hutcheson entend par *beau*, ce qui est fait pour être saisi par le sens interne du *beau* » (t. I, p. 170).

3. *Recherche sur l'origine des idées que nous avons de la beauté et de la vertu*, section VI, art. IX; nous citons ici la traduction de Condillac (Amsterdam, 1749, p. 151), qui diffuse les idées de Hutcheson parmi les philosophes français des Lumières.

4. *Ibid.*, section I, art. XII, p. 20-21. Voir le huitième article du résumé de Diderot : « le plaisir que le sens interne nous fait éprouver, est différent de la connaissance des principes » (art. « Beau », p. 171).

nos plaisirs qui rappelle bien l'axiologie revendiquée par Rameau dans ses *Observations sur notre instinct sur la musique* : « La similitude, la proportion, l'analogie, ou l'égalité de proportion, sont des objets de l'entendement, dont la connaissance doit nécessairement précéder celle des causes naturelles de nos plaisirs [1] ». Simplement, comme chez Rameau, le vécu de plaisir ne requiert pas la possession effective de cette norme :

> (...) peut-être le plaisir n'est-il pas nécessairement lié avec leur perception : peut-être est-il possible de le sentir dans des choses, dont on ignore la proportion, et de ne le point goûter dans celles où cette proportion est le mieux observée[2].

Mais Hutcheson, selon nous, pousse son argument beaucoup plus loin. Aucune connaissance, fût-elle virtuelle, ne semble nécessaire – en témoigne le fait qu'un bon apprentissage théorique ne procure pas plus infailliblement un agrément sensible, qu'une ignorance en ce domaine, chez des hommes de bon goût, ne menace de les en priver :

> (...) la connaissance parfaite de ce que nous découvrons par les sens extérieurs peut souvent ne point produire le même plaisir, qu'une personne de bon goût, et qui a d'ailleurs moins de connaissance, trouve dans la beauté ou dans l'harmonie[3].

Tout au plus, selon la lecture de Diderot, les connaissances théoriques accentuent-elles une orientation déjà déterminée : « La connaissance des principes peut (...) accroître ou diminuer le plaisir : mais cette connaissance n'est pas lui ni sa cause[4] ». Ainsi distingué de toutes les opérations mentales, le sens interne réalise une appréhension originale du beau, sur le modèle de l'immanence sensorielle :

> (...) on peut avec raison désigner par un autre nom ces perceptions plus subtiles et plus agréables, qui proviennent de ces deux qualités [la beauté et l'harmonie[5]], et appeler la faculté que nous avons de recevoir ces sortes d'impressions sentiment intérieur[6].

Il s'agit d'un sentiment, car il nous affecte indépendamment de toute opération intellectuelle; il est intérieur, puisqu'il ne se réduit pas aux simples contenus sensoriels qu'il qualifie. En témoigne le fait que les

1. *Ibid.*, p. 19.
2. *Ibid.*
3. *Ibid.*, p. 20.
4. Article « Beau » (art. 8 du compte-rendu de la doctrine de Hutcheson), p. 171.
5. Dans la *Recherche*, Hutcheson définit la beauté musicale comme une harmonie, même s'il ne faut pas donner un sens trop technique à cette catégorie.
6. *Recherche sur l'origine des idées*, section I, art. XII, p. 20.

animaux ne disposent vraisemblablement d'aucun sentiment interne, bien que leurs sens externes soient égaux ou même supérieurs à ceux de l'homme : « (...) les animaux ont des facultés semblables à nos sens extérieurs », et « ils les ont même quelquefois dans un degré supérieur à nous ; mais il n'y en a pas un qui nous donne un signe de ce qu'on entend ici par *sens interne* [1] ». Sur le modèle des sensations externes, on conçoit donc une relation spécifique de la beauté à une faculté distincte.

Quel est le corrélat réel de ce sentiment intérieur ? Sur quoi lui appartient-il de se prononcer ? Il est très significatif que, dans la théorie de Hutcheson, cette appréhension passive d'une beauté rigoureusement objective porte sur les qualités intrinsèques de l'objet, et non sur sa vertu imitative – il en ira de même chez Diderot et, plus tard, chez Chabanon. Plus précisément, le beau relatif ressortit de l'imitation ; en revanche, le sentiment intérieur accède directement au beau absolu dans l'objet : « (...) par le *beau absolu*, [les sectateurs de Hutcheson] n'entendent que celui qu'on reconnaît en quelques objets, sans les comparer à aucune chose extérieure dont ces objets soient l'imitation et la peinture [2] ». L'organisation interne de l'objet détermine, sans autre référence, le caractère de l'appréciation esthétique : « (...) certains objets sont immédiatement et par eux-mêmes, les occasions du plaisir que donne la beauté [3] ». On ne s'étonnera pas de ce que Hutcheson emprunte alors ses principaux exemples à la théorie des accords. Le fondement de l'harmonie réside en effet dans une classification des consonances, qui permet de définir l'affinité *inhérente* des sons. L'impression plaisante que l'on éprouve à l'écoute des intervalles les plus simples met ainsi en évidence un premier critère du beau, savoir, l'uniformité :

> L'harmonie n'est pas regardée pour l'ordinaire, comme une imitation d'une chose qui existe. L'harmonie plaît souvent à ceux-mêmes, qui ignorent ce qui l'occasionne, et l'on sait que le fondement de ce plaisir n'est autre chose, qu'une espèce d'*uniformité* [4].

Dans une perspective très classique, Hutcheson précise corrélativement que la marche uniforme des intervalles consonants, pour ne point nous lasser, doit être balancée par des combinaisons plus complexes, qui la rendent plus sensible :

1. Article « Beau » (art. 7 du compte-rendu), p. 171.
2. *Ibid.* (conclusions), p. 172.
3. *Ibid.* (art. 9 du compte-rendu), p. 171.
4. *Recherche sur l'origine des idées*, section II, art. XIII, p. 51-52.

> On observe cependant que les dissonances produisent des effets merveilleux dans les compositions les plus excellentes. Elles causent souvent autant de plaisir que l'harmonie la plus suivie, soit en délassant l'oreille par une agréable variété, ou en diminuant l'attention ; ce qui fait goûter davantage l'harmonie des accords qui suivent, de même que les ombres réhaussent et embellissent les tableaux, ou par quelqu'autre moyen qui nous est inconnu [1].

L'utilité des dissonances en musique souligne ainsi que la variété est le second critère de la belle production. Comme chez Diderot, c'est sur le fond de la théorie musicale que se formule une définition générale de la beauté :

> On observera dans tous les exemples de beauté que j'ai rapportés, que le plaisir qui en résulte, se fait sentir à ceux-mêmes qui n'ont jamais réfléchi sur ce fondement général, et que tout ce que j'ai allégué se réduit à ceci : « Que les objets ne produisent en nous de sensation agréable, qu'autant que l'*uniformité* s'y trouve jointe avec la *variété* [2] ».

Le rôle de l'harmonie s'affirme à nouveau, pour ce qu'elle permet de raisonner les qualités internes de la production.

Le sentiment intérieur ne mesure pas son objet à l'aune de connaissances théoriques dont il disposerait au préalable. Hutcheson doit donc garantir cette forme d'appréhension contre la variabilité des expériences singulières. En fait, il faut appliquer ici une distinction que les commentateurs découvrent dans l'application du sens interne au domaine moral : « (...) pour Hutcheson, le relativisme serait à imputer aux successeurs de Locke, qui n'ont pas saisi la différence qui existait entre inné et naturel, plus qu'à Locke lui-même qui a conservé une place au naturel [3] ». Dans le cas de l'éthique comme dans celui de l'esthétique, la difficulté vient de ce que l'on a dénié au sentiment intérieur toute forme de contenu inné (des valeurs, un canon esthétique) applicable à la variété des situations : il semblerait alors que la disparition d'une norme préalable de l'appréciation entraîne l'inconstance du sentiment intérieur. Mais aux yeux de Hutcheson, cette instance n'est nullement soumise à diverses déterminations empiriques contingentes : elle doit au contraire attester un ordre objectif, ou naturel, et elle ne peut mieux le faire qu'en n'y mêlant point les contenus hétérogènes qui relèvent des idées associées. Citons à cet égard un extrait important de la *Recherche* :

1. *Ibid.*, p. 53.
2. *Ibid.*, art. XIV, p. 54.
3. J.-M. Vienne, *Expérience et raison. Les fondements de la morale selon Locke*, Paris, Vrin, 1991, p. 64.

> Rien n'est plus ordinaire à ceux qui rejettent avec M. *Locke* les idées innées, que d'alléguer, « que le plaisir que nous goûtons à la vue de la *beauté* et de l'*ordre*, n'a d'autre principe que l'*utilité*, la *coutume* ou l'*éducation* », sans qu'ils apportent d'autres preuves de leur sentiment, que la variété des idées qu'on remarque parmi les hommes ; d'où ils concluent, que nos idées ne naissent point de la faculté naturelle d'apercevoir, ou du *sentiment* qui est en nous[1].

Toutefois, le sens commun s'élève contre cette conclusion :

> Tous conviennent néanmoins que nos *sentiments* sont naturels, et que quoique le plaisir ou la douleur qui accompagnent les sensations, puissent être augmentés ou diminués par la *coutume* ou l'*éducation*, et contrebalancés par l'intérêt, ils ne laissent pas de précéder effectivement la coutume, l'habitude, l'éducation ou les vues intéressées que nous pouvons avoir[2].

Il convient donc de distinguer trois concepts : les idées innées, que l'on doit écarter, à la suite de Locke ; l'ordre objectif des beautés naturelles, qui s'affirme dans le sentiment interne ; enfin, les associations adventices, qui se greffent sur cette impression originale sous le coup de circonstances frappantes ou répétitives. La relativité est donc imputable, dans la théorie du sens interne, à une intervention superflue des facultés mentales (imagination et, surtout, mémoire). En somme, si les qualités harmoniques du beau absolu ne sont pas données dans la sensation, elles nous frappent cependant aussi directement, parce que le sens interne est naturellement déterminé à les apercevoir. Contrairement à ce qui se produira chez Hume[3], il existe bien, chez Hutcheson, une connexion nécessaire entre un agrément esthétique et les rapports objectifs qui le suscitent : le sentiment interne, comme les sensations, sont « des facultés naturelles d'apercevoir, ou des *déterminations* de l'esprit à recevoir nécessairement certaines idées à la vue de l'objet ». C'est ainsi que « *le sentiment intérieur est une faculté passive de recevoir les idées de la beauté à la vue des objets dans lesquels l'uniformité se trouve jointe à la variété*[4] ». Le fondement naturel dont le sens interne porte témoignage lui assure du même coup toute l'universalité souhaitée, contre les variations du jugement de goût qui, elles, tiennent aux associations d'idées.

1. *Recherches sur l'origine des idées*, section VI, art. VIII, p. 149.
2. *Ibid.*, p. 149-150.
3. Voir sur ce point Michel Malherbe, *La Philosophie empiriste de David Hume*, Paris, Vrin, 1984, 2001[2], p. 187.
4. *Recherches sur l'origine des idées*, section VI, art. X, p. 152.

L'immanence des rapports : le corps

La principale critique que Diderot adresse à la théorie élaborée par Hutcheson porte sur le fait que la doctrine du sens interne brise l'unité empirique du sujet humain qui appréhende la beauté. En effet, le sentiment intérieur se distingue à tel point des autres facultés qu'il semble impossible de définir le rapport qu'il entretient avec elles. D'une part, on ne conçoit point comment on peut apprécier les qualités esthétiques des objets accessibles à l'entendement, puisque les critères d'une beauté sensible ne s'y vérifient pas :

> Il est une classe d'êtres (...), dont les sectateurs de Hutcheson sont fort embarrassés ; car on y reconnaît de la beauté, et cependant la règle de l'uniformité dans la variété ne leur est pas applicable ; ce sont les démonstrations des vérités abstraites et universelles [1].

Néanmoins, comme Hutcheson revendique lui-même une telle distinction, entre les contenus abstraits et la beauté sensible, on ne trouve encore dans cette remarque de Diderot qu'une objection externe. D'autre part, il est encore plus embarrassant de constater que la doctrine du sens interne n'exclut pas, en toute rigueur, que des contradictions se développent entre des notions dont l'esthétique classique affirme constamment l'unité – ainsi est-il possible qu'une chose dont le sentiment intérieur signale la beauté nous soit en même temps nuisible : « Remarquez en passant, qu'un être bien malheureux, ce serait celui qui aurait le sens interne du beau, et qui ne reconnaîtrait jamais le beau que dans des objets qui lui seraient nuisibles [2] ». Puisque le sens interne se prononce à part des sensations et des facultés mentales, il devient envisageable qu'il nous porte vers des choses que nous éprouvons actuellement comme nuisibles, ou dont nous nous souvenons qu'elles le sont effectivement – à l'époque de l'*Encyclopédie*, quand il ne peut être question d'une « beauté du crime », Diderot ne saurait tolérer cet écart. Ce n'est pas, répétons-le, qu'il subordonne le beau à l'utile, mais plutôt que la perfection des rapports est appréciée par *le même* sujet qui fixe la mesure de toutes choses utiles à l'homme. Le sentiment du beau est métonymique d'un accord des facultés sur l'objet – surtout, il ne doit pas s'instituer contre le témoignage des sensations. Paradoxalement, le sentiment intérieur allégué par Hutcheson semble indépendant de la condition empirique du sujet humain. Au contraire, les défenseurs tardifs du principe de la perception des rapports s'efforcent de conserver l'unité de la référence sensorielle, afin de rapporter

1. *Encyclopédie*, art. « Beau », p. 172.
2. *Ibid.*

l'objectivité des rapports harmonieux au fonctionnement optimal des organes sensoriels : le sentiment de l'harmonie n'est pas éprouvé par un sens spécifique, mais il se constitue au niveau de la sensation. L'organe se trouve ainsi pourvu d'une fonction régulatrice, à l'aune de laquelle les principes du beau reçoivent une consistance réelle. Pour comprendre cette version unifiée de l'immanence sensorielle, il faut revenir sur les acquis de l'interprétation du statut épistémologique de la résonance du corps sonore proposée par d'Alembert.

Rappelons que l'infériorité de l'acoustique par rapport à la mécanique, du point de vue des exigences de la mathématisation, réside en ce que le niveau expérimental qui fonde l'appréciation qualitative n'est pas résorbé dans l'application de la géométrie aux phénomènes. Les consonances et les dissonances, que le sentiment distingue spontanément, ne semblent pas tolérer une distribution systématique en deux séries distinctes de phénomènes, bien que des rapports quantifiés de tension, grosseur et longueur des cordes vibrantes identifient factuellement chaque intervalle. La classification qualitative que nous introduisons entre les intervalles sonores n'est pas rigoureusement déterminée par une expression mathématique qui, à son égard, reste finalement contingente – *il se trouve* que telle consonance est exprimée par tel rapport mais, comme le soulignaient déjà Descartes et Malebranche, la relation des nombres à notre agrément demeure foncièrement inélucidable. D'Alembert ne se prononce pas vraiment sur la question de savoir si la perception des consonances engage une activité de l'âme ; comme on l'a vu, il entend établir que, si tel est bien le cas, cette activité ne porte pas sur des rapports mathématiques qui ne sont nullement constitutifs de l'objet esthétique – ils le décrivent, mais ils n'en expliquent pas la production :

> (...) quand les rapports de l'octave, de la quinte, de la tierce, etc., seraient tout autres qu'ils ne sont ; quand on n'y remarquerait aucune progression ni aucune loi ; quand ils seraient incommensurables entre eux ; la résonance du corps sonore, et les sons multiples qui en dérivent, suffiraient pour fonder tout le système de l'harmonie [1].

Tandis que, dans le cas du mouvement, l'expression mathématique fournit une description complète des phénomènes, sans qu'il soit nécessaire de se prononcer sur leurs causes [2], les effets particuliers (plaisir,

1. D'Alembert, *Eléments de Musique*, 2ᵉ éd., p. XII.

2. Comme l'écrit Véronique Le Ru, « Pour Newton et d'Alembert, on peut mettre au jour des lois naturelles sans pour autant connaître les premiers principes conçus comme causes premières » (*D'Alembert philosophe*, p. 94).

déplaisir) qui distinguent certains objets sonores ne peuvent se comprendre que dans leur relation à des opérations matérielles spécifiques [1], qui ne sont nullement déductibles des seuls principes mathématiques. L'agrément fait l'objet d'une expérience concrète, qui doit avoir ses causes – mais précisément, la théorie physique n'a pas à se prononcer sur l'origine inaperçue des phénomènes. Par suite, on ne pourra envisager les rapports comme les déterminations essentielles des intervalles musicaux, que sous la condition de fonder leur contenu sur un modèle mécanique hypothétique – ce que refuse d'Alembert : du même coup, il écarte la possibilité d'un décodage méthodique des causes physiques de l'expérience sensible, solidaire de l'idée d'institution de la nature. Paradoxalement, les auteurs qui, après Diderot, conçoivent le sentiment du beau comme une perception de rapports réintroduisent quant à eux les considérations mécanistes dont la contribution de l'encyclopédiste devrait, selon Rousseau, épargner l'examen.

On rejoint à ce niveau la seconde version de l'immanence sensorielle, qui doit garantir l'objectivité du sentiment esthétique. La structure de l'oreille permet d'établir une relation nécessaire entre les rapports qui expriment les intervalles, et le plaisir que nous éprouvons. Elle constitue le modèle mécanique qui, dans sa relation aux expériences sur la résonance, apporte à l'acoustique le fondement qui lui manque pour expliquer tous les phénomènes : son statut, chez les défenseurs du principe de la perception des rapports, ressemble fort aux hypothèses cartésiennes que refusent Newton et d'Alembert. Il est à cet égard très utile d'étudier les réponses que J.-A. Serre tente d'apporter aux critiques formulées par d'Alembert contre le principe de la perception des rapports. Soit le cas des consonances – ce n'est pas simplement que des intervalles réglés selon des raisons plus complexes, voire incommensurables, nous apparaissent toujours comme dissonants : il s'agit là d'un argument factuel, que d'Alembert ne songe pas à contester. Mais une telle expérience est l'indice que les rapports précis utilisés en musique sont véritablement fondés – non point sur des principes mathématiques, mais sur un modèle mécanique qui décrit la conjonction de l'organe et du corps sonore. Il suffit de reconnaître que ces proportions expriment la constitution physique du son, c'est-à-dire la relation du fondamental avec ses harmoniques, puis de découvrir des relations analogues dans la structure de l'organe :

1. Selon M. Paty, si certaines données patentes de l'acoustique et de l'optique échappent définitivement à « l'évidence de l'expression mécanique », c'est qu'elles impliquent que l'on formule des hypothèses sur « la nature de la lumière, celle du son » (« D'Alembert et la théorie physique », in *Jean d'Alembert savant et philosophe*, p. 239).

> On peut penser avec raison que ce qu'un corps sonore peut produire sur les cordes d'un clavecin qui se trouvent montées à l'unisson, à l'octave, à la douzième et à la dix-septième majeure de ce corps sonore, ce même corps sonore peut le faire aussi non seulement sur les fibres acoustiques de l'oreille qui se trouvent à l'unisson, mais encore, quoique plus faiblement, sur celles qui répondent à l'octave, à la douzième et à la dix-septième majeure de ce corps sonore[1].

De ce point de vue, l'impossibilité factuelle de substituer purement et simplement aux rapports les plus simples d'autres raisons plus complexes, est l'indice d'une impossibilité essentielle :

> Croira-t-on que si [les sons exprimés par ces rapports complexes] prédominaient sur les harmoniques consonants, autant qu'ils en sont prédominés, la résonance du corps sonore suffirait pour fonder tout le système de l'harmonie : c'est cependant ce qui devrait arriver, si la pensée de M. d'Alembert était vraie[2].

Si, avec d'Alembert, on ne retient que la résonance, on se trouve confronté à une agrégation inaudible d'harmoniques superposés : il faut encore, pour n'obtenir que les consonances naturelles, éliminer certains sons partiels empiriquement émis – et ce tri s'opère justement selon le degré de complexité des rapports. Serre, à l'évidence, ne comprend pas l'objection des *Eléments de Musique*, qui reste pertinente aussi longtemps que l'on n'admet aucune spéculation causale dans la théorie harmonique : en elles-mêmes, les diverses proportions n'expliquent nullement le caractère plaisant de certains intervalles. Mais l'auteur des *Observations* reçoit précisément au titre de principe une hypothèse mécanique sur la cause des phénomènes musicaux – l'actualisation, dans l'oreille, de certains rapports suffisamment simples. Une pareille interpolation se fonde sur l'insuffisance patente du phénomène de la résonance, tant qu'on ne lui adjoint pas un critère discriminant. La confusion méthodologique de Serre s'explique ainsi par la nécessité, pour rendre raison du sentiment de l'harmonie, de convoquer plusieurs principes[3], qui ne possèdent pas un statut homogène.

1. Serre, *Observations sur les principes de l'harmonie*, 1763, § 13, p. 8.

2. *Ibid.*, § 140, p. 67.

3. Comme l'écrit Hans Pischner, « [er will] nicht alles musikalische Geschehen von einem, sondern von mehreren Prinzipien ableiten, die sich untereinander in einer Gewissen Rangordnung [la résonance est subordonnée au principe des rapports, et leur conjonction contrôlée par l'oreille] befinden » (*Die Harmonielehre J.-Ph. Rameaus*, Leipzig, 1963, p. 142). L'ensemble de l'exposé de Pischner est très utile.

Il n'est guère surprenant, selon cette orientation, que le fondement noétique (l'activité de comparaison) du principe de la perception des rapports passe au second plan, pour laisser la place à l'actualisation d'un modèle mécanique qui réalise l'inférence au niveau même de ses éléments – Serre reprend donc à son compte la théorie de Diderot, mais il remplace l'activité de l'âme qui, en quelque sorte, appréciait certains rapports conçus selon des raisons mathématiques, par la fonction configuratrice de l'organe, qui n'évalue qu'une justesse physique :

> Il est vrai que l'oreille n'exige pas une exactitude géométrique dans ces rapports : heureusement elle s'y contente d'une approximation, d'une justesse physique, d'une justesse telle que la nature requiert entre deux cordes voisines, pour que les vibrations de l'une puissent faire frémir l'autre ; mais l'oreille exige absolument ce degré de justesse, sans lequel les intervalles ne peuvent que lui déplaire [1].

D'Alembert accorderait probablement ce point, mais il préciserait que cet accord entre l'organe et le phénomène de la résonance est purement factuel et ne repose pas sur l'appréhension de rapports déterminés. Serre affirme au contraire que l'oreille est organisée selon ces rapports, qui définissent un cadre hors duquel les données physiques ne sont pas recevables : la structure de l'organe constitue la condition de possibilité matérielle du phénomène auquel l'auteur des *Eléments de Musique* entend quant à lui se borner. En témoigne le fait que l'oreille peut écarter des harmoniques donnés dans la résonance, au seul titre qu'elle n'est pas capable d'appréhender les rapports qui les déterminent – c'est le cas de la septième :

> Ce son cependant que donne la nature, est banni, ou censé banni à perpétuité de l'empire de l'harmonie, dans le sein, dans le principe de laquelle il a néanmoins pris naissance. Cette sentence émanée du tribunal de l'oreille est sans doute très juste et très bien fondée : mais le seul principe de la résonance n'est guère propre à nous éclairer sur les motifs de l'oreille dans ce jugement ; il ne peut qu'incliner notre esprit à le regarder comme une bizarrerie de cet organe [2].

En somme, nos explications ne sont pas bornées par les données spécifiquement acoustiques que fournit la résonance du corps sonore, parce que nous trouvons dans l'organe le fondement d'un principe plus général,

1. *Ibid.*, § 141, p. 67-68.
2. *Essais sur les principes de l'harmonie*, p. 117.

en fonction duquel s'opère une sélection dans la résonance : « Quelqu'essentiel que soit le principe de la résonance dans la théorie de l'art musical, j'ai suffisamment prouvé dans mes *Essais* que ce principe n'est pas le seul, qu'il est même subordonné à celui des rapports[1] ». S'il est vrai que Serre tire argument des expériences acoustiques, il demeure bien, comme l'écrit Hans Pischner, que « le principe essentiel est celui du rapport des intervalles[2] », pour autant qu'il définit une condition préalable de la perception. Les rapports s'imposent absolument à l'organe et, à l'aune de cette structure mécanique nécessaire, la fiction imaginée par d'Alembert pour manifester le caractère relatif de leur contenu mathématique n'a plus aucun sens – c'est dire que Serre ne conçoit aucune différence entre les vérités nécessaires (mathématiques) et les vérités contingentes (physiques) : les rapports traduisent pour lui une loi physiologique de la perception. La physiologie permet de concevoir l'application de principes idéaux (les rapports) au contenu concret délivré par la résonance : elle fournit de cette façon une réponse acceptable au problème de la mise en forme des données sensorielles, car elle garantit corrélativement la passivité du sentiment, qui supporte l'objectivité du beau. C'est ainsi que Dortous de Mairan introduit l'explication physiologique que lui empruntera Rameau :

> La véritable raison de ces deux effets [consonances et dissonance], et de leur différence est donc, à mon avis, uniquement fondée sur ce qui se passe alors dans l'organe, par rapport à sa conservation, et à sa destruction, à son rétablissement, ou à son état de santé, favorisé dans un cas, et menacé, ou dérangé dans l'autre[3].

Les raisons qui organisent l'expérience au sein de laquelle nous nous représentons les ressources harmoniques sont prises, malgré les précautions que la lecture de Newton inspire aux auteurs du XVIIIe siècle français, pour les causes de ces phénomènes.

Ces deux versions de l'immanence sensorielle se rejoignent pour ce qu'elles confèrent au sentiment de l'harmonie le statut d'une impression immédiate et passive. Cependant, il faut bien considérer qu'elles ne sont pas également acceptables, pour les auteurs que nous étudions. La théorie de Hutcheson réalise dans un sentiment spécifique les résultats que l'on attribue à tort à une opération de la réflexion. A ce titre, cette explication se cantonne dans le cadre de la pure enquête gnoséologique : il s'agit de savoir

1. *Observations sur les principes de l'harmonie*, § 139, p. 66.
2. *Op. cit.*, p. 142.
3. « Discours sur la propagation du son », § 29, p. 16.

s'il est possible d'appréhender immédiatement, sans le concours d'une activité de l'esprit, les relations qui déterminent le degré d'uniformité et de diversité de l'objet. On sait que c'est Condillac qui traduisit, en 1749, la *Recherche sur l'origine des idées :* or, dès l'*Essai sur l'origine des connaissances humaines* (1746), l'auteur refuse les « jugements inconscients » qui s'appliqueraient aux perceptions [1] ; et dans le *Traité des sensations* (1754), il précise que le jugement ne fait qu'enregistrer un rapport objectivement présent (et donné) entre les idées simples [2] – il est donc disposé à recevoir favorablement l'interprétation développée par Hutcheson, pour éviter d'intégrer, dans la constitution des sentiments esthétiques élémentaires, une puissance active *indépendante* des sensations. Diderot comme Rousseau, en revanche, recourent à une telle instance pour expliquer l'appréhension des rapports qui organisent les objets des sens. A cet égard, l'auteur des *Principes généraux d'acoustique* peut parfaitement ratifier cette déclaration très claire du Vicaire savoyard : « Quand les deux sensations à comparer sont aperçues, leur impression est faite, chaque objet est senti, les deux sont sentis, mais leur rapport n'est pas senti pour cela [3] ». Le sujet ne peut percevoir que les rapports institués par le jugement, car les relations objectives présentes dans l'objet ne lui sont pas données dans les sensations. Par suite, quand Rousseau refuse de trouver dans l'agrément que procurent les consonances la marque immédiate d'une opération de la réflexion (cette faculté peut cependant intervenir, par le truchement de l'habitude), il n'entend certainement pas imputer à une instance passive le même produit que cette opération prenait en charge chez Diderot : il affirme que ce plaisir se réalise au niveau de l'organe. Sur cette base critique, le principe de la perception des rapports connaît donc une nouvelle formulation, qui tire argument de la structure de l'oreille. Mais cette tentative tombe en dehors de la stricte théorie des idées : comme en témoigne, par la négative, la prudente réserve de d'Alembert, elle repose sur des hypothèses mécaniques. La théorie de la connaissance semble donc projeter les raisons qu'elle définit dans un système causal. Pour comprendre comment on perçoit l'harmonie, il paraît nécessaire de savoir ce que peut le corps. Il faudra encore se demander si les descriptions et les hypothèses mécaniques sur la structure et le fonctionnement de l'organe peuvent, définitivement, épargner aux auteurs des Lumières le prix d'une intervention de l'esprit dans la constitution du sentiment de l'harmonie.

1. Voir en particulier la section VI de l'*Essai*.

2. « Un jugement n'est que la perception d'un rapport, entre deux idées que l'on compare » (*Traité des sensations*, I, II, p. 22).

3. Rousseau, *Emile*, IV, OC IV, p. 572.

La reformulation du problème de la perception musicale dans les termes d'une physiologie, en un mot, signifie-t-elle l'abandon d'une noétique ? Il faudra bien répondre à la question que Diderot pose avec insistance : « La sensation de l'oreille s'arrête-t-elle dans l'oreille ? Est-ce elle qui assure et qui nie ?[1] » – est-ce l'oreille, très précisément, qui donne la réalité de l'accord ?

Du corps sonore à la physiologie de l'organe

Maintenir l'appréhension des relations harmoniques au niveau du fonctionnement normal de l'organe revient donc à projeter les raisons du jugement de comparaison, ou de l'inférence, dans l'organisation causale de l'impression. On s'efforce d'incarner la géométrie naturelle pour procéder, autant qu'il est possible, au décodage du sentiment. L'hypothèse d'une immanence des rapports au dispositif sensoriel ne se formule cependant que progressivement et l'on doit, en particulier, ressaisir cette histoire dans son moment le plus significatif, qui concerne la constitution d'une explication iatromécaniste de la perception auditive – il s'agit du passage des travaux de Perrault au système de Duverney. L'importance de cette transition tient, d'une part, à ce qu'elle est parfaitement identifiée par les philosophes des Lumières et, d'autre part, à ce qu'elle constitue une source assignable des traités de Rameau.

Situation historique de l'hypothèse mécaniste

Le traitement scientifique du problème de la perception, à l'âge classique, ne pose pas exactement les mêmes problèmes pour tous les sens. Dans le cas de la vue, après que Kepler a assimilé l'œil à un instrument d'optique et reconnu la fonction de la rétine, le sens de la contribution cartésienne est de poursuivre le trajet de l'impression au-delà de cet « organe immédiat » du sens, à travers les nerfs et jusqu'au cerveau. Il va de soi qu'après Descartes, cette organisation générale s'applique également à la perception auditive ; mais c'est l'identification de l'organe immédiat de l'ouïe (l'équivalent de la rétine) qui pose difficulté. Il est vrai que Fabrice d'Acquapendente, qui fut le maître de Harvey[2] et dont la lecture inspira

1. *Réfutation d'Helvétius*, in *Œuvres complètes*, Club français du livre, chap. 15, p. 525.

2. Sur le rapport de Harvey à Fabrice, voir Jacques Roger, *Les Sciences de la vie dans la pensée française au XVIIIe siècle*, part. I, chap. III, Paris, Albin Michel, 1993, p. 113-114.

Descartes[1], fournit le premier une description de la perception auditive dans laquelle l'oreille fonctionne comme un résonateur[2], de sorte que l'impression sonore est le résultat d'une action par contact[3]. Mais le schéma de l'affection reste inscrit dans le cadre d'une théorie classique de la similitude. Ce n'est que dans la seconde moitié du XVIIe siècle que les médecins iatromécanistes parviennent à produire le détail d'une analyse géométrique de l'audition.

Dans l'*Encyclopédie*, Jaucourt dresse une brève histoire des connaissances sur l'organe de l'ouïe et, parmi les modernes, il mentionne les deux figures qui ont établi l'essentiel du savoir contemporain sur ce sujet : Claude Perrault[4] et Joseph Duverney[5]. L'auteur de l'article « Oreille » discerne judicieusement leurs contributions respectives[6]. Tandis que Perrault a produit une anatomie complète de l'oreille[7], ses explications restent tributaires d'hypothèses irrecevables[8], et c'est à Duverney qu'il revient d'avoir fixé les principes du fonctionnement des parties de l'organe[9]. Il est intéressant de rapporter cette appréciation à la fameuse définition de la physiologie que donne Haller dans le Discours introductif aux *Primæ lineæ physiologiæ* (1747) : « On aura peut-être à m'objecter que cet ouvrage est purement anatomique, mais la physiologie n'est-elle pas

1. C'est après Fabrice (*De Formatione ovi et pulli tractatus accuratissimus*, Patavii, 1621) que Descartes fournit un exposé chronologique de la formation du poulet (*Excerpta anatomica*, AT XI, p. 619-621).

2. *Trattato dell' orecchio, organo dell' udito*, Trad. di Luigi Stroppiano, Arti Graf. E. Cossidente, 1967.

3. L'air intérieur doit entrer en résonance avec l'air extérieur, pour qu'il y ait perception du son.

4. 1613-1688.

5. 1648-1730.

6. Les commentateurs modernes, en revanche, ne signalent pas les différences qui existent entre les travaux de Perrault et ceux de Duverney, dans le domaine de la physiologie de l'oreille – voir par exemple les remarques de Mirko Grmek (*La Première révolution biologique*, Paris, Payot, 1990, p. 241), qui saisit pourtant la complexité de l'attitude de Perrault à l'égard du mécanisme : (*ibid.*, p. 136). Cette confusion tient sans doute au fait que Duverney fut très tôt l'assistant de Perrault dans ses dissections (1667), et qu'il reprit, à la mort de son maître, la direction de l'*Histoire des animaux* publiée par l'Académie.

7. Perrault « a décrit (...) avec exactitude la fabrique de l'organe de l'ouïe », et « il n'a rien avancé dans la description de cet organe, qu'après l'avoir vu distinctement » (*Encyclopédie*, art. « Oreille », p. 619).

8. « Je ne loue pas ses explications, parce qu'elles sont fondées sur de fausses hypothèses » (*ibid.*).

9. « Cet habile homme a le premier fait connaître parfaitement le muscle de l'étrier, les glandes cérumineuses, le limaçon, la portion molle, les canaux demi-circulaires, et plusieurs autres choses qu'il a mises dans tout leur jour » (*ibid.*).

l'anatomie en mouvement?[1] » – autrement dit, dans les termes de Bœrhaave, les règles auxquelles obéissent les *fonctions* des organes se déduisent sans équivoque de leur *structure*. Jaucourt adhère à cette interprétation classique et il suggère donc que Perrault, s'il décrit convenablement la structure de l'oreille, ne définit cependant pas les conditions précises du mouvement des parties de cet organe, de sorte qu'il ne parvient pas à produire une authentique physiologie de la perception auditive. On notera que l'étude de l'oreille, à l'âge classique, est entièrement conduite, à notre connaissance, dans le contexte de l'iatromécanisme[2] – ce n'est guère étonnant en ce qui concerne Joseph Duverney, dont le *Traité de l'organe de l'ouïe* est publié en 1683 ; mais il est plus frappant de constater que ce modèle mécaniste reste celui de l'*Encyclopédie*, pour ce qui regarde cette question. D'une façon plus générale, la grande majorité des auteurs du XVIIIe siècle retiennent l'explication élaborée par Duverney dans son *Traité*, qui s'inscrit clairement dans une conception mécaniste de l'investigation physiologique. Perrault, dans ses *Essais de physique* (1680), aurait ainsi manqué la « déduction anatomique » que ses descriptions autorisaient, et qu'il semblait bien avoir en vue : « (...) toutes les fonctions du corps vivant consistent dans le mouvement des particules dont il est composé[3] », et ce mouvement obéit bien entendu aux seules lois de la mécanique[4]. Cet auteur, selon Jaucourt, aurait malheureusement élaboré des « hypothèses », au lieu d'enregistrer le rapport géométrique des éléments, que fournit la description anatomique.

On remarquera en outre que le moment où, selon Jaucourt, la physiologie se constitue comme science désigne également la source de sa future application aux questions musicales qui se poseront en contexte ramiste. Rameau complète ainsi la physique du corps sonore par une physiologie de l'organe, qu'il emprunte à Dortous de Mairan – nous reviendrons en détail sur cette hypothèse. De fait, l'académicien, dans le « Discours sur la propagation du son », allègue la construction de l'oreille interne (le limaçon) pour expliquer la perception de l'harmonie qui accompagne tout corps sonore[5]. Et ce texte établit bien « la similitude de

1. Cité par G. Canguilhem, « La constitution de la physiologie comme science », in *Etudes d'histoire et de philosophie des sciences*, Paris, Vrin, 1994, p. 227.

2. Seul Louis Estève, médecin à Montpellier, critique l'explication iatromécaniste dans son *Traité de l'ouïe* (Avignon, Tournel, 1751).

3. *Essais de physique*, IV, p. 27.

4. Perrault refuse d'introduire des spéculations chimiques dans l'explication du mouvement des parties des corps vivants.

5. « Discours sur la propagation du son », *Histoire de l'Académie Royale des Sciences*, Année 1737, Paris, 1740, § 15-18.

principe» qui, ainsi que le montre M. Fichant à propos de l'optique cartésienne, «rend œil et instrument solidaires dans un même traitement méthodique qui ne reconnaît plus de différence de nature entre eux[1] » – d'une même façon, la géométrie de l'audition s'effectue en raison d'une conformité commune de l'organe et de l'instrument aux principes du mécanisme : « L'organe immédiat de l'ouïe est en effet, on le peut dire, un véritable instrument de musique, comme l'œil est une vraie lunette d'approche[2] ». Dortous de Mairan mentionne en outre les autorités sur lesquelles il appuie son hypothèse – il s'agit, pour une faible part, de Jean Méry[3], et surtout de Winslow, dont l'*Exposition anatomique* comporte une reprise du « Discours sur l'anatomie du cerveau » de Stenon. Or l'*Exposition* renvoie directement à Duverney, pour ce qui concerne la physiologie de l'oreille[4]. Il est vrai que Winslow revendique en général une utilisation très prudente de la déduction anatomique : « Je ne m'étends pas beaucoup sur les usages. Quelquefois j'en indique seulement ceux qui me paraissent être le mieux fondés sur la structure connue; et quelquefois je n'en parle point du tout, n'en étant pas assez sûr[5] ». L'auteur estime cependant (à la suite de Stenon) que cette méthode obtient ses meilleurs résultats lorsqu'on l'applique à la connaissance de l'organe de l'ouïe :

> L'oreille est de tous les organes celui dont on peut démêler le plus distinctement la structure, et dont on peut démontrer le plus commodément un grand nombre des parties, ou plutôt des petites machines qui entrent dans sa composition[6].

La démonstration des parties de l'organe, c'est-à-dire leur assignation à une fonction déterminée, trouverait sa meilleure illustration dans le cas de l'oreille. La réalisation partielle de ce programme, après les expériences de

1. « La géométrisation du regard : réflexions sur la *Dioptrique* de Descartes », Philosophie, n° 34 (1992), p. 45-69; repris dans *Science et métaphysique dans Descartes et Leibniz*, Paris, PUF, coll. « Epiméthée », 1998 : p. 37.

2. « Discours sur la propagation du son », § 16, p. 10.

3. Médecin à l'Hôtel-Dieu, Méry est l'auteur des *Nouvelles découvertes sur toutes les parties de la médecine* (Paris, Blégny, 1679); mais c'est dans une lettre adressée à Guillaume Lamy qu'il expose ses vues sur l'anatomie de l'oreille. A notre connaissance, cette lettre fut éditée pour la première fois à la fin de la deuxième édition de l'ouvrage de Lamy, *Explication mécanique et physique de l'âme sensitive* (Paris, Roullaud, 1681, p. 414 *sq.*); elle est reproduite dans l'édition des *Œuvres complètes* de Méry, par le Dr L.-H. Petit, Paris, Alcan, 1888, p. 1-13.

4. *Exposition anatomique de la structure du corps humain*, Paris, Desprez et Desessartz, 1732, t. III, part. I, § 400.

5. *Ibid.*, t. I, Avertissement, p. x.

6. *Ibid.*, t. IV, part. II, § 414, p. 642.

résonance, permet d'introduire une nouvelle série de données scientifiques dans la philosophie de la musique.

Canguilhem rappelle qu'au schéma méthodologique mécaniste, Claude Bernard objecte, dans ses *Leçons de physiologie expérimentale*, qu'il est impossible « de déduire d'un examen anatomique d'autres connaissances d'ordre fonctionnel que celles qu'on y [a] importées[1] ». On sait que cette critique repose sur l'opposition entre les usages bien déterminés des constructions mécaniques artificielles, que l'on retient pour modèles du vivant, et la souplesse fonctionnelle dont sont susceptibles les configurations organiques. En somme, la disposition des parties de l'organe n'impose pas l'unique fonction prescrite par le modèle mécanique retenu. Il est sans doute possible d'approfondir cette analyse de la physiologie mécaniste, en un sens généalogique. Le passage de Perrault à Duverney fournit en effet l'illustration exemplaire d'une thématisation progressive des exigences qui commandent une démonstration iatromécaniste, et il révèle que le statut problématique du modèle mécanique est bien aperçu par ces médecins. En fin de compte, tout le problème est de savoir comment se formule, dans les textes de ces auteurs, la nécessaire corrélation entre l'organe sensoriel et l'objet qui provoque l'impression : est-il possible de développer une physiologie de l'oreille qui ne dépende pas rigoureusement des seuls rapports sous lesquels nous nous représentons les sons ? L'étude de l'organe de l'ouïe ne peut-elle, au contraire, concevoir le fonctionnement de l'audition que sur le modèle des propriétés des corps sonores ?

De la sensation à l'organe

Perrault ne doute pas que l'arrangement mécanique des parties de l'organe suffise à produire la fonction dont il est le siège. Cependant, l'auteur des *Essais de physique* semble bien considérer que la description anatomique, qui distingue ces différentes parties, ne permet pas d'énoncer immédiatement l'explication physiologique. Autrement dit, le procédé analytique qui explicite la disposition géométrique des parties ne nous donne encore qu'une matière « obscure[2] », à partir de laquelle il est impossible de définir la fonction. Le médecin doit introduire, entre la structure et « l'usage[3] », un moyen terme qui organise les éléments dont

1. Canguilhem, « Modèles et analogies dans la découverte en biologie » *in Etudes d'histoire et de philosophie des sciences*, p. 307.

2. Conformément à l'usage, nous utilisons la réédition de 1721 des *Œuvres diverses de physique et de mécanique ;* les travaux sur l'acoustique sont regroupés sous le titre *Du bruit :* ici, troisième partie, chap. II, p. 248.

3. *Ibid.* A prendre ici pour « fonction ».

l'anatomie fournit l'énumération muette. Cette instance supplémentaire, qui oriente l'explication, consiste dans « ce que nous connaissons de général dans la sensation, par les remarques de quelques usages connus et avérés des principales parties de chaque organe des sens[1] ». Une connaissance préliminaire des caractères généraux de la sensation est donc requise pour distribuer l'ensemble de cette fonction sur les différentes parties de l'organe. C'est que, selon Perrault, le fondement réel de la correspondance entre la structure et la fonction (sensorielle) se situe « hors des limites de l'analyse physique possible », ce qui impose « d'établir un lien fonctionnel entre l'âme et les dispositifs physiologiques les plus appropriés à servir de référent à l'intervention psychique[2] ». Cette appréhension globale de l'usage à partir d'une intervention régulatrice de l'âme permet ensuite de concevoir l'enquête physiologique dans les termes d'un problème géométrique, où il s'agit simplement de déduire l'inconnu du connu, c'est-à-dire de passer du fonctionnement avéré des parties d'un organe sensoriel donné (l'œil), à celui d'un autre organe (l'oreille), foncièrement analogue puisqu'il s'inscrit par hypothèse dans le schéma de l'affection sensorielle : « (...) je cherche des parties dans l'organe de l'ouïe, qui aient analogie avec les parties des autres sens, pour voir si analogiquement aussi elles peuvent avoir les mêmes usages[3] ». En apparence, Perrault se contente ici de déceler des analogies morphologiques : mais elles ne seront validées qu'en ce qu'elles expriment une correspondance fonctionnelle. Ce sont donc les caractères de la sensation qui fournissent les rapports sous lesquels les organes sensoriels doivent être comparés. En somme, l'analyse anatomique nécessite, pour être utilisable, un certain degré de synthèse, qui repose sur une idée de la fonction. Dans cette perspective, une topique générale de la sensation s'applique aux données fournies par l'anatomie, afin de leur conférer un rôle déterminé dont il appartient *ensuite* à la physiologie d'établir comment elles le remplissent effectivement. Il ne s'agit plus alors que de spécifier de quelle façon les parties distinguées dans l'oreille adaptent les différents moments de la fonction sensorielle à l'impression particulière (l'image[4] de l'objet) qui les affecte. Par conséquent, l'enquête physiologique n'enregistre pas indifféremment la

1. *Ibid.* Le problème n'est pas que ces connaissances soient tirées de l'observation, et non établies en fonction d'un système abstrait – il importe davantage de comprendre qu'elles sont posées au départ d'une investigation physiologique qu'il leur appartient d'orienter. C'est là ce que récusera Duverney.

2. François Duchesneau, *Les Modèles du vivant de Descartes à Leibniz*, chap. IX, Paris, Vrin, 1997, p. 280.

3. *Du bruit*, part. III, chap. II, p. 248.

4. Sur ce terme, voir les remarques de Perrault (*ibid.*, p. 249).

disposition spatiale de toutes les parties de l'organe – seules importent celles qui, sous l'éclairage de la fonction, entretiennent une relation assignable avec les propriétés physiques bien attestées de l'objet perçu.

Le chapitre des *Essais de physique* consacré au fonctionnement de l'ouïe manifeste bien l'application préalable d'un schème général de l'affection sensible à l'oreille et, par suite, la primauté de l'objet perçu sur la disposition géométrique des parties de l'oreille. Perrault distingue deux grands types de parties dans tout organe sensoriel. 1) On doit d'abord isoler l'organe immédiat qui, à proprement parler, est affecté par l'impression : il consiste dans « les nerfs dilatés et mêlés avec une substance propre et particulière à l'organe de chaque sens[1] ». On sait que Perrault situe la sensation au niveau même de l'organe, dans lequel l'âme est présente, comme à toutes les autres parties du corps[2]. 2) Il faut considérer ensuite les parties qui organisent l'impression spécifique dont chaque sens est susceptible :

> (…) ce qui fait l'essence des organes, et qui les distingue les uns des autres, n'est pas seulement la partie qui reçoit l'impression, savoir, le nerf dilaté : les autres parties, qui disposent et ajustent, s'il faut ainsi dire, les images de l'objet, et les rendent capables de faire l'impression, sont aussi d'une très grande importance[3].

L'arrangement particulier de ces parties est requis pour expliquer que chaque sens n'appréhende qu'un certain type d'objets. En effet, comme le système nerveux est identique dans tous les organes sensoriels, il ne peut par lui-même discriminer entre les impressions :

> (…) les nerfs envoyés à chaque organe étant d'une même substance, et ayant tous presqu'une même délicatesse, qui les rend capables de recevoir les moindres impressions, l'altération qu'ils souffrent par l'action des objets n'est différente et n'est principalement spécifiée

1. *Ibid.*, p. 250.

2. Ainsi que l'écrit J. Lebovits, « Pour Perrault il semble très difficile d'admettre que les nerfs puissent faire le double travail de porter les esprits nécessaires aux organes pour recevoir les mouvements et de transmettre les mouvements au cerveau » (*Claude Perrault physiologiste*, Paris, 1931, p. 57). On sait que cette position, affichée dans les *Essais de physique*, suscita les vigoureuses critiques de Haller (*cf.* sur ce point F. Duchesneau, *La Physiologie des Lumières*, The Hague, 1982, p. 202). Néanmoins, l'affirmation selon laquelle la sensation est directement ressentie dans la partie affectée par le *stimulus*, si elle est effectivement revendiquée dans le cas de la vue (comme en témoigne le débat qui oppose Perrault à Mariotte sur le siège de la perception visuelle : *cf.* Mirko Grmek, *op. cit.*, p. 214 *sq.*), ne fait cependant pas l'objet d'un développement particulier en ce qui concerne le sens de l'ouïe.

3. Perrault, *op. cit.*, troisième partie, chap. II, p. 250.

que par les autres parties qui composent les différents organes de chaque sens [1].

La suite du texte recourt à l'analogie des différents sens, afin de montrer que ces parties spécifiantes se trouvent dans tous les organes. Et c'est tout d'abord du point de vue de leur rapport à l'objet perçu que l'on peut produire une comparaison légitime entre l'ouïe et la vue : « Les sens, qui ont été donnés aux animaux pour leur faire avoir la connaissance de ce qui est et de ce qui se fait loin d'eux, tels que sont la vue et l'ouïe, se font par un moyen que les Grecs et les Latins ont appelé *image* avec beaucoup de raison [2] ». De plus, l'image qui affecte ces sens subit les mêmes modifications dans les deux organes : de même que les rayons lumineux partent d'une très grande surface pour converger sur la rétine, de même les vibrations de l'air se rassemblent dans le labyrinthe.

Sur la base de cette correspondance fonctionnelle, on distribuera identiquement les moments du processus sensoriel dans le cas de l'œil et de l'oreille. En effet, les parties spécifiantes que l'on a distinguées de l'organe immédiat se divisent elles-mêmes en trois genres, selon la fonction qu'elles remplissent, et non premièrement en raison d'analogies de structure : on doit discerner entre les parties qui protègent l'ensemble (la paupière et l'oreille externe), celles qui assurent une juste proportion de l'organe immédiat à l'objet qui l'affecte (le cristallin et, d'un autre côté, les muscles interne et externe de l'oreille), et celles qui retiennent l'image qui doit causer l'impression (la consistance adéquate des membranes à l'intérieur de l'œil et de l'oreille [3]). Chaque partie de l'organe se trouve ainsi attachée à un aspect précis du fonctionnement de la sensation ; mais il est évident que son rôle résulte moins de la spécificité de sa structure, que du schème général mis en place par Perrault pour toute affection sensorielle – en témoigne le fait que des parties structurellement très différentes peuvent, dans divers organes, remplir la même fonction. Cette analogie se justifie néanmoins, dans la mesure où la spécification de la fonction sensorielle dans tel ou tel organe répond aux propriétés mécaniques de l'objet qui l'affecte.

Ainsi l'importation préalable de la fonction dans l'explication physiologique signifie-t-elle que l'on institue dans la structure une série de

1. *Ibid.*

2. *Ibid.*, p. 249.

3. Dans l'œil, certaines sont transparentes, pour introduire les images, et d'autres opaques, pour empêcher la pénétration de la lumière inutile et retenir l'impression ; dans l'oreille, les membranes dont sont revêtus la caisse du tambour et le labyrinthe diminuent la force des réflexions.

distinctions pertinentes, qui reçoivent un contenu particulier pour s'appliquer à l'objet de la sensation. L'essentiel est alors de garantir que l'impression reproduit fidèlement cet objet, dont les caractéristiques forment ensuite le modèle mécanique de l'explication : « (...) l'air agite l'organe de l'ouïe de la même manière qu'il a été affecté par les particules des corps froissés par leur choc mutuel, et (...) il y fait une impression pareille à celle qu'il a reçue [1] ». L'organe immédiat doit donc comporter des éléments qui lui permettent d'appréhender l'impression spécifique que les autres parties de l'oreille ont conservée et proportionnée à sa mesure. C'est ainsi que Perrault identifie (à juste titre) le siège physiologique de l'audition dans le limaçon et, plus précisément, dans la membrane spirale. En effet, quel que soit le sens que l'on considère, l'organe immédiat consiste toujours dans le mélange des nerfs (qui véhiculent les esprits animaux) avec une autre substance, qui est adaptée au caractère spécifique de l'impression– la définition de cette partie de l'oreille, par analogie avec la rétine dans l'œil, résume la méthode de Perrault :

> (...) de même que la rétine pour avoir les dispositions convenables à l'organe de la vue a dû être autre chose que la simple dilatation du nerf optique, étant nécessaire que ces fibres soient mêlées avec une substance fluide, afin de lui faire avoir plus facilement cette égalité d'une surface très polie, qui lui est nécessaire pour recevoir l'impression de tous les rayons des objets (...) ; de la même manière la membrane spirale, qui est l'organe immédiat de l'ouïe, est composée en partie des fibres du nerf, et en partie aussi de la substance osseuse, que ces fibres reçoivent de l'os qu'elles pénètrent, pour lui faire avoir une substance moyenne entre l'os et le nerf [2].

La présence de la substance osseuse doit conférer à la membrane spirale une élasticité comparable à celle des corps résonants qui produisent du son. Perrault se contente de cette caractérisation assez générale et n'approfondit pas l'étude des qualités du limaçon, qui permettra à ses successeurs d'expliquer la perception des hauteurs du son. En fait, il lui suffit d'avoir assigné à la sensation auditive un siège précis, qui répond aux propriétés de l'objet perçu. Celles-ci nous indiquent, dans la structure de l'oreille interne, celles des parties qui assument immédiatement la fonction sensorielle. La thèse selon laquelle le lieu de l'impression reproduit les propriétés physiques de l'objet donne son contenu à l'importation préalable du modèle fonctionnel, que Canguilhem décèle dans la constitution des explications mécanistes : la structure se trouve réduite aux seules propriétés

1. *Ibid.*
2. *Ibid.*, p. 260.

physiques connues des corps sonores. L'aspect le plus intéressant de cette explication tient à ce que Perrault justifie sa méthode par une théorie de l'union, qui impose de considérer l'anatomie sous le jour des fonctions de l'âme. Les organes sensoriels fournissent alors un exemple privilégié, parce qu'ils attestent l'incorporation physiologique, dans une habitude, de jugements inaperçus – c'est ainsi que les perceptions sonores intègrent habituellement un raisonnement implicite qui met en rapport les diverses impressions :

> Le jugement de l'ouïe est donc l'accomplissement de l'action de ce sens, laquelle consiste dans l'examen que l'âme sait faire de toutes les différentes impressions que l'organe immédiat de l'ouïe reçoit dans chaque bruit, les comparant avec les impressions des autres bruits [1].

Simplement, ce jugement est devenu « habituel » – par suite, et selon l'orientation que nous avons définie, l'exposition anatomique exprime dans la séparation des parties de l'organe les moments d'une fonction dont l'âme assume originellement la constitution.

De l'organe à la sensation

Nous reviendrons plus tard sur la théorie du limaçon, qui est liée au problème de la perception simultanée de différents sons. Il nous faut d'abord faire état de la critique que Duverney adresse à l'explication de Perrault, en matière de physiologie de l'audition, et qui porte précisément sur le fait que les *Essais de physique* n'envisagent le fonctionnement de l'organe que dans sa corrélation avec les qualités de l'objet perçu :

> (…) parmi les modernes, M. Perrault qui (…) a traité [cette matière] avec plus d'exactitude que personne, a néanmoins laissé beaucoup de choses à rechercher sur ce sujet, ne s'étant arrêté qu'aux particularités qui servaient à expliquer la nature du bruit par les organes du sens dont il est l'objet [2].

Duverney saisit très clairement que Perrault étudie les parties de l'oreille dans leur subordination aux propriétés du son [3] – autrement dit, la fonction auditive commande dès le départ l'analyse physiologique, dont elle devrait au contraire constituer le résultat. La déduction anatomique, en

1. *Ibid.*, p. 293.
2. *Traité de l'organe de l'ouïe*, Avertissement, p. 7.
3. D'où résulte l'absence, chez Perrault, de l'explication du fonctionnement de certaines parties, qui seront étudiées par Duverney : le vestibule, les canaux demi-circulaires.

revanche, doit s'abstraire aussi longtemps que possible de toute référence aux caractères de l'impression. C'est parce qu'il part des caractères communs de l'affection sensorielle que Perrault ne peut spécifier la structure anatomique de chaque organe qu'à partir des propriétés particulières de son sensible propre. Au contraire, Duverney entreprend d'écarter tout recours préalable aux caractères généraux d'une fonction sensorielle générique et, corrélativement, toute comparaison entre les différents sens :

> Je n'ai point parlé de la nature des sens, et des sensations en général, parce que j'ai cru qu'il fallait connaître auparavant la structure de tous leurs organes ; je me réserve d'en parler quand j'aurai fait une description particulière de tous les sens, et je donnerai en même temps leur administration anatomique [1].

La méthode revendiquée dans le *Traité de l'organe de l'ouïe* correspond alors au type de la démonstration iatromécaniste – il s'agit de déduire le fonctionnement de l'audition de l'arrangement des parties de l'organe, et de montrer ainsi comment l'oreille peut percevoir le son :

> Après avoir donné une description assez exacte de toutes les parties de l'oreille, j'ai cru que pour la rendre plus utile je devais l'accompagner de quelques réflexions, et tirer de la mécanique de ces parties quelques conséquences par lesquelles on peut expliquer leur usage et la manière dont nous apercevons les sons et les bruits différents [2].

Perrault, en revanche, partait du fonctionnement général de la sensation, pour trouver dans l'oreille les ressorts qui la disposent à n'organiser que les impressions sonores. En somme, Duverney refuse de définir la fonction par hypothèse, pour l'appliquer ensuite aux données collectées par l'anatomie.

La déduction anatomique que Duverney veut réaliser échappe-t-elle cependant au défaut dénoncé chez Perrault ? Conduit-elle à décrire le fonctionnement des parties de l'organe à partir de la structure, sans importer au préalable le modèle fonctionnel prescrit par les propriétés physiques de l'objet ? Reprenons le cas des parties qui, chez Perrault, accordent l'organe à l'objet, et déterminent le sens à percevoir une certaine impression : « Il faut donc supposer que, dans chaque organe total il y a des parties qui ont rapport tant aux divers objets qu'à chaque organe immédiat, par une ressemblance et une convenance que ces parties ont avec l'objet et avec

1. *Ibid.*
2. *Ibid.*, deuxième partie, p. 68.

l'organe immédiat[1] ». C'est à l'aune des propriétés mécaniques des objets perçus qu'il faut envisager la structure particulière de l'organe sensoriel. Dans le cas présent, il doit d'abord comporter des parties qui établissent une commune mesure entre l'oreille et le corps sonore. Ces éléments désignent « les muscles de l'oreille externe, qui la tournent vers le bruit [surtout chez les animaux], et le muscle interne, qui tend le tambour, selon l'éloignement des objets et la force des bruits[2] ». Selon Duverney, il est bien évident que la description anatomique suffit à définir l'action que les muscles exercent sur la tension du tympan : « Il est (...) certain que ces petits muscles agissent; il est encore évident du moins à l'égard des deux premiers que l'un bande la peau du tambour, et que l'autre la relâche[3] ». Mais le tableau de cette organisation mécanique laisse indéterminée la question de savoir ce qui provoque l'action de ces petits muscles : « (...) la difficulté est de savoir dans quelles occasions ils agissent, et ce qui les détermine à mettre la peau du tambour dans les divers états, où il faut qu'elle soit pour recevoir les différentes impressions des bruits et des sons différents[4] ». Perrault, qui part de la correspondance nécessaire entre l'objet et l'organe sensoriel, impute immédiatement la tension ou le relâchement du tympan aux qualités de l'impression produite par l'objet. Le texte de Duverney témoigne au contraire de ce que le simple examen de la structure ne suffit pas pour déterminer les circonstances du fonctionnement – il doit en effet recourir à une expérience perceptive, pour répondre à la question de savoir pourquoi l'état de tension du tympan se trouve modifié :

> Est-ce la volonté qui les fait agir ? Il n'y a guère d'apparence ; car enfin un bruit nous surprend le plus souvent sans que nous y songions. Et ma pensée est que ce sont les seuls objets qui déterminent ces muscles à bander ou relâcher la peau du tambour dans les diverses occurences selon leurs diverses impressions[5].

Chez Duverney, la référence à l'objet perçu n'intervient certes qu'après coup, au lieu qu'elle oriente toute l'explication de Perrault. Il demeure toutefois que l'ajustement des propriétés de l'organe à celles de l'objet révèle l'importation d'une conception particulière de la fonction, adaptée à ceux des caractères de l'objet qui relèvent actuellement de la science

1. Perrault, *op. cit.*, troisième partie, chap. II, p. 251.
2. *Ibid.*, p. 255, en marge.
3. Duverney, *op. cit.*, deuxième partie, p. 77.
4. *Ibid.*, p. 77-78.
5. *Ibid.*, p. 78. Ce passage comporte bien sûr une allusion critique à l'hypothèse de Perrault sur l'intervention régulatrice de l'âme.

acoustique – l'usage du tympan n'est ainsi conçu que dans son rapport à la hauteur de l'émission sonore :

> Je dis donc qu'il faut que la peau du tambour soit différemment disposée pour recevoir les différents tremblements de l'air, et qu'en effet il serait impossible qu'elle pût les transmettre tels qu'ils sont, si elle n'était en quelque manière ajustée à leur caractère, et si dans les diverses occasions elle ne s'accommodait, pour ainsi dire, à *des tensions propres à représenter les tons différents* des corps résonnants [1].

Pour se convaincre que Duverney introduit à cet endroit une idée de la fonction, quand il prétend ne procéder qu'à une déduction anatomique à partir de la distribution des parties de l'organe, il suffit de constater que le développement qu'il consacre au tympan est supporté par la première utilisation d'un modèle mécanique. On conçoit l'action du tympan par analogie avec la résonance des cordes sonores montées à l'unisson sur des instruments séparés :

> On sait que quand on met deux luths sur une table, et que l'on pince une corde de l'un de ces luths, si l'on veut qu'une corde de l'autre luth se mette en mouvement, il faut de nécessité qu'elle soit montée à l'unisson avec celle que l'on pince, ou à l'octave ou à quelques autres accords [2].

On mesure néanmoins tout ce qui, dans ces lignes, sépare l'auteur du *Traité de l'organe de l'ouïe* des « hypothèses » qu'il trouve dans Perrault. Duverney prend bien conscience des difficultés soulevées par l'utilisation d'un modèle en physiologie ; ce n'est pas, bien entendu, qu'il remette en question (comme le fera Cl. Bernard) la similitude de principe qui associe le corps humain et les propriétés mécaniques auxquelles on réduit l'arrangement de ses parties : il s'agit au contraire de n'utiliser le modèle que sous l'aspect de sa géométrisation effective et expérimentée, afin que la connaissance de la fonction satisfasse aux critères des sciences physiques. Ainsi le fonctionnement des parties de l'oreille est-il conçu à partir des seules propriétés du corps sonore qui se soumettent à un traitement mathématique – celui qui porte sur la force et, surtout, sur la hauteur du son : on doit noter qu'il n'est pas du tout question du timbre. L'oreille de l'iatromécanisme, à l'extrême, ne perçoit dans les sons que le rapport des intervalles. Du reste, si Perrault prend soin d'envisager le problème de la force du son, à laquelle le tympan s'ajuste spontanément (ce qui est la

1. *Ibid.*, p. 78-79. Souligné par nous.
2. *Ibid.*, p. 79.

bonne solution), Duverney n'envisage jamais, pour cette partie de l'organe, que les variations de hauteur, qui se soumettent à la théorie harmonique et aux lois des cordes vibrantes.

Il va de soi que la physiologie de l'organe de l'ouïe ne procède pas, en toute pureté, à une déduction anatomique qui part du rapport mécanique des parties de l'organe : elle importe une fonction dans la distribution de ces parties, et cette fonction est calquée sur celles des propriétés mécaniques de l'objet qui tombent sous les compétences historiquement déterminées de l'acoustique. Quels que soient les remarquables progrès qui marquent la connaissance de l'oreille chez Perrault et Duverney, on ne peut négliger que ces auteurs restent tributaires des postulats inaperçus de l'iatromécanisme : ils ne se contentent pas de passer, par la déduction, de l'anatomie à la physiologie, mais ils ajustent le fonctionnement de l'organe sur les propriétés physiques du corps sonore. Mais le petit nombre de qualités sensibles dont la démonstration anatomique parvient à raisonner l'appréhension répond alors au souci de produire une véritable explication géométrique de l'audition, qui demeure comme enveloppée dans le sentiment de l'auditeur. Cette démarche va s'accentuer avec le développement, au XVIIIe siècle, de l'acoustique expérimentale. Il faut enfin relever, dans le passage de Perrault à Duverney, les traces d'une orientation plus générale. Perrault pensait encore que la distribution des parties de l'organe à partir d'un raisonnement que l'âme n'a plus à effectuer avait sa raison dans les principes de la création ; Duverney considère plus brutalement que l'usage d'un modèle mécanique suffit à certifier la conformité d'une causalité physico-physiologique aux conditions de notre représentation des sons.

L'ORGANE ET L'ACCORD

En plus des expériences acoustiques de Sauveur, la tentative pour fonder en nature la théorie de l'harmonie mobilise une série de connaissances médicales afin de comprendre la perception musicale à partir de la physiologie. Il s'agit essentiellement de trouver dans l'organe immédiat de l'ouïe (le limaçon) les ressources qui permettent à l'auditeur de saisir l'accord des sons. On a vu que, d'une façon générale, les tentatives mécanistes établissent une *analogie* entre l'objet physique et les modifications qui affectent l'oreille interne : dans cette perspective, les mêmes mouvements qui, dans le milieu, produisent un accord, doivent se poursuivre dans le corps de l'auditeur. La configuration harmonique produirait ainsi son double dans l'organe sensoriel. La principale difficulté soulevée par cette conception tient au fond à ce que l'on essaie de conférer à l'arrangement simplement mécanique des parties de l'oreille la capacité de produire une configuration harmonique qui, comme nous l'avons vu, ne peut se réduire à l'agrégation des éléments qui la composent. Le problème est donc de savoir, non point si l'impression physique se confond avec l'objet visé dans la perception (ce qui n'a plus guère de sens après Descartes), mais plutôt si elle prescrit effectivement (comme signe) l'interprétation naturelle qui nous donne les propriétés de l'accord. Pour arriver à cette formulation correcte de la question, il faut cependant partir d'un problème plus précis, qui est soulevé par la perception simultanée des différentes notes de l'accord.

En effet, avant de rendre compte du sentiment que procure un accord, on doit expliquer qu'il produit dans l'organe une impression différenciée, dans laquelle chacun des sons qui le composent semble se faire entendre distinctement – laissons pour l'instant de côté le fait que nous percevons ces sons comme les notes d'un accord, et non comme des éléments simples accidentellement réunis : « Une difficulté qui reste à expliquer dans la théorie du son, est de savoir comment deux ou plusieurs sons peuvent se faire entendre à la fois [1] ». Et Rousseau identifie à bon droit, dans la transmission et la perception des harmoniques d'un son musical, un problème dont la solution est subordonnée à l'explication de ce phénomène général :

> A l'égard des harmoniques qui accompagnent un son quelconque, ils offrent moins une nouvelle difficulté qu'un nouveau cas de la précédente; car sitôt qu'on expliquera comment plusieurs sons peuvent être entendus à la fois, on expliquera facilement le phénomène des harmoniques [2].

Il est vrai que la perception des harmoniques pose une difficulté particulière; mais il faut dès à présent prendre acte de la finesse de l'interrogation rousseauiste. Dans la critique qu'il adresse à l'hypothèse de Mairan sur la transmission simultanée de différents sons, Rousseau a en effet le mérite de suggérer qu'une fois admise (à titre provisoire) cette explication physique, fondée sur les propriétés du milieu, il reste encore à comprendre comment les vibrations produites par chaque son (ou chaque son partiel) ne se confondent pas immédiatement en une même impression, lorsqu'elles viennent à affecter l'organe de l'ouïe :

> Quand elles sont une fois arrivées au tympan de l'oreille, on conçoit encore moins comment, en le frappant, plusieurs ensemble,

1. Rousseau, *Dictionnaire de musique*, art. « Son », p. 1050.
2. *Ibid.*, p. 1051.

> elles peuvent y produire un ébranlement capable d'envoyer au cerveau la sensation de chacun en particulier[1].

Il ne faut pas prêter une trop grande attention à la mention du tympan qui, nous l'avons vu, sert surtout à transmettre les vibrations jusqu'à l'oreille interne : c'est toujours à celle-ci qu'il incombe de produire l'impression de plusieurs sons distincts. Quoiqu'il en soit, ce problème important fait l'objet, à l'âge classique, de deux principaux traitements, qu'inspirent l'*Optique* de Newton et, surtout, le développement de la physiologie iatromécaniste de l'écoute.

L'analyse de l'impression

Dans l'*Optique*, les « Questions servant de conclusion à l'ouvrage » abordent brièvement quelques phénomènes acoustiques. Bien que Newton n'envisage pas pour lui-même le problème soulevé par la perception simultanée de différents sons, on a pu lire[2] dans la Question XXIII un argument susceptible d'expliquer ce processus :

> La vision ne dépend-elle pas principalement des vibrations de ce milieu, excitées au fond de l'œil par les rayons de lumière, et propagées jusqu'au *sensorium* par les fibrilles solides, diaphanes, et homogènes des nerfs optiques ? Et l'ouïe ne dépend-elle pas des vibrations de ce milieu (ou de quelque autre), excitées dans les nerfs acoustiques par les vibrations de l'air, et propagées jusqu'au *sensorium* par les fibrilles solides, diaphanes et homogènes de ces nerfs ?[3]

On sait[4] que la forme interrogative des Questions permet à Newton, malgré la fameuse prescription du scolie général des *Principes*, de formuler des hypothèses mécanistes. Les fibrilles nerveuses sont supposées solides et homogènes, c'est-à-dire élastiques, de sorte qu'elles peuvent transmettre jusqu'au siège du *sensorium* (le cerveau, précise la Question XIV) l'impression des vibrations qui affectent l'organe, puis se réfléchissent sur

1. *Ibid.*

2. Ainsi Louis Estève, dans le *Traité de l'ouïe :* « Newton avait pensé que le fluide nerveux élastique, se vibrait le long des nerfs, et à travers leurs pores, il avait supposé que les nerfs étaient diaphanes » (deuxième partie : « Du son en général », « Sentiment des Newtoniens sur l'audition de plusieurs sons graves et aigus en même temps », p. 41). Le *Traité* (1751) de Louis Estève présente le grand intérêt de distinguer les deux explications les plus importantes de la perception des accords.

3. *Optique*, trad. Marat, Paris, Christian Bourgois, 1989, p. 305.

4. Voir Koyré, « L'hypothèse et l'expérience chez Newton », in *Etudes newtoniennes*, Paris, Gallimard, 1991, p. 72.

les parois de ces conduits diaphanes. Cette hypothèse présente l'avantage d'expliquer assez facilement la transmission de différents sons en même temps – ainsi que l'écrit Louis Estève, ils communiqueront leurs vibrations respectives à autant de nerfs acoustiques qu'il sera nécessaire :

> (...) il est évident qu'en suivant cette hypothèse on expliquera l'audition de plusieurs sons graves et aigus en même temps, en disant que cette matière élastique se vibre, en différents nombres, selon la longueur de différents nerfs, et qu'il se transmet par là autant d'espèces de sons à l'oreille qu'il s'en excite d'externes[1].

De cette manière, le *sensorium* peut apprécier le rapport des vibrations qui lui sont transmises, afin de juger du degré d'harmonie que présentent les phénomènes accessibles à la sensation – ainsi peut-on lire, dans l'*Optique*, que « l'harmonie et la discordance des couleurs [ne peuvent] pas venir du rapport des vibrations propagées jusqu'au cerveau par les fibres des nerfs optiques ; de même que l'harmonie et la dissonance des tons viennent du rapport des vibrations de l'air[2] ». Dans ces passages, Newton pose une analogie assez forte, non seulement entre le son et l'impression qui le représente dans l'organe, mais encore entre les objets des différents sens – le processus selon lequel ils nous affectent est identique et, de plus, ils possèdent une structure analogue : Michel Blay note d'ailleurs que « le choix [des] sept couleurs primitives repose (...) sur le désir de Newton d'établir une comparaison entre les sept notes de la gamme et les couleurs du spectre[3] ». Un tel procédé, qui sert plutôt une hypothèse construite *ad hoc*, est l'indice, pour les médecins du XVIIIe siècle, d'une attention insuffisante portée à « l'œconomie animale[4] » – sans faire l'objet d'une réfutation complète, l'explication d'inspiration newtonienne sur la perception de l'accord ne leur paraît pas suffisante. Au mieux, elle doit s'inclure dans une analyse physiologique qui, pour mécaniste qu'elle demeure, prend en compte la somme des connaissances positives rassemblées sur la structure et le fonctionnement de l'oreille.

La réponse le plus souvent proposée consiste à tirer argument de la structure du limaçon qui, dans l'oreille interne, paraît susceptible de

1. *Op. cit.*, p. 41

2. *Optique*, Question XIV, p. 299.

3. *Ibid.*, note 60, p. 464. Voir aussi, à propos de l'analogie des sons et des couleurs, Christensen, qui apporte des éléments nouveaux sur les relations entre le Père Castel et Rameau (*op. cit.*, p. 142-149); on prendra simplement soin de compléter cette lecture par celle des textes de Dortous de Mairan, qui relève les difficultés soulevées par cette comparaison.

4. Estève, *op. cit.*, p. 42.

reproduire les vibrations qui correspondent à chaque son de l'accord. L'identification du limaçon comme siège de la perception auditive repose sur l'examen des propriétés de la lame spirale, que cette cavité abrite sur presque toute sa longueur : comme l'écrit Duverney, le limaçon « est composé de deux parties, savoir d'un canal demi-ovalaire spirale et d'une lame [la membrane basiliaire] qui tourne en spirale montante, cette lame suit le chemin du canal et le sépare en deux [1] ». Les vibrations sonores se communiquent à la lame spirale par l'intermédiaire d'une membrane très souple, qui couvre l'ouverture du limaçon :

> La lame spirale sépare en deux ce canal [les rampes vestibulaire et tympanique], dans lequel elle est (...) attachée au noyau [l'hélicotrème] par sa base, et par son autre extrémité à la surface du canal opposée au noyau, par le moyen d'une membrane fort déliée [2].

Là où Perrault se contente de signaler que la lame spirale peut vibrer comme un corps sonore, et qu'elle contient les nerfs susceptibles de recevoir l'impression de ce mouvement [3], Duverney ajoute une précision capitale, afin de montrer comment cette partie de l'oreille répond à la hauteur déterminée de chaque émission sonore [4]. La lame spirale, qui suit la

1. *Traité de l'organe de l'ouïe*, première partie, p. 37.

2. *Ibid.*, p. 38. Cette description est acquise par Perrault : « De ce noyau il sort une lame osseuse et fort mince, qui tournant en ligne spirale comme le conduit le partage tout au long en deux » (Perrault, *Du bruit*, troisième partie, chap. I, p. 246). L'*Encyclopédie* ajoute directement à cette description la mention du système nerveux qui, nous l'avons vu, entrait déjà dans la composition de la lame spirale selon Perrault : « C'est un canal osseux, conique, qui fait environ deux tours et demi, suivant une ligne autour d'un cône osseux, qui par sa pointe se termine à celle du cône. On trouve dans toute son étendue [en fait, sur la membrane basiliaire qui supporte, dans le limaçon, le canal cochléaire] l'expansion des petits nerfs acoustiques qui sont de la dernière délicatesse » (art. « Oreille », p. 618).

3. Duverney insiste bien entendu sur les qualités de la lame spirale qui la rendent susceptible d'un mouvement vibratoire : « (...) la lame spirale (...) est dure, sèche, mince, et cassante, qui sont les conditions requises dans les corps pour être capables de frémissements » (*op. cit.*, deuxième partie, p. 93-94).

4. « Cette lame n'est pas seulement capable de recevoir les tremblements de l'air, mais sa structure doit faire penser qu'elle peut répondre à tous leurs caractères différents » (*ibid.*, p. 96-97). Il n'échappe pas au rédacteur de l'*Histoire de l'Académie* que Duverney complète l'explication de Perrault dans le sens d'une déduction anatomique plus complète, qui s'appuie sur une meilleure description de l'organe immédiat de l'ouïe : « M. Duverney, un peu différent de M. Perrault sur la structure de la lame ou membrane spirale enfermée dans le limaçon, en diffère aussi un peu sur l'usage. Il prétend que comme elle tourne en vis autour de son noyau, étant plus large en bas, et diminuant toujours de largeur jusqu'au haut, elle est toujours prête à répondre par quelqu'une de ses parties à quelque son que ce soit; c'est-à-dire que les tons les plus graves ne l'ébranlent que par sa partie la plus large, qui est leur unisson, les plus aigus par sa partie la plus étroite, de même qu'on sait par expérience que

figure du limaçon, est de plus en plus étroite à mesure que la portion considérée est plus proche de l'hélicotrème : autrement dit, chaque segment de la lame diffère du segment voisin par une infime variation de longueur. Or, cette dimension exprime tout aussi bien les variations de hauteur du son : en modifiant la longueur d'une corde vibrante, il est possible de lui faire rendre l'unisson d'une note émise par un autre instrument. Par suite, on peut estimer que les vibrations sonores se transmettent principalement à la portion de la lame spirale qui répond, par sa longueur, à la hauteur du son :

> (...) étant plus large au commencement de sa première révolution qu'à l'extrémité de la dernière, où elle finit comme en pointe, et ses autres parties diminuant proportionnellement de largeur, on peut dire que les parties les plus larges pouvant être ébranlées sans que les autres le soient, ne sont capables que de frémissements plus lents qui répondent par conséquent aux tons graves; et qu'au contraire ses parties les plus étroites étant frappées, leurs frémissements sont plus vites, et répondent par conséquent aux tons aigus [1].

Dans l'*Encyclopédie*, Jaucourt donne un contenu plus précis à l'explication élaborée par Duverney – la variation en largeur de la lame spirale implique la différence en longueur des fibres dont elle est composée, et qui résonnent à l'unisson des variations répercutées par le tympan :

> L'artifice de sa construction fait voir que dans la lame spirale [le canal de la cochlée], qui commence par une base déterminée, et finit en un seul point, on peut assigner une infinité de cordes tremblantes également tendues [elles ne diffèrent donc, comme sur un monocorde, que par leur longueur] : ainsi parmi ces cordes, dont le nombre peut à peine se compter, il y en aura toujours qui seront à l'unisson avec chaque son, et qui par conséquent pourront le représenter, et le porter sans altération au *sensorium commune* [2].

Cette partie de l'oreille posséderait donc les ressources mécaniques requises afin de reproduire un son de hauteur déterminée et, surtout, un agrégat de plusieurs sons, sans que ceux-ci ne soient confondus dans une unique impression : en effet, selon cette hypothèse, les seules fibres

les grands cercles des pavillons des trompettes peuvent être ébranlés sans que les petits le soient sensiblement, et les petits sans les grands » (*Histoire de l'Académie Royale des Sciences*, tome I, 1684, p. 398).

1. *Traité de l'organe de l'ouïe*, p. 97-98.
2. Art. « Oreille », p. 618.

tendues à l'unisson de chaque note de l'accord vibrent, tandis que les autres restent au repos.

Les principes de cette explication se conforment aux caractères typiques d'une enquête iatromécaniste. Les fibres qui, dans l'oreille, reproduisent la configuration musicale, se voient attribuer les propriétés que l'on assigne aux cordes vibrantes, pour simplifier le calcul des intervalles : égalité de grosseur et de tension mais différence de longueur. Il faut bien considérer que le choix de ce modèle traduit deux préoccupations. 1) L'organe doit être capable d'apercevoir toutes les nuances de la qualité qu'il appréhende[1], et le moyen le plus sûr de s'en assurer est de poser en lui une construction analogue à celle des corps sonores. Rameau exprimera clairement ce souci dans la *Génération harmonique*, mais l'*Encyclopédie* fournit sur cette question une mise au point très nette :

> L'office essentiel d'un organe des sens, est d'être proportionné à son objet; et pour l'organe de l'ouïe, c'est de pouvoir être à l'unisson avec les différentes vibrations de l'air : ces vibrations ont des différences infinies; leur progression est susceptible de degrés infiniment petits : il faut donc que l'organe fait pour être à l'unisson de toutes ces vibrations, et pour les recevoir distinctement, soit composé de parties dont l'élasticité suive cette même progression, cette même gradation insensible, ou infiniment petite[2].

Il n'est pas indifférent que ce raisonnement soit exposé dans l'article « Ouïe » de l'*Encyclopédie*, et non directement dans l'article « Oreille » : la mise en œuvre effective de la fonction justifie la structure mécanique qu'on y discerne. 2) Dans une perspective classique depuis Bœrhaave, les constructions mécaniques fournissent les descriptions les plus pertinentes de l'organe :

> La structure consiste dans la texture des solides, qui se trouvent constitués en instruments; la description de ces instruments dépend d'une opération intellectuelle qui consiste à les construire, à leur attribuer des figures spécifiques et à les lier entre eux, c'est-à-dire à les articuler comme les parties d'une mécanique[3].

La constitution physiologique ne devient intelligible que si elle s'exprime dans le langage de l'artifice. L'article « Ouïe » témoigne très clairement de cette orientation, lorsque l'auteur veut qualifier la structure

1. Comme nous l'avons dit, l'oreille de la physiologie mécaniste n'aperçoit guère que la hauteur du son.

2. Art. « Ouïe », p. 703.

3. François Duchesneau, *La Physiologie des Lumières*, p. 105.

du limaçon : « L'artifice de cette construction est la plus parfaite mécanique »[1] – autrement dit, la constitution de l'oreille est d'autant plus réussie qu'elle s'explicite sans réserve dans une construction mécanique. On sait bien qu'un modèle heuristique semblable s'avère particulièrement utile afin de comprendre l'intérêt des auteurs classiques pour les automates ; ainsi que l'explique P.-L. Assoun, dans son introduction à l'*Homme machine* de La Mettrie, « l'automate ne mime pas le vivant, il en exhibe la vérité[2] ». Il nous semble inutile de revenir sur ces aspects de la physiologie de l'audition, dont nous avons déjà retracé la généalogie; au fond, ils illustrent la double conviction qui, selon Canguilhem, caractérise la physiologie mécaniste de l'âge classique : « (...) tout d'abord que les organes ont une finalité de même ordre que celle des outils, constructions artificielles préméditées; et ensuite que leurs fonctions peuvent être déduites du seul examen de leur structure[3] ». Mentionnons simplement un postulat supplémentaire, selon lequel il est possible de passer du niveau macroscopique au niveau microscopique, en raison de la généralité des principes mécanistes mis en œuvre :

> (...) les yeux de l'esprit, aidés de toutes ces expériences, et de mille autres, nous font clairement apercevoir dans le tissu intime des corps, des parties aussi réellement séparées, et aussi capables de différents mouvements que le sont sur un instrument de musique les différentes cordes qui y sont tendues[4].

La thèse (un peu vague chez Dortous de Mairan) selon laquelle les organes relèvent des mêmes principes mécaniques que les constructions artificielles, plus grossières, justifie la déduction anatomique, telle qu'elle se présente, par exemple, chez Duverney. Son *Traité de l'organe de l'ouïe* témoigne donc de l'application d'un modèle ustensile à l'oreille – de même qu'au niveau macroscopique, « les parties les plus larges d'un ressort d'acier font des frémissements plus lents, et répondent aux tons graves, et (...) les plus étroites en font de plus fréquents et de plus vites, et répondent par conséquent aux tons aigus[5] », de même, au niveau microscopique, les fibres de la lame spirale ne résonnent que si leur longueur

1. *Encyclopédie*, art. « Ouïe », p. 703.

2. « L'atopie de La Mettrie », *in L'Homme machine*, Paris, 1981, p. 40.

3. « La constitution de la physiologie comme science », *in Etudes d'histoire et de philosophie des sciences*, p. 227.

4. Dortous de Mairan, « Eclaircissement sur le Discours [sur la propagation du son] », *Histoire de l'Académie Royale des Sciences*, Année 1737, Paris, Imprimerie Royale, 1740, partie « Mémoires » : § VI, p. 54-55.

5. *Op. cit.*, p. 98.

s'accorde au son effectivement émis. Jaucourt développe une comparaison du même type, entre la lame spirale et le fil d'archal tourné en limaçon[1] : cet instrument ne constitue pas une copie de l'organe, pourvue d'une signification simplement pédagogique – la physiologie de l'organe se manifeste dans l'artifice, elle s'y rend vraiment intelligible.

Au XIXe siècle, Helmholtz proposera encore une explication de la perception des hauteurs du son fondée sur les propriétés du limaçon, c'est-à-dire, en fait, du canal cochléaire : l'image d'un piano, dont les cordes sont reliées à des cellules nerveuses, sert alors d'analogue à « ce qui se passe dans l'oreille, c'est-à-dire que tout son venant à rencontrer l'instrument, éveillerait une série de sensations, correspondant exactement aux vibrations pendulaires en lesquelles on peut décomposer le mouvement de l'air extérieur, et on percevrait ainsi, individuellement, chacun des harmoniques [ou chaque note dans un accord], comme le fait en réalité l'oreille[2] ». Ce texte n'a cependant pas le même statut que ceux que nous étudions : outre que les connaissances positives y tiennent une place beaucoup plus importante, la *Théorie physiologique de la musique* ne fonde pas cet argument sur une justification heuristique, du type de celle que nous avons exposée. L'exemple du piano, chez Helmholtz, se présente comme une fiction qui éclaire une donnée physiologique bien établie par ailleurs, et non comme le modèle de l'explication[3].

Perception et mise en ordre de la résonance

Sur la base de l'hypothèse physiologique que nous avons exposée, la *Génération harmonique* affirme clairement l'identité de structure entre le corps sonore et l'oreille interne :

> Ce qu'on a dit des corps sonores doit s'entendre également des fibres qui tapissent le fond de la conque[4] de l'oreille ; ces fibres

1. *Encyclopédie*, art. « Ouïe », p. 703.

2. *Théorie physiologique de la musique*, p. 165.

3. Toutefois, ces conceptions tombent sous le coup d'un même reproche, qui vise la place mineure qu'elles accordent au système nerveux. On considère aujourd'hui qu'elles négligent un facteur capital dans la sensation de hauteur, savoir « la périodicité avec laquelle les paquets d'impulsions électriques sont envoyés au cerveau » (J.-R. Pierce, *Le Son musical*, Paris, Belin, 1984, p. 101).

4. A l'évidence, les connaissances anatomiques de Rameau laissent à désirer. Malgré leur imprécision, on peut identifier dans cette référence à la conque de l'oreille une allusion au fonctionnement de l'oreille interne, qui serait ici désignée par métonymie – voir à cet égard l'indication de Duverney : l'oreille externe se termine « à une cavité qu'on appelle la conque, parce qu'elle ressemble à l'entrée de la coquille d'un limaçon » (*Traité de l'organe de l'ouïe*, première partie, p. 2).

> sont autant de corps sonores auxquels l'air transmet ses vibrations, et d'où le sentiment des sons et de l'harmonie est porté jusqu'à l'âme[1].

Par suite, l'organe peut recevoir l'impression des différentes notes qui composent un accord, mais aussi des harmoniques qu'un corps sonore fait résonner et qui constituent le caractère spécifique du son musical. Il est essentiel de saisir que cette explication ne se contente pas d'éclairer la perception des harmoniques : puisqu'elle constitue, chez plusieurs théoriciens de la musique, une réalisation physique du principe de la perception des rapports, elle prend en charge l'activité configuratrice qui devait compléter l'expérience de résonance pour produire les ressources de l'harmonie.

Qu'en est-il, tout d'abord, de l'exclusion problématique de certains sons harmoniques ? Dans ses *Observations sur les principes de l'harmonie*, J.-A. Serre développe une version intéressante de l'hypothèse iatromécaniste – en effet, l'auteur applique expressément le modèle configurateur de la perception des rapports à l'analogie posée entre le corps sonore et l'oreille interne. Comme il rejette la possibilité d'une activité de l'âme, dans son interprétation du principe élaboré par Diderot, il reprend à son compte la thèse classique sur la coïncidence des vibrations dans les consonances. Mais l'on sait que ce phénomène ne permet pas d'expliquer la divergence considérable qui, dans une classification esthétique, distingue deux intervalles très proches au niveau physique – citons encore une fois la remarque de Rousseau :

> (...) qu'on me dise comment il se peut faire que deux sons, dont l'un fait cinq vibrations pendant que l'autre en fait 6, produisent une consonance agréable, et que deux sons, dont l'un fait 6 vibrations pendant que l'autre en fait 7, produisent une dissonance aussi dure[2].

Lorsqu'il essaie de répondre à cette question, Serre ajoute qu'il faut tenir compte, non seulement du rapport des vibrations, mais encore de l'aptitude de l'oreille à les apercevoir :

> Que si l'on me demande (...) pourquoi l'intervalle de l'*ut* au *ré* #, supposé dans le rapport de 6 à 7, surpasse si fort en dureté la tierce mineure de 5 à 6, voici la réponse que je crois satisfaire à cette question. La dureté des intervalles ne croît pas simplement en raison du défaut de simplicité de leurs rapports ; elle croît encore

1. *Génération harmonique*, Douzième Proposition, p. 7.
2. Rousseau, *Dictionnaire de musique*, art. « Consonance », p. 728.

> selon que ces rapports tiennent de plus près aux bornes de l'oreille en fait de sensation harmonique[1].

En quoi l'intervalle de 6 à 7 excède-t-il spécifiquement les capacités perceptives de l'oreille ? C'est que « les fibres de l'organe acoustique[2] » réagissent comme un corps sonore, qui émet ses harmoniques d'autant plus faiblement qu'ils sont plus élevés : réciproquement, l'oreille interne résonne plus nettement à l'unisson du fondamental et de ses harmoniques, à proportion qu'ils sont moins élevés. Si elle n'éprouve cependant aucune peine à sentir l'effet d'un son harmonique qui fait six vibrations, en même temps que le fondamental en fait une, c'est qu'elle confond spontanément cet harmonique avec le son partiel qui répond à trois, en vertu du principe de l'identité des octaves qui s'applique identiquement au corps sonore et au limaçon[3]. En revanche, le son harmonique qui correspond à la septième partie du monocorde, ou à des vibrations sept fois plus rapides que celles du fondamental, donne quant à lui un intervalle qui ne peut se réduire dans une étendue plus appréciable – par suite, les rapports dans lesquels il intervient exigent, pour être aperçus par l'organe, un effort inhabituel, qui est éprouvé comme un désagrément :

> (...) ces rapports non seulement sont moins simples que ceux des tierces ou des sixtes majeures ou mineures ; mais ils touchent aussi de plus près aux bornes que la nature a assignées à l'oreille dans la conception, ou plutôt dans la sensation des rapports harmoniques[4].

Cette seconde affirmation inscrit donc les spéculations traditionnelles sur la coïncidence des vibrations dans le champ plus général d'une théorie moderne de la perception des rapports. Le texte de Serre témoigne ainsi clairement du rôle efficace que remplit l'analogie entre l'organe et le corps sonore – sur la base d'une identité de structure, ces deux instances se justifient mutuellement : le son musical permet de définir les capacités perceptives de l'oreille, dont les propriétés physiologiques correspondent aux caractères d'un corps sonore (résonance des harmoniques, identité des octaves) ; en retour, la tolérance de l'organe circonscrit le cadre empirique au sein duquel il est pertinent d'étudier le rapport des vibrations – on évite ainsi certaines objections factuelles, qui dénient artificiellement au calcul des vibrations tout intérêt pour l'étude du plaisir musical.

1. *Observations sur les principes de l'harmonie*, § 156, p. 75.
2. *Ibid.*, § 149, p. 72.
3. *Ibid.*, § 152, p. 73.
4. *Ibid.*, § 157, p. 75.

La théorie harmonique de Rameau requiert en outre que l'auditeur sous-entende certains rapports qui n'affectent pas actuellement l'organe, afin que la basse fondamentale puisse remplir son rôle architectonique. Notre instinct pour la musique consiste précisément dans cette capacité d'apercevoir des relations structurelles dépourvues d'une réalisation manifeste. Chez Dortous de Mairan, l'hypothèse iatromécaniste permet justement d'expliquer la génération de cet instinct :

> Quelques-unes des fibres de cet organe ne pouvant frémir sans que toutes leurs harmoniques ne frémissent aussi en même temps, dans le degré de force qui leur convient par rapport aux premières, et le sentiment que nous en recevons ayant été répété des millions de fois depuis notre naissance, il s'en est formé en nous une habitude qui peut porter à juste titre le nom de sentiment naturel de l'harmonie. De sorte que nous ne saurions entendre aucun son, sans qu'il ne réveille en nous une idée confuse, un léger sentiment de ses tons harmoniques ou de l'accord parfait [1].

C'est ainsi que l'appréhension des rapports ordonnés de l'harmonie s'effectue sur le mode d'une reconnaissance qui a son type dans l'organe lui-même. Là même où l'enchaînement causal ne s'effectue pas réellement (l'harmonie est alors sous-entendue), l'habitude intègre les raisons du plaisir.

La principale critique adressée à l'hypothèse physiologique et à ses raffinements concerne précisément l'identification qu'elle postule, entre les raisons de l'agrément (ceux des rapports qui décrivent les accords plaisants) et la cause de ce sentiment. L'immanence des rapports au corps de l'auditeur repose sur une identification entre l'inférence inaperçue qui provoque le sentiment et la causalité mécanique. Il est vrai qu'au lieu d'expliquer le plaisir par les seules propriétés de l'objet physique, on envisage les dispositions habituelles de l'organe – mais cet élargissement ne nous fait pas quitter le niveau d'une communication du mouvement dont la relation n'est pas plus claire avec le sentiment même :

> [Dortous de Mairan] prétend que le plaisir des accords est une sensation qui naît de l'habitude d'entendre les tons harmoniques d'un ton fondamental, et que tous ces tons harmoniques résonnent dans l'organe de l'ouïe, au moyen de la lame spirale, qui semble avoir été organisée de la manière la plus propre à exécuter cette résonance.

1. « Discours sur la propagation du son », § 27, p. 15.

> (...) Mais (...) ces explications ne détruisent point la difficulté, et ne font que l'éloigner[1].

Ce texte exprime d'une façon assez remarquable un problème que les commentateurs contemporains formuleront dans des termes presque identiques, lorsqu'ils montrent que l'optique cartésienne fait « reculer jusqu'aux bornes extrêmes de la description anatomique, qui extériorise le dedans du corps dans une figuration entièrement visible, le bord où vient s'opérer la jonction du visible et de la vision[2] ». On observera que J.-L. Roger formule ici le problème classique de l'institution de la nature à propos d'une question précise : l'union de l'âme et du corps n'est pas seulement engagée pour expliquer le sentiment plaisant qui sanctionne certaines dispositions du corps (dans ce cas, elle désigne un strict parallélisme), mais parce que l'explication proposée par Dortous de Mairan fait intervenir un troisième terme qui, à l'inverse, conforme l'organe aux raisons du sentiment – c'est l'habitude, dont le statut doit désormais être élucidé.

Problèmes fondamentaux de l'analyse

Le thème des relations de l'âme et du corps ne fait pas l'objet d'un traitement direct dans les textes que nous étudions – c'est une interrogation « latérale », attachée à des contenus positifs, qui en convoque les termes classiques. En dernière analyse, la question d'une correspondance entre les sentiments et les modifications du corps se trouve d'ailleurs suspendue chez la plupart des philosophes des Lumières, car elle est réputée insoluble. Il faut en revanche considérer pour elle-même l'habitude qui commande la perception de l'harmonie. En effet, les problèmes soulevés par la perception de l'harmonie naturelle des corps sonores ne sont pas balayés par l'hypothèse physiologique, même si l'on ne tient pas compte des objections techniques qui peuvent l'atteindre[3]. Comme le suggère J.-L. Roger dans le passage que nous avons cité, ils se trouvent bien davantage reconduits, sous trois questions analogues à celles que nous avions déjà posées[4] : a) pourquoi la structure harmonique du corps sonore, c'est-à-dire sa vocation musicale à fonder un accord exemplaire, n'est-elle pas appréhendée par certains hommes qui, néanmoins, disposent des mêmes capacités

1. Joseph-Louis Roger, *Traité des effets de la musique sur le corps humain*, part. II, chap. IV, art. III, § 256, p. 217-218.
2. M. Fichant, « La géométrisation du regard », art. cité, p. 45.
3. Voir les remarques de Louis Estève, *op. cit.*
4. Voir le début de cette seconde partie.

physiologiques que les autres ? b) Comment expliquer, à l'inverse, que des auditeurs modernes, lorsqu'ils entendent plusieurs sons simultanément, aperçoivent immédiatement un accord, comme si cet objet constituait une donnée élémentaire, qui affecterait directement leur oreille ? c) En fin de compte, par quelle médiation l'organe est-il sensible à une véritable configuration musicale, plutôt qu'à une association sonore indifférente ?

a) L'intérêt de l'explication mécaniste réside avant tout en ce qu'elle établit une correspondance directe entre l'harmonie réalisée dans l'accord ou la résonance et des modifications qui ont leur siège dans l'organe; mais cette théorie pose un problème anthropologique important, car la structure universelle et efficace de l'oreille interne semble bien ne pas remplir sa fonction musicale, chez ceux qui s'avèrent le moins prévenus en faveur de l'harmonie tonale. Ainsi Rousseau ne manque-t-il pas d'objecter que, si ces hommes peuvent bien percevoir plusieurs notes simultanément, il reste que l'accord frappe leur sens comme une association hétérogène de sons superposés, et non comme une configuration musicale unifiée :

> (...) ils n'apercevaient jamais le moindre rapport entre deux sons entendus à la fois : cet ensemble même leur déplaisait toujours, quelque juste que fût l'intervalle; leur oreille était choquée d'une tierce comme la nôtre l'est d'une dissonance[1].

Ce n'est donc pas au niveau physiologique que se joue la réunion vraiment harmonique des différents sons – en tous cas, pas immédiatement : il faudrait encore établir que l'écoute savante se développe dans l'organe. Dans un premier temps, l'oreille interne ne donne que des éléments factuellement juxtaposés qui, à son niveau, ne sont pas perçus comme relevant d'une même forme. L'insuffisance d'une analyse mécaniste des capacités physiologiques tient à ce qu'elle s'efforce de réaliser une totalité, quand l'impression sensorielle ne délivre qu'un agrégat de sons. Celui qui s'en tient, comme le paysan de Rousseau, à la description de ces données, ne peut appréhender une harmonie qui ferait la synthèse de son impression. Du reste, nous avons jusqu'à présent mentionné ceux des théoriciens qui tirent parti de la constitution du limaçon pour expliquer la perception de la résonance; mais les médecins, en même temps qu'ils ouvrent cette possibilité, estiment la plupart du temps que l'oreille humaine tend spontanément à confondre les harmoniques avec le son

1. *Examen de deux principes avancés par M. Rameau*, p. 355. Voir également Diderot, *Principes généraux d'acoustique :* « On nous assure qu'un paysan, doué d'une oreille délicate, ne put supporter l'ensemble d'un excellent duo de flûtes dont les parties séparées l'avaient enchanté tour à tour » (p. 237).

fondamental – l'harmonie naturelle du corps sonore n'existe donc pas pour l'organe :

> Tous les corps qui sonnent harmoniquement au son primitif, se joignent en un dans notre oreille, parce qu'ils sont de même espèce, et ne se distinguent pas facilement, sans quoi nous aurions le malheur d'entendre un grand nombre de sons discordants au lieu d'un seul [1].

Dans l'oreille ainsi que dans la théorie, l'accord relève d'un supplément proprement musical; il est une configuration unifiée qui déborde les données sensorielles déchiffrées par une physiologie mécaniste. Comment expliquer, dans ce cas, qu'un auditeur plus aguerri puisse appréhender immédiatement une configuration harmonique ? Qu'est-ce qui façonne cette spontanéité supérieure, qui découvre à l'oreille de nouvelles possibilités ?

b) La réponse de Rousseau à ces questions pose au lecteur une difficulté qui rend bien difficile une interprétation générale de sa pensée – elle concerne le statut des textes et, surtout, leur inscription dans les débats du temps. Dans les ouvrages sur la musique, le poids des querelles conduit l'auteur à se prononcer sur un état de fait, compte tenu qu'en ce cas l'on doit faire une place à « tous les changements que la succession des temps et des choses a dû produire dans [la] constitution originelle [2] » de l'homme. L'examen du plaisir musical des modernes, dans cette perspective, n'est pas supposé se conformer aux principes fondamentaux de l'esthétique rousseauiste, qui postule une meilleure orientation des facultés humaines. On doit toutefois tenir compte d'un réquisit fondamental de l'anthropologie de Rousseau, selon lequel (comme chez Spinoza) on ne transforme pas une nature en son contraire : « (...) l'art qui peut déguiser, plier, étouffer même la nature ne peut la changer tout à fait [3] ». Le plaisir que les contemporains prennent à l'harmonie répond donc, pour partie, à certaines possibilités naturelles. Dans la mesure où l'état naturel de l'organe le conduit à préférer des sons simples, qu'il apprécie plus facilement, c'est à l'habitude (qualifiée par Rousseau de préjugé, dans une perspective polémique) qu'incombe l'agrément réel qui, chez les modernes, sanctionne la perception d'un accord :

> (...) tous ceux qui ont l'oreille exercée à l'harmonie, préfèrent l'accord des consonances à l'identité de l'*unisson ;* mais tous ceux qui, sans habitude de l'harmonie, n'ont, si j'ose ainsi parler, nul

1. *Encyclopédie*, art. « Ouïe », p. 705.
2. *Discours sur l'origine de l'inégalité*, Préface, OC III, p. 122.
3. *Emile*, manuscrit Favre, OC IV, p. 56.

préjugé dans l'oreille, portent un jugement contraire : l'*unisson* seul leur plaît, ou tout au plus l'octave[1].

Le changement occasionné par l'habitude ne consiste pas à forger *ex nihilo* un plaisir dénué de fondement – d'une façon générale, chez Rousseau, elle ne crée pas une nouvelle faculté, mais elle occasionne un usage inédit des facultés disponibles. Dans le cas présent, elle développe les capacités de l'organe, dont il est par ailleurs attesté qu'il peut effectivement percevoir plusieurs sons. L'habitude transforme cette aptitude neutre, parce qu'elle lui adjoint une coloration affective que le niveau physiologique autorise, sans la déterminer[2] – à preuve le fait qu'il ne donne pas la configuration unifiée sous laquelle la théorie harmonique définit l'accord. C'est l'habitude qui imprime aux modifications purement mécaniques du limaçon les résultats de l'appréciation intellectuelle des rapports. L'analogie de l'organe et de l'accord semble assigner au plaisir musical une structure objective, parce que l'opération du jugement s'y présente comme une chose. C'est ainsi qu'une ressource aussi intellectuelle que l'harmonie se révèle éminemment sensuelle : sous l'influence de l'habitude, l'oreille incorpore le système des rapports. Il reste cependant à définir l'explication positive que Rousseau oppose à cette déformation, qui se greffe sur l'organe.

c) Il s'agit alors de démontrer que l'habitude est la dérivation d'une possibilité plus fondamentale – nous avons d'ailleurs décelé un mouvement conceptuel analogue chez Rameau, lorsqu'il s'efforce de remonter d'une habitude musicale constituée, qui contamine la recherche des principes, à une habitude plus fondamentale de l'auditeur à son propre corps. Dans le cas présent, le problème réside en ce qu'il faut toujours, étant donné les résultats de l'enquête physiologique, concevoir une médiation supplémentaire pour appréhender l'accord comme une totalité – dans la théorie de la perception des rapports, un jugement doit s'incarner; chez ceux qui récusent ce principe, une nouvelle expérience est requise pour éprouver l'unité des objets harmoniques. Selon Rousseau, en effet, les diverses voix de l'accord peuvent bien être investies d'une organisation nécessaire, qui apparaît spontanément à l'oreille musicale. Mais c'est à la

1. *Dictionnaire de musique*, art. « Unisson », p. 1141. Entre 1749 et 1768, Rousseau renverse complètement son appréciation sur la qualité de l'unisson : jugée moins parfaite que les consonances dans l'*Encyclopédie*, elle est réputée plus naturelle dans le *Dictionnaire*. Sur le sens de cette évolution, voir notre étude, « De l'*Encyclopédie* au *Dictionnaire de musique*. La matière de l'expression musicale », art. cité, p. 657-658.

2. Sinon, pour Rousseau, d'une façon négative : sans forme, l'accord ne plaît pas.

mélodie qu'il revient d'imposer ainsi le développement des différentes parties, pour les substituer à l'unisson :

> L'harmonie, qui devrait étouffer la mélodie, l'anime, la renforce, la détermine : les diverses parties, sans se confondre, concourent au même effet ; et quoique chacune d'elles paraisse avoir son chant propre, de toutes ces parties réunies, on n'entend sortir qu'un seul et même chant. C'est là ce que j'appelle *unité de mélodie* [1].

L'analyse des fondements de cette notion esthétique nous montrera, dans le prochain chapitre, que l'unification vécue de chaque accord s'effectue dans le temps : au sein d'une durée musicale, nous pouvons réaliser la synthèse des relations *synchroniques* qui définissent cet objet. Et si les données physiologiques ne suffisent pas à poser l'accord comme une forme, c'est sans doute qu'elles se soumettent aux rapports instantanés caractéristiques d'un modèle mécaniste. Le temps est une condition de la perception musicale, non point seulement parce qu'une mélodie dure, mais parce que la durée pénètre les éléments qui s'enchaînent en elle. Chabanon, partisan tardif du principe de la perception des rapports, aperçoit bien ce point : « (…) il n'est propre qu'à la musique d'enchaîner l'une à l'autre les sensations successives qu'elle nous cause, de façon qu'elles s'appartiennent et se modifient [2] ». Il semble donc raisonnable de conclure qu'en face d'un certain problème, qui est d'expliquer la perception harmonieuse de différents sons entendus simultanément, la perspective esthétique inverse les termes de l'investigation physiologique : l'organe n'est pas fait pour la musique sous prétexte qu'il entend naturellement des accords, mais le sujet peut apprécier les accords parce qu'il écoute de la musique. Autrement dit, la musique forme l'oreille – le temps intervient une nouvelle fois, en ce qu'il supporte la sédimentation de l'expérience dans une habitude.

1. *Ibid.*, art. « Unité de mélodie », p. 1144.
2. *De la musique considérée en elle-même*, chap. IV, p. 54-55.

CHAPITRE III

LA PERCEPTION TEMPORALISÉE DE L'HARMONIE

L'UNIFICATION DE LA PERCEPTION

Les textes que nous avons étudiés présentent presque tous un paradoxe frappant : l'accord, que la théorie harmonique définit comme une totalité irréductible à la simple agrégation de ses parties, fait l'objet d'une démarche purement analytique lorsqu'il s'agit d'en décrire l'appréhension sensible. Qu'il s'agisse, selon les deux pôles que nous avons distingués, du principe de la perception des rapports, qui s'applique aux relations discrètes des sons, ou des résultats de la physiologie iatromécaniste, obtenus par l'analyse des parties de l'organe, l'accord est toujours un objet qu'il faut reconstituer à partir de ses éléments. Ce décalage entre les propriétés structurelles de l'objet et son mode d'appréhension se manifeste même, au XVIIIe siècle, chez les historiens de la musique qui, par la négative, nous ouvrent une nouvelle perspective. Lorsqu'ils critiquent l'article « Harmonie » du *Dictionnaire de musique*, Roussier et La Borde s'attachent particulièrement à cette déclaration de Rousseau : « Tout son donne un accord vraiment parfait, puisqu'il est formé de tous ses sons harmoniques, et que c'est par eux qu'il est un son [1] ». A dire le vrai, ce texte doit surtout établir que, les harmoniques restant la plupart du temps inaperçus, la meilleure harmonie réside dans l'unisson, où l'on ne distingue pas les différentes parties. A cette fin, Rousseau rappelle toutefois que, dans un accord, les différentes voix ne sont pas purement et simplement juxta-

1. *Dictionnaire de musique*, art. « Harmonie », p. 849.

posées, mais qu'elles entrent dans la composition d'un objet parfaitement unifié [1]. Or c'est précisément ce point que contestent Roussier et La Borde :

> (...) puisque, lorsqu'on fait résonner une corde qui forme un son, on en entend trois, il en faut conclure que le son qu'on entend, est la réunion de trois sons, dont deux sont si faibles qu'on ne peut que difficilement les distinguer; mais il n'en est pas moins vrai que chacun de ces sons est un son particulier [2].

La question n'est pas ici de la pertinence supérieure de telle ou telle description; il s'agit simplement d'observer qu'au siècle des Lumières, la plupart des théoriciens de la musique restent insensibles à l'effort de Rousseau pour concevoir l'accord effectivement perçu comme une unité synthétique (conformément à la définition théorique imposée par Rameau). Les textes que le philosophe consacre à la musique expriment l'exigence (sinon les moyens) d'une plus grande cohérence entre l'objet musical et l'appréhension qu'il prescrit. Dans ce dernier chapitre, notre question sera donc de savoir comment il paraît possible, à l'âge classique, d'appréhender un accord véritable, au-delà des rapports discrets des notes qui le composent; et dans un premier temps, le plus simple est de circonscrire cette interrogation au cas exceptionnel, et partant révélateur, où l'accord perçu ne coïncide justement pas avec les déterminations physiques. A cette fin, il faut reprendre les deux hypothèses que nous avons distinguées : le principe de la perception des rapports, essentiellement phénoménologique, et l'investigation physiologique, dont il revient à Descartes de concevoir rigoureusement les compétences.

La constitution des rapports dans la durée musicale

Euler ne semble pas prendre en considération, dans les textes des *Mémoires* de l'Académie des Sciences de Berlin, les questions gnoséologiques fondamentales soulevées par l'hypothèse selon laquelle l'âme appréhenderait spontanément, dans les intervalles musicaux, les rapports mathématiques des sons qui les constituent. En revanche, il apporte une réponse aux objections relatives à l'aspect noématique du principe de la perception des rapports – ainsi Rousseau allègue-t-il l'extrême complexité

1. Ainsi Lévi-Strauss peut-il développer le propos de Rousseau dans le sens (inacceptable pour l'auteur du *Dictionnaire de musique*) d'une réfutation de l'imitation musicale, qui demanderait que les mots aient leur analogue dans la musique : « Si donc les accords et les sons se rapprochent au point de parfois et peut-être toujours se confondre, il n'existe entre eux et la phrase musicale rien qui ressemble à ce niveau d'organisation intermédiaire qui, dans le langage articulé, est constitué par les mots » (*Regarder écouter lire*, XIV, p. 90).

2. *Essai sur la musique ancienne et moderne*, t. II, chap. XI, Paris, Pierres, 1780, p. 35.

de certains rapports contre l'hypothèse de Diderot[1]. Toutefois, bien qu'Euler ne paraisse traiter que ce problème, il est patent que ses textes établissent un lien entre ces questions techniques et le niveau fondamental des caractères noétiques de la perception des rapports.

La contribution la plus notable d'Euler, dans le domaine de la classification des intervalles, réside dans l'admission explicite de la septième au nombre des consonances[2]. Son rejet théorique traditionnel serait fondé sur la complexité du rapport qui la définit :

> (...) en exprimant en nombres les sons qui forment l'accord de la septième, ou de la sixième avec la quinte, on parvient à des proportions si compliquées, qu'il semble presqu'impossible que l'oreille les puisse sentir[3].

Euler propose alors, pour expliquer l'acceptation de fait de la septième, de considérer deux sortes de relations : « (...) il faut bien distinguer les proportions que nos oreilles aperçoivent actuellement de celles que les sons exprimés en nombres renferment[4] ». Il faut donc comprendre que, selon cette version de la théorie, l'oreille n'aperçoit pas effectivement les rapports qui expriment les modifications mécaniques de la matière. La justification de cette distinction est tirée de la fortune du tempérament égal, dans lequel les intervalles qui divisent l'octave ne constituent jamais des consonances parfaites : « (...) l'oreille sent une proportion [celle qui donnerait une consonance pure] bien différente de celle qui subsiste effectivement parmi les sons [et qui peut être, dans la chose, fort compliquée][5] ». Quel est alors le statut propre de cette proportion sur laquelle porte de fait le sentiment, et qui se distingue du rapport objectif des sons ?

Il est remarquable qu'Euler n'aborde pas directement cet aspect du problème, relatif au contenu de l'expérience musicale, et qu'il s'intéresse plutôt à la correspondance réglée qu'il est possible d'expliciter, entre les

1. *Dictionnaire*, art. « Tempérament », p. 1112.

2. Euler exploite ici certaines suggestions de Leibniz : « Nous, en musique, nous ne comptons pas au-delà de cinq, semblables en cela à ces peuples qui, même en arithmétique, n'allaient pas au-delà du nombre trois, et pour lesquels vaut ce dicton allemand relatif aux personnes simples : il ne sait pas compter après trois [er kann nicht über drei zahlen] ». Puis : « S'il nous était donné un peu plus de subtilité, nous pourrions aller au nombre premier 7. Je crois qu'il y a en réalité de telles personnes » (Lettre à Goldbach du 17 avril 1712, trad. citée, p. 10).

3. « Conjecture sur la raison de quelques dissonances généralement reçues dans la musique », § 2, *Mémoires de l'Académie des Sciences de Berlin*, Année 1764, Berlin, 1766, p. 165-173 ; *Opera omnia*, série III, t. I, Lipsiæ et Berolini, B. G. Teubner, 1926, p. 508.

4. *Ibid.*, § 7, p. 511.

5. *Ibid.*

deux niveaux qu'il a distingués – il est vrai que cette orientation répond bien au projet de justifier la septième : mais elle mobilise surtout une distinction (introduite par Descartes) entre les déterminations mécaniques de la sensation et la représentation proportionnelle qui exprime le sentiment. Chez Euler, la règle de cette modification qui interdit de confondre la proportion géométrique des sons et la proportion musicale effectivement aperçue réside dans une simplification de la première à la seconde : « Toutes les fois que cela arrive, la proportion aperçue est plus simple que la réelle et la différence est si petite qu'elle échappe à la perception[1] ». La précision apportée par Euler signifie juste que la différence entre les deux proportions n'est pas à ce point importante qu'elle donnerait lieu à une distinction expresse dans l'expérience spontanée : en somme, je n'y prête pas *attention*. Cette règle suppose que soient remplies deux conditions objectives. Premièrement, il faut que la proportion de départ approche beaucoup d'une proportion simple : si tel n'était pas le cas, je ne pourrais réduire l'intervalle acoustique à la consonance la plus proche – c'est probablement ce qui se passe dans le cas des véritables dissonances. Deuxièmement, la proportion mathématique qui exprime la relation physique des sons doit être très compliquée. En effet, si le rapport réel des sons est déjà fort simple, sa modification produit une proportion complexe qui, précisément, déplaît au sentiment – ainsi l'octave ne tolère-t-elle aucune altération. Le principe de la simplification des rapports repose donc sur une règle de l'intuition sensible selon laquelle « plus une proportion est simple, plus notre sentiment est aussi sensible et distingue de plus petites aberrations[2] ». On notera que ce principe, qui exprime la correspondance réglée mise en évidence par Euler, permet de répondre à une objection de Rousseau, dirigée contre toutes les versions de la théorie de la coïncidence des chocs, mais dont l'auteur du *Dictionnaire* déclare qu'elle touche également le principe de la perception des rapports : « (...) dans l'octave, si l'intervalle n'est pas exact, l'oreille est choquée ; elle n'admet point d'approximation. Pourquoi en

1. *Ibid.*, § 9, p. 512.

2. *Ibid.* Les commentateurs n'ont pas remarqué que cet argument trouve sa première formulation chez Leibniz (« Je ne pense pas que les raisons sourdes plaisent à l'âme, sauf quand elles diffèrent peu des rapports rationnels qui plaisent », Lettre à Goldbach du 17 avril 1712, trad. citée, p. 11) et, surtout, chez Sauveur : « (...) l'expérience montre qu'une grande différence est plus supportable dans les consonances, dont le rapport est exprimé par de grands nombres, comme dans la tierce mineure qui est de 5 à 6, que dans les intervalles dont les rapports sont exprimés par de petits nombres, comme dans la quinte qui est de 2 à 3 » (« Méthode générale pour former les systèmes tempérés de musique, et du choix de celui qu'on doit suivre », art. IV, § III, *Histoire de l'Académie Royale des Sciences*, Année 1707, Paris, 1708, p. 219).

admet-elle plus dans la quinte, et moins dans la tierce majeure?[1] » Quoi qu'il en soit, Euler résume dans les termes suivants le critère de la correspondance qui fonde l'admission de la septième :

> (...) quand la proportion actuelle est fort compliquée, de sorte pourtant qu'elle approche beaucoup d'une proportion simple, alors l'oreille apercevra cette proportion simple, sans remarquer la petite altération de l'actuelle[2].

Une fois établi le principe de cette correspondance, il faut encore savoir comment elle s'effectue dans l'expérience musicale. Les textes de Euler suggèrent que les rapports plaisants visés par l'auditeur dans l'accord de septième sanctionnent une inférence spontanée, justifiée par l'effet que produisent presque identiquement l'agrégat physique des sons et l'accord musical effectivement aperçu : « (...) en entendant les sons 36, 45, 54, 64, on s'imagine d'entendre ceux-ci 36, 45, 54, 63, ou bien ceux-ci 4, 5, 6, 7, attendu que l'effet est absolument le même[3] » ; et « c'est le jugement qui attribue à ce son une autre valeur qu'il n'a actuellement[4] ». Autrement dit, l'imagination me donne l'accord de septième lorsqu'un jugement inaperçu remplace la proportion mathématique relative aux sons qui affectent mécaniquement l'organe par une autre qui, sur la base d'un effet subjectivement identique, convient musicalement à l'oreille. L'explication de Euler est donc bien caractéristique de l'orientation intellectualiste du principe de la perception des rapports, puisqu'elle postule une intervention inaperçue du jugement qui traduit l'adhésion de l'auteur à certaines thèses leibniziennes[5]. Toutefois, le fait qu'Euler mentionne ici l'intervention de jugements enveloppés impose de ne pas négliger le rôle de l'imagination. Elle constitue apparemment le milieu dans lequel la configuration produite par un jugement de ce type nous apparaît sous les conditions de la réceptivité. Mais un autre *Mémoire* souligne le caractère paradoxal de toute cette explication :

> (...) l'oreille s'imagine les apercevoir, quoiqu'elle entende effectivement d'autres sons qui n'en diffèrent que fort peu ; ce qui est sans doute un paradoxe qui mérite d'être développé plus soigneusement[6].

1. *Dictionnaire de musique*, art. « Consonance », p. 729.
2. « Conjecture sur la raison de quelques dissonances », § 12, p. 513.
3. *Ibid.*, § 14, p. 514.
4. *Ibid.*, § 15, p. 515.
5. *Ibid.*, § 16, p. 515.
6. « Du véritable caractère de la musique moderne », § 9, *Mémoires de l'Académie des Sciences de Berlin*, Année 1764, Berlin, 1766, p. 174-199 ; in *Opera omnia*, éd. citée, p. 520.

Le paradoxe ne réside pas en ce que l'imagination seule nous présenterait le résultat enveloppé d'une opération de l'âme, mais bien en ceci, que ce résultat se substitue aux sensations pures qui affectent l'oreille. L'imagination n'est donc pas seulement le milieu dans lequel des opérations de l'entendement trouvent une expression sensible ou, plus exactement, un substrat hylétique. Elle constitue plutôt un moyen terme entre le matériau empirique et les rapports abstraits dans lesquels le jugement identifie la véritable expression du plaisir. D'un côté (et sous les conditions que nous avons dites), le matériau sonore accède, dans l'imagination, à sa structure musicale (c'était déjà le cas chez Rameau[1]); d'un autre côté, et solidairement, les rapports idéaux qui définissent les consonances reçoivent leur remplissement dans ce milieu – c'est ce double mouvement que les textes de Euler permettent finalement de définir :

> (...) pourvu qu'ils [les sons physiques] ne s'écartent point trop sensiblement des justes proportions qui constituent l'essence des consonances, elle substitue quasi sans y penser les véritables proportions, pour en retirer les sensations agréables qui leur conviennent[2].

L'imagination définit ainsi les conditions de l'écoute musicale dont est capable un auditeur actif (il procède à une substitution) et fini (cette activité est subordonnée aux relations empiriques des sons qui l'affectent).

On peut aller un peu plus loin : tandis que les déterminations du premier mouvement, du matériau sonore à sa structure musicale, sont fournies par une règle de simplification qui détermine les caractères de la réceptivité, on doit encore se demander quelle(s) condition(s) commande(nt) l'application des meilleurs rapports à l'expérience sensible dans l'imagination. Euler ne distingue pas vraiment cette question de la première, sans doute parce qu'il entreprend de n'expliquer qu'une question de théorie musicale. Mais il indique bien que c'est la constance du plaisir, autrement dit, la durée dans laquelle il s'inscrit, qui détermine le jugement à intervenir pour substituer une proportion à une autre : « Ce n'est pas que l'oreille ne sente point du tout ces petits écarts, mais elle les supprime plutôt pour ne pas être troublée dans la jouissance de l'harmonie[3] ». Les proportions données simultanément dans la sensation sont donc corrigées, quand les déterminations physiques le permettent, en fonction de la durée dans laquelle s'éprouve la perception de rapports agréables.

1. Voir, dans cette partie, le début du premier chapitre.

2. *Ibid.*, § 12, p. 121.

3. *Ibid.*

L'approfondissement du principe de la perception des rapports, chez Euler, aboutit donc à la formulation d'une explication pleinement positive : c'est dans le temps qu'il est possible d'éprouver pour elles-mêmes les relations internes de l'accord, comme l'atteste le cas extrême où notre sentiment apprécie une structure dont l'analyse purement géométrique des rapports souligne l'imperfection. Il ne faut cependant pas considérer que la représentation proportionnelle pourrait sortir intacte du résultat important qu'elle a permis d'établir – comprenons plutôt que, dans sa version la plus élaborée, sa fécondité même conduit à la relativiser. Puisqu'il est possible d'expliquer la qualité de configurations qui ne satisfont pas immédiatement au critère de simplicité que la théorie de la perception des rapports pose en son principe, alors il faut admettre qu'un autre critère commande la constitution de l'agrément musical, et que son application relève d'autres conditions. Euler formule d'ailleurs explicitement la suspension de la représentation proportionnelle dans d'autres textes :

> Pour se convaincre que la seule perception de toutes les proportions d'une musique n'est pas suffisante, on n'a qu'à considérer une musique fort simple, qui ne marche que par des octaves, où la perception des proportions est certainement la plus aisée ; cependant, il s'en faut de beaucoup que cette musique cause du plaisir, quoiqu'on en ait la plus parfaite connaissance. On dit donc que le plaisir demande une connaissance qui ne soit pas trop facile, mais qui exige quelque peine [1].

Et dans les *Mémoires* que nous avons cités, les conditions sous lesquelles la variété est acceptable consistent explicitement dans l'organisation temporelle des relations musicales. On doit précisément à Descartes de réfléchir cette suspension de la représentation proportionnelle, à laquelle l'auteur du *Traité de l'homme* susbtitue une description positive de l'agrément musical.

L'irréductibilité de la variété

En plus de l'unité qui satisfait le sens, on sait que Descartes introduit un autre critère, qui conduit à relativiser sans retour la simplicité que la

1. *Lettres à une Princesse d'Allemagne sur divers sujets de physique et de philosophie*, t. I, Lettre VIII, *Leonhardi Euleri opera omnia*, série III, t. XI, Turici, Orell Füssli, 1960, p. 23. Euler s'efforce certes de montrer que cette condition supplémentaire dépend encore du plan complet de l'ouvrage dans lequel s'inscrivent les rapports complexes, de sorte que le principe de la perception des rapports organise toujours l'expérience musicale : mais son application, dans ce dernier cas, n'est plus que métaphorique.

proportion permet de représenter : « Enfin, il faut noter qu'en toutes choses la variété est très agréable[1] ». Ainsi, ce que l'on peut proprement qualifier d'agréable réside dans l'heureux concours de l'unité, appréhendée facilement, et de la diversité – compte bien tenu du fait que c'est avec cette diversité que l'on accède vraiment au domaine des harmonies musicales. La déclaration la plus originale de Descartes réside alors dans la septième remarque préalable de l'*Abrégé*, qu'il faut à nouveau citer :

> Parmi les objets du sens, celui-ci n'est pas le plus agréable à l'âme qui est le plus facilement perçu par le sens, ni celui qui l'est le plus difficilement ; mais c'est celui qui n'est pas si facile à percevoir que le désir naturel qui porte les sens vers les objets ne soit pas entièrement comblé, ni également si difficile qu'il fatigue le sens[2].

D. Kambouchner signale que cette déclaration tolère deux interprétations : il se peut que l'âme désire « la continuation de cette perception », son « amplification » ou son « renouvellement », comme c'est le cas lorsque nous entendons les premières mesures d'une mélodie ; mais il est également envisageable que « le désir excité par cette perception se détache de cette perception elle-même, pour s'attacher à un objet plus ample qui aura été évoqué dans l'âme à cette occasion[3] ». Une troisième formulation nous paraît admissible, qui n'est pas vraiment alternative mais correspond plutôt (au moins pour partie) à une radicalisation de la première explication proposée par D. Kambouchner : il semble possible que l'agrément se constitue dans l'attente et la réalisation d'un plaisir que désignerait en creux un déplaisir (une absence de proportion) actuel et très relatif – comme dans le cas de l'attente de la résolution d'une dissonance. Mais il impossible, en ce cas, de considérer que l'agrément résulte simplement d'une impression actuellement produite sur les sens.

Descartes adopte finalement l'explication de Beeckman sur la coïncidence des coups – mais cette adhésion se formule dans un contexte bien différent de celui du *Compendium musicæ* et des *Regulæ*, où la géométrisation servait la constitution abstraite des questions : après 1630, il lui revient d'exprimer la cause physique des sentiments[4]. C'est donc sous l'horizon de cette exigence d'intelligibilité maximale que la théorie beeckmanienne, qui semble donner corps aux proportions utilisées en

1. *Abrégé de musique*, 8ᵉ remarque préalable, p. 58.
2. *Ibid.*, 7ᵉ remarque préalable, p. 58.
3. *L'Homme des passions*, t. I, p. 274.
4. Sur ce changement, voir M. Fichant, « L'*ingenium* selon Descartes et le chiffre universel des *Règles pour la direction de l'esprit* », in *Science et métaphysique dans Descartes et Leibniz*, p. 1-28.

musique, voit ses compétences étroitement circonscrites. Elle permet de définir la simplicité d'un intervalle sonore, mais non l'agrément que procure telle ou telle consonance – ainsi, sur le fait que la douzième (le premier son harmonique après la réplique du fondamental à l'octave) est plus simple que la quinte :

> Je dis plus simple, non pas plus agréable ; car il faut remarquer que tout ce calcul sert simplement pour montrer quelles consonances sont les plus simples, ou si vous voulez, les plus douces & parfaites, mais non pas pour cela les plus agréables [1].

Conformément aux dernières remarques préliminaires de l'*Abrégé de musique*, l'agrément suppose que soit pris en compte une variété que le sens n'apprécie pas. Autrement dit, à la simple capacité du sens se superpose la capacité de l'auditeur tout entier, dont l'âme apprécie des objets plus composés :

> (...) vous ne trouverez point que j'ai dit que cela fît une consonance plus agréable que l'autre, car à ce compte l'unisson serait le plus agréable de tous. Mais pour déterminer ce qui est plus agréable, il faut supposer la capacité de l'auditeur, laquelle change comme le goût, selon les personnes [2].

Cette dernière précision soulève bien entendu la question assez délicate du relativisme de Descartes, sur lequel les récents commentaires ont beaucoup insisté [3]. Surtout, elle impose de bien apprécier les changements qui affectent le statut de la variété.

Si la capacité du sens au plaisir trouve son corrélat dans l'unité d'un objet dont une proportion peut exprimer la simplicité, la capacité de l'auditeur à l'agrément, en revanche, ne peut faire l'objet d'une « mesure déterminée [4] », parce qu'elle a pour corrélat une variété que l'unité balance, sans jamais la résorber. Entre ces deux paramètres, Descartes ne fournit pas vraiment le principe d'économie qui, de fait, évacuerait le danger du relativisme. Bien au contraire, il insiste sur l'irréductibilité de ces niveaux étroitement mêlés dans le témoignage spontané de l'auditeur, en soulignant, par exemple, qu'en fonction du lieu où ils sont employées, certains intervalles moins parfaits procurent un agrément supérieur à d'autres qui sont cependant plus simples : « (...) il se trouve des lieux où même les fausses quintes & autres dissonances sont plus agréables que les

1. A Mersenne, janv. 1630, AT I, p. 108.
2. *Ibid.*
3. Ainsi P. Dumont, *Descartes et l'esthétique*, Paris, PUF, 1997, p. 25-26.
4. A Mersenne, 18 mars 1630, p. 133.

consonances, de sorte qu'on ne saurait déterminer absolument qu'une consonance soit plus agréable que l'autre[1] ». La mention des dissonances est capitale, puisqu'elle confirme l'hypothèse qu'un déplaisir ponctuel peut servir l'agrément dans lequel il s'inscrit. Il faut tirer de cela une conséquence forte : dans l'expérience musicale complète, le niveau de l'unité ou du plaisir du sens n'est jamais éprouvé pour lui-même, de telle sorte que « généralement ni le beau, ni l'agréable, ne signifient rien qu'un rapport de notre jugement à l'objet[2] », dont la suite de cette lettre précise qu'il trouve son principe dans la septième remarque préalable de l'*Abrégé de musique*. Si les proportions disparaissent après 1630, c'est que la perfection abstraite qu'elles désignent ne se donne jamais comme telle dans une expérience musicale authentique.

L'appréhension temporalisée de la variété

Reste à savoir comment s'effectue *positivement* la constitution de l'objet agréable, qui combine heureusement la simplicité et la variété. Il est désormais acquis que le sentiment du beau n'est pas uniquement déterminé par la manière dont un objet affecte nos sens extérieurs. La simplicité réside toujours dans l'heureuse proportion de l'objet par rapport au sens ; mais on a vu que ce niveau, bien qu'absolument déterminé, ne prescrit aucune interprétation affective vraiment stable.

Il est vrai que, dans les lettres adressées à Mersenne sur les consonances, Descartes reconduit explicitement l'objet de tout agrément aux critères proposés dans la septième remarque préalable du *Compendium :* l'objet agréable n'est pas strictement proportionné au sens, mais la diversité qui nous le signale ne s'éloigne pas de cette mesure à tel point qu'il lui échapperait complètement – en somme, Descartes ne fait référence aux acquis de l'*Abrégé de Musique* que pour reprendre ce qui, précisément, dépassait la figuration proportionnelle. Ajoutons qu'à partir de 1634, le processus sensoriel se conçoit comme un rapport de figures et de mouvements dont l'élucidation dépasse bien évidemment les *prænotanda* très généraux de 1618. Quoiqu'il en soit, pour parvenir à une définition positive de l'agrément musical (et non du simple plaisir des sens), il faut donc reprendre l'équilibre décrit par Descartes au niveau du fonctionnement effectif de la sensation, dans les termes mécaniques d'un rapport de force. Ce n'est plus d'une proportion relativisée qu'il s'agit alors, mais d'une composition mécanique de mouvements. Le choc qui affecte l'organe

1. A Mersenne, oct. 1631, AT I, p. 223.
2. A Mersenne, 18 mars 1630, AT I, p. 133.

dépasse le niveau de l'impression normale, mais il n'est pas si intense qu'il détruirait l'arrangement des parties dans l'oreille : « (...) les objets des sens excitent quelque mouvement dans les nerfs, qui serait capable de leur nuire s'ils n'avaient pas assez de force pour lui résister[1] » – ce qui, à proprement parler, constitue le chatouillement[2]. Il suffit de consulter le *Monde* pour relever l'essentiel des changements qui donnent à la diversité son nouveau statut. Le remplacement d'une représentation proportionnelle abstraite par la théorie mécanique de la coïncidence des coups donne lieu à une première formulation positive de l'agrément :

> (...) ce ne sont pas absolument les choses les plus douces, qui sont les plus agréables aux sens, mais celles qui les chatouillent d'une façon mieux tempérée (...). Et c'est ce qui fait que la musique reçoit les tierces et les sixtes, et même quelquefois les dissonances, aussi bien que les unissons, les octaves, et les quintes[3].

La référence à l'hypothèse aristotélicienne d'une possible destruction des organes sensoriels change de statut dans ce nouveau contexte : elle entre bien, au titre de limite, dans la définition du chatouillement, mais son caractère heuristique sanctionne l'introduction des considérations physiques et l'élimination d'une représentation proportionnelle abstraite. Ainsi le chatouillement désigne-t-il, sous le point de vue de l'explication causale, les mêmes sentiments que la variété désignait relativement à l'exposé « abstrait » de 1618.

L'agrément musical élémentaire (il s'agit simplement de la qualité des intervalles) mais complet (il témoigne d'une diversité dans l'harmonie) relèverait ainsi du premier degré du chatouillement, qui survient lorsque l'âme rapporte au corps le sentiment de cette bonne disposition des organes sensoriels qui leur permet de résister aux affections plus contrastées que suscitent, par exemple, les dissonances. Toutefois, la représentation proportionnelle présentait l'avantage de manifester une liaison étroite entre la variété, qui reçoit une explication positive dans le chatouillement, et la simplicité, dont l'équivalent réside désormais dans la garantie d'innocuité de l'affection. Comment celle-ci peut-elle s'éprouver ? C'est que le sentiment musical s'inscrit dans une durée, dont l'organisation régulière est commandée par la résolution objective de la variété dans l'unité :

1. *Les Passions de l'âme*, Seconde Partie, art. 94, AT XI, p. 399.

2. Sur cette notion, voir A. Matheron, « Psychologie et politique : Descartes et la noblesse du chatouillement », *Dialectiques*, n° 6, 1974 ; repris dans *Anthropologie et politique au XVIIe siècle*, Paris, 1986, p. 29-48.

3. *Traité de l'homme*, AT XI, p. 151.

> (...) lorsqu'on va (...) de l'unisson à la tierce mineure, ce n'est jamais pour finir, mais pour recueillir l'attention et suspendre l'oreille au milieu d'un chant, à quoi la variété est principalement requise[1].

Dans cette perspective, l'agrément procuré par la dissonance consiste autant dans la variété momentanée qu'elle introduit que dans le souvenir de cette variété, au moment de sa résolution. Il est à cet égard très frappant de noter que la diversité requise pour l'agrément de l'âme est presque toujours présentée par Descartes comme l'élément d'une progression harmonique, et non comme une affection complètement isolée[2]. Et l'imagination intervient au moins à deux titres dans l'élaboration du sentiment musical – d'une part, c'est elle qui rapporte au cerveau le sentiment de bonne disposition que l'âme réfléchit dans le chatouillement[3]; d'autre part, elle permet d'appréhender l'unité musicale de la variété harmonique, dans l'organisation temporelle de la mélodie selon la mesure : « (...) notre imagination (...) conçoit alors le chant tout entier comme une unité composée de multiples membres égaux[4] ». Son intervention explique en outre que des expériences sédimentées et individuelles contaminent l'appréciation qualitative de la musique, selon un processus que nous n'avons pas à examiner ici – contentons-nous de rappeler que l'agrément éveillé à l'occasion de la contemplation des compartiments d'un parterre dépend largement de « la fantaisie[5] » des uns et des autres, c'est-à-dire, aussi bien, de leur imagination[6].

1. A Mersenne, 8 oct. 1629, AT I, p. 26. La mention de l'attention mérite d'être soulignée. D'une part, elle intervient dans un contexte qui rappelle fort le texte des *Regulæ*, lorsqu'il nous est dit que « les artisans qui travaillent à des ouvrages de précision, et qui ont l'habitude de diriger attentivement leur regard sur chaque point, acquièrent à l'usage le pouvoir de discerner parfaitement les choses les plus petites et les plus fines » (Règle IX, AT X, p. 401). D'autre part, une réminiscence augustinienne n'est pas à exclure : l'attention permet de fixer l'organe sur l'objet et de conserver le souvenir des sons au fur et à mesure qu'ils frappent l'organe (*De Musica*, VI, 8, 21, t. 32, col. 1174).

2. « (...) ce qui rend le passage d'une consonance à l'autre agréable, n'est pas seulement que les relations soient aussi consonantes, car cela ne se peut; même quand il se pourrait, il ne serait pas agréable, d'autant que cela ôterait toute la diversité de la musique » (à ***, sept. 1629 ?, AT I, p. 19). *Cf.* également : « Mais il est bien permis de passer des tierces à une autre [consonance] imparfaite; car encore que l'oreille n'y trouve pas ce qu'elle attend, pour y arrêter son attention, elle y trouve cependant quelqu'autre variété qui la récrée, ce qu'elle ne trouverait pas en une consonance parfaite, comme est l'octave » (*ibid.*, p. 20).

3. *Les Passions de l'âme*, Seconde Partie, art. 93, AT XI, p. 398.

4. *Abrégé de musique*, p. 60.

5. Le seul facteur déterminable réside en fin de compte dans la simplicité de l'objet, de sorte que l'on peut dire que « les compartiments d'un parterre, qui ne consisteront qu'en une

Il va de soi que les philosophies de la musique prenaient traditionnellement en compte l'organisation temporelle des relations musicales. Au sein des contributions originales des penseurs classiques sur ce sujet [1], trois points essentiels doivent être retenus. a) La perception temporalisée dans laquelle se dépasse le principe de la perception des rapports, et que Descartes place au cœur de son exposé, ne porte plus seulement sur les propriétés musicales qui, à l'évidence, constituent proprement des « tempo-objets » (comme la mesure qui, chez Descartes, peut faire l'objet d'une représentation proportionnelle [2]) : *ce sont les relations synchroniques des sons qui se synthétisent harmonieusement en fonction de l'appréhension diachronique qui s'y applique*. Et puisque nous recherchons la théorie d'une appréhension de l'accord qui serait adéquate à sa définition structurelle, il nous appartient maintenant de rechercher celles des conceptions philosophiques de la durée musicale qui, au XVIIIe siècle, présenteront les plus solides déterminations. b) *La relation de signe à interprétation* qui, chez Descartes, permet de prendre un certain plaisir aux dissonances, relève clairement de l'institution de la nature. Nous avons assez dit qu'il ne faut pas négliger la postérité de cette doctrine dans les premières formulations d'une esthétique, au siècle des Lumières. Certains auteurs comprennent en effet selon une structure analogue l'anticipation de l'accord majeur dans la résonance – anticipation sur laquelle nous avons ouvert l'examen de la perception de l'harmonie. C'est dans le cadre d'une théorie de l'union de l'âme et du corps qu'au XVIIIe siècle, l'explication mécaniste de l'expérience musicale acquiert la dimension temporelle au sein de laquelle la perception des rapports débouche sur l'anticipation effective de leurs relations musicales. Crousaz, lorsqu'il utilise les résultats acquis par Duverney, explique ainsi que c'est « ensuite du rapport que l'Auteur de la

ou deux sortes de figures, arrangées toujours de même façon, se comprendront bien plus aisément que s'il y en avait dix ou douze, et arrangées diversement » ; mais le principe de diversité n'exclut pas que, « selon la fantaisie des uns, celui de trois sortes de figures sera le plus beau, selon celle des autres, celui de quatre, ou de cinq, etc. » (à Mersenne, 18 mars 1630, AT I, p. 133).

6. *Règles pour la direction de l'esprit*, Règle XII, AT X, p. 414.

1. Pour une présentation plus vaste, on consultera l'étude de F. de Buzon, « Fonctions de la mémoire dans les traités théoriques au XVIIe siècle », *Revue de musicologie*, t. 76, 1990, n° 2, p. 163-172.

2. La proportion, en ce qu'elle exprime la simplicité du plaisir sensuel, conserve une validité pour définir l'organisation temporelle de la musique, conformément aux prescriptions de l'*Abrégé* : « Le temps dans les sons doit consister en parties égales, parce qu'elles sont plus aisées à percevoir par le sens » (*Abrégé de musique*, p. 58).

nature a établi entre la satisfaction de l'âme, et le bon état de son corps[1] », que l'oreille anticipe les relations fournies par la résonance, cependant qu'elle entend actuellement un son isolé :

> Si donc un nouveau ton s'élève propre à agiter ces fibres déjà ébranlées, leur agitation en devra être plus vive; mais outre cela l'oreille se trouvera plus parfaite, parce qu'une faible agitation fait naître un commencement de sensation, et avec cette sensation faible et naissante le désir de la sentir plus forte et plus achevée. Un tel ton remplit donc un secret désir, et il achève ce qu'on était fâché de ne sentir qu'imparfaitement[2].

c) Cette perception temporalisée qui, traditionnellement, repose sur l'imagination (c'est encore le cas chez Descartes, puis chez Euler), se détermine désormais à partir du statut ambigu de cette faculté – l'élucidation de la perception de l'harmonie engage une anthropologie de *l'union*. Nous disions que cette notion n'était jamais abordée que latéralement dans les philosophies de la musique. A terme, nous devrons nous prononcer sur l'hypothétique ancrage métaphysique de la reprise évidente, chez Rousseau, de cet extrait du texte cartésien : « le temps a une si grande force dans la musique qu'il peut à lui seul apporter quelque plaisir[3] » – « Le temps, expliquera l'auteur du *Dictionnaire de musique*, a sa force en lui-même; elle dépend de lui seul, et peut subsister sans la diversité des sons[4] ».

Activité, passivité, temporalité

Au XVIIIe siècle, le rôle configurateur de la temporalité dans l'appréhension des relations harmoniques ne définit pas en propre la doctrine musicale de Rousseau. Contentons-nous de citer ici J.-A. Serre, pour demeurer dans le contexte mis en place par la théorie ramiste. Cet auteur, sans avoir vraiment compris la critique conduite par Rousseau, lui reprochera vivement, dans ses *Observations sur les principes de l'harmonie*,

1. *Traité du beau*, première édition (Amsterdam, 1715), chap. XI, section I, p. 173. Malheureusement, l'édition récente du *Traité du beau* (Paris, Fayard, 1985) ne reproduit que la seconde édition de l'ouvrage, parue en 1724, dans laquelle le chapitre sur la musique fut supprimé.

2. *Ibid.*, § V, p. 176.

3. *Abrégé de musique*, p. 62.

4. *Dictionnaire*, art. « Temps », OC V, p. 1112. Souligné par nous.

d'avoir rejeté le principe de la perception des rapports [1] ; mais il écrit dix ans plus tôt un ouvrage important, dont l'article « Système » du *Dictionnaire de musique* (entre autres textes) permet d'affirmer que Rousseau l'a lu [2]. Dans ses *Essais sur les principes de l'harmonie*, Serre distingue trois principes également requis pour former les ressources harmoniques : le principe de la résonance du corps sonore ; le principe des rapports qui met en ordre les données expérimentales et fonde l'engendrement du mode mineur (Serre se montre, en cet endroit, un bon interprète de Rameau) ; enfin, le principe de la réminiscence, qui permet tout à la fois d'appréhender l'unité des relations harmoniques dans une pièce musicale et, comme ce sera le cas chez Rousseau, d'apprécier des intervalles refusés par les deux premiers principes :

> C'est ce principe qui rend agréable l'intonation de quelques intervalles peu favorisés des deux premiers principes ; tels que celle de la fausse-quinte, celle de la tierce majeure en descendant, etc. (...) Toute composition musicale forme un système de sons ; ce n'est qu'à la faveur de la réminiscence que nous pouvons sentir l'ensemble et les rapports mutuels qu'ont entre elles les différentes parties de ce système [3].

Sur cette question, la véritable originalité de la théorie rousseauiste, qui lui donne un statut proprement philosophique, réside bien davantage dans une conception remarquable des relations entre passivité de l'entendement et activité de configuration, qui organise l'ensemble des textes définitifs que le Genevois consacre au problème de l'appréhension des relations harmoniques. Et cette distinction intervient en lieu et place de l'institution de la nature, en contexte cartésien – autant dire que le problème de l'union ne se trouve ici envisagé que selon les exigences de la théorie esthétique.

1. « M. Rousseau ne rapporte ici aucun fait pour prouver ce qu'il semble insinuer, que la doctrine dont il s'agit [le principe de la perception des rapports, tel que formulé par Diderot] n'est pas en tout d'accord avec l'expérience : peut-être ai-je prévenu ses doutes à cet égard, en accordant que dans les rapports des intervalles, l'oreille n'exige pas une parfaite justesse ; une telle justesse n'a jamais lieu dans les arts qui ont pour but d'affecter les sens, et si elle devait absolument s'y rencontrer, l'art musical serait un art impraticable » (*Observations sur les principes de l'harmonie*, § 143, p. 69) – on le voit, la critique formulée par Serre reste simplement factuelle : il ne comprend pas le fondement gnoséologique de l'objection rousseauiste.

2. Rousseau doit à Serre ses premières connaissances sur le système de Tartini.

3. J.-A. Serre, *Essais sur les principes de l'harmonie*, Deuxième Essai, p. 92-93.

Du dualisme dans les objets du goût

Au livre IV de l'*Emile*, Rousseau établit une distinction, parmi les objets du goût, entre ceux qui ne procurent qu'un agrément physique et ceux qui touchent vraiment l'âme humaine :

> On doit distinguer encore ses lois [du goût] dans les choses morales et ses lois dans les choses physiques. Dans celles-ci les principes du goût semblent absolument inexplicables, mais il importe d'observer qu'il entre du moral dans tout ce qui tient à l'imitation : ainsi l'on explique des beautés qui paraissent physiques et qui ne le sont réellement point[1].

Une note de Rousseau renvoie aussitôt à un texte consacré au *Principe de la mélodie*, qui est une première version de l'*Essai sur l'origine des langues*, de sorte qu'il n'est pas difficile de désigner les ressources musicales dont l'*Emile* définit ici le statut : on dira que l'harmonie relève des choses physiques, tandis que la seule mélodie peut provoquer les affections de l'âme – sur la recommandation expresse de Rousseau, les commentateurs s'attachent le plus souvent à l'imitation dont la mélodie est en charge, mais nous souhaitons insister ici sur ces « choses physiques » qui, malgré leur caractère inexplicable, reçoivent un traitement intéressant dans les textes consacrés aux problèmes musicaux. Cette orientation est d'ailleurs requise pour parvenir à une compréhension convenable de la déclaration de l'*Emile :* une chose est de dire que les beautés physiques ne servent que de signes à des beautés morales, mais il faut encore essayer de comprendre ce qui, dans l'objet donné à la sensation, se révèle susceptible de remplir cette fonction. Qu'est-ce qui, dans un agrément apparemment passif, peut servir une expression authentique, qui requiert précisément l'exercice d'une sensibilité active chez l'auditeur ? Le mieux est, une fois encore, de partir d'un problème précis, soulevé par la perception des consonances et des accords qui les produisent. De fait, ces objets constituent le type même des « choses physiques » potentiellement agréables dont l'efficacité paraît proprement « inexplicable » – le *Dictionnaire de Musique* explicite sur ce point l'appréciation fournie dans l'*Emile :*

> Or la nature qui a doué les objets de chaque sens de qualités propres à le flatter, a voulu qu'un son quelconque fût toujours accompagné d'autres sons agréables [ses harmoniques, qui donnent les intervalles consonants], comme elle a voulu qu'un rayon de lumière fût toujours formé des plus belles couleurs. (...) Ce n'est pas que les physiciens n'aient expliqué tout cela; et que n'expliquent-ils

1. *Emile*, livre IV, p. 671-672.

point ? Mais que toutes ces explications sont conjecturales, et qu'on leur trouve peu de solidité quand on les examine de près ! [1]

Rousseau ne proposera aucune réponse définitive à la question de savoir pourquoi les consonances produisent un agrément effectif, et l'on a vu qu'il critique les explications physiques disponibles parce qu'elles ne correspondent pas aux variations observées dans la sensation. Néanmoins, le détail du rejet de la théorie de la perception des rapports, tel qu'il la trouve élaborée chez Diderot, doit à nouveau retenir toute notre attention, parce qu'il nous conduit à reconnaître, dans les textes de Rousseau sur la musique, la mention d'une activité configuratrice qui, malgré les indications de la « Profession de foi du Vicaire savoyard », ne relève pas du jugement. Il ne s'agit pas de contester l'analyse définitive conduite par Henri Gouhier qui, dans la reprise des arguments cartésiens chez Rousseau, rappelle la découverte d'une « opération qui [contre Condillac] ne s'explique par aucune “transformation” de sensations : car sentir, c'est être affecté, c'est donc pâtir et un état passif ne se “transformera” jamais en principe actif [2] ». Cette doctrine bien établie tolère cependant des nuances significatives – les textes consacrés à la perception musicale suggèrent en effet que l'activité de comparaison, expressément thématisée dans le jugement, se donne d'abord au sujet comme un état, c'est-à-dire comme une affection de l'âme. Rappelons toutefois, pour commencer, que l'appréhension d'un rapport quelconque, selon Rousseau, requiert toujours une opération intellectuelle de comparaison (un jugement) et qu'à ce titre, la critique du principe diffusé par Diderot enveloppe deux conséquences importantes : 1) les consonances, les accords qui les donnent et, d'une façon générale, les ressources harmoniques n'affectent que la sensation ; 2) ces objets sont appréhendés passivement par l'auditeur.

Dans les textes polémiques, Rousseau revient constamment sur la première conséquence, pour souligner que les effets de la musique sur les passions ne sauraient être imputés à l'harmonie, dont Rameau défend la supériorité. Pour ce qui concerne la réduction, chez Rousseau, des ressources harmoniques au mécanisme inexpressif de l'impression, on relira par exemple la célèbre conclusion de l'article « Harmonie » du *Dictionnaire :* « (...) tout ce qui ne tient qu'au physique des sons, étant très borné dans le plaisir qu'il nous donne, et n'ayant que très peu de pouvoir sur le

1. *Dictionnaire de musique*, art. « Consonance », p. 726.

2. « Ce que le Vicaire doit à Descartes », in *Les Méditations métaphysiques de Jean-Jacques Rousseau*, seconde édition revue, Paris, Vrin, 1984, p. 70.

cœur humain[1] ». Cependant, on doit ajouter que le plaisir de sensation procuré par l'harmonie n'est pas naturel, en ce sens qu'il sanctionnerait les dispositions originelles d'un auditeur. Autrement dit, lorsque « des hommes plus rustiques » que les modernes entendent une consonance, ils n'éprouvent en aucune façon ce plaisir sensuel dont Rousseau signale l'insuffisance : « (...) ils n'apercevaient jamais le moindre rapport entre deux sons différents entendus à la fois : cet ensemble même leur déplaisait toujours, quelque juste que fut l'intervalle[2] ». De nombreux textes reprennent cette affirmation et ils permettent de préciser les termes du problème examiné ici[3]. Il faut d'abord souligner que l'écoute naïve n'est pas déficiente, mais qu'elle peut servir de critère pour évaluer la qualité essentielle des intervalles musicaux :

> (...) tous ceux qui, sans habitude de l'harmonie, n'ont, si j'ose parler ainsi, nul préjugé dans l'oreille, portent un jugement contraire : l'unisson seul leur plaît, ou tout au plus l'octave ; tout autre intervalle leur paraît discordant : d'où il s'ensuivrait, ce me semble, que l'harmonie la plus naturelle, et par conséquent la meilleure, est à l'unisson[4].

Corrélativement, on conçoit aisément que, d'une façon générale, la seule harmonie vraiment acceptable se caractérise par l'unité qu'elle préserve entre ses différentes parties – reste à savoir comment l'auditeur peut appréhender cette unité.

Le propre de l'écoute la plus naïvement spontanée réside en ce que l'auditeur n'aperçoit pas le rapport des sons entendus simultanément ; il ne les saisit que dans leur hétérogénéité et, pour cette raison, il éprouve une sorte de gêne : « (...) quand deux objets nous occupent, c'est une preuve qu'aucun des deux ne nous satisfait[5] ». Rousseau n'affirme évidemment pas que les consonances n'existent pas en nature, mais, simplement, qu'elles n'apparaissent pas comme telles dans une expérience normale : « Quoi que le principe de l'harmonie soit naturel, comme il ne s'offre au sens que sous l'apparence de l'unisson, le sentiment qui le développe est

1. *Dictionnaire de musique*, art. « Harmonie », p. 851. C. Kintzler a dégagé l'orientation esthétique qui commande cette critique (*Poétique de l'opéra français*, part. III, chap. I, notamment p. 464).

2. *Examen de deux principes avancés par M. Rameau*, p. 355.

3. « Non seulement celui qui n'aura jamais entendu ni basse ni harmonie ne trouvera de lui-même ni cette harmonie ni cette basse, mais même elles lui déplairont si on les lui fait entendre, et il aimera beaucoup mieux le simple unisson » (*Essai sur l'origine des langues*, chap. XIV, p. 416).

4. *Dictionnaire de musique*, art. « Unisson », p. 1141.

5. *Ibid.*, art. « Unité de mélodie », p. 1143.

acquis et factice[1] ». Tout le problème est de définir un tel sentiment, par un certain usage de nos facultés. Il est vrai que la sensation donne non seulement les objets discrets, mais aussi leur différence – il faut cependant distinguer entre enregistrer une différence et l'apprécier, c'est-à-dire la constituer en un rapport : « Dans la première opération l'esprit est purement passif, mais dans l'autre il est actif[2] ». Est-ce à dire qu'une écoute informée, qui précisément aperçoit quelque rapport entre les différents sons qui composent un intervalle ou un accord, suppose une certaine activité de l'esprit ? D'une façon moins directe, comment est-il possible d'appréhender le caractère consonant d'un intervalle, c'est-à-dire, de lui restituer l'unité qui, dans l'expérience naturelle, lui fait foncièrement défaut ?

La passivité de l'habitude

Une première réponse consiste bien entendu à souligner le poids d'une expérience sédimentée. L'habitude déploie le sentiment de l'harmonie, qui reste enveloppé dans l'unisson, de sorte que l'oreille peut trouver un certain agrément aux consonances physiques rendues par la résonance d'un corps sonore. L'originalité de la conception rousseauiste tient ici à ce que l'élucidation du caractère appréciable d'une consonance repose avant tout sur des considérations anthropologiques, et non sur l'examen des propriétés des intervalles qui, pour toute la tradition, permettent en particulier de souligner la perfection de l'octave. Ainsi, au lieu d'expliquer directement la qualité vécue de cet intervalle par les propriétés des nombres, la coïncidence des coups ou les phénomènes de résonance qui lui sont communément associés, l'auteur du *Dictionnaire* affirme que c'est seulement l'expérience quotidienne d'un même chant entonné par plusieurs voix dans des diapasons différents qui nous permet d'appréhender dans une expérience effective le caractère consonant de l'octave :

> (...) les consonances les plus parfaites déplaisent naturellement aux oreilles peu faites à les entendre ; et je ne doute pas que l'octave elle-même ne déplût, comme les autres, si le mélange des voix d'hommes et de femmes n'en donnait l'habitude dès l'enfance[3].

Et comme la consonance s'identifie au plaisir qu'elle procure, l'habitude fonctionne, en retour, pour donner à l'objet qu'elle développe l'unité recherchée dans l'expérience spontanée du plaisir de sensation. En

1. *Examen de deux principes*, p. 355.

2. *Notes sur* De l'Esprit *d'Helvétius*, OC IV, p. 1123. Nous avons déjà dit que la *Réfutation d'Helvétius* conduite plus tard par Diderot comporte des arguments très analogues.

3. *Dictionnaire de musique*, art. « Harmonie », p. 849.

somme, elle permet d'abord d'appréhender pour elles-mêmes les diverses consonances enveloppées dans l'unisson, pour les recomposer ensuite dans une forme sensible adéquate aux définitions théoriques.

De la même façon, et dans certaines limites qu'une harmonie trop étendue écarte abusivement, les intervalles exprimés par des rapports plus complexes procurent également un agrément effectif – à proportion, il est vrai, que des auditeurs moins touchés par les beautés de l'imitation recherchent davantage une harmonie savante. Mais certaines précisions décisives sont ici requises. Dans le *Dictionnaire de Musique*, Rousseau définit bien l'accord comme une totalité, conformément aux acquis de la théorie ramiste de l'harmonie : « (...) c'est de la division du tout ou de l'unité intégrale que se tirent les parties ; (...) l'accord ne se forme point des sons, mais (...) il les donne [1] ». On a vu que, dans ce système, l'accord ne se définit plus par l'agrégation des intervalles, mais par le rapport que chaque note entretient avec la basse fondamentale qui exerce sa fonction même si elle n'est pas exprimée. L'accord constitue alors une configuration totale, dont la structure perdure à travers ses diverses modifications – renversement, supposition, etc. Pour faire vite, on dira avec Rousseau que la note grave fondamentale produit les différents intervalles qui forment l'accord : les expériences de Wallis et Sauveur sur les vibrations des parties aliquotes du monocorde ont partiellement confirmé cette doctrine. On peut donc dire, avec Rousseau que, sous plusieurs réserves qui n'ont plus à être rappelées ici, le phénomène physique réalise la définition de l'accord parfait majeur proposée par Rameau, de sorte que c'est la structure complète qui donne les intervalles consonants. Mais ce point de vue n'infirme nullement le compte-rendu naïf du paysan, rapporté dans l'*Examen*, car il s'agit simplement, dans l'article « Système », d'exposer le statut théorique de l'accord. L'habitude réalise l'incarnation de cette définition dans l'organe [2]. Sous son influence, l'oreille contient la norme des rapports comme s'il s'agissait d'une de ses parties, ou plutôt, de la règle interne de leur fonctionnement – d'où résulte la thèse selon laquelle l'harmonie moderne, en même temps qu'elle reste simplement sensuelle, ne se révèle qu'à des oreilles cultivées : « (...) les beautés purement harmoniques sont des beautés savantes, qui ne transportent que des gens versés dans l'art [3] ».

1. *Ibid.*, art. « Système », p. 1096.

2. Malgré certaines réserves, Rousseau admet probablement que l'oreille humaine possède les ressources mécaniques requises pour recevoir l'impression distincte de chaque son de l'accord – la décomposition de l'impression, caractéristique de l'habitude, suppose des dispositions physiologiques de ce genre qui, simplement, restent enveloppées dans l'expérience « naturelle ».

3. *Ibid.*, art. « Harmonie », p. 851.

Cependant, il faut bien reconnaître que cette solution, qui insiste sur la passivité foncière des auditeurs modernes, demeure plutôt décevante, à l'aune du problème soulevé. En effet, lorsqu'il s'agit de savoir comment l'habitude réalise complètement son effet, jusque dans le moment d'unification vécue qui produit l'agrément, Rousseau se contente d'alléguer une forme de prévention qu'il conçoit précisément sur le modèle du préjugé intellectuel : « (...) les oreilles ne se préviennent pas moins vite que les esprits [1] ». Même s'il ne fournit le plus souvent que cette solution, qui nous ramène au caractère inexplicable du plaisir procuré par les choses physiques, l'auteur du *Dictionnaire de musique* nous semble envisager une seconde orientation lorsqu'il s'agit d'élucider les conditions effectives de l'expérience musicale : l'appréhension de l'unité dont les relations harmoniques sont susceptibles requiert bien une activité qui, cependant, n'est pas imputable au jugement de l'esprit.

De la « force active » à la force du temps

Chacun sait que Rousseau récuse fermement la distinction ramiste de la musique en harmonie, mélodie et mesure. L'enjeu théorique le plus apparent de cette critique tient à ce que la mélodie, séparée de la mesure, dérive évidemment de l'harmonie, puisque celle-ci permet d'engendrer la gamme diatonique. En revanche, restituer l'antique unité de la mélodie et de la mesure, au moins en régime rousseauiste, permet tout à la fois de subordonner la musique à la langue et de définir l'harmonie comme un pur supplément. Mais une certaine conception de la durée musicale permet également d'expliquer l'appréhension des relations harmoniques les plus élémentaires sans recourir à une activité du jugement.

Reprenons d'abord la définition proposée à l'article « Système » du *Dictionnaire*, puisqu'il s'agit de comprendre comment elle se réalise dans la perception : « (...) c'est de la division du tout ou de l'unité intégrale que se tirent les parties ; (...) l'accord ne se forme point des sons, mais (...) il les donne [2] ». On ne peut qu'être frappé de ce que Rousseau, lorsqu'il décrit l'impression que l'accord produit effectivement sur l'organe, expose une thèse rigoureusement inverse :

> Or la sensation composée qui résulte d'un accord parfait, se résout dans la sensation absolue de chacun des sons qui le composent, et dans la sensation comparée de chacun des intervalles que ces

1. *Examen de deux principes*, p. 355.

2. *Dictionnaire de musique*, art. « Système », p. 1096.

mêmes sons forment entr'eux : il n'y a rien de sensible au-delà dans cet accord[1].

Tandis que, pour la théorie harmonique, l'accord est une forme totale qui ne se réduit pas à la somme de ses parties, la perception n'appréhende, dans un accord parfait majeur isolé, tel que produit par la résonance d'un corps sonore, qu'un agrégat de sons et d'intervalles purs. Encore faut-il souligner le caractère très paradoxal de cette « sensation comparée » : même s'il est clair que cette description ne s'applique pas au sentiment de plaisir qui accompagne l'audition de l'accord majeur, il reste bien que Rousseau paraît envisager qu'une comparaison intervient dès le niveau de l'appréhension passive. Cette indication entre en contradiction patente avec la célèbre critique que Rousseau adresse à Condillac puis (avec Diderot, d'ailleurs) à Helvétius :

> Quand les deux sensations à comparer sont aperçues, leur impression est faite, chaque objet est senti, les deux sont sentis, mais leur rapport n'est pas senti pour cela. Si le jugement de ce rapport n'était qu'une sensation et me venait uniquement de l'objet, mes jugements ne me tromperaient jamais[2].

Dans l'exposition classique de la théorie rousseauiste, parler de « sensation comparée » est proprement inacceptable.

Mais si nous examinons l'argument par lequel Rousseau écarte l'idée qu'une comparaison n'est que sensation transformée, nous constatons qu'il est compatible avec ce que nous avons appris du caractère relatif des consonances pour l'expérience vécue. En effet, de même que l'erreur manifeste l'institution subjective de rapports absents dans les données sensorielles[3], de même l'appréhension des consonances qui composent l'accord majeur demeure-t-elle subordonnée à des facteurs indépendants des dispositions sensorielles communes à tous les hommes : « (...) pourquoi donc sommes-nous si sensibles à des impressions qui sont nulles pour des barbares ? (...) pourquoi ces mêmes ébranlements [des nerfs] affectent-ils tant les uns et si peu les autres[4] » ? Résumons les termes du problème : la perception des consonances et des accords s'effectue en-deçà de toute activité de l'entendement et, à cet égard, elle demeure rigoureusement passive ; cependant, elle enveloppe une forme de comparaison, dont la relativité des sensations porte témoignage et qui ne peut guère s'expliquer

1. *Ibid.*, art. « Harmonie », p. 847.
2. *Emile*, livre IV, OC IV, p. 572.
3. Voir sur ce point le commentaire de Gouhier, *op. cit.*, p. 71.
4. *Essai sur l'origine des langues*, chap. XV, p. 417-418.

que par la mise en œuvre d'une certaine activité. C'est de surcroît sur le fond de cette activité que les éléments isolés de l'accord seront synthétisés dans une totalité unifiée, pour remplir l'horizon que prescrit l'article « Système » du *Dictionnaire de musique*.

On connaît bien entendu la réponse de Rousseau : les sensations ne produisent leur effet qu'au titre de signes des affections de l'âme qui, elles, varient entre les hommes et qui, dans l'imitation, se livrent à la sensibilité active (ou identifiante) de l'individu. Etant donné notre identique constitution naturelle, et selon la formule célèbre de l'*Essai*, « le plus grand empire qu'ont sur nous nos sensations [est] dû à des causes morales[1] ». Cependant, il n'est pas interdit de se demander comment les sensations peuvent être les « causes occasionnelles[2] » des affections de l'âme – qu'est-ce qui, à leur niveau, peut donner occasion au sentiment ? Le plus simple est alors de suivre le procédé adopté par Rousseau lui-même, qui se demande quels éléments supportent d'être retranchés d'une pièce de musique, sans détruire l'effet moral qu'elle procure – on peut encore supprimer l'harmonie, sans que l'expression s'évanouisse, mais, dans la mélodie, l'élément temporel de mesure reste absolument déterminant : « Otez la mesure, détruisez la proportion des *temps*, les mêmes airs que cette proportion vous rendait agréables, restés sans charme et sans force, deviendront incapables de plaire et d'intéresser[3] ». Ainsi, l'organisation de la durée musicale est le seul matériau dans lequel le rapport de hauteur des sons qui se suivent reçoit une certaine consistance – si l'on biffe cet élément temporel, les relations harmoniques des notes successives, que la théorie définit pourtant rigoureusement, resteront foncièrement étrangères à l'auditeur :

> Qu'est-ce qu'une suite de sons indéterminée quant à la durée ? Des sons isolés et dépourvus de tout effet commun, qu'on entend qu'on saisit séparément les uns des autres, et qui, bien qu'engendrés par une succession harmonique n'offrent aucun ensemble à l'oreille[4].

De surcroît, Rousseau souligne expressément le fait que les objets sonores supposent toujours d'être constitués dans une durée, de sorte qu'on ne saurait importer le modèle visuel de la perception des rapports en ce qui les concerne – celle-ci se prononce en effet sur deux objets aperçus simultanément, et non (contre Helvétius) successivement. On ne doit donc

1. *Ibid.*, p. 417.
2. *Ibid.*, chap. XV, p. 418.
3. *Dictionnaire de musique*, art. « Temps », p. 1112.
4. *Examen de deux principes*, p. 357.

pas se tromper sur le chapitre XVI de l'*Essai sur l'origine des langues*, dans lequel Rousseau entend mettre en évidence le caractère relatif des sons – en ce qui les concerne, et dans l'expérience quotidienne (le théoricien peut évidemment réfléchir sur cette expérience), l'opération de comparaison n'est jamais du type de la perception intellectuelle des rapports, qui requiert la présence simultanée d'objets indépendants les uns des autres : or « les sons s'évanouissent, et l'on n'a jamais de certitude que ceux qui renaissent soient les mêmes que ceux qui se sont éteints[1] ». La différence des intervalles qui se suivent fait bien l'objet d'une comparaison, mais cette appréciation n'est imputable qu'à l'organisation du morceau de musique quant à la durée : celle-ci affecte la sensibilité active de l'auditeur, qui apprécie spontanément le rapport des sons.

La fonction configuratrice d'une durée musicale organisée intervient-elle encore au niveau du rapport synchronique des sons dans l'accord, qui enveloppe les divers intervalles ? La thèse développée à l'article « Unité de mélodie » du *Dictionnaire* fournit une première justification à cette interprétation. On doit prêter attention aux termes dans lesquels, au début de ce texte, Rousseau pose le problème des relations entre mélodie et harmonie. L'unisson, dont l'oreille perçoit spontanément le caractère musical, ne produit pas l'heureuse variété qui, aujourd'hui, flatte le sens ; et les différentes voix que combine l'harmonie ne satisfont pas aux exigences de l'expression :

> Si chaque partie a son chant propre, tous ces chants, entendus à la fois, se détruiront mutuellement, et ne feront plus de chant : si toutes les parties font le même chant, l'on n'aura plus d'harmonie, et le concert sera tout à l'unisson[2].

Il appartient à l'unité de mélodie de réconcilier ces deux aspects de la musique : elle doit conférer une unité sensible (que l'auditeur recherche déjà dans l'unisson) à une multiplicité (que l'oreille interne peut appréhender). Cela signifie bien que l'unification vécue des éléments de l'accord ne s'effectue que dans le temps : au sein d'une durée musicale, l'auditeur peut réaliser la synthèse des relations synchroniques qui définissent cet objet. Toutefois, cette thèse ne constitue pas le principal enjeu de l'article « Unité de mélodie », et il est plus fécond de revenir aux qualités élémentaires des intervalles.

Le cas de la dissonance s'avère à cet égard particulièrement instructif, non seulement parce que Rousseau la définit en fin de compte par son

1. *Essai sur l'origine des langues*, chap. XVI, p. 420.
2. *Dictionnaire de musique*, art. « Unité de mélodie », p. 1144.

caractère (partiellement) inappréciable, mais surtout parce qu'elle constitue un élément absolument essentiel dans l'harmonie moderne. Sans reprendre les précisions que nous avons déjà apportées, rappelons que les propriétés de la dissonance sont strictement relatives à son rôle dans l'harmonie : « Préparer la dissonance, c'est la traiter dans l'harmonie de manière qu'à la faveur de ce qui précède, elle soit moins dure à l'oreille qu'elle ne serait sans cette précaution [1] ». Cette définition élémentaire suffit à notre propos : c'est précisément quand il s'agit de préparer puis de sauver une dissonance que Diderot identifie, chez l'auditeur, une activité spontanée de comparaison qui illustre au mieux l'hypothèse de la perception des rapports. Rousseau se contente quant à lui d'indiquer (ce qui va de soi) que les observations relatives à l'organisation du temps musical « sont nécessaires pour apprendre à bien traiter les dissonances [2] » et qu'à ce titre, l'enchaînement des temps suffit à produire l'effet visé [3]. L'opposition entre Rameau et Rousseau recoupe alors celle du Genevois à Diderot. Dans la *Génération harmonique*, la fonction de la dissonance est de fixer sans équivoque la tonalité, de sorte qu'elle exprime les relations qui déterminent la basse fondamentale – la résolution de la dissonance satisfait alors une écoute spontanément rationnelle, à laquelle Diderot peut effectivement appliquer le modèle intellectuel de la perception des rapports. Rousseau estime au contraire que la dissonance ne peut jamais remplir cette fonction, c'est-à-dire rendre appréciables les relations harmoniques, que dans la mesure où elle incarne le mouvement prescrit par la conduite des voix, qui détermine en fin de compte la résolution : « (...) il faut que quelque chose de ce qui précède se transmette à ce qui suit, pour que le tout fasse un ensemble et puisse être appelé véritablement un [4] ». C'est alors la mélodie qui permet à l'auditeur d'appréhender la dissonance comme un intervalle musical. Autrement dit, l'organisation de la durée musicale, qui affecte la « sensibilité active » de l'auditeur, remplace l'opération par laquelle nous comparons des objets discrets dans le jugement.

Rapprochons enfin deux déclarations très frappantes – s'agissant du jugement, le Vicaire reconnaît en lui une puissance qui s'exerce à l'écart des

1. *Ibid.*, art. « Préparer », p. 992-993.

2. *Ibid.*, art. « Temps », p. 1115.

3. Soit dit en passant, cette affirmation révèle une compétence musicale supérieure à celle des autres philosophes qui allèguent, en diverses circonstances, le cas de la dissonance : en effet, si Rousseau peut écarter ici l'opération de comparaison à laquelle l'esprit devrait procéder, c'est qu'il connaît très bien le rôle structurel de la dissonance dans la progression de la basse, au lieu que Diderot, par exemple, n'identifie le plus souvent, dans l'insatisfaction où elle laisse l'auditeur, qu'un problème psychologique.

4. *Ibid.*, art. « Harmonie », p. 847.

éléments qu'elle met en rapport : « (...) je réfléchis sur les objets de mes sensations, et trouvant en moi la faculté de les comparer, je me sens doué d'une *force* active que je ne savais pas avoir auparavant[1] » – entendons qu'elle n'est pas réductible aux premières impressions dans lesquelles j'identifiais mon être sensible. Et Rousseau emploie les mêmes termes (cartésiens) afin de décrire cette durée qualifiée qui supporte l'appréhension des relations musicales : « Le *temps* (...), a sa *force* en lui-même ; elle dépend de lui seul, et peut subsister sans la diversité des sons[2] ». Lorsqu'il s'agit donc d'éprouver la qualité intrinsèque des intervalles musicaux, qui se donnent comme des sensations, il faut déjà considérer qu'une affection morale intervient, puisque pour l'homme, la proportion des temps n'est sensible qu'à ce niveau. Il ne serait probablement pas très heureux de généraliser cette observation, mais nous constatons bien qu'une description assez fine de la durée musicale (caractérisée d'abord par la mesure) permet à Rousseau de conjuguer une passivité de l'esprit, caractéristique du plaisir de sensation, avec l'activité requise pour unifier les combinaisons d'intervalles qui flattent l'oreille.

Il n'entre aucun jugement dans la perception des consonances et des accords, de telle façon qu'on la peut dire passive, mais elle comporte une sorte de comparaison immanente supportée par l'organisation de la durée musicale. Le principal acquis de cette lecture tient à ce qu'elle permet de mieux comprendre comment il est possible que des sensations agréables agissent comme les signes des affections de l'âme – et l'on peut ainsi éviter la confusion dénoncée par Rousseau :

> Que celui donc qui veut philosopher sur la force des sensations (...) évite l'erreur de donner aux objets sensibles un pouvoir qu'ils n'ont pas ou qu'ils tiennent des affections de l'âme qu'ils nous représentent[3].

L'organisation temporelle de la mélodie en rythme, mesure et temps, qui seule touche vraiment l'âme, intervient dès le niveau perceptif, pour effectuer la synthèse des relations harmoniques dont l'accord majeur offre le meilleur exemple : selon cette orientation, prendre les sensations agréables pour les signes des affections de l'âme revient, au fond, à leur conférer une fonction supérieure dont l'expérience musicale cultivée[4] développe la possibilité. Au terme de cette enquête, la question reste toutefois posée de

1. *Emile*, livre IV, p. 571. Souligné par nous.
2. *Dictionnaire de musique*, art. « Temps », p. 1112. Souligné par nous.
3. *Essai sur l'origine des langues*, chap. XV, p. 418.
4. Au sens où Emile reçoit, au livre IV, une culture du goût.

savoir de quelle façon la durée organise les sensations auditives, pour les constituer en causes occasionnelles des affections de l'âme : « Quel est le principe par lequel ces retours tantôt égaux et tantôt variés affectent nos âmes, et peuvent y porter le sentiment des passions? Demandez-le au métaphysicien[1] ». Cette déclaration (que Rousseau ajoute, dans le *Dictionnaire de musique*, à l'article « Rythme » de l'*Encyclopédie*) n'exprime pas une prudence rhétorique dont l'auteur est peu coutumier. Elle recèle un enjeu philosophique que nous essaierons d'expliciter en conclusion.

Dans un exposé assez technique, consacré au fondement du plaisir musical, Rousseau dégage explicitement une forme de « dualisme », entre les plaisirs physiques éprouvés passivement dans la sensation et les sentiments moraux qui sanctionnent une imitation réussie et supposent le développement de la sensibilité active. Ce dualisme ne recoupe pas complètement celui de l'âme et du corps, puisque celui-ci donne lieu à une position très claire sur le problème de la perception des rapports dans la « Profession de foi du Vicaire savoyard », au lieu que l'articulation des objets physiques et des objets moraux du goût suscite l'élaboration inédite d'une comparaison qui serait prise en charge au niveau sensible. Néanmoins, comme chez Descartes, une perception temporalisée permet à l'auditeur d'unifier des relations musicales qui devraient lui déplaire : il peut ainsi les interpréter comme les signes de sentiments moraux. De surcroît, cette solution s'exprime dans des termes qui rappellent évidemment une version malebranchiste de l'institution de la nature – il s'agit de trouver dans le mécanisme des sensations les « causes occasionnelles » des affections de l'âme. Comprenons alors que le silence de Rousseau sur le principe de la force du temps recouvre la suspension d'un problème majeur de la métaphysique classique.

1. *Dictionnaire de musique*, art. « Rythme », p. 1026.

CONCLUSION

Reprenons la définition de la musique proposée par Rameau :

> La musique est une science physico-mathématique, le son en est l'objet physique, et les rapports trouvés entre différents sons en sont l'objet mathématique ; sa fin est de plaire, et d'exciter en nous diverses passions [1].

L'analyse de la compatibilité partielle des aspects physique et mathématique de la théorie harmonique, nous l'avons vu, conduit à souligner l'importance de la perception dans la constitution des ressources musicales ; aussi nous sommes-nous appliqués ensuite aux déterminations philosophiques de la perception de l'harmonie, qui constituent la base des relations assignables entre le caractère de l'harmonie et la production des affections de l'âme. L'hypothèse rousseauiste d'une « force du temps » fournit alors la meilleure réponse aux apories soulevées par la critique du principe diderotien de la perception des rapports et les limites du modèle physiologique. Il est temps de reprendre cette hypothèse très délicate dans un contexte plus général, défini par les principales orientations de la tentative ramiste, par le rapport que les auteurs des Lumières entretiennent avec les grands systèmes classiques et par les caractères généraux de l'empirisme.

Les enjeux philosophiques de la tentative ramiste

Que faut-il penser de la tentative engagée par Rameau pour fonder la théorie musicale sur l'acoustique ? L'intérêt philosophique de cette entreprise répond au fond à ses faiblesses conceptuelles manifestes – les limites

1. *Génération harmonique*, chap. II, p. 30.

assignées par Rameau au système tonal, incompatibles avec les résultats expérimentaux; le déficit d'une expression mathématique adéquate des phénomènes de résonance, acquise plus tard par Lagrange et Fourier; les hypothèses de la physiologie iatromécaniste. Ces défauts, plus ou moins identifiés, suggèrent aux philosophes du XVIIIe siècle qu'il existe un écart irréductible entre les données acoustiques et l'organisation contemporaine des ressources musicales, dont on suppose de surcroît qu'elle exprime le plaisir de l'auditeur. Les progrès positifs enregistrés en physique et en mathématiques au XIXe siècle, ainsi que l'élargissement du système harmonique, donneront un sens plus acceptable à l'hypothèse selon laquelle les ressources musicales, comme la perception qui s'y applique, sont susceptibles d'une véritable modélisation scientifique [1]. On pourrait bien entendu objecter que cette orientation conduira certains théoriciens à conclure hâtivement du fait au droit – ce n'est probablement pas le plus important : l'examen des écrits résonantiels de Rameau nous invite à privilégier le modèle d'une analyse circonstanciée qui identifie, dans chaque cas, ce qui excède les données d'une stricte modélisation, pour dégager précisément les contraintes limitatives que la perception impose aux formalisations scientifiques de la musique. C'est d'ailleurs sous cette condition que nous avons pu cerner la spécificité de l'appréhension des ressources harmoniques chez Rameau : le sentiment de l'harmonie est une représentation, dans laquelle l'inférence du signe (acoustique) à son interprétation (harmonique) repose sur une perception temporalisée – ce qu'attestent, respectivement, l'analyse de l'accord majeur, du mode mineur puis de la dissonance.

Rameau aperçoit bien certaines difficultés que soulignent ses adversaires; afin de garantir l'objectivité des rapports qui expriment la subordination des ressources musicales à un petit nombre de principes, il insiste à de nombreuses reprises sur l'entière passivité de l'auditeur – les modifications que l'écoute applique aux données acoustiques reposent elles-mêmes sur des dispositions physiologiques qui relèveraient d'un même ordre mécanique. Il n'est plus temps de revenir sur les limites de cette interprétation; il faut surtout reconnaître que les philosophes des Lumières n'ont à lui opposer, le plus souvent, qu'une activité réflexive de configuration. L'originalité des dernières contributions de Rousseau sur ce sujet tient à ce qu'il fournit les éléments d'une théorie de la *réceptivité* selon laquelle le niveau de la sensation, où s'éprouvent les relations harmoniques, tolère déjà une mise en forme de l'impression. Mais l'auteur du *Dictionnaire de musique* ne s'explique pas sur ce phénomène :

1. Voir Laurent Fichet, *Les Théories scienitifiques de la musique. XIXe et XXe siècles*, Paris, Vrin, 1995.

« Demandez-le au métaphysicien », conclut-il – cette déclaration engage une position plus générale des philosophes des Lumières à l'égard des systèmes classiques auxquels ils empruntent bon nombre de descriptions.

LA SITUATION PHILOSOPHIQUE DE L'EMPIRISME DES LUMIÈRES

L'examen des tentatives destinées à fonder la théorie harmonique sur les phénomènes de résonance met donc en évidence un écart, entre les rapports physiques des sons et la perception des configurations musicales qu'ils sont supposés produire. Dans le cas des jugements naturels, que d'Alembert rappelle lorsqu'il examine l'énigme de la perception musicale, la solution réside dans une institution de la nature qui indexe le code d'une correspondance réglée, entre le sentiment et l'occasion physique qui le suscite : disons, pour faire vite, que Dieu effectue pour moi l'inférence qui organise l'affection. Au XVIIIe siècle, cette inférence est conçue comme le terme d'une genèse : je puis abstraire de l'expérience sensible les rapports par lesquels j'apprécie ensuite les éléments donnés dans la sensation. Ainsi les questions « métaphysiques » se transportent-elles dans une histoire des connaissances humaines, c'est-à-dire dans une anthropologie.

Comment convient-il d'interpréter ce déplacement ? Les philosophes des Lumières, en réalité, procèdent à une double réduction, qui commande les orientations que nous avons examinées dans la seconde partie de ce livre. D'une part, ce qui concerne la genèse des ressources intellectuelles (les rapports) est considéré à part de l'ordre objectif des phénomènes – c'est bien le sens de la relation de Diderot à Malebranche. D'autre part, ce qui, chez Malebranche, relevait d'une organisation architectonique est rabattu sur le plan des causes secondes[1] – c'est ainsi que Fontenelle, lorsqu'il invite le philosophe à chercher les « causes très réelles » des jugements naturels, réduit l'inférence à ses éléments physiques. L'harmonie de ces deux niveaux reste foncièrement inassignable, de telle manière que le problème de l'institution de la nature, après avoir été déplacé, se trouve suspendu. Dans ce contexte, l'insistance des philosophes des Lumières sur la notion d'écart (entre la résonance et les objets musicaux, entre les modifications du corps et les affections de l'âme), qui relève d'abord de l'épistémologie, indique que l'héritage de la métaphysique classique est interprété dans le sens d'une simple description des effets.

1. Les nombreuses références de F. Alquié aux auteurs du XVIIIe siècle dégagent bien cette utilisation des textes de l'oratorien (*Le Rationalisme de Malebranche*, Paris, Vrin, 1974 : cf. par exemple p. 150-151).

Le passage du XVIIe au XVIIIe siècle se révèle alors susceptible d'une interprétation plus générale qui, bien entendu, demanderait à être dégagée pour elle-même. L'anthropologie philosophique des Lumières traite certaines questions reprises de la métaphysique classique sur le plan phénoménal d'une théorie de la connaissance. Le problème de l'union de l'âme et du corps, s'il suscite encore d'importants débats après Malebranche, voit ainsi ses déterminations précises reportées dans l'examen des relations entre raison et perception. C'est dans ce champ que les questions classiques (ainsi le problème de l'institution de la nature) sont reprises, pour être sérieusement traitées. Une fois encore, Rousseau nous fournit un excellent exemple. Tous les commentateurs allèguent le fameux passage de la « Profession de foi du Vicaire savoyard » dans lequel l'auteur définit la substance par la possession d'un attribut principal. Dans ce contexte, l'exclusion de deux qualités primitives impose la distinction de deux substances : « (...) s'il y en a qui s'excluent mutuellement, il y a autant de diverses substances qu'on peut faire de pareilles exclusions[1] » – or la spontanéité de la pensée, établie au préalable, n'est pas réductible aux seules modifications dont la matière est susceptible, savoir, la figure et le mouvement communiqué ; par suite, la pensée est une qualité primitive que doit supporter une substance immatérielle dont elle constitue l'attribut principal. Le problème est que ce raisonnement classique comporte un réquisit essentiel, selon lequel l'attribut principal d'une substance (ainsi l'étendue, pour la matière) l'exprime sans réserve. Or c'est précisément ce que Rousseau n'accorde pas – c'est pourquoi il relativise, dans un texte préparatoire, le résultat communiqué dans la « Profession de foi » :

> (...) le mouvement progressif et spontané des animaux, les sensations, le pouvoir de penser, de vouloir et d'agir, que je trouve en moi-même et dans mes semblables, tout cela passe les notions de mécanique que je puis déduire des propriétés connues de la matière. *Qu'elle en ait que je ne connais point et ne connaîtrai peut-être jamais*, qu'ordonnée ou organisée d'une certaine manière, elle devienne susceptible de sentiment, de réflexion et de volonté, je puis le croire sans peine[2].

Peu importe ici qu'une telle hypothèse ait ou non sa place dans la philosophie de Rousseau ; on doit surtout comprendre qu'elle prive les distinctions classiques de leur caractère apodictique, de sorte que notre conception n'est plus absolument garantie. Il faut alors prêter attention à

1. *Emile*, liv. IV, p. 584.
2. *Morceau allégorique sur la Révélation*, OC V, p. 1045-1046. Souligné par nous.

l'organisation interne du texte rousseauiste : c'est l'irréductibilité des opérations réflexives de comparaison à la simple combinaison des sensations qui impose la reconnaissance d'un principe actif distinct dans mon être sensible. En somme, l'enquête gnoséologique prend en charge l'élucidation de la nature de l'homme, *avant* de s'exprimer dans le registre métaphysique légué par Descartes.

Lorsque Rousseau entreprend de dépasser l'antinomie de la passivité, dont les doctrines sensualistes (comme celle d'Estève, dont il utilise certains acquis) soulignent l'importance, et de l'activité intellectuelle (le jugement de comparaison) qui caractériserait le principe diderotien de la perception des rapports, il dégage les éléments d'une théorie de la réceptivité, qui postule une force synthétique en-deçà des opérations réflexives : sans reprendre ici les développements de notre dernier chapitre, rappelons que l'organisation temporelle de la musique conditionne la synthèse expressive des relations harmoniques à leur niveau propre. Le silence final de Rousseau désigne alors le caractère inélucidable d'une correspondance expérimentée par l'auditeur, qui permet à de pures sensations de devenir les « causes occasionnelles » des affections de l'âme. Cette solution dépasse les termes dans lesquels les théories empiristes de la connaissance expriment la distinction de l'âme et du corps, en même temps qu'elle s'interdit de traiter ce problème pour lui-même, en l'absence d'une métaphysique rigoureusement fondée.

L'EMPIRISME COMME PROBLÈME

Dans le *Dictionnaire de musique*, une perception temporalisée dépasse l'antinomie de la passivité et de l'activité, mise en place sur le plan d'une théorie de la perception. Il faut cependant admettre que cette perspective ne donne pas lieu au réaménagement explicite de la théorie de la connaissance de Rousseau. Comment interpréter cette limite, qui interdit de trouver dans les textes du Genevois le moment d'un dépassement définitif de l'empirisme philosophique des Lumières ? On doit ici considérer trois facteurs.

1) Le cadre même des explications de la perception musicale proposées par tous les auteurs du XVIIIe siècle n'est guère susceptible d'accueillir l'hypothèse avancée dans le *Dictionnaire de musique*, qui permet de décrire l'unification vécue de l'harmonie. Le principe de la perception des rapports, comme les constructions iatromécanistes, appliquent à l'élucidation de l'expérience musicale une méthode analytique, qui convient mieux aux intervalles qu'aux accords – c'est probablement la raison pour laquelle Rameau lui-même ne consacre aucun développement consistant à une

explication physique du plaisir élémentaire que procurent les consonances. La qualité des intervalles, dans sa théorie, ne peut susciter qu'une appréciation secondaire qui, lorsqu'elle passe au premier plan, trahit l'incompétence de l'auditeur. L'abbé Roussier, qui défend Rameau à la fin du siècle, affirme ainsi que « l'ignorant peut dire, cela me plaît, ou me déplaît ; mais dans aucun genre il n'aura le droit de prononcer, d'après son sentiment, qu'une chose est belle ou ne l'est pas[1] » – et il précise que cette ignorance tient avant tout à ce qu'une « oreille fausse » n'apprécie pas les rapports structurels du dessus avec la basse fondamentale sous-entendue. Rameau et Rousseau se rejoignent donc, pour considérer que le sentiment de l'harmonie s'épanouit avec les accords, et non au niveau des consonances isolées – mais l'auteur du *Dictionnaire de musique* essaie seul de reprendre cette thèse dans une théorie de la perception : ses contemporains développent leurs principes sur une conception plus archaïque des ressources musicales. Mais il est aussi des limites internes à l'explication rousseauiste.

2) La musique est un tempo-objet – c'est-à-dire que le temps entre *manifestement* dans la définition de ses propriétés. Chez Rousseau, si les relations harmoniques peuvent constituer la matière de l'expression, c'est qu'au niveau même de la perception, elle sont déjà synthétisées par un écoulement. Pour les objets de la vue, cette condition n'est pas aperçue : on retombe alors dans le schéma de la perception des rapports. L'absence d'un domaine trancendantal entraîne donc l'aveuglement des empiristes français sur le rôle constitutif du temps dans l'intuition sensible *en général*, car il n'apparaît pas pour lui-même dans l'appréhension des qualités visibles. En retour, les descriptions proposées au XVIIIe siècle se tiennent au plus près de l'expérience musicale concrète.

3) Surtout, il s'agit en musique de produire des affections de l'âme. Autrement dit, l'horizon des philosophies de la musique, à l'âge classique, ne se trouve pas dans l'élucidation d'une temporalisation originaire, mais dans la production d'états successifs et bien déterminés de la vie affective. Les déplacements d'attention dont nous avons à de multiples reprises souligné l'importance ont pour vocation de stabiliser l'état, puis de susciter sa transformation dans l'auditeur[2]. Il faut, comme l'explique Crousaz, « s'emparer de son attention en lui (...) faisant d'abord entendre [des tons] (...) tout conforme à son état présent, après quoi on pourra passer par degré à des tons, et à des combinaisons de tons, qui approchent insensiblement

1. *Essai sur la musique ancienne et moderne*, t. II, chap. XI, p. 36.

2. Sur l'horizon pratique de ces théories, cf. notre *Musique et philosophie à l'âge classique*, p. 80-94.

du genre conforme au nouvel état où l'on se propose de le faire passer[1] ». Ne nous méprenons pas sur le fait que les transformations sont dites insensibles – il s'agit d'exprimer la nécessaire continuité qui caractérise l'expérience musicale, et non de suggérer que les états se pénètrent réciproquement : ils restent simplement successifs, et sont distinctement exprimés par des modulations spécifiques. La réponse rousseauiste qui, à nos yeux, constitue la fine pointe de l'analyse de l'expérience musicale au siècle des Lumières, reste donc prisonnière d'un modèle gnoséologique plus général (celui d'une aperception simultanée des rapports, inspirée de la géométrie) et d'une situation esthétique (où la musique doit imiter les passions). Par suite, la perception temporalisée qui permet de concevoir une authentique réceptivité ne saurait constituer le modèle d'une théorie de la connaissance.

Dans cette perspective, l'empirisme des Lumières ne saurait plus apparaître comme une doctrine unifiée – en témoignent les deux traditions bien distinctes que nous avons dégagées : d'une part, les descriptions ramistes trouvent chez Diderot l'expression de leurs attendus gnoséologiques, dans l'idée que la perception enveloppe des procédures intellectuelles; d'autre part, Rousseau et d'Alembert maintiennent l'hétérogénéité de l'expérience sensible et des opérations réflexives. Tous ces auteurs adhèrent au postulat empiriste d'un passage des sensations aux idées abstraites, destiné à évacuer l'hypothèse des idées innées. Mais Rousseau et d'Alembert comprennent bien que cette genèse ne peut résorber tout à fait les caractères spécifiques des termes qu'elle met en relation – il est vrai que les deux auteurs ne situent pas exactement cette difficulté au même niveau : Rousseau nous montre qu'il est difficile de *trouver dans la sensation le motif de son dépassement.* Il faut cependant établir cette possibilité, pour identifier les causes occasionnelles des affections de l'âme; mais le principe de la perception des rapports s'inscrit à un niveau beaucoup trop dérivé. Et d'Alembert suggère toujours qu'il est dangereux de *chercher dans les idéalités mathématiques l'indice de leur dérivation.* Les opérations abstractives qui permettent, par exemple, de produire l'idée simple de l'étendue ont précisément pour but de nous placer à un niveau purement intellectuel. L'empirisme figure alors une *épreuve*, qui dépasse sa particularisation dans telle ou telle doctrine : il désigne le moment où l'on s'efforce de concevoir les activités de la raison, non pas dans la description statique d'une constitution objectivante, mais dans leur genèse même.

1. *Traité du beau*, première édition, chap. IX, section VIII, p. 300.

BIBLIOGRAPHIE

Nous avons limité la liste qui suit aux ouvrages effectivement utilisés dans ce livre et à ceux qui nous paraissent traiter de problèmes connexes. Pour une bibliographie plus complète, on consultera le *Répertoire des sources musicales* et la thèse de Ph. Lescat. Nous avons distingué trois rubriques : les outils de travail; les ouvrages de l'âge classique que nous avons consultés; la littérature secondaire. Il n'était pas raisonnable d'introduire des divisions thématiques dans cette dernière catégorie, sauf à tolérer d'innombrables recoupements.

Outils de travail

CIORANESCU (Alexandre), *Bibliographie de la littérature française du* XVIIe *siècle*, Paris, éditions du CNRS, 1966.

– *Bibliographie de la littérature française du* XVIIIe *siècle*, Paris, éd. du CNRS, 1969.

RIEMANN (Hugo), *Geschichte der Musiktheorie im 9.-19. Jahrhundert*, 2e éd., Berlin Max Hesses Verlag, 1921 ; Hildesheim, Olms, 1990.

Dictionary of scientific biography, Charles Coulston Gillispie éd., New York, Charles Scribner's Sons, 16 vol (en 8 tomes), 1970-1980.

Encyclopédie, ou Dictionnaire raisonné des sciences des arts et des métiers, par une société de gens de lettres. Mis en ordre et publié par M. Diderot (...), et quant à la partie mathématique, par M. d'Alembert, Paris, Briasson, David, Le Breton, Durand ; puis Neuchâtel, S. Faulche, 1751-1765, 17 vol.

Encyclopédie méthodique, Panckoucke éd., 2 vol. consacrés à la musique, publiés par Nicolas Etienne Framery, Pierre-Louis Ginguené et, pour le second, par Momigny, Paris, Panckoucke puis Agasse, 1791 et 1818. L'*Encyclopédie méthodique* comprend plusieurs appréciations historiques pertinentes sur la réception de la théorie ramiste, ainsi que le rappelle Riemann (*op. cit.*, p. 495 *sq.*).

Mémoires pour l'histoire des sciences et des beaux-arts, recueillis par l'ordre de Son Altesse Sérénissime, Monseigneur Prince Souverain de Dombes, Trévoux, Imprimerie de SAS, et (à partir de 1734) Paris, 1701-mai 1762 ; puis *Journal des beaux-arts et des sciences*, Paris, 1763-1782. Périodique noté *Journal de Trévoux* dans notre texte.

The New Grove Dictionary of Music and Musicians, Edited by Stanley Sadie, Londres, Macmillan Publishers, 1980.

Répertoire international des sources musicales, série B, vol. VI : *Ecrits imprimés concernant la musique*, publié sous la direction de François Lesure, München-Duisburg, G. Heule Verlag, 1971.

Ouvrages des XVIe-XVIIIe siècles

1) *Œuvres de Jean-Philippe Rameau*

Complete theoretical writings, Edited by Erwin R. Jacobi, American Institute of Musicology, V vol., 1967-1969. Edition notée CTW, avec indication du volume en chiffres romains.

Traité de l'harmonie réduite à ses principes naturels, Paris, Ballard, 1722 : CTW I ; Paris, Méridiens Klincksieck, 1986 (*reprint* partiel : il manque la préface).

Nouveau système de musique théorique, où l'on découvre le Principe de toutes les règles nécessaires à la pratique, pour servir d'introduction au Traité de l'harmonie, Paris, Ballard, 1726 : CTW II.

Génération harmonique, ou traité de musique théorique et pratique, Paris, Prault, 1737 : CTW III.

Démonstration du Principe de l'harmonie, servant de base à tout l'art musical théorique et pratique, Paris, Durand & Pissot, 1750 : CTW III.

Nouvelles réflexions de M. Rameau sur sa Démonstration du principe de l'harmonie, Paris, Durand & Pissot, 1752 : CTW V.

Extrait d'une réponse de M. Rameau à M. Euler sur l'identité des octaves, d'où résultent des vérités d'autant plus curieuses qu'elles n'ont pas encore été soupçonnées, Paris, Durand, 1753 : CTW V.

Observations sur notre instinct pour la musique & sur son principe, Paris, Prault, 1754 ; Genève, Slatkine reprints, 1971 : CTW III.

Erreurs sur la musique dans l'Encyclopédie, Paris, Jorry, 1755 ; Genève, Slatkine reprints, 1971 : CTW V.

Suite des erreurs sur la musique dans l'Encyclopédie, Paris, 1756. CTW V.

Code de musique pratique, Paris, Imprimerie Royale, 1760 : CTW IV. Le *Code* contient les *Nouvelles réflexions sur le principe sonore.*

Vérités également ignorées et intéressantes, tirées du sein de la nature, manuscrit de Stockholm avec introduction, notes et commentaires par Herbert Schneider, *Archiv für Musikwissenschaft*, Band XXV, Fr. Steiner Verlag, Wiesbaden, Stuttgart, 1986.

Le recueil intitulé *Musique raisonnée* (textes choisis, présentés et commentés par Catherine Kintzler et Jean-Claude Malgoire, Paris, Stock, 1980) comprend le texte complet de la *Démonstration du principe de l'harmonie*. Il n'y manque que l'extrait des *Registres de l'Académie Royale des Sciences*, qui comprend l'approbation alléguée plus tard par Rameau – on peut y lire, en effet, que son système fait de la musique « une science plus géométrique, et à laquelle les principes mathématiques peuvent s'appliquer avec une utilité plus réelle, qu'ils ne l'ont été jusqu'ici » (p. XLVI).

2) *Œuvres de Rousseau*

Œuvres complètes, publiées sous la direction de Bernard Gagnebin et Marcel Raymond dans la « Bibliothèque de la Pléiade », V vol, Paris, Gallimard, 1959-1995. Edition notée OC, avec indication du volume en chiffres romains.

Correspondance complète de J.-J. Rousseau, Ralph LEIGH éd., Genève, Banbury, 1965-1991, 50 vol.

Les textes suivants concernent directement notre recherche :

Lettre sur la musique française, [sans lieu], 1753 : OC V.

Essai sur l'origine des langues, où il est parlé de la mélodie et de l'imitation musicale in *Traités sur la musique*, Genève, 1781 : OC V.

Examen de deux principes avancés par M. Rameau, in *ibid.* : OC V.

Emile, manuscrit Favre : OC IV.

Notes sur « De l'Esprit » d'Helvétius : OC IV. Voir Pierre-Maurice Masson.

Emile ou de l'éducation, Amsterdam ou La Haye, Néaulme [Duchesne], 1764 : OV IV.

Dictionnaire de musique, Paris, Duchesne, 1768 : OC V.

3) *Autres textes*

Nous donnons les références de l'édition originale pour ceux des ouvrages qui concernent directement notre sujet.

ALEMBERT (Jean le Rond d'), *Eléments de Musique, théorique et pratique, suivant les principes de M. Rameau*, Paris, David, 1752 ; Présentation par Jean-Michel Bardez, Genève, Slatkine reprints, 1980, 2e éd. revue, corrigée et augmentée d'un « Discours préliminaire », Lyon, Bruyset, 1762. Ce « Discours préliminaire » est réédité par C. Kintzler en annexe de son *J.-Ph. Rameau*, voir plus bas.

– *Essai sur les éléments de philosophie*, in *Mélanges de littérature, d'histoire et de philosophie*, Amsterdam, Chatelain, 1759 ; Paris, Fayard, coll. « Corpus des œuvres de philosophie en langue française », 1986.

– *Réflexions sur la théorie de la musique*, in *Œuvres et correspondances inédites de d'Alembert*, éditées par Charles Henry, Paris, Perrin, 1887.

ANDRE (Père Yves), *Essai sur le beau*, Paris, H.-L. et J. Guérin, 1741.

ANONYME « Observations sur les *Eléments de musique* », *Journal encyclopédique*, mars 1762, p. 65 *sq*.

ARNAUD (Antoine) et NICOLE (Pierre), *La Logique ou l'art de penser*, Paris, Gallimard, 1992.

BALLIERE de LAISEMENT (Charles Louis Denis), *Théorie de la musique*, Paris, 1764.

BATTEUX (abbé Charles), *Les Beaux-Arts réduits à un même principe*, Paris, Durand, 1746; Paris, Aux Amateurs de livres, 1989.

BEECKMAN (Isaac), *Journal*, éd. par Cornelis de Waard, La Haye, Nijhoff, 1939-1953.

BERKELEY (George), *Essai pour une nouvelle théorie de la vision*, trad. par L. Déchery, *Œuvres*, édition publiée sous la direction de G. Brykman, t. I, Paris, PUF, 1997.

BERNOULLI (Daniel), « Réflexions et éclaircissements sur les nouvelles vibrations des cordes exposées dans les mémoires de l'Académie de 1747 et 1748 », *Histoire de l'Académie Royale de Berlin*, Année 1753, Berlin, 1755.

– « Lettre de Monsieur Daniel Bernoulli, de l'Académie Royale des Sciences, à M. Clairaut de la même Académie », *Journal des Sçavants*, mars 1758, Paris, Michel Lambert, 1758.

BETHISY (Jean-Laurent de), *Exposition de la théorie et de la pratique de la musique suivant les nouvelles découvertes*, Paris, Deschamps, 1764.

BETHISY DE MEZIERES (Eugène Eléonore de), *Effets de l'air sur le corps humain considérés dans le son, ou Discours sur la nature du chant*, Amsterdam et Paris, Lambert et Duchesne, 1760.

BLAINVILLE (Charles Henri de), *Histoire générale critique et philologique de la musique*, Paris, Pissot, 1767; Genève, Minkoff, 1972.

BUFFON (Georges-Louis Leclerc, comte de), *Histoire naturelle générale et particulière*, Paris, Imprimerie Royale, 1749-1788, 36 vol.; extraits cités dans les *Œuvres choisies*, Paris, Firmin Didot, 1859. Pour l'*Histoire naturelle de l'homme*, voir l'édition présentée et annotée par Michèle Duchet, Paris, Maspéro, 1971.

CARRE (Louis), « De la proportion que doivent avoir les cylindres pour former par leurs sons les accords de la musique », *Histoire de l'Académie Royale des Sciences*, Année 1709, Paris, 1711.

CHABANON (Michel-Paul Guy de), *Observations sur la musique et principalement sur la métaphysique de l'art*, Paris, Pissot, 1779; Genève, Slatkine reprints, 1969.

– *De la musique considérée en elle-même et dans ses rapports avec la parole, les langues, la poésie et le théâtre*, Paris, Pissot, 1785; Genève, Slatkine reprints, 1969.

CONDILLAC (Etienne Bonnot, Abbé de), *Œuvres complètes*, Paris, Lecointe et Durey, 1821-22; Genève, Slatkine, 1970.

– *Essai sur l'origine des connaissances humaines*, Amsterdam, Mortier, 1746; Paris, Galilée, 1973.

– *Traité des sensations*, Paris, 1754; coll. « Corpus des œuvres de philosophie en langue française », Paris, Fayard, 1984.

CROUSAZ (Jean-Pierre de), *Traité du beau*, Amsterdam, L'Honoré, 1715; 2e éd. (seule) disponible, Paris, Fayard, coll. « Corpus des œuvres de philosophie en langue française », 1985.

DESCARTES (René), *Œuvres* publiées par Charles Adam et Paul Tannery, Nouvelle présentation par Bernard Rochot et Pierre Costabel, 11 vol., Paris, Vrin-CNRS, 1964-1974, notée AT avec indication du volume en chiffres romains.

– *Regulæ ad directionem ingenii*, AT X.

– *Traité de l'homme*, 1644; AT XI.

– *Principes de la philosophie*, Amsterdam, 1644; AT IX.

– *Les Passions de l'âme*, Amsterdam, 1649; AT XI.

Éditions séparées :

Abrégé de musique. Compendium musicæ, édition nouvelle, traduction, présentation et notes par Frédéric de Buzon, Paris, PUF, coll. « Epiméthée », 1987.

Règles utiles et claires pour la direction de l'esprit en la recherche de la vérité, traduction selon le lexique cartésien, et annotation conceptuelle par J.-L. Marion, avec des notes mathématiques de Pierre Costabel, La Haye, Nijhoff, 1977.

DIDEROT (Denis), *Œuvres complètes*, éditées par Herbert Dieckmann (†) et Jean Varloot, 33 vol. à paraître, 25 vol. parus, Paris, Hermann, à partir de 1973. Edition notée OC avec indication du volume en chiffres romains.

– *Principes généraux d'acoustique*, in *Mémoires sur différents sujets de mathématiques*, Paris, 1748 : OC II.

– *Lettre sur les aveugles à l'usage de ceux qui voient*, [sans éd.], 1749 : OC IV.

– *Lettre sur les sourds et les muets à l'usage de ceux qui entendent et qui voient*, in *Œuvres philosophiques et dramatiques de M. Diderot*, Amsterdam, 1772 [éd. de référence] : OC IV.

– *Le Rêve de d'Alembert* : OC XVII.

– *Pensées sur l'interprétation de la nature*, Paris, 1754 : OC IX.

La *Réfutation d'Hélvétius*, rédigée en 1778, n'est pas encore disponible dans l'édition Varloot; elle figure dans le dernier vol. des *Œuvres complètes*, introduction de R. Lewinter, Paris, Club Français du Livre, 1969-1973, 15 vol.

DODART (Denis), *Mémoire sur les causes de la voix de l'homme, & de ses différents tons*, in *Histoire de l'Académie Royale des Sciences*, Année 1700, Paris, 1704.

DORTOUS DE MAIRAN (Jean-Jacques), rédaction de la partie « Histoire » de *Histoire de l'Académie Royale des Sciences* à partir de 1741.

– « Recherches physico-mathématiques sur la réflexion des corps », *Histoire de l'Académie Royale des Sciences*, Année 1722, Paris, 1724; suite dans l'*Histoire* des années 1723, 1738, 1740.

– « Discours sur la propagation du son dans les différents tons qui le modifient », *Histoire de l'Académie Royale des Sciences*, Année 1737, Paris, 1740.

DUVERNEY (Joseph), *Traité de l'organe de l'ouïe*, Paris, Michallet, 1683.

ESTEVE (Louis), *Traité de l'ouïe*, Avignon, Tournel, 1751.

ESTEVE (Pierre), *Nouvelle découverte du principe de l'harmonie, avec un examen de ce que M. Rameau a publié sous le titre de Démonstration de ce principe*, Paris, Jorry, 1752 ; édition établie, présentée et annotée par A. Charrak, Fontenay-aux-Roses, Presses de l'ENS, 1998.

– *L'Esprit des beaux-arts*, Paris, Bauche, 1753, 2 vol.

EULER (Leonhard), *Tentamen novæ theoriæ musicæ* Saint-Pétersbourg, Imprimerie de l'Académie Impériale des Sciences, 1739, *Leonhardi Euleri Opera Omnia*, seria III, t. 1, Lipsiæ et Berolini, B. G. Teubner, 1926.

– « Remarques sur les mémoires précédents de M. Bernoulli », *Histoire de l'Académie Royale de Berlin*, Année 1754, Berlin, 1755.

– « Conjecture sur la raison de quelques dissonances généralement reçues dans la musique », *Mémoires de l'Académie des Sciences de Berlin*, Année 1764, Berlin, 1766, p. 165-173 ; *Opera omnia*, série III, t. I, 1926.

– « Du véritable caractère de la musique moderne », *Mémoires de l'Académie de Berlin*, Année 1764, Berlin, 1766, p. 174-199 ; *Opera omnia*, s. III, t. I, 1926.

– *Lettres à une princesse d'Allemagne sur divers sujets de physique et de philosophie*, Saint-Pétersbourg, Imprimerie de l'Académie Impériale des Sciences, 1768, 2 vol., *Leonhardi Euleri Opera Omnia*, seria III, t. XI-XII, Turin, Orell Füssli, 1960.

FABRICE d'ACQUAPENDENTE (Girolamo), *Opera physica*, Padoue, Luigi Berreio, 1621.

– *Trattati : Dell' orecchio, organo dell' udito, et Della Laringe, organo della voce*, Traduzione e commento a cura di Luigi Stroppiano, Arti Graf. E. Cossidente, 1967.

FONTENELLE (Bertrand Le Bovier de), *Œuvres complètes*, Paris, Fayard, coll. « Corpus des œuvres de philosophie en langue française », 7 vol., 1990-1996 : éloges académiques.

Pour la partie « Histoire » de *Histoire de l'Académie Royale des Sciences*, rédigée par Fontenelle jusqu'en 1740 :

– « Sur la détermination d'un son fixe », *Histoire de l'Académie Royale des Sciences*, Année 1700, Paris, 1704.

– « Sur un nouveau système de musique » (*ibid.*, Année 1701, Paris, 1704).

– « Sur l'application des sons harmoniques aux jeux d'orgues » (*ibid.*, Année 1702, Paris, 1704).

GALILEE, *Discours et démonstrations mathématiques concernant deux sciences nouvelles*, présentation, traduction et notes de M. Clavelin, Paris, Armand Colin, 1970.

Histoire de l'Académie Royale des Sciences, Paris, Imprimerie Royale puis Boudot.

Histoire de l'Académie des Sciences et Belles-Lettres de Berlin, Berlin, Haudel und Spener.

HELVETIUS, (C. A), *De l'Esprit*, Paris, Durand, 1758.

HUTCHESON (Francis), *Recherche sur l'origine des idées que nous avons de la beauté & de la vertu*, traduit de la quatrième édition anglaise [London, 1738] par Condillac, Amsterdam, 1749.

HUYGENS (Christiaan), *Nouveau cycle harmonique*, in *Œuvres complètes*, publiées par la Société Hollandaise des Sciences, Amsterdam, Swets et Zeitlinger, 1978, t. XX. Le dossier du *Cycle harmonique* comporte en outre les textes suivants :

– « Projet d'une lettre à Basnage de Beauval ».

– « Lettre à R. Moray du 1er août 1661 ».

KANT (Emmanuel), *Critique de la faculté de juger*, trad. A. Philonenko, Paris, Vrin, 1986.

LA BORDE (Benjamin de) – voir Roussier.

LAGRANGE (Joseph Louis de), *Œuvres*, éd. M. Serret et L. Lalanne, Paris, 1867-1892.

LA HIRE (Marie Weyrick de), « Explication des différences des sons de la corde tendue sur la trompette marine », *Histoire de l'Académie royale des Sciences*, Année 1692.

– « Expériences sur le son », « Continuation d'expériences sur le son » (*ibid.*, Année 1716, Paris, 1718).

– *Œuvres diverses*, Paris, La Compagnie des Libraires, 1730. Ce volume comprend l'ensemble des contributions de La Hire sur l'acoustique présentées à l'Académie des Sciences.

LA METTRIE (Julien Offroy de), *L'Homme machine*, Leyde, de Luzac, [1747] 1748 ; édition présentée et établie par Paul-Laurent Assoun, Paris, Denoël-Gonthier, 1981.

LAMY (Guillaume), *Explication mécanique et physique de l'âme sensitive*, Paris, Roullaud, 1681. Première édition du texte de Méry sur l'oreille (voir plus bas).

LEFEBURE (Antoine), *Bévues, erreurs et méprises de différents auteurs célèbres en matières musicales*, Paris, Knapen, 1789 ; Genève, Minkoff Reprint, 1973.

LEIBNIZ (Gottfried Wilhelm), *La Réforme de la dynamique [De Corporum concursu et autres textes inédits]*, Edition, présentation, traductions et commentaires par M. Fichant, Paris, Vrin, 1994.

– *Der Briefwechsel zwischen L. und Conrad Henfling. Ein Beitrag zur Musiktheorie des 17. Jahrhundert*, Herausgegeben von Rudolf Haase, Frankfurt am Main, Vittorio Klostermann, 1992.

LOCKE (John), *Essay Concerning Human Understanding*, edited by Peter H. Nidditch, Oxford, Clarendon Press, 1975 ; trad. Coste, Paris, Vrin, 1994.

LOULIE (Etienne), *Eléments ou principes de musique*, Paris, 1696 ; Genève, Minkoff, 1971.

MALEBRANCHE (Nicolas), *Œuvres complètes*, sous la dir. d'André Robinet, Paris, CNRS et Vrin, 1958-1970. Edition notée OC, avec indication du volume en chiffres romains.

– *La Recherche de la vérité*, puis les *Eclaircissements* : OC I à III.

– *Méditations chrétiennes et métaphysiques* : OC X.

– *Entretiens sur la métaphysique et sur la religion* : OC XII.

MASSON (Charles), *Nouveau traité des règles pour la composition de la musique*, Paris, Christophe Ballard, 1705 ; Genève, Minkoff Reprints, 1971.

MAUPERTUIS (Pierre-Louis Moreau de), « Sur la forme des instruments de musique », *Histoire de l'Académie des Sciences*, Année 1724, Paris, 1726.

MERIAN (Jean-Baptiste), *Sur le problème de Molyneux* [recueil des *Mémoires* de l'auteur pour l'Académie], Paris, Flammarion, 1984.

MERSENNE (Marin), *Correspondance du P. Marin Mersenne*, publiée et annotée par Cornelis de Waard, 2nde éd., Paris, Editions du CNRS, 1969. 17 vol.

– *Les Préludes de l'Harmonie universelle*, Paris, Guénon, 1634 ; *Questions inouïes*, Paris, Fayard, coll. « Corpus des œuvres de philosophie en langue française », 1985.

– *Questions théologiques, physiques, morales et mathématiques*, Paris, Guénon, 1634 ; in *Questions inouïes*, éd. citée.

– *Harmonie universelle contenant la théorie et la pratique de la musique*, Paris, Ballard, 1636 ; introduction par François Lesure, Paris, Editions du CNRS, 1986.

MERY (Jean), *Œuvres complètes*, éd. par le Dr L.-H. Petit, Paris, Alcan, 1888.

– *Nouvelles découvertes sur toutes les parties de la médecine*, Paris, Blégny, 1679. Voir également Lamy.

NEWTON (Isaac), *Optique*, 1704 ; traduit de l'anglais par Jean-Paul Marat, Paris, Christian Bourgois, 1989.

PERRAULT (Claude), *Œuvres diverses de physique et de mécanique*, La Heyde, Vander, 1721.

REGIS (Pierre-Sylvain), *Cours entier de philosophie ou Système général selon les principes de M. Descartes*, Amsterdam, Huguetan, 1691, liv. VIII, part. II, chap. VI, (De l'ouïe et des causes physiques de ses fonctions), t. III.

ROGER (Joseph-Louis), *Traité des effets de la musique sur le corps humain*, traduit du latin [1748] par Etienne Sainte-Marie, Paris, Brunot, an XI (1803).

ROUSSIER (abbé Pierre Joseph), *Mémoire sur la musique des anciens*, Paris, Lacombe, 1770.

– et LA BORDE (Benjamin de), *Essai sur la musique ancienne et moderne*, Paris, Pierres, 1780, 4 vol.

SALINAS (Francisco), *De Musica*, Salamanca, Mathias Gastius, 1577.

SAUVEUR (Joseph), *Collected writings on musical acoustics (Paris 1700-1713)*, edited by R. Rasch, Utrecht, The Diapason Press, 1984.

– *Principes d'acoustique et de musique ou système général des intervalles des sons, & de son application à tous les systèmes & à tous les instruments de musique*, tirés de l'*Histoire de l'Académie des Sciences*, Paris, 1701 ; Genève, Minkoff reprint, 1973.

– « Application des sons harmoniques à la composition des jeux d'orgues », *Histoire de l'Académie Royale des Sciences*, 1702.

– « Sur un nouveau système de musique » (*ibid.*, Année 1701, Paris, 1704).

– « Méthode générale pour former les systèmes tempérés de musique, & du choix de celui qu'on doit suivre » (*ibid.*, Année 1707, Paris, 1708).

– « Table générale des systèmes tempérés de musique » (*ibid.*, Année 1711, Paris, 1714).

– « Rapport des sons des cordes d'instruments de musique, aux flèches des cordes ; et nouvelle détermination des sons fixes » (*ibid.*, Année 1713, Paris 1716).

– *Géométrie élémentaire et pratique*, Paris, Rollin, 1753.

SERRE (Jean-Adam), *Essais sur les principes de l'harmonie*, Paris, 1753 ; New York, Broude Brothers, 1967.

– *Observations sur les principes de l'harmonie*, Genève, Gosse, 1763 ; New York, Broude Brothers, 1967.

TARTINI (Giuseppe), *Trattato di Musica secondo la vera scienza dell'armonia*, Padoue, G. Manfré, 1754.

TAYLOR (Brook), « De Motu nervi tensi », *The Philosophical Transactions and Collections of the Royal Society*, Année 1713, London, 1714.

WALLIS (John), « On the trembling of consonant strings, a new musical discovery », *The philosophical transactions and collections of the Royal Society*, 1677.

– *De Algebra tractatus ; historicus & practicus*, Oxoniæ, Theatro Sheldoniano, 1685.

WINSLOW (Jacques-Bénigne), *Exposition anatomique de la structure du corps humain*, Paris, Desprez et Desessartz, 1732, 6 vol.

ZARLINO (Gioseffo), *Istituzioni harmoniche*, Venetia, 1558 ; la troisième partie des *Institutions*, consacrée au contrepoint, est traduite par Guy A. Marco et Claude V. Palisca, New Haven, Yale University Press, 1968.

Littérature secondaire

Actes du colloque international Jean-Philippe Rameau (Dijon, 1983), recueillis par J. de La Gorce, Paris-Genève, Champion-Slatkine, 1987.

ALQUIE (Ferdinand), *Le Rationalisme de Malebranche*, Paris, Vrin, 1974.

ADORNO (Theodor W.), *Philosophie de la nouvelle musique*, traduit de l'allemand par H. Hildenbrand et A. Lindenberg, Paris, Gallimard, 1952.

AUGER (Léon), « Les apports de Joseph Sauveur à la création de l'acoustique », *Revue d'histoire des sciences et de leurs applications*, 1, 1948, p. 323-336.

BAILHACHE (Patrice), *Leibniz et la théorie de la musique*, Paris, Klincksieck, 1992.

– « L'Harmonie universelle : la musique entre les mathématiques, la physique, la métaphysique et la religion », *Les Etudes philosophiques*, 1994.

BARDEZ (Jean-Michel), *Diderot et la musique*, Paris, Champion, 1975.

BARIDON (Michel), « Le concept de nature dans l'esthétique de Rameau », *Actes du colloque Rameau*, p. 445-460.

BEAUSSANT (Philippe), *Les Plaisirs de Versailles. Théâtre et musique*, Paris, Fayard, 1996.

BELAVAL (Yvon), *L'Esthétique sans paradoxe de Diderot*, Paris, Gallimard, 1950.

BERNARD (Jonathan W.), « The Principle and the Elements : Rameau's Controversy with d'Alembert », *Journal of Music Theory*, 24, 1980.

BOCCADORO (Brenno), « Jean-Adam Serre : un juste milieu entre Rameau et Tartini ? », *Revue de musicologie*, 79/1, 1993, p. 31-61.

BOULEZ (Pierre), *Points de repère*, Paris, Christian Bourgois/Le Seuil, 1981 et 1985.

– *Penser la musique aujourd'hui*, Paris, Gallimard, 1963.

BOUVIER (Xavier), « Rousseau et la théorie ramiste », *in* Rousseau, OC V.

BUSCH (Hermann R.), *Leonhard Euler Beitrag zur Musiktheorie*, Regensburg, 1970.

BRYKMAN (Geneviève), *Berkeley et le voile des mots*, Paris, Vrin, 1993.

BUZON (Frédéric de), « Descartes, Beeckman et l'acoustique », *Archives de Philosophie*, 44, 1981.

– « Sympathie et antipathie dans le *Compendium musicæ* », *Archives de Philosophie*, 46, 1983.

– « La réception du *Discours de la méthode* dans les écrits théoriques de Jean-Philippe Rameau », in *Problématique et réception du* Discours de la méthode *et des* Essais, Paris, Vrin, 1988.

– « Fonctions de la mémoire dans les traités théoriques au XVIIe siècle », *Revue de musicologie*, t. 76, n° 2, 1990.

– « Harmonie et métaphysique : Mersenne face à Kepler », *Les Etudes philosophiques*, janvier-juin 1994.

CANGUILHEM (Georges), « La constitution de la physiologie comme science », *Etudes d'histoire et de philosophie des sciences, concernant les vivants et la vie*, Paris, Vrin, 1994, p. 227-273.

– « Modèles et analogies dans la découverte en biologie » (*ibid.*, p. 305-318).

CANNONE (Belinda), *Philosophies de la musique (1752-1780)*, Paris, Klincksieck, 1990.

CASSIRER (Ernst), *La Philosophie des Lumières*, traduit de l'allemand et présenté par Pierre Quillet, Paris, Fayard, 1990.

CERNUSCHI (Alain), « D'Alembert pris au jeu de la musique. Ses interventions musicographiques dans l'*Encyclopédie* », *Revue Diderot et l'Encyclopédie*, 21, oct. 1996, p. 145-161.

CHAILLEY (Jacques), *Expliquer l'harmonie ?*, Paris, Editions Rencontre, 1967 ; Paris, Editions d'Aujourd'hui, 1985.

– *Traité historique d'analyse harmonique*, Paris, Leduc, 1977.

– « Harmonie ramiste et non ramiste », *Revue de musicologie*, décembre 1958.

– « Rameau et la théorie musicale », voir *La Revue musicale*, n° 260.

– « Pour une lecture critique du premier chapitre de la *Génération harmonique* », *Actes du colloque Rameau*, p. 279-285.

CHARRAK (André), *Musique et philosophie à l'âge classique*, Paris, PUF, 1998.

– « Art et proportion chez Descartes », *Le Cartésianisme et les arts*, Paris, 1999.

– « La musique, entre physique et mathématiques », *Dix-huitième siècle*, n° 31 (1999).

– « De l'*Encyclopédie* au *Dictionnaire de musique*. La matière de l'expression musicale », *Critique*, n° 639-640, août-sept. 2000.

CHOUILLET (Jacques), *L'Esthétique des Lumières*, Paris, PUF, 1974.

– *Diderot poète de l'énergie*, Paris, PUF, 1984.

– « D'Alembert et l'esthétique », *Dix-Huitième Siècle*, Paris, Garnier, n° 16, 1984, p. 137-150.

CHRISTENSEN (Thomas), *Rameau and Musical Thought in the Enlightenment*, Cambridge University Press, 1993.

CŒURDEVEY (Annie), *Histoire du langage musical occidental*, Paris, PUF, 1998.

COHEN (H.-F.), *Quantifying music : the Science of Music at the First Stage of the Scientific Revolution, 1580-1650*, Dordrecht, Reidel, 1984.

COMBE (René), « Rameau et son temps : acoustique et musique », in *Rameau en Auvergne*, Clermont-Ferrand, 1986, p. 19-56.

COURT (Raymond), *Le Musical. Essai sur les fondements anthropologiques de l'art*, Paris, Klincksieck, 1976.

– « Penser la musique : l'actualité du débat Rousseau / Rameau », in *Musique et philosophie* (A. Boissière éd.).

DAHLHAUS (Carl), *La Tonalité harmonique. Etude des origines*, traduit de l'allemand par Anne-Emmanuelle Ceulemans, Liège, Mardaga, 1986.

– « Ist Rameaus *Traité de l'harmonie* eine Harmonielehre ? », *Musiktheorie* 1/2 (1986).

DAVAL (Pierre), *La Musique en France au XVIIIe siècle*, Paris, Payot, 1961.

DELIEGE (Célestin), *Les Fondements de la musique tonale*, Paris, Lattès, 1984.

DEPRUN (Jean), *La Philosophie de l'inquiétude en France au XVIIIe siècle*, Paris, Vrin, 1979.

DERATHÉ (Robert), *Le Rationalisme de J.-J. Rousseau*, Paris, PUF, 1948.

DERRIDA (Jacques), *L'Archéologie du frivole. Lire Condillac*. Voir Condillac, *Essai sur l'origine des connaissances humaines*.

DESANTI (Jean-Toussaint), *La Philosophie silencieuse*, Paris, Le Seuil, 1975.

DIDIER (Béatrice), *La Musique des Lumières*, Paris, PUF, 1985.

– « La réflexion sur la dissonance chez les écrivains du XVIIIe siècle : d'Alembert, Diderot, Rousseau », *Revue des sciences humaines*, 76, 1987.

DOSTROVSKI (Sigalia), art. « Sauveur, Joseph », *Dictionary of scientific biography*.

– « Early Vibrational Theory : Physics and Music in the Seventeenth Century », *Archive for History of Exact Sciences*, 14 (1975).

DUCHESNEAU (François), *La Physiologie des Lumières. Empirisme, Modèles et Théories*, The Hague, Nijhoff, 1982.

– *Les Modèles du vivant de Descartes à Leibniz*, Paris, Vrin, 1997.

DUCHEZ (Marie-Elisabeth), « Connaissance scientifique et représentations de la musique. Valeur épistémologique de la théorie ramiste de la basse fondamentale », *Actes du colloque Rameau*, p. 385-391.

– « Valeur épistémologique de la théorie de la basse fondamentale de J.-Ph. Rameau : connaissance scientifique et représentation de la musique », *Studies on Voltaire and the eighteenth century*, 245, 1986.

DUFOURT (Hugues), « La Musique occidentale et le "mythe philosophique de la raison grecque" », in *Musique et philosophie* (A. Boissière éd.).

– « Le *Bauhaus* et l'IRCAM », *Enseigner la composition*, Paris, L'Harmattan, IRCAM, 1998.

– *Musique, pouvoir, écriture*, Paris, Christian Bourgois, 1991.

DUMONT (Pascal), *Descartes et l'esthétique*, Paris, PUF, 1997.

DURAND-SENDRAIL (Béatrice), « Diderot et Rameau : Archéologie d'une polémique », *Diderot Studies*, 24, 1991, p. 85-104.

– *La Musique de Diderot. Essai sur le hiéroglyphe musical*, Paris, Kimé, 1994.

ECO (Umberto), *Le Problème esthétique chez Thomas d'Aquin*, Milan, Bompiani, 1970 ; trad. M. Javion, Paris, PUF, 1993.

EMERY (Eric), *Temps et musique*, Lausanne, L'Age d'Homme, 1998.

EHRARD (Jean), *L'Idée de nature en France dans la première moitié du XVIIIe siècle*, Paris, Albin Michel, 1963.

ESCAL (Françoise), « D'Alembert et la théorie harmonique de Rameau », *Dix-Huitième Siècle*, Paris, Garnier, n° 16, 1984, p. 151-162.

FICHANT (Michel), voir Leibniz, *La Réforme de la dynamique*.

– *Science et métaphysique dans Descartes et Leibniz*, Paris, PUF, coll. « Epiméthée », 1998.

FICHET (Laurent), *Les Théories scientifiques de la musique : XIXe et XXe siècles*, Paris, Vrin, 1996.

Fontenelle : Actes du colloque tenu à Rouen du 6 au 10 octobre 1987, Paris, PUF, 1989.

FRANCES (R.), *La Perception de la musique*, 2e édition, Paris, Vrin, 1984.

FUBINI (Enrico), *Empirismo e classicismo. Saggio sul Dubos*, Torino, Giappichelli, 1965.

– *Les Philosophes et la musique*, Paris, Champion, 1983.

GEAY (Gérard), « La théorie harmonique aux XVIIe et XVIIIe siècles », *Musique ancienne*, n° 11, avril 1981.

GIRDLESTONE (Cuthbert), *Jean-Philippe Rameau, sa vie, son œuvre*, (2e édition augmentée), Paris, Desclée de Brouwer, 1983.

GOUHIER (Henri), *Les Méditations métaphysiques de Jean-Jacques Rousseau*, Paris, Vrin, 1984.

GRMEK (Mirko D.), *La Première révolution biologique*, Paris, Payot, 1990.

GOUK (Penelope), « L'Acustica nella prima Royal Society », *in* Gozza, *La Musica...*

GOZZA (Paolo) éd., *La Musica nella Rivoluzione Scientifica del Seicento*, A cura di Paolo Gozza, Bologna, il Mulino, 1989.

HAASE (Rudolf), voir Leibniz, *Der Briefwechsel zwischen L. und Conrad Henfling*.

HANKINS (Thomas), *Jean d'Alembert. Science and Enlightenment*, Oxford, 1970.

HANSLICK (Edouard), *Du Beau dans la musique. Essai de réforme de l'esthétique musicale*, trad. C. Bannelier revue par G. Pucher, intod. par J.-J. Nattiez, Paris, Christian Bourgois, 1986.

HELMHOLTZ (Hermann von), *Théorie physiologique de la musique fondée sur l'étude des sensations auditives*, Paris, Masson, traduit de l'allemand par L. G. Guéroult, 1868; Sceaux, Jacques Gabay, 1990.

HENNION (Antoine), « Rameau et l'harmonie : comment avoir raison de la musique ? », *Actes du colloque Rameau*, p. 393-407.

HERMANN (Wolfgang), *La Théorie de Claude Perrault*, Bruxelles, Pierre Mardaga éditeur, 1980.

JANKELEVITCH (Vladimir), *La Musique et l'ineffable*, Paris, Le Seuil, 1983.

KAMBOUCHNER (Denis), *L'Homme des passions. Commentaires sur Descartes*, Paris, Albin Michel, 1995. 2 vol.

KORSMEYER (Carolyn Wilker), « Relativism and Hutcheson's Æsthetic Theory », *Journal of the History of Ideas*, 36/2, 1975, p. 319-330.

KINTZLER (Catherine), *Jean-Philippe Rameau. Splendeur et naufrage de l'esthétique du plaisir à l'âge classique*, Paris, Minerve, 1988.

– *Poétique de l'Opéra français de Corneille à Rousseau*, Paris, Minerve, 1991.

– « Rameau : le sujet de la science et le sujet de l'art classique », *Actes du colloque International Rameau*, p. 461-471.

– « Les articles "Cadence" de J.-J. Rousseau dans l'*Encyclopédie* et dans le *Dictionnaire de musique* », *in* S. Auroux, D. Bourel et C. Porset éditeurs, *L'Encyclopédie, Diderot, l'esthétique. Mélanges en hommage à Jacques Chouillet. 1915-1990*, Paris, PUF, 1991.

– « L'Opéra merveilleux dans la France classique : poétique et philosophie », in *Musique et philosophie* (A. Boissière éd.).

KIVY (Peter), *The Seventh sense. A study of Francis Hutcheson's æsthetics and its influence in eighteenth-century Britain*, New York, Burt Franklin & C°, 1976.

KLINGSPORN (Regine), *Jean-Philippe Rameaus Opern im ästhetischen Diskurs ihrer Zeit*, Stuttgart, M&P Verlag, 1996.

KOYRÉ (Alexandre), « L'hypothèse et l'expérience chez Newton », *Etudes newtoniennes, Bulletin de la Société Française de Philosophie*, p. 59-97, 1956 ; Paris, Gallimard, 1991.

LA HARPE (Jacqueline de), *Jean-Pierre de Crousaz et le conflit des idées au siècle des Lumières*, Paris-Lille, Droz-Giard, 1955.

LATTARD (Jean), *Gammes et tempéraments musicaux*, Paris, Masson, 1988.

LE RU (Véronique), *Jean Le Rond d'Alembert philosophe*, Paris, Vrin, 1994.

LEBOVITS (Joseph), *Claude Perrault physiologiste*, Paris, Louis Arnette, 1931.

LEIPP (Emile), *Acoustique et musique*, 4e éd. revue et corrigée, Paris, Masson, 1984.

– « Critique des fondements de la théorie de Jean-Philippe Rameau », *La Revue Musicale*, n° 260, p. 97-111.

LEISINGER (Ulrich), *Leibniz-Reflexe in der deutschen Musiktheorie des 18. Jahrhunderts*, Würzburg, 1994.

LESCAT (Philippe), *Le* corpus *des ouvrages théoriques musicaux imprimés et manuscrits en France de 1660 à 1792. Contribution à l'histoire de l'édition musicale*, thèse de troisième cycle, Paris-IV, 1984.

– « *Conclusions sur l'origine des sciences*, un texte méconnu de Jean-Philippe Rameau », *Actes du colloque Rameau*, p. 409-424.

LEVI-STRAUSS (Claude), *Le Cru et le cuit*, Paris, Plon, 1964.

– *L'Homme nu*, Paris, Plon, 1971.

– *Regarder écouter lire*, Paris, Plon, 1993.

LEVY-VALENSIN (Joseph), « Claude Perrault, physiologiste », *Livre jubilaire offert au Professeur G.-H. Roger par ses collègues*, Paris, Masson, 1932, p. 147-157.

LUDWIG (Hellmut), Marin Mersenne und seine Musiklehre, Halle, 1935.

LUPPI (Andrea), *Lo Specchio dell'armonia universale*, Milan, 1989.

MACHABEY (Armand), « Jean-Philippe Rameau et le tempérament égal », voir *La Revue Musicale*, n°260, p. 113-122.

MALHERBE (Michel), *La Philosophie empiriste de David Hume*, Paris, Vrin, 1984.

MALIGNON (Jean), *Rameau*, Paris, Le Seuil, 1960.

MARION (Jean-Luc), *L'Ontologie grise de Descartes*, 2e édition, Paris, Vrin, 1993.

– *Sur la théologie blanche de Descartes*, Paris, PUF, 1981

MARKOVITS (Francine), *Mérian, Diderot et l'Aveugle*, Postface à Mérian, *Sur le problème de Molyneux*, Paris, Flammarion, 1984.

– *L'Ordre des échanges : philosophie de l'économie et économie du discours au XVIIIe siècle en France*, Paris, PUF, 1986.

MASSON (Paul Marie), *L'Opéra de Rameau*, Paris, H. Laurens, 1930.

MASSON (Pierre-Maurice), « Rousseau contre Helvétius », Revue d'histoire littéraire de la France, t. XVIII, 1911, p. 104-113. Cet article, qui fonde une interprétation traditionnelle de la théorie de la connaissance rousseauiste, propose la première édition critique intégrale des *Notes sur « De l'Esprit »* de Rousseau.

MATHERON (Alexandre), « Psychologie et politique : Descartes et la noblesse du chatouillement », *Dialectiques*, n° 6, 1974 ; repris dans *Anthropologie et politique au XVIIe siècle*, Paris, 1986, p. 29-48.

MAUZI (Robert), *L'Idée du bonheur dans la littérature et la pensée françaises au XVIIIe siècle*, Paris, Armand Colin, 1960, Genève, Slatkine, 1979.

MCNIVEN HINE (Ellen), *A critical study of Condillac's Traité des Systèmes*, The Hague, Nijhoff, 1979.

– *J.-J. Dortous de Mairan and the Geneva connection : scientific networking in the eighteenth century*, Oxford, Voltaire Foundation, 1996.

MERLEAU-PONTY (Maurice), *La Structure du comportement*, Paris, PUF, 1942 ; Paris, PUF, 1990.

– *L'Union de l'âme et du corps chez Malebranche, Biran et Bergson*, notes recueillies et rédigées par J. Deprun, Paris, Vrin, 1978.

MEYER (Christian), *Mensura monochordi, La division du monocorde*, Paris, Klincksieck, 1996.

MOUY (Paul), *Le Développement de la physique cartésienne, 1646-1712*, Paris, Vrin, 1934.

Musique et philosophie, sous la direction d'Anne Boissière, Paris, Centre National de la Documentation Pédagogique, 1997.

NAVILLE (Pierre), *D'Holbach et la philosophie scientifique au XVIIIe siècle*, nouvelle édition revue et augmentée, Paris, Gallimard, 1967.

NIDERST (Alain), *Fontenelle*, Paris, Plon, 1991.

L'Objet musical et l'universel, Philosophie, n° 59, septembre 1998, Editions de Minuit.

O'DEA (Michæl), *Jean-Jacques Rousseau, Music, Illusion and Desire*, St. Martin's Press, 1995.

PALISCA (Claude V.), « Scientific empiricism in musical thought », *Seventeenth century science and the arts*, H. H. Rhys (éd.), Princeton, 1961.

– Article « Consonance », *The New Grove Dictionary*, t. IV, p. 668-671a.

PATY (Michel), « D'Alembert et la théorie physique », *Jean d'Alembert, savant et philosophe*, Paris, Éditions des Archives Contemporaines, 1989, p. 233-260.

PIERCE (J.-R.), *Le Son musical*, Paris, Belin, 1984.

PIRRO (André), *Descartes et la musique*, Paris, Fischbacher, 1907 ; Genève, Minkoff reprint, 1973.

PISCHNER (Hans), *Die Harmonielehre Jean-Philippe Rameaus. Ein Beitrag zur Geschichte des musikalischen Denkens*, Leipzig, V.O.E.B., Veb Breitkopf & Härtel Musikverlag, 1963.

Rameau de A à Z, Dictionnaire sous la direction de P. Beaussant, Paris, Fayard, 1983.

REVAULT d'ALLONES (Olivier), « L'esthétique de Descartes », *Revue des Sciences humaines*, 61, 1951.

La Revue musicale, numéro spécial, 260, « J.-Ph. Rameau », Paris, Richard Masse, 1965.

RIEMANN (Hugo), *Dictionnaire de musique*, traduit d'après la quatrième édition, revu et augmenté par Georges Humbert, Paris, Perrin, 1900.

– *Geschichte der Musiktheorie im 9.-19. Jahrhundert*, voir outils de travail.

– *Musik-Lexikon*, IIe édition, Berlin, 1929.

ROBINET (André), *Malebranche de l'Académie des Sciences. L'œuvre scientifique, 1674-1715*, Paris, Vrin, 1970.

ROBRIEUX (Jean-Jacques), « Jean-Philippe Rameau et l'opinion philosophique en France au dix-huitième siècle », *Studies on Voltaire and the Eighteenth Century*, 238 (1985).

RODIS-LEWIS (Geneviève), *Le Problème de l'inconscient et le cartésianisme*, 2e édition, Paris, PUF, 1985.

– *Regards sur l'art*, Paris, Beauchesne, 1993.

– « Le domaine propre de l'homme chez les cartésiens », *Journal of History of Philosophy*, II, 2, p. 157-188, 1964 ; repris dans *L'Anthropologie cartésienne*, Paris, P.U.F., 1990.

ROGER (Jacques), *Les Sciences de la vie dans la pensée française au XVIIIe siècle*, Paris, Armand Colin, 1963 ; Paris, Albin Michel, 1993.

SCHŒNBERG (Arnold), *Traité d'harmonie*, trad. de l'allemand par Gérard Gubisch, Paris, Lattès, 1983, p. 415.

SEIDEL (W.), « Descartes' Bemerkungen zur musikalischen Zeit », *Archiv für Musikwissenschaft*, 27/4, 1970.

SNYDERS (Georges), *Le Goût musical en France aux XVIIe et XVIIIe siècles*, Paris, Vrin, 1968.

STAROBINSKI (Jean), *Jean-Jacques Rousseau : la transparence et l'obstacle*, Paris, Gallimard, 1971 et 1976.

SUAUDEAU (René), *Introduction à l'harmonie de Rameau*, Clermont-Ferrand, Ecole Nationale de Musique, 1960.

TAPIE (Victor), *Baroque et classicisme*, Paris, Librairie Générale Française, 1980.

TATON (René), « D'Alembert, Euler et l'Académie de Berlin », *Dix-huitième siècle*, 16, 1984, p. 55-68.

TIMOSHENKO (Stephen), *History of strengh of materials with a brief account to the history of elasticity and theory of structures*, New York, Toronto, London, Mc-Graw-Hill, 1953.

TOMATIS (Alfred), *L'Oreille et le langage*, Paris, Seuil, 1963 ; Paris, Seuil, 1991.

TRUESDELL (C.), *The Rational Mechanics of Flexible or Elastic Bodies : 1638-1788*, Introduction to *Leonhardi Euleri Opera Omnia*, seria II, t. XI, sectio II, Turin, Orell Füssli, 1960.

VAN BERKEL (Klaas), « Beeckman, Descartes et la philosophie physico-mathématique », *Archives de philosophie*, 46, 1983, p. 620-626.

VAN WYMEERSCH (Brigitte), *Descartes et l'évolution de l'esthétique musicale*, Liège, Mardaga, 1999.

VERBA (Cynthia), « The Development of Rameau's Thoughts on Modulation and Chromaticism », *Journal of the American Musicological Society*, 26/1 (1973).

– « Rameau's Views on Modulation and Their Background in French Theory », *Journal of the American Musicological Society*, 31/3 (1978).

VIENNE (Jean-Michel), *Expérience et raison. Les fondements de la morale selon Locke*, Paris, Vrin, 1991.

INDEX DES NOMS

TABLE DES MATIÈRES

DEUXIÈME PARTIE

LA PERCEPTION DE L'HARMONIE

ACHEVÉ D'IMPRIMER
EN AVRIL 2001
PAR L'IMPRIMERIE
DE LA MANUTENTION
A MAYENNE
N° 121-01

Dépôt légal : 2e trimestre 2001